Centro de Linguística
da Universidade de Lisboa

FCT
Fundação para a Ciência e a Tecnologia
MINISTÉRIO DA EDUCAÇÃO E CIÊNCIA

CNPq
Conselho Nacional de Desenvolvimento
Científico e Tecnológico

Dicionário livre santome/português
Livlu-nglandji santome/putugêji

Gabriel Antunes de Araujo
Universidade de São Paulo/CNPq

Tjerk Hagemeijer
Universidade de Lisboa

hedra

São Paulo, 2013

© BY-NC Gabriel Antunes de Araujo, Tjerk Hagemeijer, 2013

Autorizamos a utilização de qualquer parte desta obra, desde que para fins científicos e, especificamente, não autorizamos sua impressão industrial. Caso haja interesse em colaborar conosco, favor entrar em contato pelo editora@hedra.com.br.

Grafia atualizada segundo o Acordo Ortográfico da Língua Portuguesa de 1990, em vigor no Brasil desde 2009.

Corpo editorial
Adriano Scatolin, Alexandre B. de Souza,
Bruno Costa, Caio Gagliardi, Fábio Mantegari,
Felipe C. Pedro, Iuri Pereira, Jorge Sallum,
Oliver Tolle, Ricardo Musse, Ricardo Valle

Equipe de revisão técnica
Adélia Maria Mariano da S. Ferreira,
Alberto Ribeiro Rosa Júnior,
Bruno Lins da Costa Borges,
Camila Maria Camargo de Oliveira,
Dionizio Bueno de Souza,
Pe. Edmílson José Zanin,
Marlos Antonio Borges,
Rodrigo Carvalho de Oliveira,
Rosa Maria de Lima e Souza,
Rosane de Sá Amado,
Waldemar Ferreira Netto

Coordenação editorial   Jorge Sallum
Projeto gráfico   Bruno Oliveira e Jorge Sallum
Programação e diagramação LaTeX   Bruno Oliveira

Dados Internacionais de Catalogação na Publicação (CIP)

A663d   Araujo, Gabriel Antunes de.
    Dicionário livre santome/português. / Gabriel Antunes de Araujo, Tjerk Hagemeijer. — São Paulo: Hedra, 2013.
    176 p.

ISBN   978-85-7715-322-0

1. Dicionário. 2. Santome. 3. Português. 4. Lexicografia. 5. São Tomé e Príncipe. I. Hagemeijer, Tjerk. II. Título.

Todos os direitos desta edição reservados à
EDITORA HEDRA LTDA.
Rua Fradique Coutinho, 1139 (subsolo)
05416-011 São Paulo SP Brasil
+55 11 3097 8304
editora@hedra.com.br
www.hedra.com.br

Colaboradores

Abigail Tiny Cosme
Ana Carolina de Souza Ferreira
Ana Lívia dos Santos Agostinho
Beatriz de Castro Afonso
Caustrino Alcântara
Conceição Lima
Eurídice Vaz Andrade
Francisco Fonseca Costa Alegre
Gabriela Braga da Silva
Haldane Pereira Amaro
Maria do Céu de Madureira
Maria Fernanda de Oliveira
Thalita Ruotolo Gouveia

Revisão

Abigail Tiny Cosme
Ayres Veríssimo Major
Caustrino Alcântara
Conceição Lima

Agradecimentos

A PREPARAÇÃO de uma obra lexicográfica é, por definição, fruto de um trabalho coletivo, no mais amplo sentido, cujos atores principais são aqueles que utilizam a língua no presente ou a utilizaram – e a registaram – no passado. Cabe-nos aqui elencar um conjunto de pessoas e instituições que, em diferentes momentos e de diferentes formas, nos apoiou neste percurso.

Este dicionário não existiria sem a generosidade de todos os são-tomenses que, ao longo dos anos e de formas muito variadas, partilharam conosco a sua sabedoria. O nosso primeiro agradecimento vai para todos aqueles cujo registro ficou gravado em locais tão diversos como Almeirim, Batepá, Belém, Boa Entrada, Bobo Forro, Fuji Fala, Madre de Deus, Maianço, Mateus Angolar e na cidade de São Tomé, mas muito em especial para dois mestres da **soya**, já falecidos, Sabino Manuel Rosário de Maianço e Serafina Bonfim de Almeirim.

Foram fundamentais nas tarefas de recolha e tratamento de dados orais e escritos Luís Morais, Pascoal de Sousa, Armando Pires dos Santos e, especialmente, Caustrino Alcântara, cujo trabalho em prol do **santome** contribuiu de forma decisiva para este dicionário.

Em Portugal, valemo-nos especialmente do conhecimento de Eurídice Andrade, Ivo Jordão, Carlos Fontes e Jerónimo Pontes. Abigail Tiny e Haldane Amaro asseguraram o fluxo de novas entradas recolhidas a partir da sistematização dos dados do **santome**.

Sem a preciosa ajuda de Maria do Céu Madureira, teria sido muito mais difícil desbravar a densa nomenclatura da flora são-tomense.

No Brasil, agradecemos a Ana Carolina de Souza Ferreira, Ana Lívia dos Santos Agostinho, Gabriela Braga da Silva, Manuele Bandeira de Menezes, Maria Fernanda de Oliveira, Shirley Freitas de Souza e Thalita Ruotolo Gouveia pelo trabalho de verificação dos dados. Ainda em São Tomé, agradecemos ao apoio dos amigos da Embaixada do Brasil, sobretudo, Carlos Vinicius Vizioli e Tamara Vizioli, Hector Martins dos Ramos da Trindade, Leila Cristina Santa Brígida do Nascimento, Leila dos Santos Muniz Quaresma, Maurício Martins do Carmo, Miller Mike Castro Dias da Silva, Raquel Mara Teixeira, Romel Costa, Tiago Pereira Rodrigues e, especialmente, Naduska Mário Pereira.

Para as inúmeras dúvidas que não paravam de surgir nas etapas mais adiantadas do dicionário, beneficiámo-nos enormemente do incansável apoio de Ayres Veríssimo Major, Beatriz Castro Afonso, Francisco Costa Alegre e, muito em particular, de Conceição Lima que, como sempre, nos apoiou muito para além do que poderíamos imaginar.

A todos: **Dêsu paga nansê da non**.

Um agradecimento especial à Editora Hedra, onde Jorge Salum, o nosso editor, apoiou a publicação e acreditou na importância deste trabalho para a sociedade são-tomense. Bruno Oliveira diagramou o dicionário com muita atenção aos nossos pedidos.

Agradecemos ao apoio da Universidade de São Paulo (USP) através de múltiplos financiamentos da Vice-reitoria de Relações Internacionais, e das Pró-reitorias de Pesquisa, de Graduação e de Pós-graduação, da Faculdade de Filosofia, Letras e Ciências Humanas e do Departamento de Letras Clássicas e Vernáculas, ao Conselho Nacional de Desenvolvimento Científico e Tecnológico (CNPq)/Programa Pró-África pelas bolsas 490509/2008-8 e 490352/2010-3, à Fundação de Amparo à Pesquisa do Estado de São Paulo (FAPESP), bolsas 2006/07270-0 e 2012/00300-1. Em Portugal, à Fundação para a Ciência e Tecnologia (FCT), no âmbito do projeto *As origens e o desenvolvimento de sociedades crioulas no Golfo da Guiné: Um estudo interdisciplinar* (PTDC/CLE-LIN/111494/2009). Em São Tomé e Príncipe, agradecemos à Embaixada do Brasil e ao Centro Cultural São Tomé e Príncipe, ao Instituto Superior Politécnico e à Santa Casa de Misericórdia.

Conscientes de que um dicionário é sempre uma obra passível de expansão e de aperfeiçoamento, especialmente quando ainda não há uma sólida tradição lexicográfica, esperamos que este trabalho sirva de incentivo a outros que, no seu conjunto, contribuam para uma maior valorização do **santome**.

Abreviaturas

adj.	adjetivo
adv.	advérbio
art.	artigo
conj.	conjunção
dem.	pronome demonstrativo
foc.	foco
id.	ideofone
expr.	expressão fixa
indef.	pronome indefinido
int.	pronome interrogativo
interj.	interjeição
n.	nome
neg.	negação
num.	numeral
onom.	onomatopeia
part.	partícula
poss.	pronome possessivo
prep.	preposição
prep. n.	preposição nominal
prep. v	preposição verbal
pron.	pronome pessoal
quant.	quantificador
top.	topônimo
v.	verbo

Apresentação

O **santome**, também conhecido como forro, **fôlô**, **lungwa santome**, dialeto ou são-tomense, é uma língua crioula de base lexical portuguesa que surgiu no século XVI, na ilha de São Tomé, fruto do contacto entre o português e diversas línguas do continente africano. Depois do português, língua oficial, o **santome** é a segunda língua mais falada na República de São Tomé e Príncipe, mas não goza, atualmente, de estatuto oficial, embora tenha sido declarada uma das línguas nacionais, ao lado do angolar (*ngola*) e do principense (*lung'ie*).

A primeira referência histórica ao **santome** data de 1627, altura em que o Padre Alonso de Sandoval, a partir de Cartagena (Colômbia), menciona a existência da *lengua de San Thomé*. Já no século XVIII, mais precisamente em 1766, Gaspar Pinheiro da Câmara também faz alusão a esta língua ao escrever que *he de saber que a gente natural destas ilhas tem lingoa sua e completa, com prenuncia labeal, mas de que não me consta haver inscripção alguma (...)* (*apud* Espírito Santo 1998: 59, nota 1.). A língua escrita só apareceria pela primeira vez na segunda metade do século XIX, quando autores como Francisco Stockler e António Lobo de Almada Negreiros, bem como os pioneiros dos estudos crioulos, Hugo Schuchardt e Adolpho Coelho, nos dão a conhecer os primeiros fragmentos nesta língua. Numa segunda fase, que corresponde à primeira metade do século XX, a produção escrita em **santome** parece ter sido um exclusivo de Francisco Bonfim de Jesus, conhecido também como Faxiku Bêbêzawa, autor de alguns artigos intitulados **Tende cuá** 'Escutem', no jornal *A Liberdade*, nos anos 1920, e de um conjunto de panfletos assinados com **Lêdê d'alami s'awa** ('A rede de arame está na água'), nos anos 1940. A verdadeira democratização do **santome** acontece já no período pós-independência (1975), quer a nível das produções escritas em **santome**, quer a nível dos estudos acadêmicos sobre a língua. Ainda assim, é de realçar a quase ausência de publicações integralmente escritas em **santome**.

Em matéria lexicográfica, o primeiro registro digno de menção é a listagem de vocabulário na *Historia Ethnographica da ilha de S. Tomé* de Negreiros (1895). Só muito mais tarde, na monografia *The Creole of S. Thomé* de Luis Ivens Ferraz (1979), o léxico ganha de novo relevo. Ferraz não apenas tenta explicar a passagem fonológica do léxico de origem portuguesa para o **santome**, como faz também um primeiro levantamento do léxico de origem africana nesta língua. Na última década, três trabalhos de maior porte sobre o léxico do **santome** merecem destaque, nomeadamente o *Dicionário lexical santomé-português* de Ayres Veríssimo Major/Ministério da Educação e Cultura (2004) o dicionário etimológico de Jean-Louis Rougé (2004) e a tese de mestrado de Carlos Fontes (2007). Estes trabalhos j[a apresentam uma maior abrangência: Rougé apresenta cerca de 1800 entradas, a tese de Fontes, por sua vez, contém por volta de 1400 verbetes e o dicionário Ayres Veríssimo Major/Ministério da Educação e Cultura (2004) aproximadamente 2400 palavras. Ainda assim, continuava a faltar ao **santome** um inventário lexical de maior envergadura, lacuna essa que se tentou suprimir com o presente trabalho.

MICROESTRUTURA DO DICIONÁRIO

Este dicionário bilíngue **santome**/português apresenta cerca de 8500 entradas, incluindo variantes e expressões fixas, e é fruto de pesquisas sobre a língua **santome** coordenadas por Tjerk Hagemeijer (Universidade de Lisboa, Portugal) e Gabriel Antunes de Araujo (Universidade de São Paulo/CNPq, Brasil).

Nesta obra, as acepções de cada palavra **santome**, organizadas em ordem alfabética, são indicadas através de equivalentes em português. Cada verbete contém a forma gráfica, seguida da transcrição fonética, classe de palavra e equivalente. Alguns verbetes, nomeadamente os de léxico funcional, vêm acompanhados de exemplos cuja formulação em **santome** está em negrito, com equivalência em português em itálico. A remissão para outro verbete, marcada em negrito, serve tipicamente para palavras que integram uma expressão fixa, como por exemplo os ideofones. Portanto, todas as palavras em **santome** estão marcadas em negrito em todo este trabalho.

Na grande maioria, os verbetes de fauna ou flora vêm acompanhados do nome científico em negrito e itálico. Contudo, muitas espécies de fauna e flora não possuem nome equivalente em português, principalmente as endêmicas, sendo a equivalência dada em **santome**, com o termo grafado em itálico. Sempre que se justificasse, incluímos as variantes lexicais do português europeu e do português brasileiro, como por exemplo *banana-pão* (São Tomé e Príncipe e Portugal) e *banana-da-terra* (Brasil).

As palavras em **santome** neste dicionário foram grafadas de acordo com a proposta do Alfabeto Unificado para as Línguas Nativas de São Tomé e Príncipe (ALUSTP) cujo propósito é representar alfabeticamente as três línguas nacionais de São Tomé e Príncipe, o angolar, o (*lung'ie*) e o **santome**. Embora estas línguas sejam mutuamente ininteligíveis, partilham um número substancial de propriedades lexicais e gramaticais, justificando, assim, uma grafia unificada. O ALUSTP é de base fonológica e propõe o uso de trinta e um grafemas para as três línguas, dos quais 27 são empregados no **santome**, sendo cinco vocálicos <**a, e, i, o, u**> e vinte e dois consonantais: <**b, d, f, g, gb, j, k, l, lh, m, n, nh, p, r, s, t, tx, v, w, x, y, z**>.

No que diz respeito às vogais, há sete fonemas vocálicos em **santome** [u, i, ɛ, ɔ, e, o, a]. As vogais [u, i, a] são grafadas <**u, i, a**>, respectivamente. Contudo, é necessário recorrer ao uso de diacríticos para se representar a oposição entre as vogais médias-altas [e, o] e as médias-baixas [ɛ, ɔ]. As primeiras são representadas com o diacrítico circunflexo, <**ê**> e <**ô**>, ao passo que as últimas são grafadas sem diacríticos, <**e**> e <**o**>, respectivamente. Assim, a oposição entre [ɔˈdɔ] 'luto' e [oˈdo] 'almofariz' é marcada pelo uso do diacrítico circunflexo: **odo** e **ôdô**. Repare-se que o uso destes diacríticos não está relacionado ao acento lexical, que não é graficamente representado, a não ser na transcrição fonética. As vogais nasalizadas também são representadas sem diacríticos, seguidas por <**n**>, exceto diante das consoantes <**p**> e <**b**>, onde se emprega o <**m**>. Deste modo, tem-se <**landa**> 'nadar' e <**tempu**> 'tempo'. Excepcionalmente, a representação da palavra <**ũa**> 'um, uma' e dos ideofones com alongamento vocálico, como <**pya sũũũ**> 'olhar fixamente', devem ser feitas com o diacrítico nasal. A vogal <**a**> nasalizada é pronunciada centralizada e, por isso, é representada foneticamente como [ẽ], como em <**bandela**> [bẽˈdɛla] 'bandeira'. Na posição de final de sílaba, há o grafema nasal, representado por <**n**>, como em <**mpon**> 'pão', ou <**m**>, com em <**semplu**> 'provérbio', a fricativa alveolar surda <**s**>, como em **pesku** 'pêssego-de-São Tomé', e a fricativa palatal surda <**x**>, como em <**mlax.ka**> 'máscara'. Entretanto, em final de palavra, a nasalidade é sempre grafada como <**n**>, **patlon** 'patrão'. A consoante nasal precedendo consoantes velares, [k, g], é representada foneticamente como [ŋ], embora seja grafada como <**n**>. A representação das consoantes no Alfabeto Unificado para as Línguas de São Tomé e Príncipe tenta manter, ao máximo, o princípio da correspondência biunívoca entre grafema e fonema. No entanto, há alguns grafemas que fogem à regra. A consoante oclusiva velo-labial sonora [gb], muito rara no **santome**, é grafada como <gb>; as consoantes palatais nasal e lateral, [ɲ] e [ʎ], são representadas como <nh> e <lh>, respectivamente, como em **inhe** 'unha' e **balha** 'baleia'; as consoantes africadas [tʃ] e [dʒ] são representadas graficamente como <tx> e <dj>, como em **fotxi** 'forte' e **sandja** 'sardinha'. Além da representação das vogais e das consoantes, o ALUSTP representa as vogais na margem do núcleo silábico ou 'ditongos' com os grafemas <w> e <y>, o primeiro para a vogal posterior alta arredondada [u] e o último para a vogal anterior alta não-arredondada [i]. Desta forma, as vogais na margem do núcleo diferem-se graficamente das vogais nucleares. Assim, em **santome**, <fya> [ˈfja] 'folha' difere de <fi.a> [fiˈa] 'esfriar'. A posição do acento não é marcada com diacríticos no sistema gráfico do ALUSTP, sendo inferida pelo contexto.

Por fim, emprega-se hífen em palavras nominais compostas, como **bega-kôlê** 'diarréia'. Não se emprega o hífen para formas inerentemente duplicadas, como é o caso de expressões com ideofones, tais como **dana** *kotokoto* 'estragar-se por completo', ou determinados advérbios, como **djandjan** 'depressa'.

Considerando que a variação linguística é natural em todas as línguas do mundo, normatizar uma língua e propor um sistema gráfico envolvem a eleição de uma variante linguística como padrão. Neste dicionário, não optamos por uma variante padrão, porém todas as entradas e suas variações fonéticas foram chanceladas por um grupo variado de falantes. Além da variação fonética previsível, há no **santome**, variação não previsível, isto é, um tipo de variação que ocorre em algumas palavras sem, contudo, se estender a todos os contextos semelhantes. Nesses casos, no dicionário, uma das formas variantes remete à outra. Encontramos variação fonética não previsível entre [dʒ] e [ʒ] (por exemplo, em **djêlu** e **jêlu**), [mb] e [b] (**mbon** e **bon**), [n] e [l] (**nansolo** e **lansolo**), [ng] e [g] (**ngandu** e **gandu**), [dl] e [gl] (**dlêtu** e **glêtu**). Além dessas, há variação imprevisível entre vogais (**andji** e **ondji**), vogal nasal e oral em final de palavra (**nantan** e **nanta**) e alguma variação da posição de sequências consonantais com [l] como segundo elemento (**klisengê** e **kisenglê**), sequências de três consoantes no começo de palavra (**xtluvisu** e **xlivisu**), entre outras. Em caso de variação, as duas ou mais formas variantes estão listadas, com remissão à mais frequente no *corpus* ou à forma mais aceite pelos colaboradores.

FONEMAS E GRAFEMAS DO **SANTOME**

Fonema	Grafema	Santome	Português
Vogais			
/u/ alta arredondada posterior	<u>	<mulu>	'muro'
/i/ alta não-arredondada anterior	<i>	<mili>	'mil'
/ɛ/ média-baixa não-arredondada anterior	<e>	<tela>	'terra'
/ɔ/ média-baixa arredondada posterior	<o>	<losa>	'roça'
/e/ média-alta não-arredondada anterior	<ê>	<glêza>	'igreja'
/o/ vogal média-alta arredondada posterior	<ô>	<lôsô>	'arroz'
/a/ baixa central	<a>	<ubaga>	'panela de barro'
Consoantes			
/p/ oclusiva bilabial surda	<p>	<ope>	'pé'
/b/ oclusiva bilabial sonora	<b>	<ôbô>	'floresta'
/t/ oclusiva alveolar surda	<t>	<tason>	'sentar-se'
/d/ oclusiva alveolar sonora	<d>	<dawa>	'coco'
/dʒ/ africada álveo-palatal sonora	<dj>	<djêlu>	'dinheiro'
/tʃ/ africada álveo-palatal surda	<tx>	<notxi>	'norte'
/v/ fricativa lábio-dental sonora	<v>	<vôlô>	'zangar'
/f/ fricativa lábio-dental surda	<f>	<fla>	'falar'
/g/ oclusiva velar sonora	<g>	<bega>	'barriga'
/k/ oclusiva velar surda	<k>	<faka>	'faca'
/gb/ oclusiva velo-labial sonora	<gb>	<gbêgbê>	'caracol'
/m/ oclusiva nasal bilabial sonora	<m>	<mosu>	'rapaz'
/n/ oclusiva nasal alveolar	<n>	<novu>	'novo'
/l/ oclusiva lateral sonora	<l>	<lembla>	'lembrar'
/ʎ/ oclusiva palatal sonora	<lh>	<olha>	'orelha'
/ɲ/ oclusiva nasal palatal	<nh>	<fanha>	'farinha'
/r/ tepe vibrante alveolar	<r>	<karu>	'carro'
/z/ fricativa alveolar sonora	<z>	<oze>	'hoje'
/s/ fricativa alveolar surda	<s>	<sela>	'cheirar'
/ʒ/ fricativa palatal sonora	<j>	<ja>	'dia'
/ʃ/ fricativa palatal surda	<x>	<xipitali>	'hospital'
/j/ aproximante palatal	<y>	<ya>	'ilha'
/w/ aproximante lábio-velar	<w>	<wê>	'olho'

FONTES DO DICIONÁRIO

O dicionário foi elaborado, essencialmente, a partir de vários tipos de materiais: fontes escritas, transcrições e o trabalho direto com consultores nativos, que nem sempre estava diretamente relacionado com o dicionário mas com outras pesquisas em andamento. Os dados coletados foram verificados e testados com falantes nativos do **santome**, em São Tomé, em Lisboa ou por e-mail. No domínio das fontes escritas, há que distinguir entre fontes publicadas e privadas. Destas, as primeiras encontram-se listadas na Bibliografia, sendo compostas principalmente pelo material lexicográfico encontrado nos diversos trabalhos sobre o santome, nomeadamente Negreiros (1895), Ferraz (1979), Major/MEC (2004), Rougé (2004) e Fontes (2007), bem como livros e folhetins com material em **santome**, e artigos científicos relacionados com a flora e a fauna; as segundas são, por norma, materiais panfletários, com um maior peso para composições musicais. As transcrições de gravações com falantes nativos do **santome** são compostas, em boa parte, por narrativas tradicionais (**soya**) e conversas espontâneas. É de salientar que grande parte destas fontes integra o *corpus* linguístico do **santome** que está a ser construído, no Centro de Linguística da Universidade de Lisboa, no âmbito do projeto *As origens e o desenvolvimento de sociedades crioulas no Golfo da Guiné: Um estudo interdisciplinar.*

BIBLIOGRAFIA

AFONSO, Pedro; Filipe Porteiro, Ricardo Santos, João Barreiros, Jean Worms, Peter Wirtz. 1999. Coastal marine fishes of São Tomé Island (Gulf of Guinea). *Arquipélago: Life and Marine Sciences*, 17 A: 65-92.

ALCÂNTARA, Caustrino. s/d. *A bamu fla santome: Subsídio para o estudo de santomé*. Inédito. São Tomé.

ALMEIDA, António de. 1949. Sobre a Terminologia Anatómica no Crioulo de S. Tomé e Príncipe. *Anais da Junta de Investigações Coloniais* IV: 49-61.

ARAUJO, Gabriel Antunes & Ana Lívia dos Santos Agostinho. 2010. Padronização das línguas nacionais de São Tomé e Príncipe. *Língua e Instrumentos Linguísticos* 26: 49-81.

ARAUJO, Gabriel Antunes. 2011. Consoantes com dupla articulação e onsets complexos nas línguas crioulas do Golfo da Guiné. *Estudos Linguísticos* 40 (1): 316-325.

BONFIM, Francisco de Jesus. 1921. Tênde cuá. In *A Liberdade*, ano II, n.º 25 (9 de setembro de 1921); ano II, n.º 26 (15 de outubro de 1921); ano III, n.º 28 (17 de fevereiro de 1923).

BONFIM, Francisco de Jesus. Panfletos inéditos, década de 1940.

BRAGA DE MACEDO, Teófilo. s/d. *Folhetim 1*. S. Tomé: Empresa de Artes Gráficas.

BRAGA DE MACEDO, Teófilo. 1984. *Folhetim 2*. S. Tomé: Empresa de Artes Gráficas.

BRAGA DE MACEDO, Teófilo. 1985. *Folhetim 3*. S. Tomé: Empresa de Artes Gráficas.

BRAGA DE MACEDO, Teófilo. s/d. *Folhetim 4*. S. Tomé: Empresa de Artes Gráficas.

BRAGA DE MACEDO, Teófilo. 1986. *Folhetim 10*. S. Tomé: Empresa de Artes Gráficas.

COELHO, Adolfo. 1880-1886. Os dialectos românicos ou neo-latinos na África, Ásia e América. In Morais Barbosa, Jorge (ed.) 1967, *Crioulos*. Lisboa: Academia Internacional de Cultura Portuguesa.

COELHO, Angelson. 2010. *Zeme ba fotxi*. São Tomé: Modelos Brindes Publicitários, Lda.

DAIO, Olinto. 2002. *Semplu*. S. Tomé: Gesmedia.

DIRECÇÃO DE CULTURA. 1984. *Cancioneiro do grande festival da canção popular*. São Tomé: Empresa de Artes Gráficas.

DIRECÇÃO DA CULTURA. *Revista Cultural*, n.º 1, 1990, S. Tomé.

ESPÍRITO SANTO, Carlos. 1979. *Aguêdê zó véssu*. Lisboa: Grafitécnica.

ESPÍRITO SANTO, Carlos. 1998a. *A Coroa do Mar*. Lisboa: Cooperação.

ESPÍRITO SANTO, Carlos. 1998b. O crioulo forro: Artigos, substantivos e adjectivos. *Revista Camões* 1: 54-9.

ESPÍRITO SANTO, Carlos. 2001. *Enciclopédia Fundamental de São Tomé e Príncipe*. Lisboa: Cooperação.

ESPÍRITO SANTO, Joaquim do. 1969. Nomes crioulos e vernáculos de algumas plantas de S. Tomé e Príncipe. *Boletim Cultural da Guiné Portuguesa* 24: 193–211.

FERRAZ, Luiz Ivens. 1979. *The creole of São Tomé*. Johannesburg: University of the Witwatersrand Press.

FERRAZ, Luiz Ivens. 1987. The liquid in the Gulf of Guinea creoles. *African Studies* 46: 287-295.

FIGUEIREDO, Estrela. 2002. Nomes vulgares da flora de São Tomé e Príncipe. *Garcia de Orta, Sér. Bot.* 15,1: 109–139.

FIGUEIREDO, E., J. Paiva; T. Stévart; F. Oliveira, & G. F. Smith. 2011. Annotated catalogue of the flowering plants of São Tomé and Príncipe. *Bothalia* 41(1): 41–82.

FONTES, Carlos. 2007. Estudo do léxico do são-tomense com dicionário. Tese de Mestrado, Universidade de Coimbra.

FRADE, Fernando. 1956. Aves e Mamíferos das Ilhas de São Tomé e do Príncipe – Notas de Sistemática e de Protecção à Fauna. *Conferência Internacional dos Africanistas Ocidentais*, 4º vol., 6ª sessão, S. Tomé, 137-149.

HAGEMEIJER, Tjerk. 2000. Serial verbs in São-Tomense. Tese de Mestrado, Universidade de Lisboa.

HAGEMEIJER, Tjerk. 2005. Going in the clause: ba and be in Santome. *Journal of Portuguese Linguistics*, 3:2, 71-95.

HAGEMEIJER, Tjerk. 2007. Clause structure in Santome. Dissertação de Doutoramento, Universidade de Lisboa.

HAGEMEIJER, Tjerk. 2009. Initial vowel agglutination in the Gulf of Guinea creoles. In Enoch Aboh & Norval Smith (eds.), *Complex processes in new languages*. Amsterdam/ Philadelphia: John Benjamins.

HAGEMEIJER, Tjerk & Ota Ogie . 2011. Edo influence on Santome: evidence from verb serialization and beyond. In Claire Lefebvre (ed.), *Creoles, their substrates, and language typology*, 37-60. Amsterdam, Philadelphia: John Benjamins.

HAGEMEIJER, Tjerk & John Holm. 2008. [Schuchardt, Hugo. "On the Creole Portuguese of São Tomé (West Africa)." Annotated translation from the German of "Ueber das Negerportugiesische von S. Thomé (Westafrika)." Sitzungsberichte der kaiserlichen Akademie der Wissenschaften zu Wien 101(2): 889-917. [1882].] In John Holm & Susanne Michaelis (eds.), *Contact languages: Critical concepts in linguistics*. London, New York: Routledge. Vol. I, 131-156.

HOREMANS, B., J. Galléne & J. C. Njock. 1994. *Revista sectorial da pesca artesanal a São Tomé e Principe. Programa de Desenvolvimento Integrado das Pescas Artesanais na Africa Ocidental (DIPA)*, 32 p. e anexos, DIPA/WP155.

LADHAMS, John, Tjerk Hagemeijer, Philippe Maurer, Marike Post. 2002. Reduplication in the Gulf of Guinea Creoles. In Silvia Kouwenberg (ed.), *Twice as meaningful*, 165-176. London: Westminster Creolistics Series.

MADUREIRA, Maria do Céu. 2007. *Estudo etnofarmacológico de plantas medicinais de S. Tomé e Príncipe*. Mem Martins: Gráfica Europam, Lda.

MAJOR, AYRES VERÍSSIMO/MINISTÉRIO DA EDUCAÇÃO E CULTURA. 2004. *Dicionário lexical santomé-português*. São Tomé: DóriaDesign.

MINISTÉRIO DOS RECURSOS NATURAIS E MEIO AMBIENTE (S.d.). *Estratégia nacional e plano de acção da biodiversidade de São Tomé e Príncipe*. São Tomé.

MINISTÉRIO DOS RECURSOS NATURAIS E AMBIENTE. Direcção Geral do Ambiente. 2008. *Proposta do quadro legal e institucional sobre biosegurança em S. Tomé e Príncipe*.

NAUROIS, René. 1994. *Les oiseaux des îles du Golfe de Guinée (São Tomé, Prince et Annobon) – As aves das ilhas do Golfo da Guiné*. Lisboa: Instituto de Investigação Científica Tropical.

NEGREIROS, António Lobo de Almada. 1895. *Historia Ethnographica da ilha de S. Tomé*. Lisboa: José Bastos.

PONTÍFICE, João; Caustrino Alcântara, Beatriz Afonso, Tjerk Hagemeijer, Philippe Maurer. 2009. Alfabeto Unificado para a Escrita das Línguas Nativas de S. Tomé e Príncipe (ALUSTP). Inédito.

QUINTAS DA GRAÇA, Amadeu. 1989. *Paga Ngunu*. S. Tomé: Empresa de Artes Gráficas.

ROSEIRA, Luís Lopes. 2004. *Plantas úteis da flora de S. Tomé e Príncipe: Medicinais, industriais e ornamentais*, 2ª edição. Lisboa: Gráfica 2000.

ROUGÉ, Jean-Louis. 2004. *Dictionnaire étymologique des creoles portugais d'Afrique*. Paris: Karthala.

ROUGÉ, Jean-Louis & Emmanuel Schang. 2006. The origin of the liquid consonant in Sao-tomense Creole, In P. Bhatt & I. Plag (eds.) *The Structure of Creole Words*, Tübingen: Niemeyer.

SALVATERRA, Jerónimo. 1995. *Tristezas não pagam dívidas*. São Tomé: Cooperativa de Artes Gráficas.

SCHUCHARDT, Hugo (1882). Kreolische Studien I. Über das Negerportugiesische von S. Thomé. *Sitzungsberichte d. Wien*. Ak. 101, II: 889-917.

TINY, Abigail; Haldane Amaro, Iris Hendrickx, Tjerk Hagemeijer. 2012. O forro: A construção de um corpus. In Ana Cristina Roque, Gerhard Seibert e Vítor Rosado Marques (coord.). *Livro de Atas – Colóquio Internacional: São Tomé e Príncipe numa perspectiva interdisciplinar, diacrónica e sincrónica*. Lisboa: ISCTE-IUL; IICT, 597-609.

WAKONGO, Jykiti. 2007-2009. Santome ku Ie – tela di bon nge – ku toka folo. http://santomense.blogspot.pt/ (consultado em 11/12/2012).

Livlu-nglandji santome/putugêji

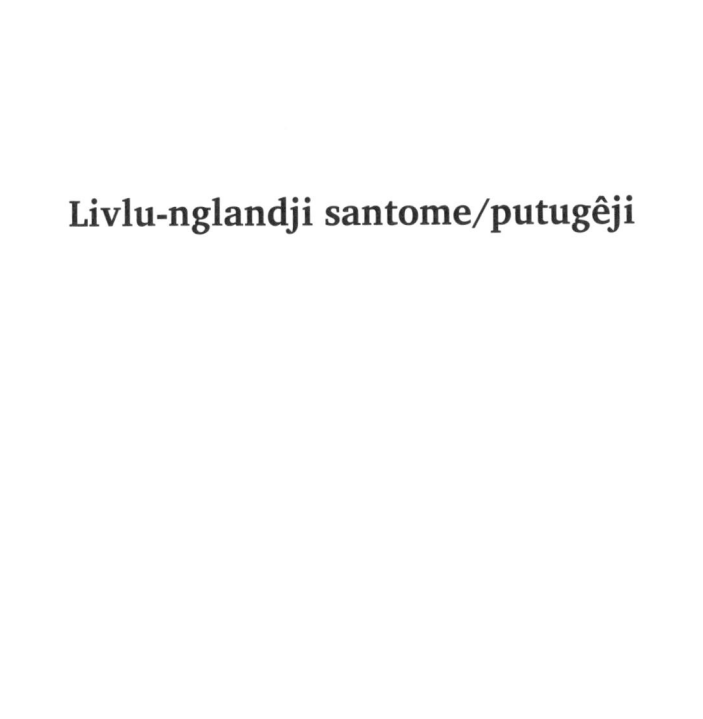

A a

a [a] *(pron.)* 1. Pronome anafórico de terceira pessoa de plural. **A xê.** *Saíram.* 2. Pronome indefinido singular ou plural. **A ka fla.** *Diz-se. Dizem.* 3. Pronome utilizado em frases imperativas referentes à primeira ou segunda pessoa do plural. **A bomu fla santome!** *Vamos falar santome!* **A xa saku!** *Encham os sacos!*

a [a] *(v.)* Há. **A tela ku ka tê vintxi kôlô koblo.** *Há terras com vinte espécies de cobras.*

aba ['aba] *(n.)* 1. Aba. 2. Tronco de árvore.

ababa ê [aba'ba 'e] *(adv.)* 1. Exatamente. 2. Precisamente. 3. Tal e qual.

aba-d'ope ['aba dɔ'pe] *(n.)* Pezão.

abensa [a'bẽsa] *(n.)* Cumprimento respeitoso.

abli [a'bli] *(n.)* Abril.

ablidaji [a'blidaʒi] *(n.)* 1. Habilidade. 2. Subterfúgio. 3. Truque.

ablunusu [ablu'nusu] *(interj.)* Abrenúncio!

abube [a'bubɛ] *(n.)* 1. Analfabeto. 2. Ignorante.

abutu ['abutu] *(n.)* 1. Hábito. 2. Mortalha. 3. Traje do falecido. 4. Vestes sacerdotais.

abuzu [a'buzu] *(n.)* Atrevimento.

adêwa-kongô [a'dewa 'kõgo] *(n.)* Adeus para sempre.

adêzu [a'dezu] *(n.)* Adeus.

afe [a'fɛ] *(n.)* Fé.

Aflika ['aflika] *(top.)* África.

aflikanu [afli'kanu] *(n.)* Africano.

aflison [afli'sõ] *(n.)* Aflição.

aglasa [a'glasa] *(n.)* 1. Nome. 2. Simpatia.

agola [a'gɔla] *(adv.)* 1. E agora. 2. Então. 3. Nesse caso.

agola [a'gɔla] *(conj.)* 1. Contudo. 2. Ora. 3. Porém.

agô-matu [a'go 'matu] *(n.)* Anileiro. *Indigofera tinctoria.*

agôxtô [a'goʃto] *(n.)* Agosto.

agwêdê [agwe'de] *(n.)* 1. Adivinha. 2. *Agwêdê.* Fórmula de introdução de uma adivinha utilizada pelo emissor, ao que o receptor responde **alê**.

ai [a'i] *(adv.)* Cá.

aja vida ku saôdji ['aʒa 'vida ku sa'odʒi] *(expr.)* Haja vida com saúde!

aji ['aʒi] *(n.)* Ás.

akaka [aka'ka] *(interj.)* 1. Atenção! 2. Caramba! 3. Cuidado!

akansa [a'kẽsa] *(n.)* Feijão-de-praia. *Canavalia maritima.*

akêlê [a'kele] *(n.)* 1. Rã. 2. Sapo.

akondô [a'kõdo] *(adj.)* 1. Exibicionista. 2. Vaidoso.

ala [a'la] *(adv.)* 1. Acolá. 2. Lá.

alada ['alada] *(n.)* 1. Peixe arco-íris. *Elegatis bipinnulata.* 2. Alada. Dança típica.

alamanda [ala'mẽda] *(n.)* 1. Alamanda-de-flor-grande. *Orelia grandiflora.* 2. Orelha-de-onça. *Orelia grandiflora.*

alami [a'lami] *(n.)* Arame.

alan [a'lẽ] *(n.)* Aranha.

alê [a'le] *(adv.)* Pronto! Fórmula de resposta utilizada pelo receptor à introdução de uma adivinha.

alê [a'le] *(n.)* 1. Lei. 2. Rei.

alêglia [ale'glia] *(n.)* Alegria.

alêdunha [ale'duɲa] *(n.)* Doninha. *Mustela nivalis.*

alfabaka [alfa'baka] *(n.)* Alfavaca. *Peperomia pellucida.*

alfasi [al'fasi] *(n.)* Alface.

aliadu [ali'adu] *(n.)* Aliado.

aliba ['aliba] *(n.)* 1. Capim. 2. Erva. 3. Grama. 4. Relva.

aliba-blaboza ['aliba bla'bɔza] *(n.)* Aloés. Cf. **blaboza.**

aliba-guya ['aliba 'guja] *(n.)* 1. Carrapicho-de-agulha. *Bidens pilosa.* 2. Folha-agulha. *Ludwigia erecta.*

aliba-kasô ['aliba ka'so] *(n.)* 1. Capim-de-burro. *Eleusine indica.* 2. Capim-vassoura. *Eleusine indica.* 3. Erva-cão. *Eleusine indica.*

aliba-manswenswe ['aliba mẽswẽ'swɛ] *(n.)* Sorgo. *Sorghum bicolor.*

alika [a'lika] *(n.)* 1. Arca. 2. Baú.

alima ['alima] *(n.)* 1. Alma. 2. Espírito. 3. Fantasma.

alimandadji [alimẽ'dadʒi] *(n.)* 1. *Alimandadji.* Dança comumente executada no fim das empreitadas, sobretudo nas roças. 2. Coletivo constituído por vinte a trinta membros que, antigamente, se atarefavam na colheita do café, cacau e nos demais serviços agrícolas. 3. Irmandade.

alimanze [alimẽ'zɛ] *(n.)* Armazém. Cf. **alumanze.**

alima-plêdidu ['alima ple'didu] *(n.)* Alma penada.

alkase [alka'sɛ] *(n.)* Acácia. *Cassia spectabilis.*

almidi [al'midi] *(n.)* Almude. Cf. **almudi.**

almilantxi [almi'lẽtʃi] *(n.)* 1. Almirante. 2. Figurante do *sokope.*

almudi [al'mudi] *(n.)* Almude. Medida para líquidos.

aloko [alɔ'kɔ] *(n.)* Álcool.

alugudon [alugu'dõ] *(n.)* Algodão.

aluku ['aluku] *(n.)* 1. Arco. 2. Arco-íris.

alumanze [alumẽ'zɛ] *(n.)* Armazém.

alumayu [alu'maju] *(n.)* Armário.

alumidu [alu'midu] *(n.)* 1. Alumínio. 2. Recipiente de alumínio.

aluminu [aluˈminu] *(n.)* Alumínio. Cf. **alumidu**.
alunu [aˈlunu] *(n.)* Aluno.
aluvu [ˈaluvu] *(n.)* Árvore.
aluvu-sê-fya [ˈaluvu ˈse ˈfja] *(n.)* Árvore-sem-folha. *Euphorbia tirucalli*.
alya [aˈlja] *(n.)* Areia.
am [ẽ] *(pron.)* Eu. Cf. **ami**.
ama [ˈẽma] *(n.)* Gita. *Boaedon lineatus bedriage*.
amanha [amẽˈɲa] *(adv.)* Amanhã. Cf. **amanhan**.
amanhan [amẽˈɲẽ] *(adv.)* Amanhã.
aman-pasa [aˈmẽ paˈsa] *(adv.)* Depois de amanhã.
ama-seka [ˈẽma ˈsɛka] *(n.)* 1. Ama de leite. 2. Ama-seca.
amblôyô [ẽbloˈjo] *(adv.)* 1. Abundantemente. 2. Em grande quantidade. 3. Muito.
amblu [ˈẽblu] *(n.)* Ombro.
ambo [ẽˈbɔ] *(n.)* Tartaruga-verde. *Chelonia midas*.
amêjua [aˈmeʒua] *(n.)* Amêijoa. *Cerastoderma edule*.
amen [ˈamẽ] *(interj.)* Amén.
amenu [aˈmenu] *(adv.)* Ao menos.
ami [aˈmi] *(pron.)* Eu. **Ami so be**. *Eu é que fui*.
amixtlason [amiʃtlaˈsõ] *(n.)* Administração.
amôlê [aˈmole] *(n.)* Amor.
amôlê-pedasu [aˈmole peˈdasu] *(n.)* Manta ou peça de vestuário a base de retalhos.
amwêlê [aˈmwele] *(n.)* Amor. Cf. **amôlê**.
an [ẽ] *(int.)* 1. Onde. **An bô xka be?** *Onde estás a ir?* 2. Onde. Cf. **andji**.
an [ẽ] *(part.)* 1. Partícula interrogativa. **Bô tendê an?** *Compreendeste?* 2. Partícula enfática que ocorre tipicamente com os verbos declarativos **fla** e **fada**. *Santome fla an... Em santome diz-se...*
anan [aˈnẽ] *(n.)* 1. Anã. 2. Anão.
anda [ˈẽda] *(conj.)* 1. Não é que. **Anda ê ta ka fla**. *Não é que ele estava a dizer*. 2. Afinal.
andali [ẽˈdali] *(n.)* 1. Andar. 2. Piso.
andami [ẽˈdami] *(n.)* Andaime.
andeji [ẽˈdɛʒi] *(adv.)* 1. Ademais. 2. Além disso. 3. Aliás.
andeji me [ẽˈdɛʒi ˈmɛ] *(adv.)* 1. Além disso. 2. Tanto é que.
andji [ˈẽdʒi] *(int.)* Onde.
andji [ˈẽdʒi] *(n.)* Andim. *Elaeis guinensis*.
andôlin [ẽdoˈlĩ] *(n.)* 1. Andorinha. 2. Rabo-espinhoso de São Tomé. *Zoonavena thomensis*.
andôlô [ẽˈdolo] *(n.)* 1. Andar da procissão. 2. Andor.
angu [ẽˈgu] *(n.)* 1. Angu. 2. Massa de banana.
anha [ẽˈɲa] *(v.)* 1. Agarrar. 2. Apanhar.
anili [aˈnili] *(n.)* Anil.
anji [ˈẽʒi] *(int.)* Onde. Cf. **andji**.
anjogo [ẽʒɔˈgɔ] *(n.)* Anjogo. *Tristemma mauritianum*.
anka [ˈẽka] *(n.)* Caranguejo.
ankêlê [ˈẽkele] *(n.)* 1. Rã. 2. Sapo. Cf. **akêlê**.
ankôla [ˈẽkola] *(n.)* Âncora.
antan [ẽˈtẽ] *(adv.)* Então. Cf. **anton**.
antawo [ẽtaˈwɔ] *(adv.)* 1. Ainda. **Bô sa mina-pikina antawo**. *Ainda és uma criança*. 2. Ainda não. **N na tê fa. Antawo**. *Não tenho. Ainda não*.
antê [ẽˈte] *(adv.)* 1. Até. 2. Inclusive.
antê [ẽˈte] *(prep.)* 1. Até. 2. Até que.
antê ku [ẽˈte ˈku] *(conj.)* Até que.
antix [ẽˈtiʃ] *(adv.)* 1. Antes. 2. Outrora.
antix ku [ˈẽtiʃ ˈku] *(conj.)* Antes.
antix pa [ˈẽtiʃ ˈpa] *(conj.)* Antes que.
anton [ẽˈtõ] *(adv.)* Então.
antonte [ẽˈtõte] *(adv.)* Anteontem. Cf. **antonten**.
antonten [ẽˈtõtẽ] *(adv.)* Anteontem.
anu [ˈẽnu] *(n.)* Ano.
anumu [ˈanumu] *(n.)* 1. Alento. 2. Ânimo.
anxa [ˈẽʃa] *(n.)* 1. Angústia. 2. Ânsia. 3. Suspiro.
anzu [ˈẽzu] *(n.)* 1. Anjo. 2. Bebê. 3. Criança.
anzu-dêsu [ˈẽzu ˈdesu] *(n.)* Bebê.
anzu-mama [ˈẽzuˈmẽma] *(n.)* Recém-nascido.
apa [aˈpa] *(n.)* Pá.
apilidu [apiˈlidu] *(n.)* Apelido.
apoxtulu [aˈpɔʃtulu] *(n.)* 1. Apóstolo. 2. Discípulo.
apoyadu [apɔˈjadu] *(adj.)* Apoiado.
ase [aˈsɛ] *(n.)* Sé-catedral.
asoxiason [asɔʃiaˈsõ] *(n.)* Associação.
asu [ˈasu] *(n.)* Aço.
asuntu [aˈsũtu] *(n.)* Assunto.
ata [aˈta] *(n.)* Mandioca. *Manihot esculenta*.
atali [aˈtali] *(n.)* Altar.
atisô [atiˈso] *(n.)* Atisô. Tipo de tecido.
atlimija [atliˈmiʒa] *(n.)* Natruja. *Artemisia vulgaris*.
atukaru [atuˈkaru] *(n.)* 1. Autocarro. 2. Ônibus.
atxi [ˈatʃi] *(n.)* Arte.
avia [aˈvia] *(v.)* Havia. Fórmula discursiva com que se iniciam histórias tradicionais, como em: **Avia ũa alê**. *Era uma vez um rei*.
avlê [ˈavle] *(interj.)* 1. Ave! 2. Salve!
avlê-maya [ˈavle maˈja] *(n.)* Ave-Maria.
avogadu [avɔˈgadu] *(n.)* Advogado.
avyon [aˈvjõ] *(n.)* Avião.
awa [ˈawa] *(n.)* 1. Água. 2. Ribeira. 3. Rio.
awa-bôbô [ˈawa boˈbo] *(n.)* Nascente de água.
awa-boka [ˈawa ˈbɔka] *(n.)* 1. Baba. 2. Restos. 3. Saliva. 4. Sobejos.
awadentxi [ˈawaˈdẽtʃi] *(n.)* 1. Aguardente. 2. Cachaça.
awa-flêbê [ˈawa fleˈbe] *(n.)* Água mineral gasosa.
awa-fumadu [ˈawa fuˈmadu] *(n.)* Dique.
awa-kalabana [ˈawa ˈkalaˈbana] *(n.)* Xarope Carabana.
awa-kobo [ˈawa kɔˈbɔ] *(n.)* Poço escavado.
awa-lôdô [ˈawa ˈlodo] *(n.)* 1. Charco. 2. Lagoa. 3. Laguna.
awa-matu [ˈawa ˈmatu] *(n.)* 1. Cheia. 2. Enchente. 3. Enxurrada.
awa-po [ˈawa ˈpɔ] *(n.)* Esperma.
awa toma [tɔˈma] *(expr.)* Alagar. **Awa toma poson**. *A cidade ficou alagada*.
awa-txotxo [ˈawa tʃɔˈtʃɔ] *(n.)* Certos pequenos cursos d'água.
awa-wê [ˈawa ˈwe] *(n.)* Lágrima.

awa-xelele [ˈawa ʃɛlɛˈlɛ] *(n.)* 1. Riacho de águas calmas (utilizado para a plantação de agrião).   2. Água potável.   3. Ribeiro.
awo [aˈwɔ] *(interj.)* Haja Paciência!
axa [ˈaʃa] *(n.)* 1. Acha.   2. Bordão.   3. Cacete empregado na **bliga** 4. Pau.
axa-mon [ˈaʃa ˈmõ] *(n.)* 1. Antebraço.   2. Braço.
axen [aˈʃẽ] *(adv.)* 1. Assim.   2. Desta forma.
axen me [aˈʃẽ ˈmɛ] *(conj.)* 1. Apesar disso.   2. Mesmo assim.
axen me [aˈʃẽ ˈmɛ] *(interj.)* Bem feito!
axen so [aˈʃẽ ˈsɔ] *(interj.)* 1. A mesma história de sempre!   2. Sempre o mesmo!
axi [aˈʃi] *(adv.)* Assim.
axi bonja [ˈaʃi bõˈʒa] *(adv.)* Ainda bem.
axi fa [aˈʃi ˈfa] *(conj.)* 1. Caso contrário.   2. Senão.
axitentxi [aʃiˈtẽtʃi] *(adj.)* Assistente.
ayen [aˈjẽ] *(adv.)* Aqui.
ayu [ˈaju] *(n.)* Alho.
ayu-d'ôbô [ˈaju doˈbo] *(n.)* Alho-d'ôbô. ***Psychotria peduncularis***.
aza [ˈaza] *(n.)* Asa.
aza [aˈza] *(n.)* Azar.
azagwa [aˈzagwa] *(n.)* Azagwa. Prato típico da Ilha do Príncipe, à base de folhas e feijão, acompanhado de farinha de mandioca.
aza-pixi [ˈaza ˈpiʃi] *(n.)* Barbatana.
aze [aˈzɛ] *(id.)* Cf. **fitxisêlu aze**.
azêtô [azeˈto] *(adj.)* 1. Abandonado.   2. Desertado.
azunu [ˈazunu] *(n.)* Asno. ***Balistes punctatus***.

B b

ba [ˈba] *(onom.)* Exprime o som de um embate.
ba [ˈba] *(prep. v.)* Para. **Non kôlê ba ke**. *Corremos para casa.*
ba [ˈba] *(v.)* Ir (quando seguido de complemento locativo). **Non ba ple**. *Fomos à praia.*
ba awa la kwa [ˈba ˈawa ˈla ˈkwa] *(expr.)* Lavar loiça ou roupa no rio.
baba [baˈba] *(n.)* Laço.
bababa [babaˈba] *(adv.)* 1. Exatamente. 2. Precisamente.
bababa [babaˈba] *(id.)* Cf. **vlêmê bababa**.
babaka [babaˈka] *(id.)* Cf. **pya babaka**.
babaka [babaˈka] *(v.)* 1. Embasbacar. 2. Ficar admirado.
babakadu [babaˈkadu] *(adj.)* 1. Boquiaberto. 2. Embasbacado. 3. Pasmado.
ba bligidi [ˈba bliˈgidi] *(expr.)* 1. Desmoronar. 2. Despencar.
badêzu [baˈdezu] *(n.)* Badejo. *Epinephelus goreensis*.
badja [ˈbadʒa] *(n.)* Banho tradicional à base de folhas medicinais.
badja-badja [ˈbadʒa ˈbadʒa] *(v.)* Ato de dar o **badja**, massageando suavemente o corpo.
badji [ˈbadʒi] *(n.)* 1. Abade. 2. Balde. 3. Fruta-pão muito verde, usada para cozer apenas.
badô [baˈdo] *(n.)* Aquele que vai.
badu [ˈbadu] *(adj.)* Ido.
baêta [baˈeta] *(n.)* Baeta.
bafa [baˈfa] *(v.)* 1. Abafar. 2. Ocultar. 3. Tapar.
bafadu [baˈfadu] *(adj.)* 1. Abafado. 2. Oculto. 3. Tapado.
bafama [bafaˈma] *(v.)* 1. Afamar. 2. Difamar. 3. Ter fama.
bafamadu [bafaˈmadu] *(adj.)* Famoso.
baga [ˈbaga] *(n.)* Panela. Cf. **ubaga**.
bagadji [baˈgadʒi] *(n.)* Bagagem.
bagaji [baˈgaʒi] *(n.)* Bagagem. Cf. **bagadji**.
bagasa [baˈgasa] *(v.)* 1. Despedaçar. 2. Esboroar. 3. Retalhar.
bagasadu [bagaˈsadu] *(adj.)* 1. Retalhado. 2. Com vários cortes.
bagasu [baˈgasu] *(n.)* 1. Aguardente. 2. Bagaço.
bagon [baˈgõ] *(n.)* 1. Vagão. 2. Vagoneta.
bagu-d'ovu [ˈbagu ˈdɔvu] *(n.)* Testículos.
baji [ˈbaʒi] *(n.)* 1. fruta-pão muito verde, usada para cozer apenas. 2. Balde. Cf. **badji**.
bakatxi [baˈkatʃi] *(n.)* 1. Abacate. 2. Abacateiro. *Persea americana*.

bakaya [bakaˈja] *(n.)* 1. Bacalhau. 2. Bacalhau seco.
bakê [baˈke] *(n.)* 1. Borda da panela. 2. Prisão de ventre. 3. Recipiente para cozinhar.
bakôwa [bakoˈwa] *(n.)* 1. Anã. 2. Anão.
bakuda [baˈkuda] *(n.)* Barracuda. *Sphyraena guachancho*.
bala [ˈbala] *(n.)* 1. Barra. 2. Bola de ferro empregada para descascar as sementes do *izaquente*.
balabala [ˈbalaˈbala] *(n.)* 1. Brotos. 2. Mulato. *Paranthias furcifer*.
balakon [balaˈkõ] *(n.)* Balcão.
balansa [baˈlẽsa] *(n.)* Balança.
balansa [balẽˈsa] *(v.)* 1. Balançar. 2. Movimentar.
balela [baˈlɛla] *(v.)* 1. Melhorar. 2. Sarar. 3. Sentir melhoras. 4. Ventilar a roupa no estendal.
balela [baˈlɛla] *(n.)* Tribuna tradicional.
baleladu [balɛˈladu] *(adj.)* 1. Assim-assim. 2. Mais ou menos. 3. Melhorado. 4. Remediado. 5. Sarado.
balele [ˈbalɛlɛ] *(adj.)* De baixa estatura.
balele [ˈbalɛlɛ] *(n.)* Galinha-garnisé. Cf. **nganha-balele**.
balêtê [baˈlete] *(n.)* 1. Barrete. 2. Chapéu.
balha [baˈʎa] *(n.)* Baleia.
balha [baˈʎa] *(v.)* 1. Baralhar. 2. Embaralhar.
bali [baˈli] *(v.)* Varrer.
balidô [baliˈdo] *(n.)* Varredor.
balidu [baˈlidu] *(adj.)* Varrido.
balili [baˈlili] *(n.)* Barril.
balingwa [baˈlĩgwa] *(v.)* Emboscar. Cf. **balungwa**.
balingwadu [balĩˈgwadu] *(adj.)* Emboscado. Cf. **balungwadu**.
balon [baˈlõ] *(n.)* 1. Balão. 2. Varrão. Cf. **plôkô-balon**.
balu [ˈbalu] *(n.)* 1. Argila. 2. Barro. 3. Terra.
balungwa [balũˈgwa] *(v.)* 1. Emboscar. 2. Esconder(-se). 3. Tocaiar.
balungwadu [balũˈgwadu] *(adj.)* 1. Emboscado. 2. Escondido.
balya [baˈlja] *(n.)* Baleia. Cf. **balha**.
bambakwere [bẽbakweˈrɛ] *(n.)* Pobre diabo.
bambi [bẽˈbi] *(n.)* 1. Depressão. 2. Pneumonia. 3. Tristeza causada por decepção, a qual pode ser curada através do ritual **kota-bambi**.
bambu [bẽˈbu] *(n.)* Bambu. *Bambusa vulgaris*.
bamu [ˈbẽmu] *(v.)* Vamos.
bana [ˈbana] *(n.)* 1. Banana-pão. *Musa sapientum*. 2. Banana-da-terra. *Musa sapientum*.
bana [baˈna] *(v.)* Abanar.

bana-aga [ˈbana ˈaga] (n.) 1. Banana-pão. *Musa sapientum*. 2. Banana-da-terra. *Musa sapientum*.
banadô [banaˈdo] (n.) 1. Abanador. 2. Leque.
bana-gabon [baˈna gaˈbõ] (n.) Banana-pão roxa. *Musa velutina*.
bana-manson [ˈbana mẽˈsõ] (n.) 1. Banana-maçã. 2. Bananeira-maçã. *Musa acuminata*.
bana-mpon [ˈbana ˈmpõ] (n.) 1. Banana-pão. 2. Bananeira-pão. *Musa paradisiaca*.
bana-mwala [ˈbana ˈmwala] (n.) 1. Esponjeira. *Acacia farnesiana*. 2. Banana-prata de casca muito fina.
bana-ôlô [ˈbana ˈolo] (n.) 1. Banana-ouro. 2. Bananeira-ouro. *Musa x paradisiaca*.
bana-plata [ˈbana ˈplata] (n.) 1. Banana-prata. 2. Bananeira-prata. *Musa balbisiana*. 3. Banana-prata. Cf. **kitxiba**.
banda [ˈbẽda] (n.) 1. Lado. 2. Parte. 3. Região.
banda-basu [ˈbẽda ˈbasu] (n.) Cidade de São Tomé e imediações.
bandela [bẽˈdɛla] (n.) Bandeira.
bandela [bẽdɛˈla] (v.) 1. Embandeirar. 2. Passear. 3. Vaguear.
bandêza [bẽˈdeza] (n.) 1. Bandeja. 2. Tabuleiro. 3. Travessa.
bandilha [bẽˈdiʎa] (n.) Baunilha. *Vanilla planifolia*.
bandôlin [bẽdoˈlĩ] (n.) Bandolim.
bandu [ˈbẽdu] (n.) Bando.
banha [ˈbẽɲa] (n.) 1. Banha. 2. Gordura.
banha [bẽˈɲa] (v.) 1. Embainhar. 2. Fazer a bainha.
banhu [ˈbẽɲu] (n.) Banho.
banka [bẽˈka] (n.) *Banka*. *Tephrosia vogelii*.
banka [bẽˈka] (v.) 1. Abancar. 2. Instalar-se.
bankêtê [bẽˈkete] (n.) Banquete.
banku [ˈbẽku] (n.) 1. Assento. 2. Banco. (Instituição financeira.)
banku-tason [ˈbẽku taˈsõ] (n.) Banquinho.
bansa [ˈbẽsa] (n.) 1. Haste feita com o ramo da palmeira 2. Vara feita com a haste do ramo da palmeira.
bansa [bẽˈsa] (n.) Costela.
banza [ˈbẽza] (n.) Chocolate.
banzu [ˈbẽzu] (n.) 1. Boquiaberto. 2. Surpreendido.
basa [ˈbasa] (n.) Onda.
basô [baˈso] (n.) Flatulência.
basola [baˈsɔla] (n.) Vassoura.
basu [ˈbasu] (n.) 1. Baço. 2. Vagina.
basu [ˈbasu] (prep. n.) 1. Baixo. 2. Debaixo. 3. Embaixo.
basu-d'ite [ˈbasu ˈditɛ] (n.) Baixo-ventre.
basu-kadjan [ˈbasu kaˈdʒẽ] (n.) Parte de baixo da casa tradicional sobre estacas, utilizada para armazenar materiais.
basu-mon [ˈbasu ˈmõ] (n.) 1. Axila. 2. Sovaco.
basu-son [ˈbasu ˈsõ] (n.) 1. Cave. 2. Subterrâneo.
basu-wê [ˈbasu ˈwe] (n.) Pálpebra.
batata [baˈtata] (n.) Batata.
batata-doxi [baˈtata ˈdɔʃi] (n.) Batata-doce. *Ipomoea batatas*.
batata-pimpin [baˈtata pĩˈpĩ] (n.) Batata pim-pim. *Peponium vogelii*.

batê [baˈte] (v.) 1. Abater. 2. Bater.
batêmentu [bateˈmẽtu] (n.) 1. Abatimento. 2. Desconto. 3. Saldos.
batê-mon [baˈte ˈmõ] (n.) 1. *Batê-mon*, uma festa tradicional. 2. Convívio.
batu [baˈtu] (n.) Jiló. Cf. **batwitwi**.
batuti [batuˈti] (n.) Jiló. Cf. **batwitwi**.
batwitwi [batwiˈtwi] (n.) Jiló. *Solanum aethiopicum*.
bau [baˈu] (n.) Baú.
baxa [baˈʃa] (n.) 1. Bacia. 2. Vasilha.
baxa [baˈʃa] (v.) Internar(-se) no hospital.
baxale [baʃaˈle] (n.) Bacharel.
baxa-xinadu [ˈbaʃa ʃiˈnadu] (n.) Abaixo-assinado.
baxa-zawa [baˈʃa ˈzawa] (n.) 1. Bacio. 2. Urinol.
baxin [baˈʃĩ] (n.) 1. Bacio. 2. Penico. 3. Prato tradicional de madeira.
baxina [baˈʃina] (n.) Vacina.
baxina [baʃiˈna] (v.) Vacinar.
baxinadu [ˈbaʃiˈnadu] (adj.) Vacinado.
baxta [baʃˈta] (v.) 1. Bastar. 2. Importar. **Baxta n bê wê dê**. *O que importa é que vi os seus olhos.*
baxta pa [baʃˈta ˈpa] (conj.) 1. Conquanto que. 2. Desde que. **Baxta pa n bê wê dê**. *Desde que eu veja os seus olhos.*
baxtava [baʃˈtava] (v.) Bastar. Cf. **baxta**.
baya [baˈja] (n.) 1. Feitiçaria. 2. Feitiço.
baya [baˈja] (v.) 1. Enfeitiçar. 2. Fazer feitiço(s) contra alguém.
bayadu [baˈjadu] (adj.) Enfeitiçado.
bayle [ˈbajlɛ] (n.) 1. Baile. 2. Dança.
baza [baˈza] (v.) 1. Abaixar(-se). 2. Baixar. 3. Despejar. 4. Diminuir.
bazadu [baˈzadu] (adj.) 1. Abaixado. 2. Baixado. 3. Baixo. 4. Curvado. 5. De cócoras. 6. Vergado.
be [ˈbɛ] (prep. v.) Para lá. **Bisu vwa be**. *O pássaro voou para lá.*
be [ˈbɛ] (v.) Ir (quando não é seguido do complemento locativo). **Non be djandjan**. *Fomos depressa.*
bê [ˈbe] (v.) 1. Encontrar. 2. Ver.
beba [ˈbɛba] (n.) 1. Barba. 2. Bigode.
beba-blata [ˈbɛba ˈblata] (n.) Barba-de-barata. *Acacia kamerunensis*.
beba-min [ˈbɛba ˈmĩ] (n.) 1. Barba do milho. 2. Cabelo do milho. 3. Pelos púbicos da puberdade.
bebason [ˈbɛbaˈsõ] (n.) 1. Menstruação. 2. Período.
bebe [bɛˈbɛ] (n.) 1. Bebê. 2. Criança. 3. Mudo.
bebê [bɛˈbe] (v.) Beber.
bêbê [ˈbebe] (n.) Bebida alcoólica.
bebeda [bebɛˈda] (n.) 1. Bêbado. 2. Bebedeira. 3. Bebida alcoólica.
bebeda [bebɛˈda] (v.) 1. Embebedar. 2. Estar bêbado.
bebedadu [bebɛˈdadu] (adj.) 1. Bêbado. 2. Embriagado. 3. Imbecil.
bebedadu sete fôlô [bebɛˈdadu ˈsɛtɛ ˈfolo] (expr.) 1. Bebedíssimo. 2. Embriagadíssimo.
bêbêdô [bebeˈdo] (n.) 1. Bêbado. 2. Bebedor.
bêbêka [bebeˈka] (n.) *Bebeka*. *Trachinotus ovatus*.

bêbidu [beˈbidu] *(adj.)* 1. Bêbado. 2. Bebido. 3. Molhado.
bêbidu-awa [beˈbidu ˈawa] *(adj.)* Envelhecido.
bêdêsê [bedeˈse] *(n.)* Obediência.
bêdêsê [bedeˈse] *(v.)* Obedecer.
bêdêxidu [bedeˈʃidu] *(adj.)* 1. Obedecido. 2. Obediente.
bêdô [beˈdo] *(n.)* 1. Aquele que vê. 2. *Bêdô.* Almofadinha com remédio utilizada, depois de aquecida com uma pedra quente, para aperfeiçoar o formato da cabeça ou do nariz de um recém-nascido 3. *Bêdô.* Pedra utilizada no banho tradicional do recém-nascido para fortalecer o seu corpo ou cicatrizar o umbigo.
bega [ˈbɛga] *(n.)* 1. Barriga. 2. Estômago. 3. Órgãos internos.
begabega [ˈbɛgaˈbɛga] *(adv.)* 1. À beira de. 2. Nas imediações de. 3. Perto de. 4. Próximo de. 5. Quase.
bega-d'ope [ˈbɛga dɔˈpɛ] *(n.)* 1. Barriga da perna. 2. Batata da perna. 3. Panturrilha.
bega-kôlê [ˈbɛga koˈle] *(n.)* Diarréia.
bega-lanka [ˈbɛga lẽˈka] *(n.)* Aborto.
bega-môvê [ˈbɛga moˈve] *(n.)* Aborto.
bega-ni-son [ˈbɛgẽˈsõ] *(n.)* Barriga-no-chão. *Achyrospermum oblongifolium.*
bega-pampôlê [bɛˈga pẽˈpole] *(n.)* Esquistossomose.
bega-txintxin [bɛˈga tʃĩˈtʃĩ] *(n.)* Barrigão.
beku [ˈbeku] *(n.)* Beco.
bê ku pena d'ubwê [ˈbe ku ˈpena duˈbwe] *(expr.)* 1. Antever. 2. Intuir. 3. Pressentir.
bela [ˈbɛla] *(n.)* Beira.
belo-vlêmê [ˈbɛlɔ vlɛˈme] *(n.)* 1. Belo-vermelho. *Amaranthus graecizans.* 2. Caruru. *Amaranthus graecizans.*
bembêlumbê [beˈbelũˈbe] *(n.)* Papeira.
ben [ˈbẽ] *(adv.)* Bem.
ben [ˈbẽ] *(n.)* 1. Bem. 2. Bens.
bendê [bẽˈde] *(v.)* Vender.
bendêdô [bẽdeˈdo] *(n.)* Vendedor.
bendenxa [bẽˈdẽʃa] *(n.)* 1. Cavaqueira. 2. Conversa sedutora. 3. Sedução.
bendê-panu [ˈbẽdeˈpanu] *(n.)* Borboleta.
benditu [bẽˈditu] *(adj.)* Bendito.
bene [bɛˈnɛ] *(v.)* Pestanejar.
benfebenfe [bɛˈfebɛˈfɛ] *(id.)* Cf. **mlagu benfebenfe.**
benfetu [bɛˈfetu] *(adj.)* 1. Bonito. 2. Estreito. 3. Magricela. 4. Magro.
bengala [bẽˈgala] *(n.)* Bengala.
bengi [ˈbẽgi] *(n.)* Bengue. *Alchornea cordifolia.*
bengi-doxi [ˈbẽgi doˈʃi] *(n.)* 1. Bengue-doce. *Alchornea cordifolia.* 2. Fruto do **bengi-doxi.** 3. Rola.
benha [beˈɲa] *(v.)* Embainhar.
benjidu [bẽˈʒidu] *(adj.)* Benzido.
benku [bẽˈku] *(n.)* Tartaruga do fango africana. *Pelusios castaneus.*
bensa [ˈbẽsa] *(n.)* Benção.
benson [bẽˈsõ] *(n.)* Benção.
benvindu [bẽˈvĩdu] *(adj.)* Bem-vindo.
bê nwa [beˈnwa] *(expr.)* Estar menstruada.

benza [bẽˈza] *(v.)* Beijar.
benzê [bẽˈze] *(v.)* 1. Abençoar. 2. Benzer.
benzementu [bẽzeˈmẽtu] *(n.)* Inauguração.
besupla [ˈbesupla] *(n.)* Véspera.
bêtôdô [beˈtodo] *(adj.)* 1. Astucioso. 2. Douto. 3. Inteligente. 4. Sábio.
bêtôdô [beˈtodo] *(n.)* *Bêtôdô.* Personagem sábia de narrativas tradicionais.
betu [ˈbetu] *(adj.)* Aberto.
betu blalala [ˈbetu blalaˈla] *(expr.)* Escancarado.
betumi [bɛˈtumi] *(n.)* Betume.
betu wan [ˈbetu ˈwẽ] *(expr.)* 1. Abertíssimo. 2. Escancarado.
bêtwa [beˈtwa] *(v.)* 1. Arriscar. 2. Melindrar. 3. Provocar.
bêtwadu [beˈtwadu] *(adj.)* 1. Atrevido. 2. Impertinente.
bexpla [ˈbeʃpla] *(n.)* Véspera. Cf. **besupla.**
bêzubêzu [ˈbezuˈbezu] *(n.)* Queixo.
bi [ˈbi] *(prep. v.)* Para cá. *Sangê kôlê bi. A senhora correu para cá.*
bi [ˈbi] *(v.)* Vir.
bibilha [biˈbiʎa] *(n.)* Bíblia.
bibilhoteka [bibiʎɔˈtɛka] *(n.)* Biblioteca.
bifi [ˈbifi] *(n.)* Bife.
bi fô [ˈbi fo] *(expr.)* 1. Sair de. 2. Vir de.
bigodji [biˈgɔdʒi] *(n.)* Bigode.
bika [ˈbika] *(n.)* 1. Bica. *Lethrinus atlanticus.* 2. Bica d'água.
bila [biˈla] *(n.)* Túmulo pagão. Cf. **mbila.**
bila [biˈla] *(v.)* 1. De novo. 2. Novamente. 3. Regressar. 4. Tornar a. 5. Virar. 6. Voltar.
bila bi [biˈla ˈbi] *(expr.)* Regressar.
bilabila [biˈlabiˈla] *(v.)* Voltar para trás.
biladu [biˈladu] *(adj.)* 1. Tornado. 2. Transformado. 3. Virado.
bila kanfini [biˈla kẽfiˈni] *(expr.)* 1. Dar cambalhotas. 2. Fazer a ponta-cabeça. 3. Fazer o pino. 4. Ficar de pernas para o ar. 5. Virar de cabeça para baixo.
bila klongondo [biˈla klõgõˈdɔ] *(expr.)* Ficar atrofiado.
bila ngombe [biˈla ngõˈbɛ] *(expr.)* 1. Dar cambalhotas. 2. Rebolar.
bilangwa [bilẽˈgwa] *(n.)* Socopé. Cf. **sokope.**
bilêtê [biˈlete] *(n.)* Bilhete.
bili [biˈli] *(v.)* 1. Abrir. 2. Abrir-se com. 3. Começar. 4. Comunicar. 5. Divulgar.
bilibili [biˈlibiˈli] *(n.)* Pé-de-atleta.
bilidu [biˈlidu] *(adj.)* Aberto.
bili funda [biˈli ˈfũda] *(expr.)* 1. Denunciar. 2. Desvendar um segredo. 3. Expor.
bili klan [biˈli ˈklẽ] *(expr.)* Escancarar portas ou janelas.
bili mina [biˈli ˈmina] *(expr.)* Verificar a virgindade.
bili mon [biˈli ˈmõ] *(expr.)* 1. Começar. 2. Permitir.
bimba [biˈba] *(n.)* *Bimba.* Instrumento musical tradicional.
binku [ˈbĩku] *(n.)* Umbigo.

binzela [bĩˈzela] (n.) 1. Beringela branca. *Solanum ovigerum.* 2. Beringela roxa. *Solanum melongena.*
bisku [ˈbisku] (n.) Visgo.
bisu [ˈbisu] (n.) 1. Animal. 2. Ave. 3. Bicho. 4. Pássaro.
bisu-d'aza [ˈbisu ˈdaza] (n.) Pássaro.
bisu-witxi [ˈbisu ˈwitʃi] (n.) 1. Infestação de ácaros que ataca determinadas plantas, como o tomateiro, o limoeiro e o mamoeiro, deixando-os brancos. 2. Intriguista. 3. Pérfido. 4. Prejudicador. 5. Traidor.
bixa [ˈbiʃa] (n.) Fila.
bixbile [biʃbiˈlɛ] (n.) 1. Confusão. 2. Desentendimento.
bixdona [biʃˈdɔna] (n.) Bisavó.
bixdonu [biʃˈdɔnu] (n.) Bisavô.
bixi [biˈʃi] (v.) Vestir(-se).
bixi fyefyefye [biˈʃi fjɛfjɛˈfjɛ] (expr.) Vestir elegantemente.
bixiga [biˈʃiga] (n.) Varíola.
bixidu [biˈʃidu] n.) Vestido.
bixka [ˈbiʃka] (n.) Bisca.
bixketa [biʃˈkɛta] (n.) Bicicleta.
bixkôkô [biʃˈkoko] (id.) Cf. **djina bixkôkô.**
bixku [ˈbiʃku] (n.) Visgo. Cf. **bisku.**
bixneta [biʃˈnɛta] (n.) Bisneta.
bixnetu [biʃˈnetu] (n.) Bisneto.
bixô [biˈʃo] (n.) 1. Bicho-do-pé. *Tunga penetrans.* 2. Nígua. *Tunga penetrans.*
bixpu [ˈbiʃpu] (n.) Bispo.
bizôli [bizoˈli] (n.) 1. Criança. 2. Miúdo.
blabadu [blaˈbadu] (n.) 1. Barbudo. 2. Embarbado. 3. Patilhas. 4. Suíças.
blabêlu [blaˈbelu] (n.) Barbeiro.
blabi [blaˈbi] (n.) Varizes.
blabla [blaˈbla] (n.) Blabla. Prato típico de São Tomé parecido com **kalu.**
blaboza [blaˈbɔza] (n.) Aloés. *Aloe humilis.*
blaboza-motxi [blaˈbɔza ˈmotʃi] (n.) Baba derradeira do moribundo.
blabu [ˈblabu] (adj.) 1. Astuto. 2. Arguto. 3. Esperto. 4. Perspicaz. 5. Precavido.
blabudu [blaˈbudu] (n.) Barbudo. *Galeoides polydactylus.*
blada [blaˈda] (v.) 1. Bradar. 2. Gritar.
bladu [ˈbladu] (n.) Anúncio. Cf. **blandu.**
blaga [blaˈga] (v.) 1. Arregalar. 2. Demolir. 3. Desfazer. 4. Desmanchar. 5. Desprender. 6. Destruir. 7. Resolver. 8. Terminar.
blaga awa-wê [blaˈga ˈawa ˈwê] (expr.) Derramar lágrimas.
blaga awa-wê plaplapla [blaˈga ˈawa ˈwê plaplaˈpla] (expr.) Chorar desalmadamente.
blagadu [blaˈgadu] (adj.) 1. Arregalado. 2. Desfeito. 3. Terminado.
blaga mpenampena [blaˈga mpɛˈnãpɛˈna] (expr.) 1. Demolir por completo. 2. Desfazer por completo. 3. Desmanchar por completo. 4. Desmontar por completo.
blaga-ubwa [blaˈgubwa] (n.) 1. Insignificante. 2. Pessoa espalhafatosa. 3. Pobre. 4. Pobretanas.

blaga xtlôlô [blaˈga ˈʃtlolo] (expr.) Transpirar.
blagiya [blaˈgija] (n.) 1. Braguilha. 2. Vagina. 3. Virilha.
blaji [blaˈʒi] (top.) Brasil.
blaji [blaˈʒi] (n.) Brasileiro.
blakin [blaˈkĩ] (n.) Canoa grande.
blaku [ˈblaku] (n.) 1. Buraco. 2. Poço.
blalala [blalaˈla] (id.) Cf. **betu blalala.**
blalala [blalaˈla] (n.) Trovão.
blanda [blẽˈda] (v.) 1. Abrandar. 2. Afrouxar.
blandu [ˈblẽdu] (n.) 1. Anúncio. 2. Notícia. 3. Sinal.
blanku [ˈblẽku] (adj.) Branco.
blanku [ˈblẽku] (n.) Branco.
blanku fenene [ˈblẽku fɛnɛˈnɛ] (expr.) Branquíssimo.
blasa [blaˈsa] (v.) Abraçar.
blasa [ˈblasa] (n.) Braça.
blasu [ˈblasu] (n.) 1. Abraço. 2. Braço.
blasu-d'alê [ˈblasu daˈle] (n.) 1. Agente da autoridade. 2. Policial.
blata [ˈblata] (n.) Barata.
blatu [ˈblatu] (adj.) Barato.
blaza [ˈblaza] (n.) Brasa.
ble [ˈblɛ] (n.) Lugar remoto.
ble-d'omali [ˈblɛ dɔˈmali] (n.) Alto mar.
blêgê [bleˈge] (v.) 1. Moer. 2. Pilar **izakentxi.**
blêgidu [bleˈgidu] (adj.) 1. Moído. 2. Pilado.
bliga [bliˈga] (n.) 1. Jogo de cacete. 2. Luta.
bligadô [bligaˈdo] (n.) Praticante de **bliga.**
bligason [bligaˈsõ] (n.) Obrigação.
bligi [ˈbligi] (n.) Brigue.
bligidi [bligiˈdi] (id.) Cf. **ba bligidi.**
blôa [ˈbloa] (n.) 1. Broa. 2. Pão-de-milho.
blôgôdô [blogoˈdo] (n.) Precipício.
bloka [blɔˈka] (v.) 1. Despejar. 2. Entornar. 3. Ir-se embora. 4. Transbordar. 5. Verter. 6. Virar (algo).
bloka vungu [blɔˈka ˈvũgu] (expr.) Soltar a voz.
bloki [ˈblɔki] (n.) Bloco.
blokon [blɔˈkõ] (n.) 1. Escuridão. 2. Penumbra.
blonji [ˈblõʒi] (adj.) Feio.
blonji [ˈblõʒi] (n.) 1. Bronze. 2. Roupa feia.
blonji [blõˈʒi] (v.) Ficar peludo.
blôsê [bloˈse] (v.) Aborrecer(-se).
blôxidu [bloˈʃidu] (adj.) Aborrecido.
blu [ˈblu] (conj.) 1. Ora…ora. **Blu ê sa ben, blu ê sa mali!** *Ora ele está bem, ora está mal!.* 2. Quer…quer. **Blu … blu** *quer…quer.*
blublu [bluˈblu] (n.) 1. Precipitação. 2. Pressa.
blublublu [blubluˈblu] (n.) 1. Pressa. 2. Precipitação.
blublublu [blubluˈblu] (id.) Cf. **flêbê blublublu.**
bluga [bluˈga] (v.) 1. Descascar. 2. Esburgar. 3. Esfolar. 4. Repuxar o prepúcio.
blugadu [bluˈgadu] (adj.) Descascado.
blugu [bluˈgu] (v.) 1. Resvalar. 2. Tropeçar.
bluguna [bluguˈna] (v.) 1. Cair. 2. Demolir. 3. Desmoronar. 4. Fazer cair. 5. Tombar.
bluku [ˈbluku] (adj.) 1. Cruel. 2. Feroz. 3. Inclemente. 4. Malvado. 5. Mau. 6. Terrível.
bluma [ˈbluma] (n.) 1. Crosta. 2. Sujidade.

blutu [ˈblutu] *(adj.)* 1. Bruto. 2. Ignorante.
bluxa [ˈbluʃa] *(n.)* 1. Bruxa. 2. Feiticeira.
bluxa [bluˈʃa] *(v.)* Aborrecer Cf. **bluxa kala**.
bluxadu [bluˈʃadu] *(adj.)* Aborrecido.
bluxa kala [bluˈʃa kaˈla] *(expr.)* 1. Estar de mau humor. 2. Ficar carrancudo. 3. Ficar de cara fechada. 4. Perder a graça.
bô [ˈbo] *(int.)* Onde? **Êlê bô?** *Onde está ele?*
bô [ˈbo] *(poss.)* 1. Teu. 2. Teus. 3. Tua. 4. Tuas.
bô [ˈbo] *(pron.)* 1. -te. 2. Tu. 3. Você.
bôba [ˈboba] *(n.)* 1. Begônia. Cf. **fya-bôba-blanku**. 2. Doença de pele.
bobla [ˈbɔbla] *(n.)* 1. Abóbora. 2. Aboboreira.
bobla [bɔˈbla] *(v.)* Inflamar.
bôbô [ˈbobo] *(n.)* 1. Bobo. 2. Estúpido. 3. Idiota. 4. Parvo.
bôbô [boˈbo] *(adj.)* 1. Amarelo. 2. Castanho-claro. 3. Claro. 4. Maduro.
bôbô [boˈbo] *(n.)* 1. Banana madura. 2. Mulato.
bôbôbôbô [ˈboboˈbobo] *(n.)* *Bôbôbôbô*. **Casearia barteri**.
bôbô-dansu [boˈbo ˈdẽsu] *(n.)* *Bôbô-dansu*. Personagem ridículo do **dansu-kongô**.
bôbôdu [boˈbodu] *(adj.)* 1. Amadurecido. 2. Maduro.
bôbô-fitu [boˈbo ˈfitu] *(n.)* Doce de banana da Ilha do Príncipe.
bôbô-kema [boˈbo ˈkɛma] *(n.)* Garoupa de pintas. *Cephalopholis taeniops*.
bôbô lalala [boˈbo lalaˈla] *(expr.)* Pessoa negra de cor demasiadamente clara.
bôbô mela [boˈbo mɛˈla] *(expr.)* Maduro demais.
bôbô mina [boˈbo ˈmina] *(expr.)* Transportar uma criança às costas.
bôbô-mina [boˈbo ˈmina] *(n.)* Trempe do **makuku**.
boboyoko [bɔbɔˈjɔkɔ] *(n.)* 1. Palerma. 2. Parvo. 3. Pateta. 4. Tolo.
bodji [ˈbɔdʒi] *(n.)* Bode.
bodla [bɔˈdla] *(v.)* Bordar.
bodo [bɔˈdɔ] *(n.)* Cais.
bodo [ˈbɔdɔ] *(n.)* 1. Beira. 2. Borda. 3. Bordo. 4. Canto. 5. Lado.
bodo [ˈbɔdɔ] *(prep. n.)* Ao lado de.
bodobodo [bɔˈdɔbɔˈdɔ] *(adj.)* 1. Roliça. 2. Robusta.
bodobodo [bɔˈdɔbɔˈdɔ] *(id.)* Cf. **mina bodobodo**.
bodobodo [bɔˈdɔbɔˈdɔ] *(n.)* Folha-porco. *Commelina congesta*.
bodo-boka [ˈbɔdɔˈbɔka] *(n.)* Lábios.
bôdôja [bodoˈʒa] *(v.)* 1. Bordejar. 2. Rodear.
bodo-matu [ˈbɔdɔˈmatu] *(n.)* Excrementos.
bodon [bɔˈdõ] *(n.)* 1. Bordão. 2. Cacete. 3. Porrete.
bofeton [bɔfɛˈtõ] *(n.)* 1. Bofetada. 2. Tapa.
bofyo [bɔˈfjɔ] *(n.)* Fruta-pão grande.
bogoso [bɔgɔˈsɔ] *(v.)* Comer.
bogoto [bɔgɔˈtɔ] *(n.)* *Bogoto*. *Pollia condensata*.
boka [ˈbɔka] *(n.)* 1. Boca. 2. Entrada. 3. Lábios.
boka-bela [ˈbɔka ˈbela] *(n.)* Foz de rio.
boka bili [ˈbɔka biˈli] *(v.)* Bocejar.
boka-binku [ˈbɔka ˈbĩku] *(n.)* Umbigo.

boka-doxi [ˈbɔka ˈdɔʃi] *(adj.)* 1. Com apetite. 2. Simpático.
boka-doxi [ˈbɔka ˈdɔʃi] *(n.)* 1. Conversa sedutora. 2. Falinhas mansas. 3. Lisonjeador. 4. Sedutor.
bokadu [bɔˈkadu] *(n.)* 1. Bocado. 2. *Bocado*. Ritual tradicional e familiar que ocorre na Quarta-Feira de Cinzas durante o qual o membro feminino mais idoso introduz na boca de cada participante uma colher com alimento tradicional.
boka-fede [ˈbɔka fɛˈdɛ] *(n.)* Mau hálito.
boka-ôkô [ˈbɔka ˈoko] *(adj.)* 1. Fofoqueiro. 2. Tagarela.
boka-ôkô [ˈbɔka ˈoko] *(n.)* Espingarda.
boka-ple [ˈbɔka ˈplɛ] *(n.)* Boca da praia.
boka-pligitu [ˈbɔka pliˈgitu] *(n.)* 1. Restos. 2. Sobejos.
boka-suzu [ˈbɔka ˈsuzu] *(adj.)* 1. Boçal. 2. Insolente. 3. Menosprezador.
boka-xinu [ˈbɔka ˈʃinu] *(n.)* Calças boca-de-sino.
bola [ˈbɔla] *(n.)* 1. Bocado. 2. Bola. 3. Borra.
bolila [bɔˈlila] *(n.)* 1. Algo de borla. 2. Boleia.
bolilo [bɔˈlilɔ] *(n.)* Impotente sexual.
bôlô [ˈbolo] *(n.)* 1. Bolacha. 2. Bolo.
bolo [bɔˈlɔ] *(v.)* 1. Barrar. 2. Besuntar. 3. Friccionar suavemente. 4. Untar.
bolodô-mindjan [bɔlɔˈdo mĩˈdʒẽ] *(n.)* Massagista.
boloja [bɔlɔˈʒa] *(v.)* 1. Imiscuir-se. 2. Tagarelar. 3. Tentar cativar para obter algo em troca.
bolo mindjan [bɔˈlɔ mĩˈdʒẽ] *(expr.)* 1. Massagear. 2. Massajar.
bômbôlimbô [ˈbôboˈlibo] *(adj.)* 1. Deteriorado. 2. Estragado.
bomu [ˈbɔmu] *(v.)* Vamos. Cf. **bamu**.
bon [ˈbõ] *(adj.)* 1. Boa. 2. Bom.
bon [ˈbõ] *(adv.)* Em suma. Cf. **mbon**.
boa-afe [ˈbõ aˈfɛ] *(n.)* Boa-fé.
bondadji [bõˈdadʒi] *(n.)* Bondade.
bondja [bõˈdʒa] *(adv.)* Ainda bem. **Bondja bô kuxtuma ku fôlô za.** *Ainda bem que já te acostumaste aos forros.* 2. Em boa hora. 3. Felizmente.
bon-dja [bõˈdʒa] *(n.)* Bom dia.
bondlega-nglandji [bõˈdlɛga ˈŋglẽdʒi] *(n.)* Beldroega-grande. *Talinum triangulare*.
bondlega-pikina [bõˈdlɛga piˈkina] *(n.)* Beldroega-pequena. *Portulaca oleracea*.
bondôzô [bõˈdozo] *(adj.)* Generoso.
bongamon [bõgaˈmõ] *(n.)* Boga. *Boops boops*.
bon-kloson [ˈbõ klɔˈsõ] *(adj.)* Caridoso.
bosali [bɔˈsali] *(adj.)* 1. Boçal. 2. Grosseiro. 3. Rude.
bota [ˈbɔta] *(n.)* Bota.
botandji [bɔtɛ̃ˈdʒi] *(n.)* Bretangil.
bôtê [boˈte] *(n.)* 1. Botelha. 2. Botija. 3. Garrafa. 4. Garrafa de barro grande.
boto [bɔˈtɔ] *(n.)* Botão. Cf. **boton**.
boton [bɔˈtõ] *(n.)* Botão.
botono [bɔtɔˈnɔ] *(adj.)* Glabro.
boya [ˈbɔja] *(n.)* 1. Bóia. 2. Fruta-pão.
boya [bɔˈja] *(v.)* 1. Flutuar. 2. Levantar. 3. Suspender.

boyadu [bɔˈjadu] (adj.) 1. Emerso. 2. Içado.
bonzwanu [bɔ̃ˈzwanu] (n.) feliz ano novo.
bu blugidi [ˈbu blugiˈdi] (expr.) 1. Desmoronar. 2. Despencar. Cf. **ba bligidi**.
bubu [buˈbu] (n.) Baiacu.
budu [ˈbudu] (n.) Pedra.
budu-lolodu [ˈbudu lɔˈlɔdu] (n.) Pedra para pisar.
budu-magita [ˈbudu maˈgita] (n.) Pedra para moer a malagueta.
budu-pali [ˈbudu paˈli] (n.) Pedra para a parturiente repousar quando vai dar à luz.
bufa [buˈfa] (v.) Cobrir(-se).
bufadu [buˈfadu] (adj.) 1. Agasalhado. 2. Disfarçado.
bufadu [buˈfadu] (n.) Assaltante encapuçado.
bujibuji [buˈʒibuˈʒi] (n.) 1. Bengue. Cf. **bengi**. 2. Terreno baldio.
bujigu [ˈbuʒigu] (n.) Besugo. *Pomadasys incisus*.
bujina [buˈʒina] (n.) Buzina.
bujinga [buˈʒĩga] (n.) Poça de água.
bujinganga [buʒĩˈgẽga] (n.) Bugiganga.
buka [buˈka] (v.) 1. Buscar. 2. Tentar.
buka ledu [buˈka ˈledu] (expr.) Provocar.
bula [ˈbula] (n.) 1. Bolo de farinha de milho. 2. Bolo de fubá.
bulawê [bulaˈwe] (n.) Bulawê. Ritmo musical tradicional.
bulhon [buˈʎɔ̃] (n.) Bulhão. *Bodianus speciosus*.
buli [ˈbuli] (n.) 1. Bule. 2. *Buli*. *Voacanga africana*.
buli [buˈli] (v.) 1. Agitar-se. 2. Bulir. 3. Mexer-se.
bulidu [buˈli] (adj.) 1. Agitado. 2. Mexido.
bulitxin [buliˈtʃi] (n.) Boletim.
bumabuma [buˈmabuˈma] (v.) Fazer algo atabalhoadamente.
bumbu [ˈbũbu] (n.) Bombo.
buneku [buˈnɛku] (n.) Boneco.
bunga [bũˈga] (n.) Pau-candeia. *Hernandia beninensis*.
bunitu [buˈnitu] (n.) Bonito. *Caranx crysos*.
bunzu [ˈbũzu] (n.) Búzio.
bunzu-d'ôbô [ˈbũzu dɔˈbo] (n.) Búzio do mato.
bunzu-d'omali [ˈbũzu dɔˈmali] (n.) Búzio do mar.
buru [ˈburu] (n.) Burro.

buseta [buˈsɛta] (n.) 1. Boceta onde os pescadores guardam os seus acessórios de pesca. 2. Receita.
busu [ˈbusu] (n.) 1. Bucho. 2. Estômago.
buta [buˈta] (adv.) 1. Completamente. 2. Fora.
buta [buˈta] (v.) 1. Colocar. 2. Dizer. 3. Pôr.
butadô-vungu [butaˈdo ˈvũgu] (n.) Puxador, aquele que introduz a música, sobretudo no **sokope**.
buta kloson ba lonji [buˈta klɔˈsɔ̃ ba ˈlɔ̃ʒi] (expr.) Divertir(-se).
buta kupi [buˈta kuˈpi] (expr.) Cuspir.
buta pedasu [buˈta peˈdasu] (expr.) Remendar.
butin [buˈtĩ] (n.) 1. Bota alta. 2. Butina.
butubutu [ˈbutuˈbutu] (adj.) Robusto.
butxika [buˈtʃika] (n.) 1. Botica. 2. Farmácia.
butxiza [butʃiˈza] (v.) Batizar.
butxizadu [butʃiˈza] (adj.) Batizado.
butxizumu [butʃiˈzumu] (n.) 1. Batismo. 2. Nome próprio.
buya [buˈja] (v.) 1. Abraçar. 2. Complicar. 3. Embrulhar. 4. Enredar. 5. Ensarilhar.
buyada [buˈjada] (n.) 1. Alergia. 2. Mau-olhado.
buyadu [buˈjadu] (adj.) 1. Abraçado. 2. Embrulhado. 3. Em maus lençóis. 4. Engatado. 5. Ensarilhado.
buza [buˈza] (v.) Abusar.
bwa [ˈbwa] (adv.) 1. Bem. 2. Bom.
bwa [ˈbwa] (v.) Ser bom.
bwabwa [ˈbwaˈbwa] (n.) Cascata.
bwada [bwaˈda] (v.) Agradar.
bwadu [ˈbwadu] (adj.) Bom.
bwa-nôtxi [ˈbwa ˈnotʃi] (n.) Boa noite.
bwa so [ˈbwa ˈsɔ] (expr.) 1. Excelente. 2. Ótimo.
bwatu [ˈbwatu] (n.) Boato.
bwax-tadji [ˈbwaʃ ˈtadʒi] (n.) Boa tarde.
bwê [ˈbwe] (n.) Bovino.
bwê-mwala [ˈbwe ˈmwala] (n.) Vaca.
bwê-ome [ˈbwe ˈɔmɛ] (n.) Boi.
byê [ˈbje] (v.) 1. Cozer. 2. Estar cozido.
byebyebye [bjɛbjɛˈbjɛ] (n.) Claridade.
byêdu [ˈbjedu] (adj.) Cozido.
byôkô [ˈbjoko] (n.) Careta.
byololo [bjɔlɔˈlɔ] (adj.) 1. Amolecido. 2. Amolejado.
byololo [bjɔlɔˈlɔ] (id.) Cf. **Sendê byololo**.

D d

da ['da] *(conj.)* 1. Devido a. 2. Por causa de. 3. Porque. Cf. **punda**.
da ['da] *(prep.)* Para.
da ['da] *(v.)* 1. Bater. 2. Contar. 3. Dar.
da awa taba ['da 'awa 'taba] *(expr.)* Turvar a água. Com o objetivo de apanhar camarão de rio.
da baki ['da 'baki] *(expr.)* 1. Admoestar. 2. Berrar.
da balansu ['da ba'lɛ̃su] *(expr.)* 1. Girar. 2. Rodar.
da banka ['da 'bɛ̃ka] *(expr.)* Instalar-se.
da bega ['da 'bega] *(expr.)* Engravidar.
da bendenxa ['da bẽ'dɛ̃ʃa] *(expr.)* 1. Aconchegar. 2. Cavaquear. 3. Seduzir. 4. Tagarelar.
da bensa ['da 'bɛ̃sa] *(expr.)* Abençoar.
da benson ['da bẽ'sɔ̃] *(expr.)* Abençoar.
da blandu ['da 'blɛ̃du] *(expr.)* Anunciar.
da bodon ['da bɔ'dɔ̃] *(expr.)* Abordoar.
da buya ['da 'buja] *(expr.)* 1. Abraçar. 2. Enrolar.
da dêsu paga ['da 'desu pa'ga] *(expr.)* Agradecer.
da dizê ['da di'ze] *(expr.)* Ajoelhar.
dadji ['dadʒi] *(n.)* Idade.
dadô [da'do] *(n.)* 1. Contador. 2. Doador.
dadô-patxi [da'do 'patʃi] *(n.)* Denunciante.
dadô-soya [da'do 'sɔja] *(n.)* Contador de histórias.
dadu ['dadu] *(adj.)* Simpático.
dadu ['dadu] *(n.)* Pessoa com quem se mantém uma relação amorosa.
da faka ['da 'faka] *(expr.)* 1. Esfaquear. 2. Fazer um corte.
da flokadu ['da flɔ'kadu] *(expr.)* Empurrar.
dadu ['dadu] *(n.)* 1. Dardo. 2. Lança.
daga [da'ga] *(expr.)* 1. Indagar. 2. Sondar.
daga ['daga] *(n.)* Vela de canoa.
dain [da'ĩ] *(n.)* Dain. **Lomariopsis guineensis**.
da jatu ['da 'ʒatu] *(expr.)* Arrotar.
da jêtu ['da 'ʒetu] *(expr.)* 1. Remediar. 2. Ajudar de forma enviesada.
daji ['daʒi] *(n.)* Idade. Cf. **dadji**.
da jinga ['da 'ʒĩga] *(expr.)* Remendar a corda de trepar.
da kabêsa fundu ['da ka'besa 'fũdu] *(expr.)* 1. Mergulhar. 2. Ter relações sexuais.
da kapotxi ['da ka'pɔtʃi] *(expr.)* Derrotar alguém no jogo da bisca.
da kasa ['da 'kasa] *(expr.)* 1. Acasalar. 2. Fecundar. 3. Gerar. 4. Procriar.
da kaxtigu ['da kaʃ'tigu] *(expr.)* 1. Castigar. 2. Punir.
da kebla ['da 'kɛbla] *(expr.)* Gargalhar.

da kebla kwakwakwa ['da 'kɛbla kwakwa'kwa] *(expr.)* Rir às gargalhadas.
da kôlô dixi ['da ko'lo 'diʃi] *(expr.)* 1. Despertar. 2. Ressuscitar.
da ku ['da 'ku] *(expr.)* 1. Acontecer. 2. Encontrar. 3. Passar-se com.
da kubu ['da 'kubu] *(expr.)* 1. Arremeter. 2. Fazer investidas.
da ku po ['da 'ku 'pɔ] *(expr.)* Bater.
da kusu ['da 'kusu] *(expr.)* Ser acometido de diarreia.
da lentla ['da lɛ̃'tla] *(expr.)* Entrar de repente.
da lepalu ['da lɛ'palu] *(expr.)* Reparar.
da loda ['da 'lɔda] *(expr.)* Dar voltas.
da mali ['da 'mali] *(expr.)* Falar mal.
da mangingi ['da mẽgĩ'gi] *(expr.)* 1. Empoleirar(-se). 2. Pendurar(-se).
da maxtôlô ['da maʃ'tolo] *(expr.)* Esconder(-se).
da misa ['da 'misa] *(expr.)* Rezar missa.
damon [da'mɔ̃] *(n.)* 1. Colega. 2. Companheiro. 3. Aliado. 4. Parceiro.
dana [da'na] *(v.)* 1. Apodrecer. 2. Danificar. 3. Degradar. 4. Estragar(-se).
danadu [da'nadu] *(adj.)* 1. Danificado. 2. Estragado. 3. Furioso. 4. Malparado. 5. Periclitante. 6. Zangado.
dana-kaxta [da'na 'kaʃta] *(n.)* Má companhia.
dana kotokoto [da'na kɔ'tɔkɔ'tɔ] *(expr.)* Estragado por completo.
dangula [dẽgu'la] *(n.)* Remendo.
da nomi ['da 'nɔmi] *(expr.)* Nomear.
dansa [dɛ̃'sa] *(v.)* Dançar.
dansadô [dɛ̃sa'do] *(n.)* Dançarino.
dansadô-ome [dɛ̃sa'do 'ɔmɛ] *(n.)* Dançarino.
dansadô-mwala [dɛ̃sa'do 'mwala] *(n.)* Dançarina.
dansu-kôngô ['dɛ̃su 'kõgo] *(n.)* Danço-Congo. Representação com cerca de trinta figurantes, executada ao som de tambores, ferros e **kanza**.
da odji ['da 'ɔdʒi] *(expr.)* Ordenar.
da osa ['da 'ɔsa] *(expr.)* Dar porradas.
da pankada ['da pẽ'kada] *(expr.)* 1. Bater. 2. Espancar.
da patxi ['da 'patʃi] *(expr.)* 1. Anunciar. 2. Dar parte. 3. Denunciar.
da pedon ['da pɛ'dɔ̃] *(expr.)* Perdoar.
da pena ['da 'pẽna] *(expr.)* 1. Causar pena. 2. Meter dó.
da pinsu ['da 'pĩsu] *(expr.)* Empurrar.
da pontope ['da pɔ̃tɔ'pɛ] *(expr.)* Pontapear.
da saklixtu ['da sa'kliʃtu] *(expr.)* Aparecer.

da saya loda [ˈda ˈsaja ˈlɔda] *(expr.)* 1. Passear. 2. Vaguear.
da son [ˈda ˈsõ] *(expr.)* 1. Cair. 2. Tombar.
da son dĩĩ [ˈda ˈsõ ˈdĩĩ] *(expr.)* Cair estatelado.
da sôtxi [ˈda ˈsotʃi] *(expr.)* 1. Açoitar. 2. Bater.
da topi [ˈda ˈtɔpi] *(expr.)* Tropeçar.
da txifina [ˈda ˈtʃifina] *(expr.)* 1. Acicatar. 2. Atiçar. 3. Espicaçar.
da txinta [ˈda ˈtʃĩta] *(expr.)* 1. Colorir. 2. Pintar.
da vala [ˈda ˈvala] *(expr.)* 1. Açoitar. 2. Bater.
da venha [ˈda ˈvẽɲa] *(expr.)* Dar margem a.
dawa [ˈdawa] *(n.)* Coco tenro.
da wê [ˈda ˈwe] *(expr.)* 1. Germinar. 2. Olhar. 3. Vigiar.
da xikotxi [ˈda ʃiˈkɔtʃi] *(expr.)* Chicotear.
dê [ˈde] *(poss.)* 1. Dela. 2. Delas. 3. Dele. 4. Deles. 5. Seu. 6. Seus. 7. Sua. 8. Sua.
debota [dɛbɔˈta] *(v.)* 1. Desbotar. 2. Discutir. 3. Tagarelar.
dêdê [deˈde] *(n.)* 1. Querida. 2. Querido.
dêdê [deˈde] *(v.)* 1. Abraçar. 2. Afagar. 3. Embalar.
dedu [ˈdɛdu] *(n.)* Dedo.
dedu-d'ope [ˈdɛdu dɔˈpɛ] *(n.)* Dedo do pé.
dedu-longô [ˈdɛdu ˈlõgo] *(n.)* Dedo médio.
dedu-neni [ˈdɛdu ˈnɛni] *(n.)* Dedo anelar.
dedu-nglandji [ˈdɛdu ˈŋglẽdʒi] *(n.)* Dedo polegar.
dedu-ponta [ˈdɛdu põˈta] *(n.)* Dedo indicador.
dedu-txoko [ˈdɛdu ˈtʃɔkɔ] *(n.)* Dedo mindinho.
dêfendê [defeˈde] *(v.)* 1. Aguentar. 2. Defender.
dêfêtu [deˈfetu] *(n.)* Defeito.
dêfêza [deˈfeza] *(n.)* Defesa.
dêfuntu [deˈfũtu] *(n.)* 1. Cadáver. 2. Defunto. 3. Fantasma.
deja [dɛˈʒa] *(v.)* Atrever-se a.
delegadu [dɛlɛˈgadu] *(n.)* Delegado.
demanda [dɛˈmẽda] *(n.)* 1. Contenda. 2. Demanda. 3. Discussão.
demoklaxia [dɛmɔklaˈʃia] *(n.)* Democracia.
demono [dɛˈmɔnɔ] *(n.)* Demônio.
denge [dẽˈge] *(n.)* Denguice.
denge [dẽˈge] *(v.)* 1. Agitar-se. 2. Requebrar-se.
dentxi [ˈdẽtʃi] *(n.)* Dente.
dentxi upa [ˈdẽtʃi ˈupa] *(expr.)* Dentes espaçados, sinônimo de beleza.
dêpendê [depẽˈde] *(v.)* Depender.
dependenxa [dɛpẽˈdẽʃa] *(n.)* 1. Dependência. 2. Independência.
dêpôji [deˈpoʒi] *(adv.)* Depois.
dêpôji ku [deˈpoʒi ˈku] *(conj.)* Depois que.
dêpôx [deˈpoʃ] *(adv.)* Depois. Cf. **dêpôji**.
deputadu [dɛpuˈtadu] *(n.)* Deputado.
desa [dɛˈsa] *(v.)* Deixar.
dêsê [dɛˈse] *(prep. v.)* Para baixo. **A kôlê dêsê.** *Correram para baixo.*
dêsê [deˈse] *(v.)* 1. Descer. 2. Diminuir.
dêsê awa [deˈse ˈawa] *(expr.)* 1. Atingir o orgasmo. 2. Ejacular.
desimu [ˈdɛsimu] *(num.)* Décimo.

dêsu [ˈdesu] *(n.)* Deus.
dêsu paga [ˈdesu paˈga] *(expr.)* Obrigado.
dêsu-paga [ˈdesu paˈga] *(interj.)* Bem feito! (Ironia.)
deta [dɛˈta] *(v.)* Deitar(-se).
detadu [dɛˈtadu] *(adj.)* Deitado.
deva [ˈdɛva] *(n.)* 1. Estrela-d'alva. 2. Estrela-Polar.
devasa [dɛˈvasa] *(n.)* Devassa.
dêvason [devaˈsõ] *(n.)* Dêvason. Amuleto que é colocado ao pescoço dos recém-nascidos para os proteger dos feiticeiros ou ao pescoço de um gémeo sobrevivente.
dêvê [deˈve] *(n.)* Dívida espiritual.
dêvê [deˈve] *(v.)* Dever.
dêvêsa [deveˈsa] *(v.)* Atravessar.
dêvidu [deˈvidu] *(n.)* Pessoa nascida com dívida espiritual.
dexi [ˈdɛʃi] *(num.)* Dez.
dêya [ˈdeja] *(n.)* 1. Amiga. 2. Amigo. 3. Namorada. 4. Namorado.
dêya [deˈja] *(v.)* 1. Cobiçar. 2. Desejar. 3. Flertar. 4. Ludibriar. 5. Namorar. 6. Seduzir.
dêyason [dejaˈsõ] *(n.)* Enamoramento.
dezanovi [dɛzaˈnɔvi] *(num.)* Dezanove.
dezasete [dɛzaˈsɛte] *(num.)* Dezassete.
dezasêxi [dɛzaˈseʃi] *(num.)* Dezasseis.
dêzêja [dezeˈʒa] *(v.)* Desejar.
dezemblu [dɛˈzẽblu] *(n.)* Dezembro.
dêzenhu [deˈzẽɲu] *(n.)* Desenho.
di [ˈdi] *(prep.)* De.
dĩĩ [ˈdĩĩ] *(id.)* 1. Cf. **da son dĩĩ**. 2. Cf. **kulu dĩĩ**.
dijigôxtô [diʒiˈgoʃto] *(n.)* Desgosto.
dika [diˈka] *(v.)* 1. Apontar. 2. Indicar. Cf. **ndika**.
dimila [dimiˈla] *(v.)* Admirar.
dimiladu [dimiˈladu] *(adj.)* Admirado.
dinansê [diˈnãse] *(poss.)* 1. Vossa. 2. Vossas. 3. Vosso. 4. Vossos.
dinen [diˈnẽ] *(poss.)* 1. Delas. 2. Deles. 3. Seus. 4. Suas.
dinvya [dĩˈvja] *(v.)* Adivinhar.
dinvyadô [dĩvjaˈdo] *(n.)* Adivinhador.
diplomatiku [diplɔˈmatiku] *(n.)* Diplomático.
dipôji [diˈpoʒi] *(adv.)* Depois. Cf. **dêpôji**.
diretôru [dirɛˈtoru] *(n.)* Diretor.
disidi [disiˈdi] *(v.)* 1. Decidir. 2. Resolver.
divida [ˈdivida] *(n.)* Dívida.
dividi [diviˈdi] *(v.)* 1. Dividir. 2. Repartir.
divinu [diˈvinu] *(n.)* Divino.
divorsyu [diˈvɔrsju] *(n.)* Divórcio.
dixglasa [diʃˈglasa] *(n.)* Desgraça.
dixglasadu [diʃglaˈsadu] *(n.)* Desgraçado.
dixgôxtô [diʃˈgoʃto] *(n.)* 1. Desgosto. 2. Mágoa. 3. Tristeza.
dixi [ˈdiʃi] *(n.)* Esticão.
dixiplina [diʃiˈplina] *(n.)* Disciplina.
dixku [ˈdiʃku] *(n.)* Disco.
dixkubli [diʃkuˈbli] *(v.)* Descobrir.
dixkunfya [diʃkũˈfja] *(v.)* Desconfiar.
dixkunfyadu [diʃkũˈfjadu] *(adj.)* Desconfiado.

dixkuti [diʃkuˈti] (v.) Discutir.
dixpantu [ˈdiʃpẽtu] (adv.) De repente.
dixpaxu [diʃˈpaʃu] (n.) 1. Decisão. 2. Despacho. 3. Ordem.
dixpeza [diʃˈpeza] (n.) Despesa.
dixpidji [diʃpiˈdʒi] (n.) Despedida.
dixpidji [diʃpiˈdʒi] (v.) Despedir(-se).
dixtinu [diʃˈtinu] (n.) 1. Destino. 2. Sina.
dizanda [dizẽˈda] (v.) 1. Desencaminhar. 2. Desequilibrar.
dizandadu [dizẽˈdadu] (adj.) 1. Dolorido. 2. Esmagado. 3. Espancado. 4. Maltratado.
dizaxtli [diˈzaʃtli] (n.) Desastre.
dizê misa [diˈze] (expr.) Rezar missa.
dizimu [ˈdizimu] (n.) 1. Dízimo. 2. Pagamento de uma dívida. 3. Pagamento de uma promessa.
dizodji [diˈzɔdʒi] (n.) 1. Confusão. 2. Demanda. 3. Desordem.
dizôytô [diˈzojto] (num.) Dezoito.
dja [ˈdʒa] (n.) Dia.
djablin [dʒaˈblĩ] (adj.) Endiabrado.
djablin [dʒaˈblĩ] (n.) Irrequieto.
djabu [ˈdʒabu] (interj.) 1. Raios! 2. Raios partam!
djabu [ˈdʒabu] (n.) Diabo.
dja-d'anu [ˈdʒa ˈdanu] (n.) Aniversário.
dja-dja [ˈdʒa ˈdʒa] (adv.) 1. Qualquer dia. 2. Um dia.
dja-djingu [ˈdʒa ˈdʒĩgu] (n.) Domingo.
djagu [ˈdʒagu] (adj.) Aziago.
djagu [ˈdʒagu] (n.) Dia aziago.
djambi [dʒẽˈbi] (n.) Djambi. Ritual realizado durante a noite em torno de uma fogueira e que, através da música e da dança num ritmo frenético, pretende levar ao transe os participantes, principalmente os doentes, com o objetivo de os aliviar ou curar.
djandja [dʒẽˈdʒa] (adv.) 1. Apressado. 2. Depressa. 3. Rapidamente. Cf. **djandjan**.
djandjan [dʒẽˈdʒẽ] (adv.) 1. Apressado. 2. Depressa. 3. Rapidamente.
djasu [dʒaˈsu] (interj.) 1. Bolas! 2. Porra! 3. Raios!
djanga [dʒẽˈga] (interj.) 1. Diabo! 2. Merda! 3. Porra!
djanga [dʒẽˈga] (n.) 1. Canto. 2. Esquina. 3. Lugar recôndito.
djê [ˈdʒe] (v.) 1. Apanhar. 2. Buscar. 3. Recolher.
djêlu [ˈdʒelu] (n.) Dinheiro.
djesu [dʒeˈsu] (interj.) 1. Diabo! 2. Merda! 3. Porra! Cf. **djasu**.
dji [ˈdʒi] (prep.) De.
djibela [dʒiˈbela] (n.) 1. Algibeira. 2. Bolso.
djibon [dʒiˈbõ] (n.) 1. Casaco. 2. Gibão.
djidali [dʒiˈdali] (n.) Dedal.
djikitxi [dʒiˈkitʃi] (adj.) 1. Genuíno. 2. Rude.
djimboa [dʒiboˈa] (n.) Jimboa. *Amaranthus caudatus.*
djimola [dʒiˈmɔla] (n.) Esmola.
djina [ˈdʒina] (prep.) 1. De. *Djina liba antê basu. De cima a baixo.* 2. Desde.

djina txintxintxin [ˈdʒina tʃĩtʃiˈtʃĩ] (expr.) Há muito tempo.
djina bixkôkô [ˈdʒina biʃˈkoko] (expr.) Outrora.
djinebla [dʒiˈnɛbla] (n.) Genebra.
djinga [dʒĩˈga] (v.) 1. Abanar. 2. Agitar(-se). 3. Balançar. 4. Ficar perturbado. 5. Gingar. 6. Mover-se. 7. Sacudir.
djinga gidigidi [dʒĩˈga giˈdigiˈdi] (expr.) Abanar agitadamente o corpo.
djinola [dʒiˈnɔla] (adv.) 1. Desde essa altura. 2. Há muito tempo.
djogo [ˈdʒɔgɔ] (n.) Idjogo. Cf. **idjogo**.
djômblo [dʒoˈblo] (adj.) 1. Desajeitado. 2. Desengonçado. 3. Desleixado.
djômblo [dʒoˈblo] (n.) 1. Desajeitado. 2. Desengonçado. 3. Desleixado.
dlegadu [dlɛˈgadu] (adj.) 1. Delgado. 2. Magro.
dlegeda [dlɛgɛˈda] (v.) Degredar.
dlegedu [dlɛˈgedu] (n.) Degredo.
dlentu [ˈdlẽtu] (adv.) Dentro (de). Cf. **glentu**.
dlêtê [dlɛˈte] (v.) Derreter.
dlêtu [ˈdletu] (adj.) Direito. Cf. **glêtu**.
dluba [dluˈba] (v.) Derrubar.
dobla [ˈdɔbla] (n.) Dobra. Unidade monetária de São Tomé e Príncipe.
dobla [dɔˈbla] (v.) Dobrar.
dôdô [ˈdodo] (adj.) 1. Doido. 2. Lunático. 3. Maluco.
dôdôdô [dodoˈdo] (adj.) 1. Fofo. 2. Querido.
dôdô-dôdô [doˈdo doˈdo] (adv.) 1. Amalucadamente. 2. Desnorteadamente.
dôkê [ˈdoke] (conj.) Do que. *Ê sa maxi bluku dôkê ami. Ele é mais falso do que eu.*
dôlô [ˈdolo] (n.) Dor.
dôlô [doˈlo] (v.) 1. Acariciar. 2. Aconchegar. 3. Roçar suavemente.
doma [dɔˈma] (v.) 1. Amansar. 2. Domar.
dombo [dõˈbɔ] (n.) Ramos verdes da palmeira.
domine [dɔˈmine] (n.) Sábio.
dona [ˈdɔna] (n.) Avó.
dona-nglandji [ˈdɔna ˈŋglẽdʒi] (n.) Bisavó.
dondolo [dõdɔˈlɔ] (n.) Dondolo. Dança, ligada aos espíritos, executada durante o **djambi**.
dongodongo [dõˈgɔdɔˈgɔ] (adj.) 1. Pegajoso. 2. Ranhoso. 3. Viscoso.
dongodongo [dõˈgɔdɔˈgɔ] (n.) 1. Baba. 2. Ranho.
dongô-moli [ˈdogo ˈmɔli] (adj.) Apalermado.
donoxa [dɔnɔˈʃa] (v.) 1. Atrofiar. 2. Definhar. 3. Destruir. 4. Esmorecer.
donoxadu [dɔnɔˈʃadu] (adj.) 1. Atrofiado. 2. Raquítico. 3. Subdesenvolvido.
donu [ˈdɔnu] (n.) 1. Avô. 2. Dono.
donu-nglandji [ˈdɔnu ˈŋglẽdʒi] (n.) Bisavô.
dôsu [ˈdosu] (num.) Dois.
dôsu-dexi [ˈdosu ˈdeʃi] (num.) Vinte. Cf. **vintxi**.
dôtôlô [doˈtolo] (n.) 1. Doutor. 2. Médico.
doxi [ˈdɔʃi] (adj.) 1. Agradável. 2. Belo. 3. Bom. 4. Delicioso. 5. Doce.
doxi [ˈdɔʃi] (n.) 1. Bolo. 2. Doce.

doxi menemene [ˈdɔʃi mɛˈnɛmɛˈnɛ] *(expr.)* Dulcíssimo.
dôzê [ˈdoze] *(num.)* Doze.
dudji [ˈdudʒi] *(n.)* Comida sem acompanhamento.
dudji [ˈdudʒi] *(adv.)* Debalde.
dudu [ˈdudu] *(n.)* 1. Bilha. 2. Jarro. 3. Pote. 4. Vaso.
dududu [duduˈdu] *(id.)* Cf. **xa dududu**.
duji [ˈduʒi] *(adj.)* Inútil.
dujiduji [ˈduʒiˈduʒi] *(adv.)* 1. Injustificável. 2. Sem motivo.
duki [ˈduki] *(n.)* Duque.
dukunu [dukuˈnu] *(v.)* 1. Arruinar financeiramente. 2. Desgraçar. 3. Espoliar.
dumba [dũˈba] *(v.)* 1. Adubar. 2. Amontoar.
dumbu [dũˈbu] *(n.)* Dumbu. ***Solanum americanum.***
dumini [ˈdumini] *(v.)* Dormir.
dumu [ˈdumu] *(n.)* Mão de pilão.

dumu [duˈmu] *(v.)* 1. Acabar. 2. Encerrar. 3. Finalizar. 4. Parar. 5. Terminar. 6. Moer. 7. Pilar.
dumudu [duˈmudu] *(adj.)* 1. Moído. 2. Pilado. 3. Pisado.
dumu-dumu [ˈdumu ˈdumu] *(adj.)* Grosso.
dumu-mwala [ˈdumu ˈmwala] *(n.)* *Dumu* vermelho. ***Ouratea vogelii.***
duzentu [duˈzẽtu] *(num.)* Duzentos.
dwala [ˈdwala] *(n.)* Dwala. Dança tradicional.
dwê [ˈdwe] *(v.)* Doer.
dwentxi [ˈdwẽtʃi] *(adj.)* Doente.
dwentxi [ˈdwẽtʃi] *(n.)* Doença.
dwentxi-bluku [ˈdwẽtʃi ˈbluku] *(n.)* Doença incurável.
dwentxi nfelumu [ˈdwẽtʃi ˈnfelumu] *(expr.)* Muito doente.
dwentxi kwenkwenkwen [ˈdwẽtʃi kwẽkwẽˈkwẽ] *(expr.)* 1. Muito doente. 2. Doença prolongada.
dyeta [ˈdjɛta] *(n.)* Dieta.

E e

ê [ˈe] *(part.)* **1.** Ó. **Inen mosu ê, a bili wê ô!** *Ó rapazes, abram os olhos!* **2.** Partícula final. **Lega mu pa n be mu ê!** *Larga-me para eu me ir embora!*

ê [ˈe] *(pron.)* **1.** -a. Terceira pessoa do singular com a função de complemento direto. **2.** -o. Terceira pessoa do singular com a função de complemento direto. **3.** Ela. **4.** Ele. **5.** -lhe. Terceira pessoa do singular com a função de complemento indireto.

e [ˈɛ] *(adv.)*

e [ˈɛ] *(pron.)* **1.** -a. Terceira pessoa do singular com a função de complemento direto. **2.** -lhe. Terceira pessoa do singular com a função de complemento indireto. **N fad'e kwa se.** *Eu disse-lhe isso.* **3.** -o. Terceira pessoa do singular com a função de complemento direto. **Sun padê xka ba butxiz'e.** *O senhor padre vai baptizá-lo.*

ê byê pema [eˈbje ˈpɛma] *(expr.)* Adeus!

êê [ˈeˈe] *(adv.)* Sim. Resposta que se dá quando alguém chama por nós.

efan [ɛˈfẽ] *(adv.)* **1.** Certamente. **2.** De fato. **3.** Efetivamente. **4.** Sim.

ejitu [ˈɛʒitu] *(n.)* **1.** Habilidade. **2.** Jeito.

eku [ˈɛku] *(n.)* Eco.

êlê [ˈele] *(pron.)* **1.** -a. Terceira pessoa do singular com a função de complemento direto. **Da mu êlê.** *Dê-ma.* **2.** Ela. **Êlê ten ka fe kume dê.** *Ela também faz a sua comida.* **3.** Ele. **4.** -o. Terceira pessoa do singular com a função de complemento direto. **Da mu êlê.** *Dê-mo.*

êlê manda [ˈelemẽˈda] *(conj.)* Por isso.

eli [ˈɛli] *(n.)* **1.** Brilho. **2.** Luminosidade. **3.** Reflexo da lua.

êmisõra [emiˈsora] *(n.)* Emissora de rádio.

en [ˈẽ] *(part.)* Partícula que enfatiza expressões deíticas. **Ê xê dai myole-myole en!** *Ele saiu daqui agora mesmo!*

enjolo [ẽʒɔˈlɔ] *(n.)* Anjolo. ***Neospiza concolor.***

enkwantu [ẽˈkʷẽtu] *(conj.)* Enquanto.

êya [ˈeja] *(interj.)* Ei! Interjeição para chamar a atenção de alguém.

F f

fa [ˈfa] *(neg.)* Partícula de negação correlativa de **na** ou **no** fim de oração. **N na sêbê fa**. *Não sei.*
fa [ˈfa] *(part.)* Partícula de asserção. Cf. **fan**.
fãaã [ˈfẽɛ̃ɛ̃] *(id.)* Cf. **mulatu fãaã**.
fablika [ˈfablika] *(n.)* Fábrica.
fada [ˈfada] *(n.)* Farda.
fada [faˈda] *(v.)* Dizer.
faka [ˈfaka] *(n.)* Faca.
faka-fôgon [ˈfaka foˈɡõ] *(n.)* Faca de cozinha.
fakatxa [fakaˈtʃa] *(v.)* Sujar.
fakon [faˈkõ] *(n.)* Facão.
fala [ˈfala] *(n.)* 1. Fala. 2. Palavra.
fala-tendê [ˈfala tẽˈde] *(n.)* 1. Boato. 2. Rumor. 3. Sussurro.
fala vonte dêsu [ˈfala vɔ̃ˈtɛ ˈdesu] *(expr.)* Viveram felizes para sempre.
falu [ˈfalu] *(n.)* Esconderijo.
falufalu [faˈlufaˈlu] *(adv.)* De forma dissimulada.
faluza [faˈluza] *(n.)* Ferrugem.
fama [ˈfama] *(n.)* 1. Fama. 2. Nome. 3. Prestígio. 4. Renome.
famadu [faˈmadu] *(adj.)* 1. Afamado. 2. Famoso.
familya [faˈmilja] *(n.)* Família.
fan [ˈfã] *(part.)* 1. Partícula de asserção. **Ê ka têndê fôlô fan**. *De fato, ele compreende santome.* 2. Partícula imperativa. **Kaboka fan**. *Cala-te!*
fana [ˈfana] *(v.)* 1. Abrir. 2. Arregalar. 3. Desatar. 4. Surrupiar.
fanalixi [fanaˈliʃi] *(n.)* Morcego de nariz chato. *Hipposideros thomensis.*
fana wê [faˈna ˈwe] *(expr.)* Acordar.
fanha [fẽˈna] *(n.)* Farinha.
fanha-mandjoka [fẽˈna mẽˈdjɔka] *(n.)* Farinha de mandioca.
fanha-min [fẽˈna ˈmĩ] *(n.)* 1. Farinha de milho. 2. Fuba. 3. Fubá.
fanha-putuga [fẽˈna putuˈɡa] *(n.)* Farinha de trigo.
fanha-sevada [fẽˈna seˈvada] *(n.)* Farinha de cevada.
fanha-tligu [fẽˈna ˈtliɡu] *(n.)* Farinha de trigo.
fante [fẽˈtɛ] *(n.)* 1. Desdém. 2. Mania.
fasu [ˈfasu] *(adj.)* 1. Falso. 2. Inseguro.
fasu [ˈfasu] *(n.)* 1. Calúnia. 2. Falsidade. 3. Mentira.
fasufasu [ˈfasuˈfasu] *(adj.)* 1. Débil. 2. Frágil. 3. Inconsistente.
fata [faˈta] *(v.)* 1. Faltar. 2. Não estar presente. 3. Ser insuficiente.
fata [ˈfata] *(n.)* 1. Ausência. 2. Carência. 3. Falta.

fatu [ˈfatu] *(n.)* 1. Fato. 2. Terno.
fatu-banhu [ˈfatu ˈbẽɲu] *(n.)* Fato de banho.
fatula [faˈtula] *(n.)* 1. Fatura. 2. Fratura.
favôlô [faˈvolo] *(n.)* Favor.
faxa [faˈʃa] *(v.)* Enfastiar.
faxadu [faˈʃadu] *(adj.)* 1. Enfastiado. 2. Farto.
faxi [ˈfaʃi] *(adj.)* Encostado.
faxi [ˈfaʃi] *(n.)* 1. Abertura. 2. Face. 3. Fenda. 4. Fresta.
faxixta [faˈʃiʃta] *(adj.)* Fascista.
faxtozu [faʃˈtɔsu] *(adj.)* 1. Caprichoso. 2. Teimoso.
fazenda [faˈzẽda] *(n.)* 1. Empresa. 2. Fazenda. 3. Finanças. 4. Tecido.
fe [ˈfɛ] *(v.)* 1. Construir. 2. Fazer. 3. Parecer.
fe bengula [ˈfɛ bẽˈɡula] *(expr.)* Ter relações sexuais.
feble [ˈfɛblɛ] *(n.)* Febre.
fede [ˈfɛdɛ] *(n.)* Mau cheiro.
fede [fɛˈdɛ] *(v.)* 1. Cheirar mal. 2. Feder.
fêdêgôsu [fedɛˈɡosu] *(n.)* 1. Fedegoso. *Cassia occidentalis.* 2. Maioba. *Cassiaoccidentalis.*
fede kalumanu [fɛˈdɛ kaluˈmanu] *(expr.)* Cheirar a carne humana em decomposição.
fede kalumanu [fɛˈdɛ kaluˈmanu] *(expr.)* Cheirar a carne humana em decomposição. Cf. **fede kalumanu**.
fe demanda [ˈfɛ dɛˈmẽda] *(expr.)* 1. Discutir. 2. Disputar.
fede tuntuntun [fɛˈdɛ ˈtũtũtũ] *(expr.)* Cheirar muito mal.
fe dja [ˈfɛ ˈdʒa] *(expr.)* Amanhecer.
fedô [fɛˈdo] *(n.)* 1. Artista. 2. Fazedor.
fedô-ben [fɛˈdo ˈbẽ] *(n.)* Benfeitor.
fedô-kume [fɛˈdo kuˈmɛ] *(n.)* Cozinheiro.
fedô-lata [fɛˈdo ˈlata] *(n.)* 1. Funileiro. 2. Latoeiro.
fedô-mali [fɛˈdo ˈmali] *(n.)* Malfeitor.
fedu [ˈfedu] *(adj.)* Feito.
fefe [fɛˈfɛ] *(v.)* 1. Chupar. 2. Comer e mastigar bem.
fe fina [ˈfɛ ˈfina] *(expr.)* Armar-se em pessoa fina.
fe fita [ˈfɛ ˈfita] *(expr.)* 1. Contribuir. 2. Cooperar. 3. Cotizar.
fe fitxin [ˈfɛ fiˈtʃĩ] *(expr.)* Fazer intrigas.
fe fya [ˈfɛ ˈfja] *(expr.)* Namorar.
fêgula [feˈɡula] *(n.)* 1. Boneco utilizado no ritual do **paga-dêvê**. 2. Figura.
fe keda [ˈfɛ ˈkɛda] *(expr.)* Equilibrar(-se).
fe kompanhe [ˈfɛ ˈkõpaɲɛ] *(expr.)* Ter relações sexuais.

fe konta [ˈfɛ ˈkõta] *(expr.)* Calcular.
fe kumbinason [ˈfɛ kũbinaˈsõ] *(expr.)* Combinar.
fela [ˈfɛla] *(n.)* 1. Feira. 2. Mercado.
fela [fɛˈla] *(v.)* 1. Aquecer. 2. Causar ardor. 3. Estar quente. 4. Ferrar. 5. Fortalecer. 6. Recrudescer.
feladu [fɛˈladu] *(adj.)* 1. Aquecido. 2. Ferrado. 3. Lascivo.
feladu [fɛˈladu] *(n.)* 1. Lascívia. 2. Mulherengo.
fela madlê [fɛˈla maˈdle] *(expr.)* Aquecer o útero. Prática tradicional pós-parto.
fela zuzuzu [fɛˈla zuzuˈzu] *(expr.)* Quentíssimo.
felon [fɛˈlõ] *(n.)* 1. Adulto. 2. Espora. 3. Ferrão.
felu [ˈfɛlu] *(n.)* 1. Ferro. 2. Pênis.
felumu [ˈfɛlumu] *(adj.)* 1. Doente. 2. Enfermo. Cf. **nfelumu**.
felu tõõõ [ˈfɛlu ˈtõõõ] *(expr.)* Pênis ereto.
fe luvon [ˈfɛ luˈvõ] *(expr.)* 1. Armar-se em valentão. 2. Fazer-se de forte.
fe luxu [ˈfɛ ˈluʃu] *(expr.)* 1. Ostentar. 2. Requestar.
fêlyadu [fɛˈljadu] *(n.)* Feriado.
fe mangason [ˈfɛ mẽgaˈsõ] *(expr.)* 1. Debochar. 2. Fazer troça. 3. Insultar. 4. Menosprezar.
fe matu [ˈfɛ ˈmatu] *(expr.)* Defecar.
fe migu [ˈfɛ ˈmigu] *(expr.)* Fazer amizade.
fenene [fɛnɛˈnɛ] *(id.)* 1. Cf. **blanku fenene**. 2. Cf. **klalu fenene**.
fênêtxiga [fenetʃiˈga] *(v.)* 1. Afligir. 2. Incomodar(-se). 3. Irritar(-se).
fênêtxigadu [fenetʃiˈgadu] *(adj.)* 1. Aflito. 2. Incomodado. 3. Irritado.
fengêfengê [fẽˈgefẽˈge] *(adj.)* Magro.
fe odjo [ˈfɛ ɔˈdʒɔ] *(expr.)* Odiar.
fe olha klukutu [ˈfɛ ɔˈʎa klukuˈtu] *(expr.)* Ignorar.
fe poji [ˈfɛ ˈpɔʒi] *(expr.)* 1. Ostentar. 2. Requestar.
fe pôkô [ˈfɛ ˈpoko] *(expr.)* 1. Caçoar. 2. Troçar.
ferya [ˈfɛrja] *(n.)* Férias.
fesa [ˈfɛsa] *(n.)* Festa.
fesu [ˈfɛsu] *(n.)* Fecho.
fêsu [ˈfesu] *(n.)* Feixe.
fêsu-basôla [ˈfesu baˈsola] *(n.)* 1. União. 2. Vassoura tradicional.
fetiu [fɛˈtiu] *(n.)* Feitio.
fêtwa [feˈtwa] *(v.)* 1. Arranjar problemas. 2. Provocar confusões. 3. Tentar causar acidentes.
fêvêlêlu [feveˈlelu] *(n.)* Fevereiro.
fe vlegonha [ˈfɛ vlɛˈgõɲa] *(expr.)* Envergonhar(-se).
fe wê-lizu [ˈfɛ ˈwe ˈlizu] *(expr.)* Encorajar.
fe zawa [ˈfɛ ˈzawa] *(expr.)* Urinar.
fezon [fɛˈzõ] *(n.)* Feijão.
fezon-bongê [fɛˈzõ ˈbõge] *(n.)* Feijão-cutelinho. ***Phaseolus lunatus***.
fezon-floli [fɛˈzõ ˈflɔli] *(n.)* Feijão-flor. ***Centrosema pubescens***.
fezon-kongô [fɛˈzõ ˈkõgo] *(n.)* 1. Andú. ***Cajanus cajan***. 2. Ervilha do Congo. ***Cajanus cajan***.
fezon-makundê [fɛˈzõ maˈkũde] *(n.)* Feijão-macondê. ***Vigna unguiculata***.
fezon-matu [fɛˈzõ ˈmatu] *(n.)* Feijão-do-mato. ***Clitoria falcata***.
fezon-sêsê [fɛˈzõ seˈse] *(n.)* Feijão-frade.
fezon-vêdê [fɛˈzõ veˈde] *(n.)* Feijão-verde.
fi [ˈfi] *(n.)* Fio.
fia [fiˈa] *(v.)* 1. Aliviar. 2. Arrefecer. 3. Consolar. 4. Esfriar. 5. Fiar. 6. Vender a crédito.
fia kôkôkô [fiˈa kokoˈko] *(expr.)* Arrefecer completamente.
fibika [fibiˈka] *(v.)* 1. Chupar. 2. Sorver.
fifi [fiˈfi] *(adv.)* Aos poucos.
figu-plôkô [ˈfiguˈploko] *(n.)* Figo-porco. ***Ficus mucuso***.
figu-tôdô [ˈfigu ˈtodo] *(n.)* Figo-tordo. ***Ficus punila***.
fijiga [ˈfiʒiga] *(n.)* 1. Elástico. 2. Fisga. 3. Flecha. 4. Lança.
fika [fiˈka] *(v.)* 1. Deixar. 2. Ficar.
fikadu [fiˈkadu] *(adj.)* 1. Deixado. 2. Ficado.
fila [ˈfila] *(n.)* Fila.
fili [ˈfili] *(adj.)* 1. Novo. 2. Tenro. 3. Verde.
fili [fiˈli] *(v.)* Ferir(-se).
fili bagasa [fiˈli bagaˈsa] *(expr.)* Ferir(-se) gravemente.
filidu [fiˈlidu] *(adj.)* Ferido.
filidu nhanhanha [fiˈlidu ɲaɲaˈɲa] *(expr.)* Muito ferido.
filiji [fiˈliʒi] *(adj.)* Feliz.
fili petepete [ˈfili pɛˈtɛpɛˈtɛ] *(expr.)* 1. Muito inexperiente. 2. Muito tenro. 3. Novíssimo.
fin [ˈfĩ] *(n.)* 1. Fim. 2. Final.
fina [fiˈna] *(v.)* Afinar.
fina [ˈfina] *(adj.)* 1. Bom. 2. Fino. 3. Elegante. 4. Importante.
fina lekeleke [ˈfina lɛˈkɛlɛˈkɛ] *(expr.)* 1. Excelente. 2. Ótimo.
finansa [fiˈnẽsa] *(n.)* Finanças.
finêtê [fiˈnete] *(n.)* Alfinete.
finfi [fiˈfi] *(adj.)* 1. Delgado. 2. Estreito. 3. Fininho. 4. Magro.
fingi [fiˈgi] *(n.)* Ratinho. ***Mus musculus***.
fingi lolo [fiˈgi lɔˈlɔ] *(expr.)* 1. Pessoa dúbia. 2. Pessoa fingida.
finji [fiˈʒi] *(v.)* Fingir(-se).
finjidu [fiˈʒidu] *(adj.)* 1. Falso. 2. Fingido.
finka [fiˈka] *(v.)* 1. Fincar. 2. Firmar.
finkadu [fiˈkadu] *(adj.)* Fincado.
finta [fiˈta] *(v.)* Desviar.
finta [ˈfita] *(n.)* 1. Contribuição. 2. Cooperação. 3. Quotização.
fintadu [fiˈtadu] *(adj.)* Desviado.
fisa [fiˈsa] *(v.)* 1. Fechar. 2. Trancar.
fisadu [fiˈsadu] *(adj.)* Fechado.
fisadu kôkôkô [fiˈsadu kokoˈko] *(expr.)* 1. Apertadíssimo. 2. Completamente fechado.
fisadula [fisaˈdula] *(n.)* Fechadura.
fisandja [fisẽˈdʒa] *(n.)* 1. Adenia. ***Adenia cissampeloides***. 2. Fio-sardinha. ***Adenia cissampeloides***. 3. *Fisandja*. ***Adenia cissampeloides***.
fisa ubwê [fisuˈbwe] *(expr.)* 1. Compor(-se). 2. Curar.
fisa ubwê [fisuˈbwe] *(n.)* Massagem.

fisu ['fisu] *(n.)* 1. Emprego. 2. Ritual fúnebre. 3. Ofício. 4. Profissão.
fita ['fita] *(n.)* 1. Cena. 2. Cenário. 3. Faixa. 4. Fita. 5. Tira.
fi-tlaxi ['fi'tlaʃi] *(n.)* 1. Coluna vertebral. 2. Espinha dorsal.
fitôr [fi'tor] *(n.)* Feitor.
fitxin [fi'tʃi] *(n.)* Intriga.
fitxin-flôgô [fi'tʃi flo'gõ] *(n.)* Ilusão da vida.
fitxisêla [fitʃi'sela] *(n.)* Feiticeira.
fitxisêlu [fitʃi'selu] *(n.)* Feiticeiro.
fitxisêlu aze [fitʃi'selu a'zɛ] *(expr.)* Feiticeiro temível.
fitxisu [fi'tʃisu] *(n.)* Feitiço.
fixali [fi'ʃali] *(n.) Fixali.* Denominação dos responsáveis pelos participantes numa festa religiosa.
fla ['fla] *(v.)* 1. Dizer. 2. Falar.
fladin [fla'dĩ] *(adv.)* Ruidosamente.
fladô [fla'do] *(n.)* Falador.
fladu ['fladu] *(adj.)* 1. Combinado. 2. Conversado. 3. Dito. 4. Falado. 5. Famoso.
fla fala ['fla 'fala] *(expr.)* 1. Criticar. 2. Maldizer.
flaji ['flaʒi] *(n.)* Frase.
flakêsê [flake'se] *(v.)* Enfraquecer.
flakêxidu [flake'ʃidu] *(adj.)* 1. Enfraquecido. 2. Fraco.
flakêza [fla'keza] *(n.)* Fraqueza.
flaki ['flaki] *(n.)* Fraque.
flakon [fla'kõ] *(n.)* 1. Falcão. *Milvus migrans.* 2. Milhafre negro. *Milvus migrans.*
flakon-benta [fla'kõ 'bɛta] *(n.)* Falcão-benta. Personagem de histórias tradicionais.
flaku ['flaku] *(adj.)* 1. Covarde. 2. Débil. 3. Fraco.
fla lason ['fla la'sõ] *(expr.)* 1. Orar. 2. Rezar.
fla mantxan ['fla mɛ̃'tʃɛ̃] *(expr.)* 1. Cumprimentar. 2. Saudar.
flamason [flama'sõ] *(n.)* 1. Fama. 2. Reputação.
flamenta [fla'mẽta] *(n.)* Ferramenta.
fla mintxila ['fla mĩ'tʃila] *(expr.)* Mentir.
flanga ['flɛ̃ga] *(n.)* Franga. Cf. **nganha-mosa**.
flangin [flɛ̃'gĩ] *(n.)* 1. Pintainho. 2. Pintinho. Cf. **pinta**.
flankotxi [flɛ̃'kɔtʃi] *(n.)* Pistola.
flansêji [flɛ̃'seʒi] *(adj.)* Francês.
flansêji [flɛ̃'seʒi] *(n.)* Francês.
fla sasasa ['fla sasa'sa] *(expr.)* Falar com fluência.
fla vonvon ['fla 'võ'võ] *(expr.)* 1. Falar à toa. 2. Fofocar. 3. Mexericar.
flaxkin [flaʃ'kĩ] *(n.)* Frasco pequeno.
fle ['flɛ] *(n.)* Armadilha utilizada para caçar pequenos pássaros ou o **munken**.
flê ['fle] *(n.)* Freio.
flêbê [fle'be] *(v.)* Ferver.
flêbê blublublu [fle'be blublu'blu] *(expr.)* Entrar em ebulição.
flebenta [flɛbẽ'ta] *(v.)* 1. Cozer. 2. Ferventar.
flebentadu [flɛbẽ'tadu] *(adj.)* 1. Cozido. 2. Ferventado.
flêbidu [fle'bidu] *(adj.)* Fervido.

flega [flɛ'ga] *(v.)* 1. Esfregar. 2. Fazer entranhar os temperos. 3. Massagear. 4. Massajar.
flegadô [flɛga'do] *(n.)* Massagista. Terapeuta tradicional.
flegadu [flɛ'gadu] *(adj.)* 1. Esfregado. 2. Massageado. 3. Massajado.
flêgê [fle'ge] *(n.)* 1. Cliente. 2. Freguês.
flêgêja [flege'ʒa] *(n.)* Freguesia.
flegon [flɛ'gõ] *(n.)* Esfregão.
flêlu ['flelu] *(n.)* Ferreiro.
flema [flɛ'ma] *(v.)* 1. Aborrecer. 2. Provocar.
flêminga [fle'mĩga] *(n.)* Formiga.
flenta [flẽ'ta] *(v.)* 1. Cozer. 2. Ferventar. Cf. **flebenta**.
flentadu [flẽ'tadu] *(n.)* 1. Cozido. 2. Ferventado.
flêsê [fle'se] *(v.)* Oferecer.
flêsê [fle'se] *(n.)* Oferecimento. Ritual no qual o bebé é oferecido espiritualmente para receber proteção divina quando crescer.
flesku ['flɛsku] *(adj.)* Fresco.
flesku tatata ['flɛsku tata'ta] *(expr.)* Peixe fresquíssimo.
flida ['flida] *(n.)* Ferida.
flijana [fliʒa'na] *(n.)* Panela.
fliji [fli'ʒi] *(id.)* Cf. **sola fliji**.
fliji [fli'ʒi] *(v.)* 1. Afligir. 2. Fritar.
flijidu [fli'ʒidu] *(adj.)* 1. Aflito. 2. Frito.
flima [fli'ma] *(v.)* 1. Firmar. 2. Fixar. 3. Virar adulto.
flimadu [fli'madu] *(adj.)* Crescido.
flimi ['flimi] *(adj.)* 1. Firme. 2. Fixo.
flipotxi [fli'pɔtʃi] *(n.)* Filispote. Alimento preparado à base farinha de mandioca.
floga [flɔ'ga] *(n.)* 1. Brincadeira. 2. Diversão.
floga [flɔ'ga] *(v.)* 1. Brincar. 2. Desviar. 3. Divertir(-se). 4. Esquivar. 5. Folgar. 6. Representar.
flôgô [flo'go] *(n.)* 1. Fôlego. 2. Respiração.
flôgô libaliba ['flogo 'liba'liba] *(expr.)* Respiração ofegante.
floka [flɔ'ka] *(v.)* Enforcar.
flokadu [flɔ'kadu] *(adj.)* Enforcado.
flokadu [flɔ'kadu] *(n.)* Empurrão violento.
floli ['flɔli] *(n.)* Flor.
floli-ku-dêsu-wanga-pê-mundu ['flɔli 'ku 'desu wẽ'ga 'pe 'mũdu] *(n.)* Flor-que-Deus-espalhou-pelo-mundo. *Gomphrena globosa.*
floma [flɔ'ma] *(v.)* Formar.
floma-pali [flɔ'ma pa'li] *(n.)* Sangue coagulado do parto.
flomenta [flɔmẽ'ta] *(v.)* 1. Estimular. 2. Fomentar. 3. Friccionar com fomento ou remédio. 4. Incitar.
flomentu [flɔ'mẽtu] *(n.)* 1. Fomentação. 2. Remédio. 3. Unguento.
flômiga [flo'mĩga] *(n.)* Formiga. Cf. **flêminga**.
flonha ['flɔɲa] *(n.)* Fronha.
flonta ['flɔ̃ta] *(n.)* 1. Assédio. 2. Chatice. 3. Incômodo.
flonta [flɔ̃'ta] *(v.)* 1. Assediar. 2. Chatear. 3. Incomodar.

flontadu [flõˈtadu] *(adj.)* 1. Egoísta. 2. Glutão. 3. Insaciável. 4. Sôfrego. 5. Voraz.
flontadu [flõˈtadu] *(n.)* 1. Egoísmo. 2. Gula. 3. Sofreguidão.
flontamentu [flõtaˈmẽtu] *(n.)* 1. Afrontamento. 2. Incômodo.
flôxô [ˈfloʃo] *(adj.)* Frouxo.
flôxô [ˈfloʃo] *(n.)* Buraco.
flukyan [fluˈkjẽ] *(n.)* Forquilha.
fluta [ˈfluta] *(n.)* Fruta-pão. Cf. **fluta-mpon**.
fluta-mpon [ˈfluta ˈmpõ] *(n.)* 1. Árvore-do-pão. *Artocarpus altilis*. 2. Fruta-pão.
fô [ˈfo] *(neg.)* Partícula de negação no fim de oração ou correlativa de **na**. **N na tê klupa fô.** *Não tenho culpa.*
fô [ˈfo] *(prep. v.)* 1. De. 2. Sair de. 3. Vir de. Cf. **bi fô**.
fô [ˈfo] *(v.)* 1. Afastar(-se). 2. Sair de.
fôdê [foˈde] *(v.)* Foder.
fôfô [ˈfofo] *(adj.)* 1. Balofo. 2. Fofo. 3. Macio. 4. Roído pela traça. 5. Traçado.
fôfô [foˈfo] *(v.)* Peneirar soprando para separar o izaquente ou o milho da casca.
foga [fɔˈga] *(v.)* 1. Afogar(-se). 2. Cansar.
fôgô [ˈfogo] *(n.)* 1. Fogo. 2. Incêndio. 3. Lume.
fogon [fɔˈgõ] *(n.)* 1. Cozinha. 2. Fogão.
fôgôzu [foˈgozu] *(adj.)* 1. Faceiro. 2. Muito acelerado. 3. Nervoso.
foko [fɔˈkɔ] *(v.)* 1. Afastar. 2. Esquivar. 3. Folgar.
fokofoko [fɔˈkɔfɔˈkɔ] *(adj.)* 1. Flácido. 2. Folgado. 3. Largo.
fokoto [fɔˈkɔtɔ] *(n.)* 1. Confusão. 2. Mixórdia. 3. Rebaldaria. 4. Sarilho.
fola [fɔˈla] *(v.)* 1. Esfolar. 2. Forrar.
fôlô [ˈfolo] *(n.)* 1. Estofo. 2. Forro. 3. Forro. Indivíduo pertencente ao grupo étnico **fôlô** de São Tomé e Príncipe. 4. Língua dos **fôlô**. Cf. **santome**.
folufu [ˈfɔlufu] *(n.)* Fósforo.
fomi [ˈfɔmi] *(n.)* Fome.
Fonandopo [fɔˈnẽdo ˈpɔ] *(top.)* Fernão do Pó.
fono [ˈfɔnɔ] *(n.)* Forno.
fono [fɔˈnɔ] *(v.)* 1. Arranhar. 2. Estragar. 3. Rasgar.
fonodu [fɔˈnɔdu] *(adj.)* 1. Arranhado. 2. Estragado. 3. Rasgado. 4. Roto.
fono-ngembu [ˈfɔnɔ ŋgẽˈbu] *(n.)* Toca de morcego.
fontxi [ˈfõtʃi] *(n.)* 1. Têmpora. 2. Testa.
fôsa [ˈfosa] *(n.)* Força.
fosa [ˈfosa] *(n.)* Fossa.
fotxi [ˈfɔtʃi] *(adj.)* Forte.
fotxi [ˈfɔtʃi] *(n.)* 1. Esquadra da Polícia. 2. Fortaleza. 3. Forte.
fotxi-losada [ˈfɔtʃi lɔˈsada] *(n.)* 1. Degredo. Referência ao Forte Roçadas, em Angola. 2. Prisão.
foya [fɔˈja] *(n.)* Quantidade grande.
foya [fɔˈja] *(v.)* 1. Banalizar. 2. Vulgarizar.
fu [ˈfu] *(v.)* 1. Branquear. 2. Limpar.
fuba [ˈfuba] *(n.)* 1. Farinha de milho. 2. Fubá.
fubuka [fubuˈka] *(n.)* **Fubuka.** Material do tronco de uma bananeira em decomposição usado para se fazer uma canaleta para escoar a água para o **kôsô**, no processo de produção de óleo de palma.
fubuka [fubuˈka] *(v.)* 1. Amolgar. 2. Amarrotar. 3. Amassar.
fudu [ˈfudu] *(adj.)* 1. Claro. 2. Esbranquiçado. 3. Limpo.
fudu txetxetxe [ˈfudu tʃetʃeˈtʃe] *(expr.)* Asseadíssimo.
fugudu [fuˈgudu] *(adj.)* Ofegante.
fuji [fuˈʒi] *(v.)* 1. Escapar. 2. Fugir.
fula [ˈfula] *(adj.)* 1. De pele acastanhada. 2. Mulato. 3. Pessoa negra de cor clara.
fula [fuˈla] *(v.)* 1. Furar. 2. Perfurar.
fuladô [fulaˈdo] *(n.)* Furador.
fuladu [fuˈladu] *(adj.)* Furado.
Fulana [fuˈlana] *(n.)* 1. Fulana. 2. Gaja.
fulanu [fuˈlanu] *(n.)* 1. Fulano. 2. Gajo.
fula viji [fuˈla ˈviʒi] *(expr.)* Deflorar.
fulu [ˈfulu] *(n.)* 1. Buraco. 2. Furo. 3. Vagina.
fulu [fuˈlu] *(v.)* 1. Açambarcar. 2. Querer a todo custo.
fulu-dentxi [ˈfulu ˈdẽtʃi] *(n.)* Cárie.
fulu-d'uku [ˈfulu ˈduku] *(n.)* Ânus.
fulufulu [ˈfuluˈfulu] *(n.)* Atum-bonito. *Auxis thazard*.
fulu-kadela [ˈfulu kaˈdɛla] *(n.)* Ânus.
fulu-poto [ˈfulu ˈpɔtɔ] *(n.)* 1. Buraco da fechadura. 2. Fechadura.
fuma [fuˈma] *(v.)* 1. Defumar. 2. Encher. 3. Inchar.
fumadu [fuˈmadu] *(adj.)* 1. Defumado. 2. Fumado. 3. Inchado.
fumadu [fuˈmadu] *(n.)* Inchaço.
fumadu libita [fuˈmadu libiˈta] *(expr.)* 1. Cheiíssimo. 2. Inchadíssimo.
fumêlu [fuˈmelu] *(n.)* Fumeiro.
funda [fũˈda] *(n.)* 1. Embrulho. 2. Feixe. 3. *Funda*. Borracha que marca o local onde se encontra a âncora. 4. Segredo. 5. Trouxa. Recipiente de folha ou pano que substitui a rodilha.
funda [fũˈda] *(v.)* Afundar(-se).
fundadô [fũdaˈdo] *(n.)* 1. Âncora. 2. Fundador.
fundadu [fũˈdadu] *(adj.)* 1. Afundado. 2. Fundado. 3. Profundo.
fundja [fũˈdʒa] *(v.)* Fundear.
fundjadô [fũdʒaˈdo] *(n.)* Âncora.
fundji [ˈfũdʒi] *(n.)* 1. Confusão. 2. Pirão de mandioca, milho ou izaquente.
fundji [fũˈdʒi] *(v.)* Fundir.
fundon [fũˈdõ] *(n.)* 1. Fundão. 2. Recinto de dança.
fundu [ˈfũdu] *(adj.)* 1. Fundo. 2. Profundo.
fundu [ˈfũdu] *(n.)* 1. Base. 2. Fundo. 3. Poço profundo. 4. Talvegue.
fundula [fũˈdula] *(n.)* 1. Funduras. 2. Profundezas.
funhe [fũˈɲe] *(n.)* 1. Larva de um inseto. 2. *Oso-moli*. Cf. **oso-moli**.
funilêlu [funiˈlelu] *(n.)* 1. Funileiro. 2. Latoeiro.
funinu [fuˈninu] *(n.)* Funil.
funkafunka [fũkafuˈka] *(n.)* 1. Interior. 2. Labirinto de caminhos em um **luxan**. 3. Lugar recôndito.
funson [fũˈsõ] *(n.)* 1. Cerimônia. 2. Gala. 3. Espetáculo. 4. Festividade. 5. Função pública.

funtxa [fũˈtʃa] *(v.)* Focinhar.

funtxin [fũtˈʃĩ] *(n.)* Focinho.

funxa [fũˈʃa] *(v.)* Focinhar. Cf. **funtxa**.

funxyonalyu [fũʃjɔˈnalju] *(n.)* Funcionário (público).

fusa [ˈfusa] *(n.)* Espuma.

fusa [fuˈsa] *(v.)* Espumar.

fusula [fuˈsula] *(n.)* 1. Cambalhota. 2. Confusão. 3. Fígado de animais.

futa [fuˈta] *(v.)* 1. Furtar. 2. Roubar.

futadu [fuˈtadu] *(adj.)* 1. Furtado. 2. Roubado.

futu [fuˈtu] *(n.)* 1. Cheiro a amoníaco, característico do tubarão conservado cru e abafado durante algum tempo antes de ser cozido. 2. Mau cheiro.

futuna [fuˈtuna] *(n.)* 1. Fortuna. 2. Riqueza.

fuvêlu [fuˈvelu] *(n.)* 1. Irritação cutânea. 2. Pé-de-atleta.

fuzon [fuˈzõ] *(n.)* Infusão.

fya [ˈfja] *(n.)* 1. Folha. 2. Planta.

fyaba [ˈfjaba] *(onom.)* Som de chicote.

fya-bambi [ˈfja ˈbɛbi] *(n.)* Chile branco. ***Drymaria cordata.***

fya-bôba-blanku [ˈfja ˈboba ˈblɛku] *(n.)* Begónia. ***Begonia baccata.***

fya-bôba-d'ôbô [ˈfja ˈboba doˈbo] *(n.)* 1. Folha-boba. ***Piper umbellatum.*** 2. Pimenta-dos-índios. ***Piper umbellatum.***

fya-bôba-nglandji [ˈfja ˈboba ˈŋglẽdʒi] *(n.)* *Fya-bôba-nglandji.* ***Begonia ampla.***

fya-bôba-pikina [ˈfja ˈboba piˈkina] *(n.)* *Fya-bôba-pikina.* ***Piper capense.***

fya-bôba-vlêmê [ˈfja ˈboba vleˈme] *(n.)* Begónia. ***Begonia baccata.***

fya-bombon [ˈfjabõˈbõ] *(n.)* Bôbôbôbô. ***Casearia barteri.***

fya-budu [ˈfja ˈbudu] *(n.)* Folha-pedra. ***Elephantopus mollis.***

fyada [ˈfjada] *(n.)* Afilhada.

fyadadji [fjaˈdadʒi] *(n.)* Frialdade.

fya-da-mina [ˈfja da ˈmina] *(n.)* Folha-da-mina. ***Bryophyllum pinnatum.***

fya-da-mina-galu [ˈfja daˈmina ˈgalu] *(n.)* *Fya-da-mina-galu.* ***Kalanchoe crenata.***

fya-da-mina-ke [ˈfja da ˈmina ˈkɛ] *(n.)* Folha da fortuna. ***Kalanchoe pinnatum.***

fya-d'ami-so [ˈfjadaˈmiˈsɔ] *(n.)* *Fya-d'ami-so.* ***Nervilia bicarinata.***

fya-dentxi [ˈfja ˈdẽtʃi] *(n.)* *Fya-dentxi.* ***Acmella caulirhiza.***

fyadô [fjaˈdo] *(n.)* Fiador.

fya-d'olha [ˈfja dɔˈʎa] *(n.)* 1. Centela. ***Centella asiatica.*** 2. Colágeno-de-Gotu. ***Centella asiatica.***

fya-d'olha-ple [ˈfja dɔˈʎa ˈplɛ] *(n.)* Erva-capitão. ***Hydrocotyle bonariensis.***

fya-d'ôlô [ˈfja ˈdolo] *(n.)* Ouros. Um dos naipes do baralho.

fyadu [ˈfjadu] *(adj.)* 1. Abusado. 2. Atrevido. 3. Cretino. 4. Fiado.

fyadu [ˈfjadu] *(n.)* Afilhado.

fya-fitxisu [ˈfja fiˈtʃisu] *(n.)* Saia-roxa. Cf. **fya-pletu**.

fya-flakêza [ˈfja flaˈkeza] *(n.)* Folha-fraqueza. ***Laportea aestuans.***

fya-flêminga [ˈfja fleˈmĩga] *(n.)* Pombinha. ***Euphorbia serpens.***

fya-flêminga-blanku [ˈfja fleˈmĩga ˈblɛku] *(n.)* Quebra-pedras. ***Chamaesyce prostrata.***

fya-flêminga-vlêmê [ˈfja fleˈmĩga vleˈme] *(n.)* Folha-formiga-vermelha. ***Chamaesyce serpens.***

fya-fôgêtê [ˈfja foˈgete] *(n.)* Pau-foguete. ***Desmanthus virgatus.***

fya-fôgô [ˈfja foˈgo] *(n.)* Barba-de-barata. ***Acacia kamerunensis.***

fya-galu [ˈfja ˈgalu] *(n.)* Heliotrópio-indiano. ***Heliotropium indicum.***

fya-glavana [ˈfja glaˈvɛna] *(n.)* *Fya-glavana.* ***Phaulopsis micrantha.***

fya-glêza [ˈfja ˈgleza] *(n.)* 1. Feto. ***Dryopteris filix-mas.*** 2. Samambaia. ***Dryopteris filixmas.***

fya-glêza-mwala [ˈfja ˈgleza ˈmwala] *(n.)* Folha-de-igreja. ***Pneumatopteris oppositifolia.***

fya-glêza-ome [ˈfja ˈgleza ˈɔmɛ] *(n.)* Folha-de-igreja. ***Christella dentata.***

fya-ize [ˈfja iˈzɛ] *(n.)* Folha-camarão. ***Nefrolepis bisserrata.***

fya-keza-mwala [ˈfja kɛˈza ˈmwala] *(n.)* Vassourinha-doce. ***Scoparia dulcis.***

fya-keza-ome [ˈfja kɛˈza ˈɔmɛ] *(n.)* *Fya-keza-ome.* ***Spermacoce verticillata.***

fya-kopa [ˈfja ˈkɔpa] *(n.)* Copas. Um dos naipes do baralho.

fya-kopu [ˈfja ˈkɔpu] *(n.)* *Fya-kopu.* ***Centella asiatica.***

fya-leve [ˈfja ˈlɛvɛ] *(n.)* Musgo-do-mato. ***Lycopodiella cernua.***

fya-leve-ome [ˈfja ˈlɛvɛ ˈɔmɛ] *(n.)* Folha-leve-homem. ***Dicranopteris linearis.***

fya-lixa [ˈfja ˈliʃa] *(n.)* Pó-lixa. ***Ficus exasperata.***

fya-male [ˈfja maˈlɛ] *(n.)* 1. Erva-de-São-João. ***Ageratum conyzoides.*** 2. Mentrasto. ***Ageratum conyzoides.***

fya-male-ome [ˈfja maˈlɛ ˈɔmɛ] *(n.)* Folha-manuel-homem. ***Synedrella nodiflora.***

fya-malivla [ˈfja ˈmalivla] *(n.)* Malva. ***Abutilon grandiflorum.***

fya-malixa [ˈfja maˈliʃa] *(n.)* Folha-malícia. ***Mimosa pudica.***

fya-mamblêblê [ˈfja mɛbleˈble] *(n.)* Mamblêblê. Cf. **mamblêblê**.

fyamblê [ˈfjɛble] *(n.)* Fiambre.

fya-miskitu [ˈfja misˈkitu] *(n.)* Manjerico. ***Ocimum americanum.***

fya-nginhon [ˈfja ŋgiˈɲõ] *(n.)* Agrião. ***Roripa nasturtium-aquaticum.***

fyansa [ˈfjɛ̃sa] *(n.)* Fiança.

fyansa [fjɛ̃ˈsa] *(v.)* Afiançar.

fya-paw [ˈfja ˈpaw] *(n.)* Paus. Um dos naipes do baralho.

fya-pletu [ˈfja ˈplɛtu] *(n.)* Saia-roxa. ***Datura metel.***

fya-pletu-blanku [ˈfja ˈplɛtu ˈblɛku] *(n.)* Trombeteira. ***Brugmansia x candida.***

fya-plôkô [ˈfja ˈploko] *(n.)* Folha-porco. ***Commelina congesta.***

fya-plôkô-son [ˈfja ˈploko ˈsɔ̃] *(n.)* Erva-tostão. ***Boerhaavia diffusa.***

fya-pontu [ˈfja ˈpɔ̃tu] *(n.)* Folha ponto. ***Achyranthes aspera.***

fya-pyala [ˈfja ˈpjala] *(n.)* *Mpyala.*

fya-santope [ˈfja sɛ̈tɔˈpɛ] *(n.)* 1. Eufórbia. ***Euphorbia hirta.*** 2. Folha-centopeia. ***Chamaesyce hirta.***

fya-supada [ˈfja suˈpada] *(n.)* Espadas.

fya-tatalugwa [ˈfja tataˈlugwa] *(n.)* Espinafre do Malabar. ***Basella alba.***

fya-vela [ˈfja ˈvɛla] *(n.)* Folha-vela. ***Tristemma litorale.***

fya-vinte [ˈfja vĩˈtɛ] *(n.)* Folha-vintém. ***Desmodium adscendens.***

fya-viola [ˈfja viˈɔla] *(n.)* Azedinha. ***Oxalis corymbosa.***

fya-xalela [ˈfja ʃaˈlɛla] *(n.)* 1. Chá-Gabão. ***Cymbopogon ciitratus.*** 2. Chá-do-Príncipe. ***Cymbopogon ciitratus.*** 3. Citronela. ***Cymbopogon ciitratus.***

fya-zaya [ˈfja ˈzaja] *(n.)* *Fya-zaya.* ***Cassia podocarpa.***

fyefyefye [ʃjɛʃjɛˈfjɛ] *(id.)* 1. Cf. **bixi fyefyefye**. 2. Cf. **limpu fyefyefye**.

fyô [ˈfjo] *(adj.)* Frio.

fyô [ˈfjo] *(n.)* 1. Flato. 2. Peido.

fyô-glosu [ˈfjo ˈglɔsu] *(n.)* 1. Frieira. 2. Hipertensão. 3. Hipotensão. 4. Pneumonia. 5. Resfriamento agudo.

fyô kôkôkô [ˈfjo kokoˈko] *(expr.)* 1. Frigidíssimo. 2. Gélido.

G g

ga ['ga] *(part.)* 1. Partícula aspectual, alomorfe de **ka** que ocorre com a primeira pessoa do singular n. **N ga kume**. *Eu como.* 2. Partícula de modo, alomorfe de **ka**. **Xi n ga tava fla…**. *Se eu tivesse falado…*
gaba [ga'ba] *(v.)* 1. Gabar. 2. Vangloriar(-se).
gabinêtê [gabi'nete] *(n.)* Gabinete.
gabon [ga'bõ] *(adj.)* 1. Estrangeiro africano. 2. Gabonês. Designação genérica dos serviçais levados do continente africano para trabalhar nas roças do cacau e do café no tempo colonial.
gabon [ga'bõ] *(n.)* Estrangeiro africano.
Gabon [ga'bõ] *(top.)* Gabão.
gadanha [ga'dɛ̃ɲa] *(n.)* Gadanha.
gadanhu [ga'dɛ̃ɲu] *(n.)* Rastelo.
gafu ['gafu] *(n.)* 1. Fungo. 2. Gafa. 3. Parasita.
gagu ['gagu] *(adj.)* Gago.
gaja [ga'ʒa] *(n.)* Vinho de palma fermentado. Cf. **uswa**.
gaja [ga'ʒa] *(v.)* De um dia para o outro.
gajadu [ga'ʒadu] *(adj.)* 1. Guardado de um dia para o outro. 2. Vinho fermentado.
gala ['gala] *(n.)* 1. Gala. 2. Gala da palmeira. 3. Guelra.
gala [ga'la] *(v.)* Engravidar.
galafa [ga'lafa] *(n.)* Garrafa.
galafon [gala'fõ] *(n.)* 1. Garrafão. 2. Vasilhame.
galegu [ga'lɛgu] *(n.)* 1. Estrangeiro. 2. Galego. 3. Branco pobre.
galon [ga'lõ] *(adj.)* Galão.
galu ['galu] *(n.)* 1. Heliotrópio-indiano. Cf. **fya-galu**. 2. Galo.
galufu ['galufu] *(n.)* Garfo.
gamala [ga'mala] *(n.)* Gamela. Cf. **ngama**.
gandu [gɛ̃'du] *(n.)* Tubarão. Cf. **ngandu**.
ganga [gɛ̃'ga] *(n.)* Mosca-da-fruta. *Drosophila melanogaster.*
ganha [gɛ̃'ɲa] *(n.)* Galinha. Cf. **nganha**.
ganha [gɛ̃'ɲa] *(v.)* 1. Arrecadar. 2. Ganhar. Cf. **nganha**.
gansu ['gɛ̃su] *(n.)* Gancho. Cf. **ngansu**.
gasa ['gasa] *(n.)* Garça.
gatela [ga'tɛla] *(n.)* 1. Aquele que dá o mote em uma sessão musical ou folclórica. 2. Poeta.
gatu ['gatu] *(n.)* 1. Gata. 2. Gato. *Felis catus.*
gaxta [gaʃ'ta] *(v.)* Gastar.
gayatu [ga'jatu] *(n.)* Gaiato.
gayola [ga'jɔla] *(n.)* Gaiola.
gazi ['gazi] *(n.)* Gaze.
gazolina [gazɔ'lina] *(n.)* Gasolina.

gêgê ['gege] *(n.)* 1. Cajá-mirim. 2. Cajazeiro. *Spondias mombim.* 3. Cajazeiro-mirim. *Spondias luteas.*
gêgê [ge'ge] *(v.)* Impingir.
gêgê-fasu ['gege 'fasu] *(n.)* Gêgê-fasu. *Polyscias quintasii.*
gêgêgê [gege'ge] *(adv.)* 1. Assim-assim. 2. Mais ou menos.
gela ['gɛla] *(n.)* Guerra.
gembu [gɛ̃'bu] *(n.)* Morcego. Cf. **ngembu**.
gidigidi [gi'digi'di] *(id.)* 1. Cf. **djinga gidigidi**. 2. Cf. **tlêmê gidigidi**.
gigô [gi'go] *(n.)* Gligô. Cf. **gligô**.
giya ['gija] *(n.)* 1. Fio de metal. 2. Guia.
giya [gi'ja] *(v.)* 1. Conduzir. 2. Dirigir. 3. Guiar.
giza [gi'za] *(v.)* Guisar.
gizadu [gi'zadu] *(n.)* Guisado.
glabadina [glaba'dina] *(n.)* Gabardina.
glaganta [gla'gɛ̃ta] *(n.)* Garganta. Cf. **glagantxi**.
glagantxa [glagɛ̃'tʃa] *(v.)* Gargarejar.
glagantxi [gla'gɛ̃tʃi] *(n.)* Garganta.
glama ['glama] *(n.)* Grama.
glamatxika [gla'matʃika] *(n.)* Gramática.
glapon [gla'põ] *(n.)* Carapau. *Selar crumenophthalmus.*
glasa ['glasa] *(n.)* Graça de Deus.
glava [gla'va] *(v.)* 1. Agravar. 2. Gravar. 3. Ofender.
glavana [gla'vana] *(n.)* Gravana. Estação seca e ventosa em São Tomé e Príncipe, mais ou menos de junho a setembro.
glavata [gla'vata] *(n.)* Gravata.
glavata [glava'ta] *(v.)* Agarrar pelo pescoço.
glavêta [gla'veta] *(n.)* Gaveta.
glavi ['glavi] *(adj.)* 1. Belo. 2. Bonito. 3. Formoso. 4. Lindo.
glavi ['glavi] *(n.)* 1. Beleza. 2. Formosura.
glavidadji [glavida'dʒi] *(n.)* 1. Boniteza. 2. Defeitos. 3. Mania.
glavi linda-floli ['glavi 'lĩda 'flɔli] *(expr.)* Lindíssima.
glavu ['glavu] *(n.)* 1. Agravo. 2. Ofensa.
glaxa ['glaʃa] *(n.)* Graxa.
gleba ['glɛba] *(n.)* 1. Gleba. 2. Terreno.
glêgu ['glegu] *(adj.)* Grego.
glêgu ['glegu] *(n.)* Grego.
glentu ['glẽtu] *(adv.)* Dentro (de). Cf. **nglentu**.
glêtê [gle'te] *(v.)* Derreter. Cf. **dlêtê**.
glêtu ['gletu] *(n.)* Direito.
glêtula [gle'tula] *(adv.)* 1. Diretamente. 2. Em frente.

glêza [ˈgleza] *(n.)* Igreja.
gligô [gliˈgo] *(n.)* Gligô. ***Morinda lucida.***
gligô-d'òbô [gliˈgo doˈbo] *(n.)* Gligô-do-mato. ***Sacosperma paniculatum.***
glita [gliˈta] *(n.)* Grito.
glita [gliˈta] *(v.)* Gritar.
glopi [ˈglɔpi] *(n.)* Gole. Cf. **nglopi**.
glôpin [gloˈpĩ] *(n.)* Garoupa. ***Epinephelus adscensionis.***
glosu [ˈglɔsu] *(adj.)* 1. Duro. 2. Forte. 3. Grosso.
glupu [ˈglupu] *(n.)* Grupo.
glusula [gluˈsula] *(n.)* Grossura.
gluton [gluˈtõ] *(adj.)* 1. Glutão. 2. Glutonice.
gô [ˈgo] *(n.)* 1. Queixa. 2. Queixume. 3. Reclamação. 4. Tratamento para tirar alguém do estado de transe.
gô [ˈgo] *(v.)* 1. Choramingar. 2. Queixar(-se). 3. Reclamar.
gôdô [ˈgodo] *(adj.)* 1. Abastado. 2. Gordo. 3. Grande. 4. Importante. 5. Influente.
gôdô [ˈgodo] *(n.)* Gordura.
gofi [ˈgɔfi] *(n.)* Embaúba. ***Cećropia peltata.***
gofi-d'òbô [ˈgɔfi doˈbo] *(n.)* Pau-sabrina. ***Musanga cecropioides.***
gôgô [goˈgo] *(n.)* Andiroba. ***Carapa procera.***
gôgô [goˈgo] *(v.)* 1. Amar. 2. Ficar contente. 3. Gostar.
gôgô da [goˈgo ˈda] *(expr.)* 1. Felicitar. 2. Parabenizar.
gôgô-vlêmê [goˈgo ˈvleme] *(n.)* Andiroba. Cf. **gôgô**.
gola [ˈgɔla] *(n.)* Gola.
golo [gɔˈlɔ] *(v.)* Procurar.
golozu [gɔˈlɔzu] *(adj.)* Pidão.
golozu [gɔˈlɔzu] *(n.)* Pidão.
gongô [gõˈgo] *(v.)* 1. Amar. 2. Gostar. Cf. **gôgô**.
govena [gɔvɛˈna] *(v.)* 1. Chefiar. 2. Governar. 3. Mandar.
govenadô [gɔvɛnaˈdo] *(n.)* Governador.
govenu [gɔˈvɛnu] *(n.)* 1. Governo. 2. Regras.

goxta [gɔʃˈta] *(v.)* 1. Adorar. 2. Amar. 3. Apreciar. 4. Gostar. Cf. **ngoxta**.
gôxtô [ˈgoʃto] *(n.)* 1. Alegria. 2. Contentamento. 3. Gosto. 4. Prazer. 5. Sabor.
goza [gɔˈza] *(v.)* 1. Desfrutar. 2. Fazer pouco de. 3. Gozar com. 4. Gozar de. 5. Ridicularizar. 6. Ter prazer.
gugu [guˈgu] *(n.)* Duende. (Figura mitológica.)
gugu-d'awa [guˈgu ˈdawa] *(n.)* Espírito de água doce Cf. **ôkôsô**.
gulugulu [guˈluguˈlu] *(n.)* Térmite.
gumba [gũˈba] *(n.)* Amendoim. Cf. **ngumba**.
gumita [gumiˈta] *(v.)* Vomitar. Cf. **ngumita**.
gunda [gũˈda] *(v.)* 1. Acalmar. 2. Acariciar. 3. Atrair. 4. Chamar. 5. Mandar. 6. Seduzir.
gungu [ˈgũgu] *(n.)* Gungu. (Ave.)
guya [ˈguja] *(n.)* 1. Agulha. 2. Peixe-agulha. ***Strongylura crocodila.***
guya-bujina [ˈguja buˈʒina] *(n.)* Peixe-trombeta. ***Fistularia tabacaria.***
guya-kyô [ˈguja ˈkjo] *(n.)* Peixe-agulha-*kyô*. ***Tylosurus acus rafale.***
guya-supada [ˈguja suˈpada] *(n.)* Peixe-espada. ***Ablennes hians.***
gwada [ˈgwada] *(n.)* Guarda.
gwada [gwaˈda] *(v.)* 1. Aguardar. 2. Esperar. 3. Guardar.
gwadadu [gwaˈdadu] *(adj.)* Guardado.
gwada-livlu [ˈgwadaˈlivlu] *(n.)* 1. Contabilista. 2. Guarda-livros.
gwali [ˈgwali] *(adv.)* Igual.
gwalia [gwaˈlia] *(n.)* Iguaria. Cf. **ngwalia**.
gwarita [gwaˈrita] *(n.)* Guarita.
gwela [ˈgwɛla] *(n.)* 1. Goela. 2. Guelra.
gwenta [gwẽˈta] *(v.)* 1. Aguentar. 2. Resistir. Cf. **ngwenta**.
gweva [ˈgwɛva] *(n.)* Goiaba. Cf. **ngweva**.
gyêlu [ˈgjelu] *(n.)* Agulheiro.

I i

i [ˈi] *(conj.)* E. **I men mina bô?** *E a mãe dos teus filhos?*
ia [iˈa] *(n.)* Ilha.
Ia Kabla [iˈa ˈkabla] *(top.)* Ilhéu das Cabras.
Ia Lôla [iˈa ˈlola] *(top.)* Ilhéu das Rolas.
identxidadji [iˈdɛtʃiˈdadʒi] *(n.)* Identidade.
idêya [iˈdeja] *(n.)* Ideia.
idjogo [iˈdʒɔgɔ] *(n.)* Idjogo. Prato típico, à base de agrião e outras verduras, peixe e óleo de palma.
idligu [ˈidligu] *(n.)* Fumo. Cf. **igligu**.
idu [ˈidu] *(n.)* Piolho.
idu-idu [ˈidu ˈidu] *(n.)* 1. Silva-da-praia. *Caesalpinia bonduc.* 2. Olho-de-gato. *Caesalpinia bonduc.*
Ie [ˈiɛ] *(top.)* Ilha do Príncipe.
igleva [iˈglɛva] *(n.)* Gémeo. Cf. **ingleva**.
igligu [iˈgligu] *(n.)* 1. Fumaça. 2. Fumo.
igligu-kwami [iˈgligu ˈkwami] *(n.)* 1. Fumo negro. 2. Tisna.
ijiji [ˈiʒiʒi] *(n.)* Arrepio.
ijogo [iˈʒɔgɔ] *(n.)* Idjogo. Cf. **idjogo**.
ikili [ˈikili] *(n.)* Rodilha.
ikyabu [ˈikjabu] *(n.)* Quiabo. *Abelmoschus esculentus.*
ilangi-ilangi [ilẽˈgi ilẽˈgi] *(n.)* 1. Ilangue-Ilangue. *Cananga odorata.* 2. Cananga. *Cananga odorata.*
imeme [ˈimɛmɛ] *(n.)* Andim muito tenro.
impe [ĩˈpɛ] *(n.)* Pau-Impé. *Olea capensis.*
impete [ĩpɛˈte] *(n.)* Remela.
inansê [inẽˈse] *(pron.)* 1. Vocês. 2. Vós. 3. -vos. Segunda pessoa do plural com a função de complemento direto ou indireto. *Oze n ga mat'inansê tudaxi. Hoje vou matar-vos todos.*
inê [ˈine] *(pron.)* Cf. **inen**.
inen [ˈinẽ] *(art.)* 1. As. 2. Os. **Inen mosu.** *Os rapazes.*
inen [ˈinẽ] *(pron.)* 1. -as. Terceira pessoa do plural com a função de complemento direto. 2. Elas. 3. Eles. 4. -lhes. Terceira pessoa do plural com a função de complemento indireto. **So a d'inen ũa pingada.** *Então deram-lhes uma espingarda.* 5. -os. Terceira pessoa do plural com a função de complemento direto. **N tênd'inen nala ka fla.** *Ouvi-os lá a falar.*
ingleva [ĩˈglɛva] *(adj.)* Gémeo.
ingleva [ĩˈglɛva] *(n.)* Gémeo.
inhe [ˈiɲɛ] *(n.)* 1. Lâmina de folha de palmeira. 2. Unha.
inhe-bôbô [ˈiɲɛ boˈbo] *(n.)* Pimenta-da-Guiné. *Xylopia aethiopica.*
inhe-pletu [ˈiɲɛ ˈplɛtu] *(n.)* Unha-preta. *Polyalthia oliveri.*
injinhêlu [ĩʒĩˈɲelu] *(n.)* Engenheiro.
ino [ˈinɔ] *(adv.)* Não.
inon [ˈinõ] *(adv.)* Não. Cf. **ino**.
intima [intiˈma] *(v.)* Intimar.
inxpetôla [ĩʃpɛˈtola] *(n.)* Inspetora.
inxpetôlu [ĩʃpɛˈtolu] *(n.)* Inspetor.
ipê [iˈpe] *(n.)* Ipê. *Steganthus welwitschii.*
isaki [isaˈki] *(dem.)* 1. Aquela. 2. Aquele. 3. Esta. 4. Estas. 5. Este. 6. Estes.
isala [isaˈla] *(dem.)* 1. Aquela. 2. Aquelas. 3. Aquele. 4. Aqueles. 5. Essa. 6. Essas. 7. Esse. 8. Esses.
ise [iˈsɛ] *(dem.)* 1. Esta. 2. Estas. 3. Este. **Ise ku tê beba ô?** *Este aqui que tem barbas?* 4. Estes.
ite [ˈitɛ] *(n.)* 1. Abdômen. 2. Baixo-ventre. 3. Colo. 4. Virilha.
ite-ite [ˈitɛ ˈitɛ] *(n.)* 1. Aconchego. 2. Ao pé de. 3. Apego.
ixi [ˈiʃi] *(dem.)* 1. Aquela. 2. Aquelas. 3. Aquele. **Bô ka toma ixi ku bwaba bô.** *Tu pegas aquele que te agradar.* 4. Aqueles. 5. A tal. 6. As tais. 7. O tal. 8. Os tais.
ixka [ˈiʃka] *(n.)* 1. Engodo. 2. Isca.
izê [ˈize] *(n.)* 1. Camarão. 2. Lagostim.
izê-blanku [ˈize ˈblẽku] *(n.)* Camarão branco.

J j

ja [ˈʒa] *(n.)* Dia. Cf. **dja**.
jaba [ˈʒaba] *(onom.)* Som do cacete.
jabu [ˈʒabu] *(n.)* Diabo. Cf. **djabu**.
jadlin [ʒaˈdlĩ] *(n.)* Jardim.
jagli [ˈʒagli] *(n.)* Sarna
jagu [ˈʒagu] *(n.)* Azar.
ja-jingu [ʒaˈʒĩgu] *(n.)* Domingo. Cf. **dja-djingu**.
jaka [ˈʒaka] *(n.)* 1. Jaca. 2. Jaqueira. *Artocarpus heterophyla.*
jakare [ʒakaˈrɛ] *(n.)* Crocodilo.
jalu [ˈʒalu] *(n.)* Jarro. Cf. **djalu**.
jamba [ˈʒẽba] *(n.)* Liamba. Cf. **lyamba**.
jambi [ʒẽˈbi] *(n.)* *Djambi*. Cf. **djambi**.
jamblê [ʒẽˈble] *(n.)* Verdete.
jampla [ˈʒẽpla] *(adj.)* Grande.
janêlu [ʒaˈnelu] *(n.)* 1. Janeiro. 2. Velhice.
janja [ˈʒẽˈʒa] *(adv.)* 1. Apressado. 2. Depressa. 3. Rapidamente. Cf. **djandjan**.
janjan [ʒẽˈʒẽ] *(adv.)* 1. Apressado. 2. Depressa. 3. Rapidamente. Cf. **djandjan**.
janta [ʒẽˈta] *(n.)* Janta. Cf. **zanta**.
janta [ʒẽˈta] *(v.)* Jantar. Cf. **zanta**.
jasu! [ˈʒasu] *(interj.)* 1. Bolas! 2. Ora bolas! 3. Porra! 4. Raios! Cf. **djasu!**
jatu [ˈʒatu] *(n.)* Jato.
jê [ˈʒe] *(v.)* 1. Apanhar. 2. Buscar. 3. Recolher. Cf. **djê**.
jela [ʒɛˈla] *(v.)* Gelar.
jelentxi [ʒɛˈlẽtʃi] *(n.)* Gerente.
jêlu [ˈʒelu] *(n.)* 1. Dinheiro. Cf. **djêlu**. 2. Gelo.
jenson [ʒẽˈsõ] *(n.)* Injeção. Cf. **njenson**.
jenu [ˈʒenu] *(n.)* 1. Gênio. 2. Temperamento.
jera [ʒɛˈra] *(v.)* 1. Gerar. 2. Reproduzir.
jesu [ˈʒesu] *(n.)* 1. Cachimbo de barro. 2. Gesso.
jêtu [ˈʒetu] *(n.)* Jeito.
ji [ˈʒi] *(prep.)* De. Cf. **dji**.
jiba [ˈʒiba] *(n.)* 1. Elefantíase. 2. Erisipela.
jibela [ʒiˈbɛla] *(n.)* 1. Algibeira. 2. Bolso. Cf. **djibela**.
jibon [ʒiˈbõ] *(n.)* 1. Casaco. 2. Gibão. Cf. **djibon**.
jidali [ʒiˈdali] *(n.)* Dedal. Cf. **djidali**.
jiji [ˈʒiʒi] *(adj.)* 1. Cerrado. 2. Denso. 3. Impenetrável.
jijimpli [ʒiˈʒĩpli] *(n.)* 1. Gengibre. *Zingiber officinalis.* 2. Gengiva.
jikitxi [ˈʒikitʃi] *(adj.)* 1. Castiço. 2. Genuíno. 3. Rude. Cf. **djikitxi**.
jilêra [ʒiˈlera] *(n.)* 1. Frigorífico. 2. Geladeira.
jimbli [ˈʒĩbli] *(n.)* Gengibre. Cf. **jijimpli**.
jimboa [ʒĩboˈa] *(n.)* *Jimboa.* Cf. **djimboa**.
jimola [ʒiˈmɔla] *(n.)* Esmola. Cf. **djimola**.
jina [ˈʒina] *(prep.)* 1. De. 2. Desde. Cf. **djina**.
jinebla [ʒiˈnebla] *(n.)* Genebra. Cf. **djinebla**.
jinga [ˈʒĩga] *(v.)* 1. Abanar. 2. Agitar(-se). 3. Balançar. 4. Gingar. 5. Mover-se. 6. Sacudir. Cf. **djinga**.
jingadô [ʒĩgaˈdo] *(n.)* Cordoeiro.
jingantxi [ʒĩˈgẽtʃi] *(adj.)* 1. Desmedido. 2. Gigante. 3. Grande.
jingantxi [ʒĩˈgẽtʃi] *(n.)* Gigante.
jinklo [ʒĩˈklɔ] *(n.)* 1. Anato. *Bixa orellana.* 2. Ginclô. *Bixa orellana.* 3. Tintureira. *Bixa orellana.* 4. Urucum. *Bixa orellana.*
jinku [ˈʒiku] *(n.)* 1. Chapa de zinco. 2. Telha de zinco. 3. Zinco.
jinola [ʒiˈnɔla] *(adv.)* 1. Desde essa altura. 2. Desde sempre. 3. Sempre. Cf. **djinola**.
jintxin [ʒĩˈtʃĩ] *(adj.)* 1. Gentio. 2. Não-batizado. 3. Pagão.
jipela [ʒiˈpɛla] *(n.)* 1. Elefantíase. 2. Erisipela.
jipi [ʒiˈpi] *(n.)* Jipe.
jita [ˈʒita] *(n.)* Jita. *Boaedon lineatus bedriagae.*
jizu [ʒiˈzu] *(interj.)* 1. Ai Jesus! 2. Jesus!
Jizu [ʒiˈzu] *(n.)* Jesus
jogo [ˈʒɔgɔ] *(n.)* Idjogo. Cf. **idjogo**.
jonali [ʒɔˈnali] *(n.)* Jornal.
julhu [ˈʒuʎu] *(n.)* Julho.
junhu [ˈʒuɲu] *(n.)* Junho.

K k

ka [ˈka] *(part.)* 1. Partícula de modo. **Xi ê ka tava fla...** *Se ele tivesse falado...* 2. Partícula aspectual. **Non ka kume pixi.** *Comemos peixe/Comeremos peixe.*

kaba [kaˈba] *(adv.)* 1. Acertadamente. 2. Até o fim. 3. De forma sensata. 4. De uma vez por todas.

kaba [kaˈba] *(n.)* Fim.

kaba [kaˈba] *(v.)* 1. Acabar. 2. Acabar de. 3. Terminar. 4. Concluir.

kabadu [kaˈbadu] *(adj.)* 1. Acabado. 2. Sem dinheiro.

kabaku [kaˈbaku] *(n.)* Serragem.

kabaku-lixi [kaˈbaku ˈliʃi] *(n.)* Catarro seco.

kaba lolo [kaˈba lɔˈlɔ] *(expr.)* 1. Acabar completamente. 2. Emagrecer.

kabalu [kaˈbalu] *(n.)* Cavalo.

kabalu-sun-dêsu [kaˈbalu ˈsũ ˈdesu] *(n.)* 1. Cavalinho-de-deus. 2. Louva-a-deus.

kabamentu [kabaˈmẽtu] *(n.)* 1. Acabamento. 2. Parte final.

kaba plepleple [kaˈba plɛplɛˈplɛ] *(expr.)* 1. Esgotar(-se). 2. Terminar.

kabasu [kaˈbasu] *(n.)* 1. Cabaz. 2. Embrulho. 3. Hímen. 4. Recipiente.

kabêlu [kaˈbelu] *(n.)* Cabelo.

kabêlu-limi [kaˈbelu ˈlimi] *(n.)* Cabelo de bebê.

kabêsa [kaˈbesa] *(n.)* Cabeça.

kabêsada [kabeˈsada] *(n.)* Cabeçada.

kabêsa-d'awa [kaˈbesa ˈdawa] *(n.)* Nascente.

kabêsa-dêfuntu [kaˈbesa deˈfũtu] *(n.)* Caveira.

kabêsa-kôlê [kaˈbesa koˈle] *(n.)* 1. Pensamento. 2. Preocupação.

kabêsa-nglandji [kaˈbesa ˈŋglẽdʒi] *(n.)* Tartaruga- cabeçuda. *Caretta caretta.*

kabêsa wôlôwôlô [kaˈbesa woˈlowoˈlo] *(expr.)* 1. Cabeça de vento. 2. Estroina.

kabidela [kabiˈdela] *(n.)* Cabidela.

kabisela [kabiˈsela] *(n.)* Cabeceira.

kabla [ˈkabla] *(n.)* 1. Cabra. 2. Estragador.

kabla-d'ope-longô [ˈkabla dɔˈpe ˈlõgo] *(n.)* Carneiro.

kaboka [kaˈbɔka] *(v.)* Calar(-se).

kaboka pipipi [kaˈbɔka pipiˈpi] *(expr.)* Caluda!

kabôkô [kaˈboko] *(n.)* Alicerce.

kabu [ˈkabu] *(n.)* 1. Cabo. 2. Cabo (patente militar). 3. Fio elétrico.

kabuvêdê [ˈkabuˈvede] *(adj.)* Cabo-verdiano.

Kabuvêdê [ˈkabuˈvede] *(n.)* Cabo-verdiano.

Kabuvêdê [ˈkabuˈvede] *(top.)* Cabo Verde.

kada [ˈkada] *(quant.)* Cada.

kada [ˈkada] *(n.)* Calda.

kada [kaˈda] *(v.)* Escaldar.

kada vê ku [ˈkada ˈve ˈku] *(conj.)* Sempre que.

kadavelu [kaˈdavɛlu] *(n.)* Cadáver.

kadela [kaˈdɛla] *(n.)* 1. Ancas. 2. Bunda. 3. Cadeira. 4. Cadeiras. 5. Nádegas. 6. Rabo.

kadelada [kadɛˈlada] *(n.)* Caldeirada.

kadenu [kaˈdenu] *(n.)* Caderno.

kadja [kaˈdʒa] *(n.)* 1. Cadeia. 2. Prisão.

kadu [ˈkadu] *(n.)* Caldo.

kafe [kaˈfɛ] *(n.)* 1. Café. 2. Cafezeiro. *Coffea arabica.*

kafe-d'ôbô [kaˈfɛ doˈbo] *(n.)* Café-do-mato. *Bertiera racemosa.*

kafuka [kaˈfuka] *(n.)* 1. Candeeiro de petróleo feito de lata. 2. Mulato.

kafungu [kaˈfũgu] *(n.)* Alimento preparado à base de banana madura pisada e farinha de milho.

kafunhe [kafuˈɲe] *(adj.)* Raquítico.

kafunhe [kafuˈɲe] *(n.)* Cabra-loira. *Lucanus cervus.*

kain [kaˈi] *(adj.)* 1. Avarento. 2. Mão-de-vaca. 3. Somítico. 4. Sovina.

kajamanga [kaʒaˈmẽga] *(n.)* 1. Cajá-manga. 2. Cajá-mangueira. *Spondias cytherea.*

kaji-vapô [ˈkaʒi vaˈpo] *(n.)* Cais.

kaju [kaˈʒu] *(n.)* 1. Caju. 2. Cajueiro. *Anacardium occidentale.*

kaka [ˈkaka] *(interj.)* Caramba! Cf. **akaka**.

kaka [ˈkaka] *(n.)* Excrementos.

kakaw [kaˈkaw] *(n.)* Cacau. Cf. **kakayu**.

kakayu [kaˈkaju] *(n.)* 1. Cacau. 2. Cacaueiro. *Theobroma cacao.*

kakayu-ntêlu [kaˈkaju ˈntelu] *(n.)* Cápsula do cacau.

kaki [kaˈki] *(interj.)* Caramba! Cf. **akaka**.

kaki [kaˈki] *(n.)* 1. Jaguareçá. *Holocentrus ascensionis.* 2. Caqui. *Holocentrus ascensionis.* 3. Caqui. 4. Caquizeiro. *Diospyros kaki.* 5. Dióspiro. 6. Diospireiro. *Diospyros kaki.*

ka konta ope [ˈka kõˈtɔpe] *(expr.)* 1. De mansinho. 2. Em bicos de pés. 3. Na ponta dos pés. 4. Sem ruído. 5. Silenciosamente.

kaku [ˈkaku] *(n.)* 1. Caco. 2. Fragmento.

kakunda [kaˈkũda] *(adj.)* 1. Bossa. 2. Corcunda.

kala [ˈkala] *(n.)* 1. Cara. 2. Rosto.

kala [kaˈla] *(v.)* Escalar o peixe.

kalabana [ˈkalaˈbana] *(n.)* Placebo. Cf. **awa kalabana**.

kalabusu [kalaˈbusu] *(n.)* Calabouço. Cf. **kalabuxu**.

kalabuxu [kalaˈbuʃu] *(n.)* 1. Calabouço. 2. Prisão.

kaladu [kaˈladu] *(adj.)* 1. Calado. 2. Escalado o peixe.

kalakala [ˈkalaˈkala] *(v.)* 1. Capinar. 2. Carpir.
kalambola [kalɐ̃ˈbɔla] *(n.)* 1. Carambola. 2. Caramboleira. *Averrhoa carambola.*
kalapitu [kalaˈpitu] *(n.)* Carrapito.
kalema [kaˈlɛma] *(n.)* 1. Agitação. 2. Carestia. 3. Escarcéu. 4. Maré alta. 5. Maré cheia. 6. Tornado.
kaleta [kaˈleta] *(adj.)* 1. Careta. 2. Desgraçado. 3. Imprestável. 4. Inútil.
kaleta [kaˈleta] *(n.)* 1. Careta. 2. Desgraçado. 3. Enfezado. 4. Imprestável. 5. Inútil.
kalêxidu [kaleˈʃidu] *(adj.)* Sinusite.
kali [ˈkali] *(int.)* Qual.
kali [ˈkali] *(n.)* 1. Cal. 2. Massa de cal.
kalikali [ˈkaliˈkali] *(n.)* Aposta.
kalima [kaliˈma] *(n.)* Tabaco em pó.
kaliptu [kaˈliptu] *(n.)* Eucalipto. *Eucalyptus globulus.*
kalôlô [kaˈlolo] *(n.)* 1. Calor. 2. Transpiração.
kalu [ˈkalu] *(n.)* 1. Calo. 2. Calulu. Prato típico preparado com óleo de palma, folhas e outras plantas.
kaluma [ˈkaluma] *(n.)* Calma.
kaluma [kaluˈma] *(v.)* Acalmar(-se).
kalumanu [kaluˈmanu] *(n.)* Carne humana.
kalu-mikoto [ˈkalu mikɔˈtɔ] *(n.)* Calulu de pé de porco (de)fumado. Cf. **kalu-mukoto**.
kalu-mukoto [ˈkalu mukɔˈtɔ] *(n.)* Calulu de pé de porco (de)fumado.
kalu-nganha [ˈkalu ˈŋgɐ̃na] *(n.)* Calulu de galinha.
kalu-pixi [ˈkalu ˈpiʃi] *(n.)* Calulu de peixe.
kalu-pletu [ˈkalu ˈpletu] *(n.)* Calulu para crianças e/ou mulheres em dietas pós-parto.
kama [ˈkama] *(n.)* 1. Cama. 2. Escama de peixe.
kama [kaˈma] *(v.)* Escamar.
kamala [ˈkamala] *(n.)* Câmara.
kamalada [kamaˈlada] *(n.)* 1. Amante. 2. Camarada.
kamanda [kamɐ̃ˈda] *(int.)* Por que.
kambla-sata [ˈkɐ̃bla saˈta] *(interj.)* Caramba!
kaminza [kaˈmiza] *(n.)* Camisa.
kaminzola [kamĩˈzɔla] *(n.)* Camisola.
kamiza [kaˈmiza] *(n.)* Camisa. Cf. **kaminza**.
kamizada [kamiˈzada] *(n.)* Brincadeira.
kamizola [kamiˈzɔla] *(n.)* Camisola. Cf. **kaminzola**.
kampanha [kɐ̃ˈpɐ̃na] *(n.)* Campanha eleitoral.
kampon [kɐ̃ˈpõ] *(adv.)* Enorme.
kampon [kɐ̃ˈpõ] *(n.)* Capô do carro.
kampu [ˈkɐ̃pu] *(n.)* Campo.
kampu-d'avyon [ˈkɐ̃pu daˈvjõ] *(n.)* Aeroporto.
kampyon [kɐ̃ˈpjõ] *(n.)* Campeão.
kamunsela [kamũˈsela] *(n.)* Tecelão-grande de São Tomé. *Ploceus grandis.* Cf. **kamusela**.
kamusela [kamuˈsela] *(n.)* Tecelão-grande de São Tomé. *Ploceus grandis.*
kamuzenze [kamuzɐ̃ˈze] *(adj.)* Definhado.
kamya [kaˈmja] *(int.)* Onde.
kamya [kaˈmja] *(n.)* 1. Caminho. 2. Local.
kamya-fe-zawa [kaˈmja ˈfɛ ˈzawa] *(n.)* Sexo (feminino ou masculino).
kamyoneti [kamjɔˈneti] *(n.)* 1. Camião. 2. Caminhão.

kana [ˈkana] *(n.)* Fanfarronice.
kana [kaˈna] *(n.)* Cana-de-açúcar. *Saccharum officinarum.*
kana-blanku [kaˈna ˈblɐ̃ku] *(n.)* Cana-de-açúcar. Cf. **kana**.
kanada [kaˈnada] *(interj.)* Êpa!
kanalemi [kanaˈlɛmi] *(adj.)* Franzino.
kanalemi [kanaˈlɛmi] *(n.)* Parasita.
kanalemi-ngandu [kanaˈlɛmi ŋgɐ̃ˈdu] *(n.)* Rêmora. *Remora remora.*
kana-makaku [kaˈna maˈkaku] *(n.)* Cana silvestre.
kanan [kaˈnɐ̃] *(n.)* Cana-de-açúcar. Cf. **kana**
kanapixtula [kanaˈpiʃtula] *(n.)* 1. Cássia-oficinal. *Cassia fistula.* 2. Chuva-de-ouro. *Cassia fistula.*
kana-pletu [kaˈna ˈpletu] *(n.)* Cana-de-açúcar. Cf. **kana**.
kanaryu [kaˈnarju] *(n.)* Canário.
kandja [kɐ̃ˈdʒa] *(n.)* 1. Candeeiro. 2. Candeia. 3. Luz.
kandja [ˈkɐ̃dʒa] *(n.)* Canja.
kandleza [kɐ̃ˈdlɛza] *(v.)* 1. Atrofiar. 2. Inutilizar.
kandlezadu [kɐ̃dleˈzadu] *(adj.)* Atrofiado.
kandlezadu [kɐ̃dleˈzadu] *(v.)* Escanzelado.
kaneka [kaˈnɛka] *(n.)* Caneca.
kaneku [kaˈnɛku] *(n.)* Caneca.
kanela [kaˈnɛla] *(n.)* 1. Canela. 2. Caneleira. *Cinnamomum verum.*
kanêlu [kaˈnelu] *(n.)* Carneiro.
kaneta [kaˈnɛta] *(n.)* Caneta.
kanfini [kɐ̃fiˈni] *(n.)* 1. Cambalhota. 2. Pino. 3. Ponta-cabeça. Cf. **bila kanfini**.
kanga [kɐ̃ˈga] *(n.)* *Kanga.* *Pontinus kuhlii.*
kanga [ˈkɐ̃ga] *(n.)* 1. Canga. 2. Cangalha. 3. Jugo.
kanga [kɐ̃ˈga] *(v.)* 1. Amarrar. 2. Prender.
kanha [kaˈɲa] *(v.)* 1. Acanhar. 2. Inibir. 3. Ter vergonha.
kanhon [kaˈɲõ] *(n.)* Canhão.
kani [ˈkani] *(n.)* Carne.
kanidu [kaˈnidu] *(n.)* Caniço.
kanimbôtô [kanĩˈboto] *(interj.)* Caramba!
kanimbôtô [kanĩˈboto] *(n.)* 1. Atrapalhado. 2. Tolo.
kanivêtê [kaniˈvete] *(n.)* Canivete.
kankankan [kɐ̃kɐ̃ˈkɐ̃] *(id.)* 1. Cf. **lizu kankankan**. 2. Cf. **têdu kankankan**. 3. Cf. **zedu kankankan**. 4. Cf. **zulu kankankan**.
kansa [kɐ̃ˈsa] *(v.)* 1. Cansar(-se). 2. Descansar.
kansadu [kɐ̃ˈsadu] *(adj.)* Cansado.
kanson [kɐ̃ˈsõ] *(n.)* 1. Canção. 2. Música.
kansu [ˈkɐ̃su] *(n.)* Asma.
kanta [kɐ̃ˈta] *(v.)* Cantar.
kanta [kɐ̃ˈta] *(n.)* Cantiga.
kantadô [kɐ̃taˈdo] *(n.)* Cantor.
kantêlu [kɐ̃ˈtelu] *(n.)* Canteiro.
kantlela [kɐ̃ˈtlela] *(n.)* 1. Cantinho. 2. Canto. 3. Esquina da casa. 4. Estante de parede.
kantôlô [kɐ̃ˈtolo] *(n.)* 1. Aquele que entoa ladainhas nos velórios. 2. Cantor.
kantu [ˈkɐ̃tu] *(n.)* Canto.
kantu [ˈkɐ̃tu] *(int.)* Quanto.
kantxin [kɐ̃ˈtʃĩ] *(n.)* 1. Cantinho. 2. Canto.

kantxina [kẽ'tʃĩna] *(n.)* Cantina.
kanu ['kanu] *(n.)* Cano.
kanvi ['kɛvi] *(n.)* Palha do andim, depois de extraído o óleo de palma.
kanwa ['kanwa] *(n.)* **1.** Canoa. **2.** Canoa onde se esmaga e se lava o andim, para se extrair o óleo de palma.
kanxika [kẽ'ʃika] *(n.)* Canjica.
kanza [kẽ'za] *(n.)* Reco-reco.
kapa ['kapa] *(n.)* **1.** Capa. **2.** Manto.
kapa [ka'pa] *(v.)* **1.** Abafar. **2.** Castrar. **3.** Esterilizar.
kapadu [ka'padu] *(adj.)* **1.** Capado. **2.** Castrado.
kapanga [ka'pẽga] *(n.)* Capanga.
kapasêtê [kapa'sete] *(n.)* Capacete.
kapataji [kapa'taʒi] *(n.)* Capataz.
kapela [ka'pɛla] *(n.)* **1.** Capela. **2.** Igreja.
kapin [ka'pĩ] *(n.)* Capim.
kapiton [kapi'tõ] *(n.)* **1.** Canário-do-mar. *Anthias anthias*. **2.** Capitão. **3.** Pau-capitão. Cf. **po-kapiton**.
kapiton-vapô [kapi'tõ va'po] *(n.)* Almirante.
kapotxi [ka'pɔtʃi] *(n.)* **1.** Capa de chuva. **2.** Capote.
kapwela [ka'pwɛla] *(n.)* Capoeira.
kapwele [kapwɛ'lɛ] *(n.)* Armadilha utilizada para capturar morcegos.
karu ['kaɾu] *(adj.)* **1.** Caro. **2.** Dispendioso.
karu ['kaɾu] *(n.)* Carro.
karu-di-plasa ['kaɾu di 'plasa] *(n.)* Táxi.
kasa ['kasa] *(n.)* Caça.
kasa [ka'sa] *(v.)* Caçar.
kasadô [kasa'do] *(n.)* Caçador.
kasi ['kasi] *(n.)* Cálice.
kasku ['kasku] *(n.)* **1.** Capacidade. **2.** Caspa. **3.** Cérebro.
kasô [ka'so] *(n.)* **1.** Cachorro. **2.** Cão. *Canis lupus familiaris*.
kasô-dêsu [ka'so 'desu] *(n.)* Criança.
kasô-montxa [ka'so 'motʃa] *(n.)* Cão de caça.
kasô-mwala [ka'so 'mwala] *(n.)* Cadela.
kason [ka'sõ] *(n.)* Caixão.
kasu ['kasu] *(adj.)* **1.** Avarento. **2.** Mão-de-vaca. **3.** Somítico. **4.** Sovina.
kaswada [ka'swada] *(n.)* **1.** Troça. **2.** Zombaria.
kata ['kata] *(n.)* Carta. **2.** Colher de madeira, geralmente de três pontas, usada para triturar o **izakentxi**.
kata [ka'ta] *(v.)* **1.** Esmagar. **2.** Moer.
kata-d'ôbô ['kata do'bo] *(n.)* **1.** *Kata-d'obô*. *Tabernaemontana stenosyphon*. **2.** Pau-lírio. *Tabernaemontana stenosyphon*.
kata-kiyô ['kata ki'jo] *(n.)* *Kata-kiyô*. *Voacanga lemosii*.
kata-kwene ['kata kwɛ'nɛ] *(n.)* *Kata-kwene*. *Rauwolfia caffra*.
katalu [ka'talu] *(n.)* Catarro.
kata-manginga ['kata mẽ'gĩga] *(n.)* *Kata-manginga*. *Rauwolfia vomitoria*.

kata-nglandji ['kata 'ŋglẽdʒi] *(n.)* *Kata-nglandji*. *Rauwolfia caffra*.
kata-pikina ['kata pi'kina] *(n.)* *Kata-pikina*. *Rauwolfia vomitoria*.
katoliku [ka'tɔliku] *(n.)* Católico.
katon [ka'tõ] *(n.)* Cartão.
katôzê [ka'toze] *(num.)* Catorze.
katuxu [ka'tuʃu] *(n.)* Cartucho.
katxibu [ka'tʃibu] *(adj.)* **1.** Cativo. **2.** Escravo. **3.** Preso.
katxibu [ka'tʃibu] *(n.)* **1.** Cativeiro. **2.** Cativo. **3.** Escravo. **4.** Subordinado.
katxina-gêsa [ka'tʃĩna 'gesa] *(n.)* *Katxina-gêsa*. *Clausena anisata*.
katxinga [ka'tʃĩga] *(n.)* Catinga.
katxisali [katʃi'sali] *(n.)* Castiçal.
kavala [ka'vala] *(n.)* Cavala. *Decapterus macarellus*.
kaxa ['kaʃa] *(n.)* **1.** Caixa. **2.** Corpo em transe.
kaxalamba [kaʃa'lẽba] *(n.)* **1.** Aguardente misturada com água. **2.** Cacharamba.
kaxêlu [ka'ʃelu] *(n.)* **1.** Balconista. **2.** Caixeiro.
kaxika [ka'ʃika] *(n.)* Casca. Cf. **kaxka**.
kaxinha [ka'ʃĩna] *(n.)* Calcinha.
kaxka ['kaʃka] *(n.)* Casca.
kaxka-boka ['kaʃka 'bɔka] *(n.)* Lábios.
kaxta ['kaʃta] *(n.)* **1.** Casta. **2.** Espécie. **3.** Qualidade. **4.** Raça.
kaxtanha [kaʃ'tẽna] *(n.)* Castanha.
kaxtanha-kaju [kaʃ'tẽna ka'ʒu] *(n.)* Castanha-de-caju.
kaxtelu [kaʃ'tɛlu] *(n.)* Castelo.
kaxtiga [kaʃti'ga] *(v.)* Castigar.
kaxtigu [kaʃ'tigu] *(n.)* Castigo.
kaxtiku ['kaʃtiku] *(n.)* Pomada cáustica.
kaxupa [ka'ʃupa] *(n.)* Cachupa.
kaya [ka'ja] *(v.)* **1.** Caiar. **2.** Encalhar.
kayadu [ka'jadu] *(adj.)* **1.** Caiado. **2.** Encalhado.
kaza [ka'za] *(n.)* Casamento.
kaza [ka'za] *(v.)* Casar(-se).
kaza-blanku [ka'za 'blẽku] *(n.)* Casamento à moda europeia.
kazadu [ka'zadu] *(adj.)* Casado.
kazamentu [kaza'mẽtu] *(n.)* Casamento.
kazena [ka'zena] *(n.)* **1.** Caserna. **2.** Quartel.
kazu ['kazu] *(n.)* Caso.
kazumbi [kazü'bi] *(n.)* **1.** Alma. **2.** Defunto. **3.** Magia.
ke ['kɛ] *(n.)* **1.** Casa. **2.** Ninho. **3.** Que.
kê ['ke] *(int.)* **1.** Qual. **2.** Que.
kê ['ke] *(interj.)* Nossa! Cf. **kyê**.
ke-banhu ['kɛ 'bẽnu] *(n.)* **1.** Banheiro. **2.** Casa de banho.
kebla ['kɛbla] *(n.)* Gargalhada.
kebla [kɛ'bla] *(v.)* **1.** Fraturar. **2.** Partir. **3.** Quebrar.
kebla dizê ['kɛbla di'ze] *(expr.)* Ajoelhar.
kebladu [kɛ'bladu] *(adj.)* **1.** Partido. **2.** Quebrado.
kebla kaneku [kɛ'bla ka'nɛku] *(expr.)* Beber em excesso.

keblankana [kɛblẽˈkana] *(n.)* 1. Bico-de-lacre. *Estrilda astrild*. 2. Erva-cão. *Eleusine indica*.
keblankana-pletu [kɛblẽˈkana ˈplɛtu] *(n.)* Freirinha. *Lonchura cucullata*.
kebla sono [kɛˈbla sɔˈnɔ] *(expr.)* Dormitar.
kebla winiwini [kɛˈbla wiˈniwiˈni] *(expr.)* Fragmentar.
kebla zegezege [kɛˈbla zeˈgezeˈge] *(expr.)* Partir por completo, sem desassociar-se.
keda [ˈkeda] *(n.)* 1. Luta-livre. 2. Queda.
kedadji [kɛˈdadʒi] *(n.)* Claridade.
kedadji-nwa [kɛˈdadʒi ˈnwa] *(n.)* Luar.
kedaji [kɛˈdaʒi] *(n.)* Claridade. Cf. **kedadji**.
kê dja [ˈke ˈdʒa] *(int.)* Quando.
kega [ˈkega] *(n.)* 1. Bagagem. 2. Carga.
kê kamya [ˈke ˈkamja] *(int.)* Onde.
kê kwa [ke ˈkwa] *(int.)* O que.
kela [ˈkɛla] *(adv.)* E tal.
kêlê [keˈle] *(v.)* 1. Acreditar. 2. Crer.
kema [ˈkɛma] *(n.)* Doença venérea.
kema [kɛˈma] *(v.)* Queimar.
kemadu [kɛˈmadu] *(adj.)* Queimado.
kemadu [kɛˈmadu] *(n.)* Porção de comida que fica agarrada no fundo da panela.
kê mind'ola [ˈke mĩˈdɔla] *(int.)* 1. A que horas. 2. Quando.
ke-mulu [ˈkɛ ˈmulu] *(n.)* Casa de alvenaria.
ken [ˈkẽ] *(int.)* Quem. Cf. **kê ngê**.
kendiji [kẽˈdiʒi] *(adv.)* 1. Isto é. 2. Quer dizer.
ke-nganha [ˈkɛ ŋgẽˈɲa] *(n.)* Capoeira.
kê ngê [keˈge] *(int.)* Quem.
ke-nglandji [ˈkɛ ˈŋglẽdʒi] *(n.)* Casa grande.
kenta [kẽˈta] *(v.)* 1. Aquecer. 2. Aquentar. 3. Requentar.
kentadu [kẽˈtadu] *(adj.)* Aquecido.
kenta mina [kẽˈta ˈmina] *(expr.)* Aconchegar o bebê.
kenta zuzuzu [kẽˈta zuzuˈzu] *(expr.)* Sobreaquecer.
kentula [kẽˈtula] *(n.)* 1. Aquecimento. 2. Calor.
kentxi [ˈkẽtʃi] *(adj.)* 1. Quente. 2. Voluptuoso.
kentxi zuzuzu [ˈkẽtʃi zuzuˈzu] *(expr.)* Quentíssimo.
kê ola [ˈke ˈɔla] *(int.)* 1. Quando. 2. Que horas.
kêsê [keˈse] *(v.)* Esquecer(-se).
ke-sinema [ˈkɛ siˈnɛma] *(n.)* Cinema.
ke-sôlê [ˈkɛ soˈle] *(n.)* Casa de solteiro.
ke-taba [ˈkɛ ˈtaba] *(n.)* Casa de madeira.
keteketé [kɛˈtɛkɛˈtɛ] *(id.)* Cf. **ve keteketé**.
kêtêkêtê [keˈtekeˈte] *(n.)* 1. Briga. 2. Conflito entre homem e mulher.
ke-tôdô [ˈkɛ toˈdo] *(n.)* 1. Local onde permanecia a parturiente nos primeiros dias após o parto. 2. Técnica de extração do vinho de palma.
ke-vunvu [ˈkɛ vũˈvu] *(n.)* Colmeia.
kêxa [ˈkeʃa] *(n.)* Queixa.
kêxa [keˈʃa] *(v.)* Queixar(-se).
kêxada [keˈʃada] *(n.)* 1. Bochecha. 2. Mandíbula. 3. Queixo.
kêxada-kobo [keˈʃada kɔˈbɔ] *(n.)* Covinha.
kêxidu [keˈʃidu] *(adj.)* Esquecido.
ke-xima [ˈkɛ ˈʃima] *(n.)* Casa tradicional com primeiro piso.

kê xitu [ke ˈʃitu] *(int.)* Onde.
kexton [kɛʃˈtõ] *(n.)* 1. Imbróglio. 2. Problema. 3. Questão.
keza-mwala [kɛˈza ˈmwala] *(n.)* Vassourinha-de-botão. *Scoparia dulcis*.
keza-ome [kɛˈza ˈɔmɛ] *(n.)* Vassourinha-doce. *Borreria verticillata*.
kêzu [ˈkezu] *(n.)* Queijo.
kia [kiˈa] *(part.)* Partícula prospectiva. **N kia kloga.** *Eu ia escorregando.*
kia [kiˈa] *(v.)* 1. Criar. 2. Educar.
kiadô [kiaˈdo] *(n.)* 1. Criador. 2. Protetor.
kiadu [kiˈadu] *(adj.)* 1. Criado. 2. Educado.
kidadu [kiˈdadu] *(n.)* Cuidado. Cf. **kwidadu**.
kidalê [kidaˈle] *(interj.)* 1. Acudam! 2. Ai meu deus! 3. Aqui d'el rei! 4. Boa! 5. Credo! 6. Caramba! 7. Eia! 8. Socorro!
kifiki [kiˈfiki] *(n.)* Esquife.
kilala [kilaˈla] *(n.)* 1. Armazém. 2. Cabana de palha.
kilambu [kilẽˈbu] *(n.)* 1. A maneira de as mulheres dobrarem o vestido ou a saia de forma que o sexo não fique visível. 2. Roupa íntima. 3. Tanga de pano.
kilêlê [kileˈle] *(n.)* Dança.
kili [kiˈli] *(v.)* 1. Encolher. 2. Enrolar.
kilidu [kiˈlidu] *(adj.)* 1. Encolhido. 2. Enrolado.
kilometlu [kiˈlɔmetlu] *(n.)* Quilômetro.
kilu [ˈkilu] *(n.)* Quilo.
kimi-pletu [ˈkimi ˈplɛtu] *(n.)* Kimi-pletu. *Newbouldia laevis*.
kimoni [kiˈmɔni] *(n.)* 1. Blusa. 2. Quimono. Cf. **kimono**.
kimono [kiˈmɔnɔ] *(n.)* 1. Blusa. 2. Quimono.
kina [ˈkina] *(n.)* Quina. *Cinchona calisaya*.
kina [kiˈna] *(n.)* Kina. Dança típica do grupo étnico angolar.
kinda [kiˈda] *(n.)* Cestinho.
kinga bô [ˈkĩga ˈbo] *(expr.)* 1. Estás marcado! 2. Tu que me aguardes!
kinhentu [kĩˈɲẽtu] *(num.)* Quinhentos.
kinhon [kĩˈɲõ] *(n.)* 1. Pedaço. 2. Pênis. 3. Quinhão. 4. Testículos.
kinji [ˈkiʒi] *(num.)* Quinze.
kinta-fela [ˈkĩta ˈfɛla] *(n.)* Quinta-feira.
kinte [kĩˈtɛ] *(n.)* 1. Cerca. 2. Quintal.
kinte-môlê [kĩˈtɛ ˈmole] *(n.)* Lugar do velório.
kinte-nglandji [kĩˈtɛ ˈŋglẽdʒi] *(n.)* Quintal onde as crianças são orientadas pelos mais velhos.
kintu [ˈkĩtu] *(num.)* Quinto.
kintximon [ˈkĩtʃiˈmõ] *(n.)* Cachimbo.
kion [kiˈõ] *(n.)* Pênis.
kiovo [kiɔˈvɔ] *(v.)* 1. Desanimar. 2. Entristecer. 3. Esmorecer. 4. Murchar. 5. Recuar.
kiovodu [kiɔˈvɔdu] *(adj.)* 1. Abatido. 2. Desanimado. 3. Entristecido. 4. Esmorecido. 5. Introvertido.
kisama [kisaˈma] *(n.)* Toca.
kisanda [kiˈsẽda] *(n.)* Esteira feita com fios de fibra de palmeira.
kisenglê [kisẽˈgle] *(n.)* Machadinho. Cf. **klisengê**.
kitaka [kitaˈka] *(n.)* Armadilha em forma de gancho para apanhar ratos e mussaranhos.

kitali [kita'li] *(n.)* 1. Local isolado. 2. Mocho. Cf. **kyê kitali**. 3. Ribanceira.
kitanda [ki'tɛ̃da] *(n.)* 1. Pequena loja. 2. Quitanda.
kitembu [kitẽ'bu] *(n.)* Mutirão. Trabalho de caráter mutualista.
kitoli [kitɔ'li] *(n.)* Mocho de São Tomé. *Otus hartlaubi.*
kitxiba [kitʃi'ba] *(n.)* Banana-prata. *Musa balbisiana.*
kixiba [kiʃi'ba] *(n.)* Banana-prata. Cf. **kitxiba**.
kixpa [kiʃ'pa] *(n.)* 1. Barraca. 2. Cozinha tradicional.
kixtipadu [kiʃti'padu] *(adj.)* Resfriado. Cf. **kuxtipadu**.
kiya ['kija] *(v.)* 1. Pretender. 2. Querer. 3. Tencionar.
kizaka [kiza'ka] *(n.)* *Kizaka*. Prato à base de folha de mandioca.
kla ['kla] *(id.)* Cf. **kota kla**.
klafasa [kla'fasa] *(n.)* Cartilagem.
klafatxi [kla'fatʃi] *(n.)* 1. Carrapato. 2. Diabinhos. Personagens de histórias tradicionais.
klaga [kla'ga] *(v.)* Carregar.
klagadô [klaga'do] *(n.)* Carregador.
klagadu [kla'gadu] *(adj.)* Carregado.
klakanhon [klaka'ɲõ] *(n.)* Calcanhar.
klakata [klaka'ta] *(id.)* Cf. **seku klakata**.
klakla [kla'kla] *(n.)* Camarão muito pequeno.
klala [kla'la] *(n.)* Clara.
klala-d'ovu ['klala 'dɔvu] *(n.)* Clara de ovo.
klalu ['klalu] *(adj.)* Claro.
klalu fenene ['klalu fɛnɛ'nɛ] *(expr.)* Claríssimo.
klama [kla'ma] *(v.)* 1. Abrandar. 2. Acalmar da chuva.
klamuzu [kla'muzu] *(n.)* Caramujo.
klamuzu-d'omali [kla'muzu dɔ'mali] *(n.)* Caramujo do mar.
klan ['klẽ] *(id.)* 1. Cf. **bili klan**. 2. Cf. **wê betu klan**. 3. Cf. **wê klan**.
klana [kla'na] *(v.)* 1. Afincar-se. 2. Amainar. 3. Inclinar(-se). 4. Resistir.
klani [kla'ni] *(id.)* Cf. **kulu klani**.
klanixi [kla'niʃi] *(n.)* Artrose reumática.
klapinhe [kla'piɲɛ] *(n.)* Carapinha.
klapintêlu [klapĩ'telu] *(n.)* Carpinteiro.
klasa [kla'sa] *(v.)* Calçar.
klasi ['klasi] *(n.)* Classe escolar.
klason [kla'sõ] *(n.)* 1. Calção. 2. Calças.
klason-d'ope-kutu [kla'sõ dɔ'pɛ 'kutu] *(n.)* Calção.
klason-d'ope-longô [kla'sõ dɔ'pɛ 'lõgo] *(n.)* Calças.
klason-zwatxi [kla'sõ 'zwatʃi] *(n.)* 1. Calças de ganga. 2. Jeans.
klavon [kla'võ] *(n.)* Carvão.
klaya [kla'ja] *(v.)* Clarear.
klebenta [klɛbẽ'ta] *(v.)* 1. Esconjurar. 2. Quebrantar.
klêbentu [kle'bẽtu] *(n.)* 1. Exantema. 2. Quisto.
klêklê [kle'kle] *(n.)* 1. Broto da palmeira. 2. Costela da palmeira. 3. Ramo seco da palmeira. 4. Ramos da palmeira.
klê ni dêsu padê klusu ['klɛ 'ni 'desu 'pade 'klusu] *(interj.)* 1. Abrenúncio! 2. Credo! 3. Crê em deus-pai e na cruz.
klêsê [kle'se] *(v.)* Crescer.
klêsenta [klese'ta] *(v.)* Acrescentar.
klêsentadu [klesẽ'tadu] *(adj.)* Acrescentado.
klesentu [klɛ'sẽtu] *(n.)* Acréscimo.
klesentxi [klɛ'sẽtʃi] *(adj.)* Crescente.
klesentxi [klɛ'sẽtʃi] *(n.)* Quarto crescente.
klete [klɛ'tɛ] *(id.)* Banana-prata.
kliadu [kli'adu] *(n.)* 1. Criado. 2. Empregado.
kliason [klia'sõ] *(n.)* Criação. Cf. **kyason**.
kliba ['kliba] *(n.)* Brincadeira movimentada e ruidosa.
kliji ['kliʒi] *(n.)* Crise.
klikoto-d'ôbô [klikɔ'tɔ do'bo] *(n.)* Borracha-do-mato. *Oxyanthus speciosus.*
klimi ['klimi] *(n.)* Crime.
klina [kli'na] *(v.)* Fincar.
klinkata [klĩka'ta] *(n.)* Criança raquítica.
klinkêtê [klĩkɛ'te] *(n.)* Larva.
klinkinha [klĩki'ɲa] *(v.)* Amarrotar.
klinkinhadu [klĩki'ɲadu] *(adj.)* Amarrotado.
klisakli [klisa'kli] *(n.)* *Klisakli*. Utensílio de pesca utilizado para a captura de camarões e outras espécies.
klisengê [klisẽ'ge] *(n.)* Machadinho.
klixton [kliʃ'tõ] *(n.)* 1. Cristão. 2. Ser humano.
Klixtu ['kliʃtu] *(n.)* Cristo.
klôbôklôbô [klo'boklo'bo] *(adj.)* Desarrumado.
klôbôklôbô [klo'boklo'bo] *(n.)* Desmazelado.
kloga [klɔ'ga] *(v.)* Escorregar.
klogadu [klɔ'gadu] *(adj.)* Escorregado.
kloklo [klɔ'klɔ] *(v.)* 1. Rapar. 2. Raspar.
kloklodu [klɔ'klɔdu] *(adj.)* 1. Rapado. 2. Raspado.
kloko [klɔ'kɔ] *(v.)* 1. Rapar. 2. Raspar. Cf. **kloklo**.
klokoto [klɔkɔ'tɔ] *(n.)* Barata grande.
klômisa [klo'misa] *(n.)* Minhoca.
klongôji [klõgo'ʒi] *(n.)* Cupim.
klongondo [klõgõ'dɔ] *(n.)* Cf. **bila klongondo**.
klonha ['klõɲa] *(n.)* 1. Coronha. 2. Coronhada. 3. Pessoa idosa.
klonha [klõ'ɲa] *(v.)* Dar uma coronhada.
klonklo [klõ'klɔ] *(n.)* 1. Pescoço. 2. Angina.
klonkôji [klõko'ʒi] *(n.)* Cupim.
klonvesa [klõ'vesa] *(n.)* Conversa.
klonvesa [klõve'sa] *(v.)* Conversar.
klonvesadu [klõve'sadu] *(adj.)* 1. Conversado. 2. Falado.
klonveson [klõve'sõ] *(n.)* Conversa.
klonzu ['klõzu] *(n.)* Fezes.
klôpaxê [klopa'ʃe] *(n.)* Espingarda.
klôpô ['klopo] *(n.)* Corpo humano.
klôsô ['kloso] *(n.)* 1. Amendoeira-da-Índia. *Terminalia catappa.* 2. Caroço.
kloson [klɔ'sõ] *(n.)* 1. Coração. 2. Coragem. 3. Sensibilidade.

kloson-felu [klɔˈsɔ̃ ˈfɛlu] *(adj.)* 1. Corajoso. 2. Destemido. 3. Impiedoso. 4. Implacável. 5. Intrépido. 6. Mau. 7. Sem compaixão. 8. Valente.
kloson-kebla [klɔˈsɔ̃ kɛˈbla] *(n.)* Palpitação.
kloson-kema [klɔˈsɔ̃ ˈkɛma] *(n.)* Azia.
kloson-lizu [klɔˈsɔ̃ ˈlizu] *(n.)* 1. Coração-rijo. *Warneckea membranifolia.* 2. Pessoa empedernida. 3. Pessoa rígida.
kloson-ngandu [klɔˈsɔ̃ ŋgẽˈdu] *(adj.)* Mau.
kloson-son [klɔˈsɔ̃ ˈsɔ̃] *(n.)* Coração-do-chão. *Pleurotus tuberregium.*
kloson-tatalugwa [klɔˈsɔ̃ ˈtataˈlugwa] *(n.)* 1. Destemido. 2. Inquebrantável.
kloson-tefitefi [klɔˈsɔ̃ ˈtɛfiˈtɛfi] *(adj.)* Ganancioso.
kloson-uxi [klɔˈsɔ̃ ˈuʃi] *(n.)* Nojo.
klôvina [kloˈvina] *(n.)* Corvina.
klôwa [ˈklowa] *(n.)* 1. Coroa. 2. Coroa de palmeira. 3. Grinalda.
klôwa-kaza [ˈklowa kaˈza] *(n.)* Buquê de noiva.
klôzê [kloˈze] *(v.)* 1. Coser. 2. Costurar.
kluklu [kluˈklu] *(id.)* Cf. **mon kluklu**.
kluklu [kluˈklu] *(n.)* Toco.
kluklute [klukluˈtɛ] *(n.)* Lepra.
klukutu [klukuˈtu] *(id.)* Cf. **olha klukutu**.
klumuklumu [kluˈmukluˈmu] *(n.)* Cartilagem.
klumunka [klumũˈka] *(v.)* 1. Forçar. 2. Esfregar com esforço. 3. Fazer força. 4. Lutar.
klupa [ˈklupa] *(n.)* Culpa.
klupa [kluˈpa] *(v.)* Culpar.
klupadu [kluˈpadu] *(adj.)* Culpado.
klupu [ˈklupu] *(n.)* 1. Caneco de lata. 2. Medida para óleo de palma (cerca de um decilitro).
klusu [ˈklusu] *(n.)* 1. Crucifixo. 2. Cruz. 3. Encargo pesado. 4. Provação.
kluva [ˈkluva] *(n.)* Curva.
kluza [kluˈza] *(v.)* Cruzar.
kluzadu [kluˈzadu] *(adj.)* Cruzado.
kluzêlu [kluˈzelu] *(n.)* 1. Cruzamento. 2. Cruzeiro.
kô [ˈko] *(v.)* 1. Assemelhar(-se). 2. Parecer-se com.
kobla [kɔˈbla] *(v.)* Cobrar.
kobli [ˈkɔbli] *(n.)* Cobre.
koblo [ˈkɔblɔ] *(n.)* Cobra.
koblo-bôbô [ˈkɔblɔ boˈbo] *(n.)* Cobra-amarela. *Schistometopum thomensis.*
koblo-d'omali [ˈkɔblɔ dɔˈmali] *(n.)* Moreia.
koblo-pletu [ˈkɔblɔ ˈplɛtu] *(n.)* Cobra-preta. *Naja melanoleuca.*
kobo [ˈkɔbɔ] *(n.)* 1. Buraco. 2. Cova.
kobo [kɔˈbɔ] *(v.)* 1. Cavar. 2. Copular. 3. Esburacar. 4. Escavar.
kobo-d'awa [ˈkɔbɔ ˈdawa] *(n.)* 1. Estrangeiro. 2. Terras além-mar.
kobo-dentxi [ˈkɔbɔ ˈdẽtʃi] *(n.)* Cárie.
kobo-ke [ˈkɔbɔ ˈkɛ] *(n.)* Interior da casa.
kobo-mon [ˈkɔbɔ ˈmɔ̃] *(n.)* 1. Mão em forma de concha para receber algo. 2. Palma da mão.
koda [kɔˈda] *(v.)* Acordar.
kodadu [kɔˈdadu] *(adj.)* Acordado.
kode [kɔˈdɛ] *(n.)* 1. Benjamim. 2. Caçula.
kodelu [kɔˈdɛlu] *(adj.)* Manso.
kodelu [kɔˈdɛlu] *(n.)* Cordeiro.
kodo [ˈkɔdɔ] *(n.)* Corda.
kodo-binku [ˈkɔdɔ ˈbiku] *(n.)* Cordão umbilical.
kodo-d'awa [ˈkɔdɔ ˈdawa] *(n.)* *Kodo-d'awa.* *Psydrax acutiflora.*
kodo-d'onso [ˈkɔdɔ dɔ̃ˈsɔ] *(n.)* Corda utilizada pelos vinhateiros para subir as palmeiras.
kodo-d'ope [ˈkɔdɔ dɔˈpɛ] *(n.)* Tendão de Aquiles.
kodo-ke [ˈkɔdɔ ˈkɛ] *(n.)* *Kodo-ke.* *Paullinia pinnata.*
kodo-ke-d'ôbô [ˈkɔdɔ ˈkɛ doˈbo] *(n.)* Corda-de-casado-mato. *Jasminum bakeri.*
kodo-kloson [ˈkɔdɔ klɔˈsɔ̃] *(n.)* 1. Amor. 2. Bem. 3. Querido.
kodon [kɔˈdɔ̃] *(n.)* Cordão.
kôdôni [kodoˈni] *(n.)* Codorniz.
kofesa [kɔfɛˈsa] *(v.)* Confessar.
kofli [ˈkɔfli] *(n.)* Cofre.
kôfô [ˈkofo] *(n.)* 1. Colo. 2. Esconderijo. 3. Regaço.
kôkô [koˈko] *(n.)* Cará.
koko [ˈkɔkɔ] *(n.)* Vagina.
koko [kɔˈkɔ] *(v.)* Defecar.
kôkô [koˈko] *(v.)* 1. Engatinhar. 2. Gatinhar.
kôkô-blanku [koˈko ˈblẽku] *(n.)* Cará-branco. *Xanthosoma sagittifolium.*
kôkôi-mon [kokoˈi ˈmõ] *(n.)* Cotovelo.
kôkôkô [kokoˈko] *(id.)* 1. Cf. **fia kôkôkô**. 2. Cf. **fisadu kôkôkô**. 3. Cf. **fyô kôkôkô**.
kokolo [kɔkɔˈlɔ] *(n.)* Galo velho e grande.
kokoloti [kɔkɔˈlɔti] *(n.)* Porção de comida que fica agarrada ao fundo da panela.
kôkondja [koˈkõdʒa] *(n.)* 1. Coco. 2. Coqueiro. *Cocos nucifera.*
kôkonja [koˈkõʒa] *(n.)* Coco. Cf. **kôkondja**.
kokonzuku [kɔkɔ̃ˈzuku] *(n.)* Rabo-de-junco. *Phaeton lepturus.*
kokovadu [kɔkɔˈvadu] *(n.)* 1. Corcovado. *Caranx hippos.* 2. Xaréu. *Caranx hippos.*
kôkô-venenu [koˈko vẽˈnẽnu] *(n.)* Cará-veneno.
kôkô-vlêmê [koˈko vleˈmɛ] *(n.)* Cará-vermelho. *Xanthosoma sagittifolium.*
kola [ˈkɔla] *(n.)* 1. Coleira. *Cola acuminata.* 2. Noz-de-cola. *Cola acuminata.*
kola [kɔˈla] *(v.)* Colar.
kolaji [kɔˈlaʒi] *(v.)* Coragem.
kola-kongô [ˈkɔla koˈgo] *(n.)* Cola-do-congo. *Buchholzia coriacea.*
kola-makaku [ˈkɔla maˈkaku] *(n.)* Cola-macaco. *Trichilia grandifolia.*
kôlê [koˈle] *(n.)* Corrida.
kôlê [koˈle] *(v.)* Correr.
kôlêdô [koleˈdo] *(n.)* Corredor.
kolega [kɔˈlega] *(n.)* Colega.
kôlê kabêsa lembla [koˈle kaˈbesa lẽˈbla] *(expr.)* Refletir.
kôlê ku [koˈle ku] *(expr.)* Expulsar.
kolema [ˈkɔlɛma] *(n.)* Quaresma.
kolema-dôdô [ˈkɔlɛma doˈdo] *(n.)* *Kolema-dôdô.* *Millettia barteri.*
kôlêmon [koleˈmõ] *(n.)* Corrimão.

kôlê ni tlaxi [ko'le 'ni 'tlaʃi] *(expr.)* Perseguir.
kolenta [kɔ'lɛta] *(num.)* Quarenta.
kolentxi [kɔ'lɛtʃi] *(n.)* Corrente.
kôlêpyan-ba-labu [kole'pjẽ 'ba 'labu] *(n.)* *Kôlêpyan-ba-labu.* **Elops senegalensis**.
kôlê sêlêlê [ko'le sele'le] *(expr.)* Fluir (curso d'água).
kôlikô [koli'ko] *(n.)* Piparote.
kolima ['kɔlima] *(n.)* 1. Cólima. **Lonchocarpus sericeus**. 2. Cólima-fria. **Millettia thonningii**.
kôlô ['kolo] *(n.)* 1. Amuleto em forma de almofada com enchimento de ervas, usado para proteção do recém-nascido. 2. Cor. 3. Espécie. 4. Qualidade. 5. Tipo.
kôlô-bôbô ['kolo bo'bo] *(n.)* *Kota-wê.* Cf. **kota-wê**.
kôlomba [ko'lôba] *(n.)* 1. Estrangeiro. 2. Europeu. 3. Pessoa branca.
kolombeta [kɔlɔ̃'bɛta] *(n.)* Colombeta. **Coryphaena equiselis**.
kôlombêya [kolõ'beja] *(n.)* 1. Algazarra. 2. Grupo de amigos.
kôlônu [ko'lonu] *(n.)* Colono.
kôlô-xindja ['kolo 'ʃidʒa] *(adj.)* Cinzento.
komandantxi [kɔmɛ̃'dẽtʃi] *(n.)* Comandante.
komandantxi-vapô [kɔmɛ̃'dẽtʃi va'po] *(n.)* Almirante.
komesa [kɔmɛ'sa] *(v.)* 1. Começar. 2. Iniciar.
komesu [kɔ'mɛsu] *(n.)* 1. Começo. 2. Início. 3. Princípio.
komoda [kɔmɔ'da] *(v.)* 1. Acomodar. 2. Incomodar.
kompa [kõ'pa] *(n.)* Compadre.
kompanhe [kõpẽ'ɲɛ] *(n.)* Companheiro.
kondê [kõ'de] *(n.)* Esconderijo.
kondê [kõ'de] *(v.)* Esconder(-se).
kondena [kõdɛ'na] *(v.)* Condenar.
kondidu [kõ'didu] *(adj.)* Escondido.
kondji ['kõdʒi] *(n.)* Conde.
koneta [kɔ'nɛta] *(n.)* 1. Chifre. 2. Clarim. 3. Corneta. 4. Corno.
konetêlu [kɔnɛ'tɛlu] *(n.)* Corneteiro.
kongô ['kõgo] *(id.)* Cf. **pletu kongô**.
konjuntu [kõ'ʒũtu] *(n.)* 1. Banda. 2. Conjunto musical.
konki [kõ'ki] *(adj.)* 1. Corcovado. 2. Corcunda.
konko [kõ'kɔ] *(n.)* Konko. **Dactylopterus volitans**.
konkonkon [kõkõ'kõ] *(onom.)* Truz-truz.
konkusu [kõ'kusu] *(n.)* 1. Competição. 2. Concurso.
kono ['kɔnɔ] *(n.)* Vagina.
kono [kɔ'nɔ] *(v.)* 1. Arrancar. 2. Colher. 3. Juntar.
konobya [kɔ'nɔbja] *(n.)* Pica-peixe-pigmeu. **Ispidina picta**.
konomia [kɔnɔ'mia] *(n.)* Economia.
konsê [kõ'se] *(n.)* Conselho.
konsê [kõ'se] *(v.)* 1. Conhecer. 2. Perceber. 3. Reconhecer.
konseta [kõsɛ'ta] *(v.)* 1. Consertar. 2. Reparar.
konsetadu [kõsɛ'tadu] *(adj.)* 1. Consertado. 2. Reparado.
konsola [kõsɔ'la] *(v.)* Consolar.
konta [kõ'ta] *(v.)* 1. Contar. 2. Narrar.
konta ['kõta] *(n.)* 1. Cálculo. 2. Conta. 3. Dívida.
kontaji [kõ'taʒi] *(n.)* 1. Conto. 2. Fábula. 3. Lenda.
kontenta [kõtẽ'ta] *(v.)* 1. Conformar(-se). 2. Contentar(-se).
kontentadu [kõtẽ'tadu] *(adj.)* Conformado.
kontentxi [kõ'tẽtʃi] *(adj.)* Contente.
kontinensya [kõti'nẽsja] *(n.)* Continência.
kontinwa [kõti'nwa] *(v.)* Continuar.
kontla ['kõtla] *(n.)* 1. Amuleto. 2. Kontla. Remédio tradicional contra feitiços.
kontla ['kõtla] *(prep.)* Contra.
kontla [kõ'tla] *(v.)* Encontrar.
kontlata [kõtla'ta] *(v.)* Contratar.
kontlatu [kõ'tlatu] *(n.)* Contrato.
kontlê [kõ'tle] *(n.)* Ódio.
kontlê [kõ'tle] *(v.)* Odiar.
kontu ['kõtu] *(n.)* Conto. Unidade monetária correspondente a mil dobras.
konvêsê [kõve'se] *(v.)* Conformar(-se).
konveta [kõvɛ'ta] *(v.)* 1. Benzer. 2. Esconjurar. 3. Ficar admirado.
konvidu [kõ'vidu] *(n.)* Convite.
konvitxi [kõ'vitʃi] *(n.)* Convite.
konvlesa [kõvlɛ'sa] *(v.)* Conversar. Cf. **klonvesa**.
konxa ['kõʃa] *(n.)* Concha.
konxidu [kõ'ʃidu] *(adj.)* Conhecido.
konxtleva [kõʃtlɛ'va] *(v.)* Conservar.
konxtluson [kõʃtlu'sõ] *(n.)* Construção.
kopa ['kɔpa] *(n.)* 1. Copa. 2. Copas. Cf. **fya-kopa**.
kopla [kɔ'pla] *(v.)* Comprar.
kopladu [kɔ'pladu] *(adj.)* Comprado.
kopu ['kɔpu] *(n.)* Copo.
kopu-mon ['kɔpu 'mõ] *(n.)* Pulso.
kosa ['kɔsa] *(n.)* Ombro.
kosa [kɔ'sa] *(n.)* Sarna.
kosa [kɔ'sa] *(v.)* Coçar.
kosakosa ['kɔsa'kɔsa] *(n.)* Comigo-ninguém-pode. **Dieffenbachia seguine**.
kôsô ['koso] *(n.)* 1. Canoa onde se lava o andim. 2. Coxa.
koson [kɔ'sõ] *(n.)* Colchão.
kota [kɔ'ta] *(v.)* 1. Cortar. 2. Esconjurar. 3. Movimento dos quadris durante o ato sexual.
kota-bambi [kɔ'ta 'bẽbi] *(v.)* Esconjurar pessoa acometida por **bambi**.
kota-bega ['kɔta 'bega] *(n.)* 1. Caçula. 2. Benjamim. 3. Caçula. Cf. **kode**.
kotadu [kɔ'tadu] *(adj.)* 1. Bonito. 2. Cortado.
kota kabêlu-limi [kɔ'ta ka'bɛlu 'limi] *(expr.)* *Kota kabêlu-limi.* Ritual no qual os cabelos da criança recém-nascida são cortados e, posteriormente, enterrados.
kota kadela [kɔ'ta ka'dɛla] *(v.)* Saracotear.
kota kla [kɔ'ta 'kla] *(expr.)* Cortar ao meio.
kota-wê ['kɔta 'we] *(n.)* 1. *Kota-wê.* **Cephalopholis nigri**. 2. Olhar de poucos amigos.
kota winiwini [kɔ'ta wi'niwi'ni] *(expr.)* Cortar em pedacinhos.
kotokoto [kɔ'tɔkɔ'tɔ] *(id.)* 1. Cf. **dana kotokoto**. 2. Cf. **suzu kotokoto**. 3. Corte. 4. Corte real.
kotxi ['kɔtʃi] *(n.)* 1. Corte. 2. Corte real.

kôtxi [ˈkotʃi] (n.) Palácio.
kovadu [kɔˈvadu] (adj.) Covarde.
kovadu [kɔˈvadu] (n.) Covarde.
kôvêlu [koˈvelu] (n.) Coveiro.
koventa [kɔˈvẽta] (v.) 1. Converter. 2. Esconjurar.
kôvi [ˈkovi] (n.) Couve.
kôxô [ˈkoʃo] (adj.) 1. Coxo. 2. Manco.
koxta [kɔʃˈta] (v.) 1. Apoiar(-se). 2. Encostar(-se).
koxtadu [kɔʃˈtadu] (adj.) 1. Apoiado. 2. Associado. 3. Encostado.
kôy [ˈkoj] (n.) 1. Bossa. 2. Corcunda. 3. Saliência.
kôyê [koˈje] (v.) 1. Colher. 2. Encolher. 3. Escolher.
kôyidu [koˈjidu] (adj.) 1. Encolhido. 2. Escolhido.
kôykôy [kojˈkoj] (adj.) 1. Cheio de saliências. 2. Desajeitado. 3. Feio.
kôzu [ˈkozu] (n.) Cós.
ku [ˈku] (conj.) 1. E. Coordena nomes e pronomes. **Ami ku ê na ka be fa**. *Eu e ele não vamos*. 2. Que. Introduz orações completivas, forma reduzida de **kuma**. 3. Que. Introduz orações relativas. **N sa ome ku ka kume muntu**. *Sou um homem que come muito*.
ku [ˈku] (int.) É que. Elemento que segue pronomes interrogativos. **Andji ku neni sa n'ê?** *Onde é que está o anel?*
ku [ˈku] (prep.) Com.
kua [kuˈa] (v.) 1. Coar. 2. Escoar.
kuadu [kuˈadu] (adj.) 1. Coado. 2. Escoado.
kuba [kuˈba] (n.) Ato sexual de animais.
kuba [kuˈba] (v.) 1. Chocar ovos. 2. Fermentar. 3. Incubar.
kubangu [kuˈbẽgu] (n.) Incenso. *Croton stellulifer*.
kubli [kuˈbli] (v.) 1. Cobrir. 2. Encobrir. 3. Incubar.
kubli ovu [kuˈbli ˈɔvu] (expr.) Chocar ovo(s).
kubli-ovu [kuˈbli ˈɔvu] (n.) Ato sexual de animais.
kubli-wê [kuˈbli ˈwe] (n.) Bofetada.
kubu [ˈkubu] (n.) Investida.
kudia [kudiˈa] (n.) Alimento sagrado oferecido aos antepassados no **djambi** e repartidos depois da meia-noite pela audiência.
kudjan [kuˈdʒẽ] (n.) Cozinha.
kudji [kuˈdʒi] (v.) 1. Acudir. 2. Cozinhar. 3. Responder.
kudjidela [kudʒiˈdɛla] (n.) 1. Cozedura. 2. Cozinheiro. 3. Fervura.
kudjidu [kuˈdʒidu] (adj.) 1. Cozido. 2. Cozinhado.
kudjimentu [kudʒiˈmẽtu] (n.) 1. Cozimento medicinal. 2. Medicamento.
kudji ome [kuˈdʒi ˈɔmɛ] (expr.) 1. Amantizar. 2. Amigar. 3. Iniciar uma relação marital.
kujidu [kuˈʒidu] (adj.) 1. Cozido. 2. Cozinhado. Cf. **kudjidu**.
kuku [kuˈku] (n.) 1. Larvas de inseto que vivem no interior da madeira seca. 2. Mocho de Ano Bom. *Otus senegalensis feae*.
kukuku [kuˈkuku] (n.) Coruja.
kukumba [kuˈkũba] (n.) Saltão. *Periophthalmus barbarus*.
kukunu [kukuˈnu] (v.) 1. Abaixar(-se). 2. Acocorar.
kukunudu [kukuˈnudu] (adj.) 1. Abaixado. 2. Acocorado.

kukunudu [kukuˈnudu] (n.) Modo de preparar polvo.
kula [ˈkula] (n.) Cura.
kula [kuˈla] (v.) Curar.
kuladu [kuˈladu] (adj.) Curado.
kulandêlu [kulẽˈdelu] (n.) Curandeiro.
kulêtê [kuˈlete] (n.) 1. Casaco. 2. Colete. 3. Sutiã.
kulu [kuˈlu] (adj.) Cru.
kulu [ˈkulu] (adj.) Escuro.
kulu dĩĩĩ [ˈkulu ˈdĩĩĩ] (expr.) Escuríssimo.
kulu klani [ˈkulu klaˈni] (expr.) Cruíssimo.
kulukuku [kuluˈkuku] (n.) Rola cinzenta. *Streptopelia senegalensis*.
kulukulu [ˈkulu'kulu] (n.) 1. Cheiro. Normalmente de carne crua, de peixe cru ou da parturiente. 2. Jogo infantil com grãos de milho.
kuma [ˈkuma] (conj.) Que. Introduz orações completivas. **Ê sêbê kuma n ga fe tenda se di pêdlêlu**. *Ele sabe que trabalho como pedreiro*.
kuma [ˈkuma] (int.) 1. Como. 2. De que modo. 3. Então.
kuma [ˈkuma] (n.) Espuma.
kuma [kuˈma] (n.) Comadre.
kumba [ˈkũba] (n.) Umbigada.
kumbila [ˈkũbila] (n.) 1. Confusão. 2. Agitação. 3. *Kumbila*. Tipo de dança em que se bate o peito de uma pessoa contra a outra.
kumbina [kũbiˈna] (v.) Combinar.
kumbinadu [kũbiˈnadu] (adj.) Combinado.
kumbinanson [kũbinẽˈsõ] (n.) Roupa interior feminina.
kumbinason [kũbinaˈsõ] (n.) 1. Acordo. 2. Combinação.
kumbu [kũˈbu] (adj.) 1. Cortado. 2. Reduzido.
kumbudu [kũˈbudu] (adj.) 1. Cortado curto. 2. Reduzido.
kume [kuˈmɛ] (n.) Comida.
kume [kuˈmɛ] (v.) Comer.
kume awa [kuˈmɛ ˈawa] (expr.) Embriagar(-se).
kume dentxi [kuˈmɛ ˈdẽtʃi] (expr.) 1. Rilhar os dentes. 2. Zangar(-se).
kumedô [kumɛˈdo] (n.) Comedor.
kumedu [kuˈmɛdu] (adj.) Comido.
kumedu awa [kuˈmɛdu ˈawa] (expr.) Embriagado.
kumedu dentxi [kuˈmɛdu ˈdẽtʃi] (expr.) Zangado.
kume-môlê [kuˈmɛ ˈmole] (n.) 1. Come-morre. *Scorpaena laevis*. 2. Peixe-escorpião. *Scorpaena laevis*.
kumison [kumiˈsõ] (n.) Comichão.
kumisu [kuˈmisu] (n.) Comício.
kumpli [kũˈpli] (v.) 1. Cumprir. 2. Obedecer.
kunda [kũˈda] (v.) 1. Julgar. 2. Pensar. 3. Presumir. 4. Supor.
kundava [kũˈdava] (v.) 1. Julgava. 2. Pensava. 3. Presumia. 4. Supunha.
kundu-di-mwala-ve [kũˈdu di ˈmwala ˈvɛ] (n.) Kundu-di-mwala-ve. *Acanthus montanus*.
kunduta [kũˈduta] (n.) Comportamento.
kunfuzon [kũfuˈzõ] (n.) Confusão.
kunfya [kũˈfja] (v.) Confiar.

kunfyansa [kũˈfjẽsa] *(n.)* Confiança.
kunga [kũˈga] *(v.)* **1.** Esfregar com força. **2.** Pôr.
kunga pê [kũˈga ˈpe] *(expr.)* Assinalar.
kunha [ˈkũɲa] *(n.)* **1.** Auxílio de pessoa influente. **2.** Cacetada. **3.** Cunha.
kunha [kuˈɲa] *(v.)* Encravar.
kunhada [kuˈɲada] *(n.)* Cunhada.
kunhadu [kuˈɲadu] *(n.)* Cunhado.
kunsuta [kũˈsuta] *(n.)* Consulta.
kunsuta [kũsuˈta] *(v.)* **1.** Consultar. **2.** Dar consultas.
kunu [kuˈnu] *(v.)* **1.** Arrumar. **2.** Juntar. **3.** Recolher. **4.** Reunir.
kunudu [kuˈnudu] *(adj.)* **1.** Aconchegado. **2.** Arrumado.
kunvidadu [kũviˈdadu] *(n.)* Convidado.
kunvitxi [kũˈvitʃi] *(n.)* Convite. Cf. **konvidu**.
kunxensa [kũˈʃẽsa] *(n.)* **1.** Consciência. **2.** Ética. **3.** Moral.
kunxintxi [kũʃiˈtʃi] *(v.)* Consentir.
kunzula [kũzuˈla] *(v.)* Esconjurar.
kupa [kuˈpa] *(v.)* **1.** Ocupar. **2.** Preocupar(-se).
kupadu [kuˈpadu] *(adj.)* **1.** Ocupado. **2.** Preocupado.
kupi [kuˈpi] *(n.)* **1.** Cuspe. **2.** Saliva.
kupi [kuˈpi] *(v.)* Cuspir.
kupli [kuˈpli] *(v.)* Cumprir.
kusu [ˈkusu] *(n.)* **1.** Curso. **2.** Diarréia.
kusukusu [ˈkusuˈkusu] *(n.)* Cuscuz.
kusupi [kusuˈpi] *(v.)* **1.** Esforçar-se muito. **2.** Sacrificar.
kuta [kuˈta] *(v.)* **1.** Escutar. **2.** Ouvir.
kutu [ˈkutu] *(adj.)* **1.** Baixo. **2.** Curto.
kutu [kuˈtu] *(v.)* **1.** Engrossar. **2.** Turvar.
kutudja [kutuˈdʒa] *(n.)* Vergonha.
kutuja [kutuˈʒa] *(n.)* Vergonha. Cf. **kutudja**.
kutukutu [ˈkutuˈkutu] *(n.)* **1.** Sarampo. **2.** Manchas vermelhas. **3.** Varicela.
kutura [kuˈtura] *(n.)* Cultura.
kuvida [kuviˈda] *(v.)* Convidar.
kuvidadu [kuviˈdadu] *(n.)* Convidado. Cf. **kunvidadu**.
kuvidu [kuˈvidu] *(n.)* Boa recepção.
kuvisozu [kuviˈsɔzu] *(adj.)* **1.** Ganancioso. **2.** Invejoso.
kuxpila [ˈkuʃpila] *(n.)* Kuxpila. ***Tetrapleura tetraptera.***
kuxta [ˈkuʃta] *(n.)* Custa.
kuxta [kuʃˈta] *(v.)* Custar.
kuxtipadu [kuʃtiˈpadu] *(adj.)* Resfriado.
kuxtipason [kuʃtipaˈsõ] *(n.)* **1.** Constipação. **2.** Gripe. **3.** Resfriado.
kuxtu [ˈkuʃtu] *(n.)* **1.** Custo. **2.** Sacrifício. **3.** Valor.
kuxtumadu [kuʃtuˈmadu] *(adj.)* **1.** Acostumado. **2.** Habituado.
kuxtumi [kuʃˈtumi] *(n.)* Costume. Cf. **kuxtumu**.
kuxtumu [kuʃˈtumu] *(n.)* **1.** Costume. **2.** Hábito.
kuyê [kuˈje] *(n.)* Colher.

kuza [kuˈza] *(v.)* Acusar.
kuzidu [kuˈzidu] *(n.)* Cozido.
kuzinhêra [kuziˈɲera] *(n.)* Cozinheira.
kuzinhêru [kuziˈɲeru] *(n.)* Cozinheiro.
kwa [ˈkwa] *(int.)* O que.
kwa [ˈkwa] *(n.)* **1.** Algo. **2.** Aquilo. **3.** Assunto. **4.** Coisa.
kwa-bêbê [ˈkwa beˈbe] *(n.)* Bebida.
kwada [ˈkwada] *(n.)* Cunhada.
kwadlu [ˈkwadlu] *(n.)* Quadro.
kwadô [kwaˈdo] *(n.)* Coador.
kwadu [ˈkwadu] *(n.)* **1.** Cunhado. **2.** Genro.
kwa-fe [ˈkwa ˈfɛ] *(n.)* Ocupação.
kwa-fedu [ˈkwa ˈfɛdu] *(n.)* **1.** Conspiração. **2.** Feitiço.
kwa-floga [ˈkwa flɔˈga] *(n.)* Brincadeira.
kwaji [ˈkwaʒi] *(adj.)* Ansioso.
kwaji [ˈkwaʒi] *(adv.)* Quase.
kwa-kala [ˈkwa ˈkala] *(n.)* Bofetada.
kwaku [ˈkwaku] *(n.)* **1.** Escova de dentes tradicional. **2.** Licor de ervas.
kwaku-bangana [ˈkwaku bẽˈgana] *(n.)* Kwaku-bangana. ***Ophiobotrys zenkeri.***
kwaku-blanku [ˈkwaku ˈblẽku] *(n.)* Kwaku-blanku. ***Celtis prantlii.***
kwaku-magita [ˈkwaku maˈgita] *(n.)* Kwaku-magita. ***Psychotria subobliqua.***
kwa-kume [ˈkwa kuˈmɛ] *(n.)* Comida.
kwakwa [kwaˈkwa] *(n.)* **1.** Carapaça de crustáceo. **2.** Modo de preparar o peixe-voador
kwakwa-klôsô [kwaˈkwa kloˈso] *(n.)* Kwakwa-klôsô. ***Alternanthera sessilis.***
kwakwakwa [kwakwaˈkwa] *(id.)* Cf. **da kebla kwakwakwa**.
kwakwali [kwaˈkwali] *(quant.)* Qualquer. **Kwakwali soya di sun alê ku san lenha.** *Qualquer história do rei e da rainha.*
kwa-leda [ˈkwa lɛˈda] *(n.)* Herança.
kwali [ˈkwali] *(n.)* Cesto.
kwamanda [kwamẽˈda] *(int.)* Por que. Cf. **kamanda**.
kwa-ple [ˈkwa ˈplɛ] *(n.)* Frutos do mar.
kwata [kwaˈta] *(n.)* Alqueire.
kwata [kwaˈta] *(v.)* Incitar um cão.
kwata-fela [ˈkwata ˈfela] *(n.)* Quarta-feira.
kwatlu [ˈkwatlu] *(num.)* Quatro.
kwatlu-dexi [ˈkwatlu ˈdeʃi] *(num.)* Quarenta.
kwatlusentu [ˈkwatluˈsẽtu] *(num.)* Quatrocentos.
kwatu [ˈkwatu] *(n.)* Quarto. Cf. **nglentu**.
kwê [ˈkwe] *(n.)* **1.** Coelho. ***Oryctolagus cuniculus.*** **2.** Coelho. ***Lagocephalus laevigatus.***
kwedanu [kwɛˈdanu] *(n.)* Coedano. ***Cestrum laevigatum.***
kweka [ˈkwɛka] *(n.)* Cuecas.
kwekwe [kwɛˈkwe] *(n.)* **1.** Cuecas. **2.** Silvo do morcego.
kwenkwenkwen [kwẽkwẽˈkwẽ] *(id.)* Cf. **dwentxi kwenkwenkwen**.
kwêtadu [kweˈtadu] *(adj.)* Coitado.
kwidadu [kwiˈdadu] *(n.)* Cuidado.

kwini [ˈkwini] *(n.)* Inhame-selvagem. Cf. **nhamikwini**.
kyabu [ˈkjabu] *(n.)* Quiabo. Cf. **ikyabu**.
kyason [ˈkjasõ] *(n.)* Criação.
kyê [ˈkje] *(interj.)* 1. Credo! 2. Nossa! 3. Oh!
kyê [ˈkje] *(v.)* Cair.
kyê bega [ˈkje ˈbega] *(expr.)* Engravidar.
kyê kitali [ˈkje kiˈtali] *(expr.)* 1. Ser apanhado. 2. Ser preso.
kyê ku [ˈkje ˈku] *(expr.)* 1. Ajeitar. 2. Ficar bem.
kyê toma kadu [ˈkje tɔˈma ˈkadu] *(expr.)* Agradar.
kyêy [ˈkjej] *(interj.)* 1. Credo! 2. Nossa! 3. Oh! Cf. **kyê**.
kyolakyola [ˈkjɔlaˈkjɔla] *(adj.)* 1. Ansioso. 2. Impaciente.
kyolakyola [ˈkjɔlaˈkjɔla] *(adv.)* Quase.
kyomba [ˈkjõba] *(n.)* 1. Flor da palmeira. 2. Vinho de palma imbebível.
kyon [ˈkjõ] *(n.)* Montinho.
kyonkyonkyon [kjõkjõˈkjõ] *(adj.)* Mórbido.

L

la [ˈla] (v.) Lavar. Cf. **laba**.
laba [laˈba] (v.) Lavar.
labadu [laˈbadu] (adj.) Lavado.
labadu txe [laˈbadu ˈtʃɛ] (expr.) Bem lavado.
labandêla [labẽˈdela] (n.) Lavadeira.
labeka [laˈbɛka] (n.) Rabeca.
labu [ˈlabu] (n.) 1. Cauda. 2. Fim. 3. Rabo. 4. Término. 5. Última parte.
ladenha [laˈdɐ̃ɲa] (n.) 1. Ladainha. 2. Litania.
ladla [laˈdla] (v.) Ladrar.
ladlon [laˈdlõ] (n.) Ladrão.
ladu [ˈladu] (n.) Lado.
laga [laˈga] (v.) 1. Descuidar. 2. Descurar. 3. Enganar(-se).
lagasa [lagaˈsa] (v.) 1. Desacertar. 2. Desairar. 3. Desbragar. 4. Penetrar. 5. Saltar.
lagasadu [lagaˈsadu] (adj.) Desbragado.
lagatlisa [lagaˈtlisa] (n.) Lagartixa do mato.
lagaya [laˈgaja] (n.) Lagaia. *Civetictis civetta*.
laglima-dêsu [ˈlaglima ˈdesu] (n.) Lágrima-de-Cristo. *Breynia disticha*.
lagôxta [laˈgoʃta] (n.) Lagosta.
lajigatxi [laʒiˈgatʃi] (n.) Resgate.
lakla [laˈkla] (v.) Lacrar.
la kwa [ˈla ˈkwa] (expr.) Lavar loiça ou roupa no rio. Cf. **ba awa la kwa**.
lala [ˈlala] (n.) Ralador.
lala [laˈla] (v.) 1. Chamuscar. 2. Ralar.
laladu [laˈladu] (adj.) Ralado.
lalala [lalaˈla] (id.) Cf. **bôbô lalala**.
lalaxa [lalaˈʃa] (v.) Abandalhar.
lalaxadu [lalaˈʃadu] (adj.) Abandalhado.
lalu [ˈlalu] (n.) Doença de pele.
lalugu [ˈlalugu] (adj.) 1. Amplo. 2. Largo.
lama [ˈlama] (n.) Lama.
lamalon [lamaˈlõ] (n.) 1. Charco. 2. Lamarão.
lamboya [lẽˈbɔja] (n.) Vadiagem.
lambu [lẽˈbu] (n.) Tanga.
lamentason [lamẽtaˈsõ] (n.) Lamento.
lamile [lamiˈlɛ] (n.) Inconfidências.
lamina [ˈlamina] (n.) Lâmina.
lampada [ˈlẽpada] (n.) Lâmpada.
lampyon [lẽˈpjõ] (n.) Lampião.
lamu [ˈlamu] (n.) Ramo.
lan [ˈlẽ] (n.) Lã.
landa [lẽˈda] (v.) Nadar.
landadô [lẽdaˈdo] (n.) Nadador.
langutangu [ˈlẽguˈtẽgu] (n.) Orangotango.
lanhu [ˈlẽɲu] (n.) Ranho.
lanja [lẽˈʒa] (v.) Arranjar.
lanka [lẽˈka] (v.) Arrancar.
lanka bega [lẽˈka ˈbɛga] (expr.) Abortar.
lanka da son [lẽˈka ˈda ˈsõ] (expr.) Cair ao chão.
lankadu [lẽˈkadu] (adj.) Arrancado.
lansa [ˈlẽsa] (n.) Lança.
lansa [lẽˈsa] (v.) 1. Lançar. 2. Vomitar.
lanseta [lẽˈsɛta] (n.) Lanceta.
lansolo [lẽˈsɔlɔ] (n.) Lençol.
lanta [lẽˈta] (v.) 1. Erguer. 2. Erigir. 3. Levantar(-se).
lantadu [lẽˈtadu] (adj.) 1. Erguido. 2. Levantado.
lanta fasu [lẽˈta ˈfasu] (expr.) 1. Caluniar. 2. Difamar.
lantena [lẽˈtɛna] (n.) Lanterna.
lanxa [ˈlẽʃa] (n.) Lancha.
lanza [ˈlẽza] (n.) Laranja.
lanza-matu [ˈlẽza ˈmatu] (n.) Laranja-do-mato.
lanza-mukambu [ˈlẽza mukẽˈbu] (n.) *Lanza-mukambu*. Cf. **libô**.
lapa [ˈlapa] (adj.) 1. Achatado. 2. Plano. 3. Raso.
lapa [laˈpa] (v.) Achatar.
lape [laˈpɛ] (n.) Rapé.
lapi [ˈlapi] (n.) Lápis.
lapujin [lapuˈʒĩ] (n.) Sabor desagradável.
lasa [ˈlasa] (n.) Raça.
lason [laˈsõ] (n.) 1. Oração. 2. Prece.
lasu [ˈlasu] (n.) 1. Laço. 2. Nó.
lasu-kôlê [ˈlasu koˈle] (n.) Laço corredio.
lata [ˈlata] (n.) Lata.
late [laˈtɛ] (n.) 1. Absorvente íntimo. 2. Farrapo. 3. Retalhos. 4. Trapo.
latêya [laˈtɛja] (n.) 1. Adorno. 2. Enfeite.
latêyadu [latɛˈjadu] (adj.) 1. Adornado. 2. Enfeitado.
latu [ˈlatu] (n.) Rato.
latulatu [laˈtulaˈtu] (adj.) 1. Espevitado. 2. Irrequieto. 3. Traquinas. 4. Vivaz.
latwela [laˈtwɛla] (n.) Ratoeira.
lavla [laˈvla] (v.) 1. Aguçar. 2. Lavrar.
laxpoxta [laʃˈpɔʃta] (n.) Resposta. Cf. **lexpoxta**.
laxtiku [laʃˈtiku] (n.) 1. Elástico. 2. Estilingue.
laxtu [ˈlaʃtu] (n.) Lastro.
laza [ˈlaza] (n.) 1. Maldição. 2. Reza.
laza [laˈza] (v.) 1. Amaldiçoar. 2. Arrasar. 3. Ficar arrasado. 4. Orar. 5. Rezar.
lazadu [laˈzadu] (adj.) 1. Amaldiçoado. 2. Arrasado.

lazon [la'zõ] *(n.)* Razão.
lazu ['lazu] *(adj.)* Raso.
lê ['le] *(v.)* Ler.
lebenta [lɛbɛ'ta] *(v.)* 1. Arrebentar. 2. Irromper. 3. Rebentar.
lêbilêbi ['lebile'bi] *(adj.)* 1. Impertinente. 2. Traquinas.
leda [lɛ'da] *(n.)* Herança.
leda [lɛ'da] *(v.)* Herdar.
lêdê ['lede] *(n.)* Rede.
lêdê [le'de] *(v.)* 1. Acender. 2. Arder.
lêdêlu [le'delu] *(n.)* Herdeiro.
lêdê pitxipitxi [le'de pi'tʃipi'tʃi] *(expr.)* Fogo que não arde bem.
lêdê-pixka ['lede 'piʃka] *(n.)* Rede de pesca.
lêdê tatata [le'de tata'ta] *(expr.)* Brilhar do sol com intensidade.
lêdê zazaza [le'de zaza'za] *(expr.)* 1. Ardor de uma ferida. 2. Ardor provocado por pimenta.
lêdidu [le'didu] *(adj.)* 1. Aceso. 2. Ardido.
lêdidu ngêêê [le'didu 'ŋgɛ̃ɛ̃ɛ̃] *(expr.)* Acesíssimo.
lêdja ['ledʒa] *(n.)* Corrida de cavalos.
ledu ['lɛdu] *(n.)* 1. Atrito entre pessoas. 2. Provocação. 3. Soberbia.
lêfatxi [lɛ'fatʃi] *(n.)* Alfaiate. Cf. **lifyatxi**.
lefegu [lɛ'fegu] *(n.)* Raspão. Cf. **leflegu**.
lefeta [lɛfɛ'ta] *(v.)* 1. Afetar. 2. Apoquentar. 3. Incomodar. 4. Prejudicar. 5. Preocupar.
leflegu [lɛ'flegu] *(n.)* Raspão.
lêflexka [lɛflɛʃ'ka] *(v.)* Refrescar.
lefoga [lɛfɔ'ga] *(v.)* Refogar.
lefogadu [lɛfɔ'gadu] *(adj.)* Refogado.
lefogadu [lɛfɔ'gadu] *(v.)* Refogado.
lega ['lɛga] *(v.)* 1. Abandonar. 2. Cantar. 3. Largar. 4. Narrar. 5. Soltar.
legadu [lɛ'gadu] *(adj.)* 1. Largado. 2. Solto.
legadu-bofi [lɛ'gadu 'bɔfi] *(adv.)* 1. Descontraidamente. 2. Despreocupadamente. 3. Relaxadamente.
legela [lɛgɛ'la] *(v.)* 1. Abastança. 2. Boa-vida. 3. Conforto. 4. Fartura. 5. Gozo. 6. Opulência. 7. Regalo. 8. Usufruto.
legela [lɛgɛ'la] *(v.)* 1. Desfrutar. 2. Gozar. 3. Regalar(-se). 4. Usufruir.
legla ['lɛgla] *(n.)* Regra.
legli ['lɛgli] *(adj.)* Alegre.
lêglia [lɛ'glia] *(n.)* Alegria. Cf. **alêglia**.
lêgula [lɛgu'la] *(v.)* 1. Coordenar. 2. Partilhar. 3. Regular.
lêguladô [lɛgula'do] *(n.)* Regulador.
lêguladu [lɛgu'ladu] *(adj.)* 1. Medido. 2. Regulado. 3. Regular.
lêgulamentu [lɛgula'mẽtu] *(n.)* Regulamento.
lêja ['lɛʒa] *(n.)* Corrida de cavalos. Cf. **lêdja**.
leji ['lɛʒi] *(n.)* Raiz.
lekadu [lɛ'kadu] *(n.)* Recado.
lekeleke [lɛ'kɛlɛ'kɛ] *(id.)* Cf. **fina lekeleke**.
lêklê [lɛ'kle] *(v.)* 1. Admoestar. 2. Advertir. 3. Repreender.
lêklêmentu [lekle'mẽtu] *(n.)* Requerimento.

lêklidu [lɛ'klidu] *(adj.)* 1. Advertido. 2. Repreendido.
lela [lɛ'la] *(v.)* Lixar(-se).
lelatu [lɛ'latu] *(n.)* 1. Relato. 2. Relatório.
lele ['lɛlɛ] *(n.)* Vagina.
lêlê [lɛ'le] *(prep. v.)* Ao longo de.
lêlê [lɛ'le] *(v.)* 1. Acompanhar. 2. Seguir.
lelele [lɛlɛ'lɛ] *(id.)* Cf. **lekeleke**.
lema [lɛ'ma] *(n.)* Armadilha.
lema [lɛ'ma] *(v.)* 1. Armar. 2. Começar. 3. Experimentar. 4. Fazer uma armadilha. 5. Nublar. 6. Provar. 7. Remar.
lemadô [lɛma'do] *(n.)* 1. Armador. 2. Remador.
lemadu [lɛ'madu] *(adj.)* 1. Armado. 2. Nublado.
lema kidalê [lɛ'ma kida'le] *(expr.)* Começar a gritar.
lema pê [lɛ'ma 'pe] *(expr.)* Ajuntar-se.
lêmatixmu [lɛma'tiʃmu] *(n.)* Reumatismo. Cf. **lêmatixmu**.
lêmatizumu [lɛma'tizumu] *(n.)* Reumatismo.
lembalemba ['lẽba'lẽba] *(n.)* Lembalemba. *Ficus annobonensis*.
lembla [lẽ'bla] *(v.)* 1. Lembrar. 2. Recordar.
lembladu [lẽ'bladu] *(adj.)* 1. Lembrado. 2. Recordado.
lemblansa [lẽ'blẽsa] *(n.)* 1. Lembrança. 2. Recordação.
lemeja [lɛmɛ'ʒa] *(v.)* 1. Melhorar. 2. Remediar.
lemi ['lɛmi] *(n.)* 1. Leme. 2. Vagina.
lemu ['lɛmu] *(n.)* Remo. Cf. **lemunha**.
lemunha [lɛ'mũɲa] *(n.)* Remo.
lenda ['lẽda] *(n.)* 1. Aluguer. 2. Arrendamento. 3. Renda.
lenda [lẽ'da] *(v.)* 1. Alugar. 2. Arrendar.
lendadu [lẽ'dadu] *(v.)* Arrendado.
lendê [lẽ'de] *(v.)* 1. Dar um mau jeito. 2. Inutilizar. 3. Esforçar-se. 4. Render.
lendêlu [lẽ'delu] *(n.)* 1. Inquilino. 2. Rendeiro. 3. Senhorio.
lendidu [lẽ'didu] *(adj.)* Rendido.
lendondo [lẽ'dõdɔ] *(adj.)* Redondo.
lengelenge ['lẽgɛ'lẽgɛ] *(adj.)* 1. Dependurado. 2. Pendurado. 3. Suspenso.
lengelenge ['lẽgɛ'lẽgɛ] *(adv.)* 1. Assim-assim. 2. Mais ou menos.
lenha ['lẽɲa] *(n.)* 1. Rainha. 2. Rainha. *Uranoscopus polli*.
lensu ['lẽsu] *(n.)* Lenço.
lentla [lẽ'tla] *(prep. n.)* Para dentro. **Mosu kôlê lentla ke**. *O rapaz correu para dentro de casa.*
lentla [lẽ'tla] *(v.)* Entrar.
lentxi [lẽ'tʃi] *(adv.)* 1. Assim-assim. 2. Mais ou menos. Cf. **mê-lentxi**.
lenu ['lenu] *(n.)* Reino.
lenyon [lɛ'njõ] *(n.)* Reunião.
lepala [lɛpa'la] *(v.)* 1. Aperceber-se. 2. Calcular. 3. Lembrar. 4. Reparar.
lepalu [lɛ'palu] *(n.)* 1. Atenção. 2. Cuidado. 3. Juízo. 4. Reparo.
lêpendê [lɛpẽ'de] *(v.)* Arrepender.
lêpendidu [lɛpẽ'didu] *(adj.)* Arrependido.

lepika [lɛpiˈka] *(v.)* Repicar.
lepla [ˈlɛpla] *(n.)* Lepra.
leplika [ˈlɛplika] *(n.)* Réplica.
lêpublika [leˈpublika] *(n.)* República.
lêsêbê [leseˈbe] *(v.)* Receber.
lêsenxadu [leseˈʃadu] *(adj.)* 1. Desleixado. 2. Imprudente. 3. Jovem. Normalmente que se relaciona com mulher mais velha. 4. Ousado.
lêsêta [leˈseta] *(n.)* Receita.
letayadu [lɛtaˈjadu] *(adj.)* Detalhado.
lêtê [ˈlete] *(n.)* 1. Leite. 2. Seiva.
letla [ˈlɛtla] *(n.)* Letra.
lêtlatu [leˈtlatu] *(n.)* 1. Fotografia. 2. Retrato.
letleti [lɛˈtlɛti] *(n.)* 1. Banheiro. 2. Casa de banho. 3. Retrete.
lêtlina [leˈtlina] *(n.)* Eritrina. ***Eryhtrina poeppigiana***.
lêton [lɛˈtõ] *(n.)* Leitão.
lêtu [ˈlɛtu] *(n.)* Gaiola.
leva [ˈlɛva] *(n.)* 1. Fúria. 2. Raiva.
leva [lɛˈva] *(v.)* Ultrapassar.
levada [lɛˈvada] *(n.)* 1. Dreno para escoar água. 2. Vala.
leve [ˈlɛvɛ] *(adj.)* Leve.
leve [ˈlɛvɛ] *(n.)* Urtiga. ***Fleurya aestuam.***
lêvê [leˈve] *(v.)* 1. Vazar. 2. Verter.
leveleve [ˈlɛvɛˈlɛvɛ] *(adv.)* 1. Assim-assim. 2. Devagar. 3. Mais ou menos.
levesadu [lɛvɛˈsadu] *(adj.)* 1. Arrevesado. 2. Torto.
levoga [lɛvɔˈga] *(v.)* 1. Fazer coro. 2. Responder. 3. Revogar.
lêxenxadu [leʃeˈʃadu] *(adj.)* 1. Desleixado. 2. Imprudente. 3. Jovem. Normalmente que se relaciona com mulher mais velha. 4. Ousado. Cf. **lêsenxadu**.
lêxibu [leˈʃibu] *(n.)* Recibo.
lexpoxta [lɛʃˈpɔʃta] *(n.)* Resposta.
lexti [ˈlɛʃti] *(n.)* Leste.
lew [ˈlɛw] *(adj.)* Favorável (referindo-se ao quadrante lunar ou ao signo).
lêza [leˈza] *(v.)* Aleijar.
lêzadu [leˈzadu] *(adj.)* Aleijado.
lêzêdô [lezeˈdo] *(n.)* Regedor.
li [ˈli] *(v.)* 1. Rir. 2. Sorrir.
liba [ˈliba] *(n.)* Zona distante.
liba [ˈliba] *(prep. v.)* 1. Sobre. 2. Em cima de. 3. Por cima de.
liba [liˈba] *(v.)* Adiar.
liba-d'atali [ˈliba daˈtali] *(n.)* Púlpito.
liba-d'ôkê [ˈliba doˈke] *(n.)* Cimo.
liba-d'uku [ˈliba ˈduku] *(n.)* Lixeira.
liba-ke [ˈliba ˈkɛ] *(n.)* 1. Telhado. 2. Teto.
libaliba [ˈlibaˈliba] *(id.)* Cf. **flôgô libaliba**.
liba-pentxi [ˈliba ˈpɛtʃi] *(n.)* Púbis.
libason [libaˈsõ] *(n.)* Libação.
liba-wê [ˈliba ˈwe] *(n.)* Pálpebra.
libedadji [libɛˈdadʒi] *(n.)* Liberdade.
libêlinha [libeˈlĩɲa] *(n.)* Libélula.
libita [libiˈta] *(id.)* 1. Cf. **fumadu libita**. 2. Cf. **xa libita**.

libô [ˈlibo] *(n.)* Libô. ***Vernonia amygdalina***.
libô-d'awa [ˈlibo ˈdawa] *(n.)* Libô-d'awa. ***Struchium sparganaphorum.***
libô-ke [ˈlibo ˈkɛ] *(n.)* Libô-ke. ***Vernonia amygdalina***.
libô-mukambu [ˈlibo muˈkẽbu] *(n.)* Libô. Cf. **libô**.
libô-tela [ˈlibo ˈtɛla] *(n.)* Libô-tela. ***Vernonia amygdalina.***
lida [ˈlida] *(n.)* 1. Afazeres domésticos. 2. Lida.
lifa [ˈlifa] *(n.)* Rifa.
lifila [lifiˈla] *(v.)* Refilar.
lifilon [lifiˈlõ] *(adj.)* Refilão.
lifyatxi [liˈfjatʃi] *(n.)* Alfaiate.
liga [liˈga] *(v.)* Ligar.
ligadula [ligaˈdula] *(n.)* Ligadura.
ligi [liˈgi] *(v.)* 1. Erguer. 2. Levantar. 3. Suspender.
ligida [ligiˈda] *(n.)* Alguidar.
lijibitadu [liʒibiˈtadu] *(n.)* 1. Febril. 2. Gripado.
lijimentu [liʒiˈmẽtu] *(n.)* 1. Dieta. 2. Regime alimentar.
lijimi [liˈʒimi] *(n.)* Regime.
lijinga [liʒĩˈga] *(v.)* Refilar.
lijixtu [liˈʒiʃtu] *(n.)* Registro.
lijixtu-sivil [liˈʒiʃtu siˈvil] *(n.)* Registro civil.
lijon [liˈʒõ] *(n.)* Religião.
likatxi [liˈkatʃi] *(n.)* Alicate.
likêza [liˈkeza] *(n.)* Riqueza.
likidu [ˈlikidu] *(n.)* Líquido.
likli [ˈliˈkli] *(n.)* Alecrim.
liku [ˈliku] *(adj.)* Rico.
liku sonosono [ˈliku sɔˈnɔsɔˈnɔ] *(expr.)* Riquíssimo.
lima [ˈlima] *(n.)* 1. Lima. 2. Limo. Cf. **limi**.
lima [liˈma] *(v.)* Limar.
limadu [liˈmadu] *(adj.)* Limado.
limba [lĩˈba] *(v.)* 1. Escapar. 2. Livrar.
limi [ˈlimi] *(n.)* Limo.
limixu [liˈmiʃu] *(adj.)* Introvertido.
limon [liˈmõ] *(n.)* 1. Lima. ***Citrus aurantifolia***. 2. Limão.
limon-blabu [liˈmõ ˈblabu] *(n.)* Limão. ***Citrus limon***.
limon-d'ôbô [liˈmõ doˈbo] *(n.)* Limão. ***Citrus limon***.
limon-ple [liˈmõ ˈplɛ] *(n.)* 1. Ameixoeira-da-baía. ***Ximenia americana***. 2. Limão-da-praia. ***Ximenia americana***.
limpa [lĩˈpa] *(v.)* Limpar.
limpêza [lĩˈpeza] *(n.)* Limpeza.
limpu [ˈlĩpu] *(adj.)* Limpo.
limpu fyefyefye [ˈlĩpu fjɛfjɛˈfjɛ] *(expr.)* Limpíssimo.
limpu pyenepyene [ˈlĩpu pjɛˈnɛpjɛˈnɛ] *(expr.)* Limpíssimo.
limpu pyepyepye [ˈlĩpu pjɛpjɛˈpjɛ] *(expr.)* Limpíssimo.
linga [lĩˈga] *(v.)* 1. Dependurar. 2. Içar. 3. Suspender.
lingadu [lĩˈgadu] *(adj.)* 1. Dependurado. 2. Içado. 3. Suspenso.
ling'ie [lĩˈgiɛ] *(n.)* Língua da Ilha do Príncipe. Cf. **lung'ie**.
lingw'ie [lĩˈgwiɛ] *(n.)* Língua da Ilha do Príncipe. Cf. **lung'ie**.
linhava [lĩɲaˈva] *(v.)* Alinhavar.
lin-kadela [ˈli kaˈdɛla] *(n.)* Cóccix.

lin-tlaxi [ˈlĩ ˈtlaʃi] *(n.)* Espinha dorsal.
lipa [ˈlipa] *(n.)* Ripa.
lisensa [liˈsẽsa] *(n.)* 1. Autorização. 2. Licença.
lison [liˈsõ] *(n.)* Lição.
litlu [ˈlitlu] *(n.)* Litro.
livla [liˈvla] *(v.)* 1. Aliviar. 2. Livrar.
livli [ˈlivli] *(adj.)* Livre.
livlu [ˈlivlu] *(n.)* Livro.
livlu-nglandji [ˈlivlu ˈŋglẽdʒi] *(n.)* Dicionário.
lixbitadu [liʃbiˈtadu] *(n.)* 1. Constipação. 2. Febre. 3. Gripe. 4. Resfriado.
lixgwadu [liʃˈgwadu] *(n.)* Resguardo.
lixi [ˈliʃi] *(n.)* Nariz.
lixipêtu [liʃiˈpetu] *(n.)* Respeito.
lixi-tapa [ˈliʃi taˈpa] *(n.)* Constipação nasal.
lixpêta [liʃpeˈta] *(v.)* Respeitar.
lixpêtu [liʃˈpetu] *(n.)* Respeito. Cf. **lixipêtu**.
lixtlison [liʃˈtlisõ] *(n.)* Restrição.
lizu [ˈlizu] *(adj.)* 1. Duro. 2. Rijo.
lizu kankankan [ˈlizu kẽkẽˈkẽ] *(expr.)* Duríssimo.
lô [ˈlo] *(v.)* 1. Amontoar. 2. Desenvolver(-se).
lôbô [ˈlobo] *(n.)* 1. Formiga-vermelha. 2. Formigão. 3. Lobo.
lôbonji [loˈbõʒi] *(n.)* Musgo.
loda [ˈlɔda] *(n.)* 1. Roda. 2. Volta.
lodja [lɔˈdʒa] *(v.)* 1. Cercar. 2. Rodear. Cf. **loja**.
lôdô [ˈlodo] *(n.)* 1. Aglomeração de casas. 2. Charco. 3. Poça. 4. Vila.
lôdô-d'awa [ˈlodo ˈdawa] *(n.)* Poça de água.
lodoma [lɔˈdɔma] *(n.)* 1. Garrafa. 2. Redoma.
loga [lɔˈga] *(v.)* Rogar.
loga plaga [lɔˈga ˈplaga] *(expr.)* 1. Praguejar. 2. Rogar praga.
lôgô [ˈlogo] *(adv.)* 1. Afinal. 2. Portanto.
logo [ˈlɔgɔ] *(adv.)* 1. Depois. 2. Logo.
lôgôzô [loˈgozo] *(n.)* Carrasco. Personagem do **dansu-kongô** que passa de guardião a usurpador.
lôja [ˈloʒa] *(n.)* Rodilha.
loja [lɔˈʒa] *(prep. v.)* 1. À volta de. **Nansê nda loja ke**. Vocês andaram à volta da casa. 2. Ao redor de.
loja [lɔˈʒa] *(v.)* 1. Cercar. 2. Rodear.
lojadu [lɔˈʒadu] *(adj.)* Cercado.
loke [ˈlɔkɛ] *(n.)* Olho-de-pombo. ***Abrus precatorius***.
loke [lɔˈkɛ] *(v.)* 1. Desaparecer. 2. Partir.
lôklê [loˈkle] *(v.)* 1. Arrecadar. 2. Guardar. 3. Recolher.
lôklidu [loˈklidu] *(adj.)* 1. Arrecadado. 2. Guardado. 3. Recolhido.
lola [ˈlɔla] *(n.)* 1. Pombo-de-nuca-bronzeada. ***Columba malherbii***. 2. Rola. ***Columba malherbii***.
lola [lɔˈla] *(v.)* 1. Desviar. 2. Rolar.
lolo [lɔˈlɔ] *(id.)* Cf. **kaba lolo**.
lolo [lɔˈlɔ] *(n.)* Pênis de criança.
lolo [lɔˈlɔ] *(v.)* Lamber.
lolodu [lɔˈlɔdu] *(adj.)* 1. Lambido. 2. Sem-vergonha.
lolojêlu [lɔlɔˈʒelu] *(n.)* Relojoeiro.
lôlôlô [loloˈlo] *(id.)* Cf. **xa lôlôlô**.

lôlongôma [lolõˈgoma] *(n.)* 1. Banana-pão. 2. Fingidor.
lolozu [lɔˈlɔzu] *(n.)* Relógio.
lomba [lõˈba] *(v.)* 1. Arrombar. 2. Rebentar.
lombin [lõˈbĩ] *(n.)* Rim.
lombliga [lõˈbliga] *(n.)* Lombriga.
lombo [ˈlõbo] *(n.)* 1. Bocado. 2. Lombo. 3. Porção.
lomosa [lɔmɔˈsa] *(v.)* Almoçar.
lomosu [lɔˈmɔsu] *(n.)* Almoço.
lomplanu [lõˈplanu] *(n.)* Aeroplano.
lona [ˈlɔna] *(n.)* Lona.
londa [ˈlõda] *(n.)* Ronda.
londa [lõˈda] *(v.)* Rondar.
londji [ˈlõdʒi] *(adj.)* 1. Distante. 2. Longe.
londondo [lõˈdõdo] *(adj.)* Redondo.
longô [ˈlõgo] *(adj.)* 1. Alto. 2. Comprido. 3. Longo.
longô [ˈlõgo] *(adv.)* Demorado.
longô [ˈlõgo] *(n.)* 1. Anágua. 2. Saiote interior. 3. Sardinela. ***Sardinella aurita***.
longô [lõˈgo] *(v.)* Espreitar.
lonji [ˈlõʒi] *(adj.)* 1. Distante. 2. Longe. Cf. **londji**.
lonka [lõˈka] *(v.)* 1. Ressoar. 2. Roncar.
lonkadô [lõkaˈdo] *(n.)* Roncador. ***Pomadasys rogeri***.
lôpa [ˈlopa] *(n.)* Roupa.
losa [ˈlɔsa] *(n.)* 1. Fazenda. 2. Propriedade rural. 3. Roça.
losa [lɔˈsa] *(v.)* 1. Esfregar. 2. Roçar.
lôso [ˈloso] *(n.)* Arroz.
lota [lɔˈta] *(v.)* Arrotar.
loti [ˈlɔti] *(n.)* 1. Lote. 2. Parcela de terreno.
lôtlina [loˈtlina] *(n.)* Eritrina. Cf. **lêtlina**.
lotu [ˈlɔtu] *(n.)* Arroto.
lotxiga [loˈtʃiga] *(n.)* Urtiga. ***Urera mannii***.
lova [lɔˈva] *(v.)* Louvar.
lovadu [lɔˈvadu] *(adj.)* Louvado.
love [lɔˈvɛ] *(n.)* Orvalho.
lovlosa [lɔvlɔˈsa] *(v.)* 1. Alvoroçar. 2. Remexer. 3. Revirar. 4. Revoltar(-se). 5. Vasculhar.
lôvlôsô [lovloˈso] *(v.)* 1. Mexer. 2. Procurar.
loya [ˈlɔja] *(n.)* Rolha.
loza [ˈlɔza] *(n.)* Rosa.
loza-bilanza [ˈlɔza biˈlẽza] *(n.)* Dama-da-noite. ***Mirabilis jalapa***.
loze [lɔˈzɛ] *(n.)* Rosário.
lôzôvê [lozoˈve] *(v.)* 1. Decidir. 2. Resolver.
lôzôvidu [lozoˈvidu] *(adj.)* 1. Decidido. 2. Resolvido.
lua [luˈa] *(v.)* Estar menstruada.
luadu [luˈadu] *(adj.)* Menstruada.
luason [luaˈsõ] *(n.)* Menstruação.
luba [luˈba] *(n.)* Luba. ***Parkia oliveri***.
lubêla [luˈbela] *(n.)* Ribeira.
luda [ˈluda] *(n.)* Arruda. ***Ruta chapelensis***.
lufu [ˈlufu] *(n.)* Grunhido.
lufugôzu [lufuˈgozu] *(adv.)* 1. Apressadamente. 2. Depressa. 3. Precipitadamente.
luga [luˈga] *(v.)* 1. Alugar. 2. Arrendar.
luge [luˈgɛ] *(n.)* Lugar.
lugulugu [luˈguluˈgu] *(adj.)* Gelatinoso.
luji [luˈʒi] *(v.)* 1. Brilhar. 2. Luzir.

lujidu [luˈʒidu] *(adj.)* Brilhante.
lujiga [ˈluʒiga] *(n.)* Rusga.
luji myêgêmyêgê [luˈʒi mjeˈgemjeˈge] *(expr.)* Brilhar intensamente.
luklu [ˈluklu] *(n.)* Lucro.
lula [ˈlula] *(n.)* 1. Lula. 2. Parte da flor de bananeira.
lululu [luluˈlu] *(id.)* Cf. **pletu lululu.**
luma [luˈma] *(adv.)* 1. Bastante. 2. Muito.
luma [luˈma] *(v.)* Arrumar.
lumadu [luˈmadu] *(adj.)* Arrumado.
lumadu [luˈmadu] *(adv.)* Muito.
lumon [luˈmõ] *(n.)* 1. Irmã. 2. Irmão. 3. Parente. 4. Prima. 5. Primo.
lumonhon [lumõˈnõ] *(n.)* Reunião. Cf. **lenyon.**
lumu [ˈlumu] *(n.)* Rumo.
lumya [luˈmja] *(v.)* 1. Citar. 2. Mencionar. 3. Nomear. 4. Referir.
lundu [lũˈdu] *(n.)* Lundum.
lunfa [lũˈfa] *(v.)* Rufar.
lung'ie [lũˈgiɛ] *(n.)* 1. Lung'ie. 2. Língua da Ilha do Príncipe. 3. Principense.
lungwa [ˈlũgwa] *(n.)* 1. Idioma. 2. Língua.
lungwa-gatu [ˈlũgwa ˈgatu] *(n.)* Terreno pequeno.
lungwalaji [lũgwaˈlaʒi] *(n.)* 1. Fofoqueiro. 2. Linguado. Cf. **lingwalaji.** 3. Linguarudo.
lungwa-vaka [ˈlũgwa ˈvaka] *(n.)* 1. Biscoito. 2. Rebento da palmeira.
lungw'ie [lũˈgwiɛ] *(n.)* Língua da Ilha do Príncipe. Cf. **lung'ie.**
lupuye [lupuˈjɛ] *(n.)* 1. Pé rapado. 2. Vira-lata.
lusua [luˈsua] *(n.)* 1. Erva-moira. *Solanum nigrum.* 2. Prato típico à base de **lusua**.
luta [ˈluta] *(n.)* 1. Briga. 2. Luta. 3. Sacrifício.
luta [luˈta] *(v.)* 1. Brigar. 2. Lutar.
lutadô [lutaˈdo] *(n.)* Lutador.
luta kunda [ˈluta ˈkũda] *(expr.)* Engatinhar.
lutu [ˈlutu] *(n.)* Luto.
luva [ˈluva] *(n.)* Luva.
luvesa [luˈvɛsa] *(adv.)* 1. Ao avesso. (Usado apenas para roupas.) 2. Ao contrário. (Usado apenas para roupas.)
luvon [luˈvõ] *(n.)* Valentia.
luvon-fasu [luˈvõ ˈfasu] *(n.)* Fanfarronice.
luvuson [luvuˈsõ] *(n.)* Revolução.
luxan [luˈʃẽ] *(n.)* 1. Aldeia. 2. Zona não-urbanizada.
luxu [ˈluʃu] *(n.)* 1. Luxo. 2. Ostentação.
lwa [ˈlwa] *(n.)* Rua.
lwalwa [lwaˈlwa] *(v.)* 1. Esquivar. 2. Fugir.
lwelwe [lwɛˈlwɛ] *(v.)* 1. Aproximar(-se). 2. Dissimular.
lyali [ljaˈli] *(n.)* Ouriço. *Paracentropis cabrilla.*
lyamba [ljẽˈba] *(n.)* 1. Liamba. 2. Maconha. 3. Marijuana. *Cannabis sativa.*
lyon [ˈljõ] *(n.)* Leão.

M m

m [ˈm] *(poss.)* Cf. **mu**.
m [ˈm] *(pron.)* Cf. **mu**.
ma [ˈma] *(adj.)* 1. Má. 2. Mau.
ma [ˈma] *(adv.)* Muito. *Ngê se sa fê ma. Essa pessoa é feiíssima.*
mabôbô [maboˈbo] *(n.)* Camarão amarelo.
madadji [maˈdadʒi] *(n.)* Maldade.
madêla [maˈdela] *(n.)* Madeira.
madison [madiˈsõ] *(n.)* Maldição.
madlaxta [maˈdlaʃta] *(n.)* Madrasta.
madlê [ˈmadle] *(n.)* 1. Freira. 2. Madre. 3. Útero.
madluga [madluˈga] *(v.)* Madrugar. Cf. **mlazuga**.
madlugadô [madluˈgado] *(n.)* Madrugador. Cf. **mlazugadô**.
madlugadu [madluˈgadu] *(n.)* Madrugada. Cf. **mlazugadu**.
madô [maˈdo] *(n.)* 1. Combatente. 2. Guerreiro. 3. Indomável. 4. Intrépido. 5. Valente.
ma-fala [ˈma ˈfala] *(n.)* Insulto.
mafe [maˈfɛ] *(n.)* Má-fé.
mafunji [maˈfũʒi] *(n.)* Metamorfose da **klokoto**.
magita [maˈgita] *(n.)* Malagueta. *Capsicum annuum.*
magita-pali [maˈgita paˈli] *(n.)* *Magita-pali*. Medicamento tradicional para parturientes.
magita-twatwa [maˈgita twaˈtwa] *(n.)* 1. Pessoa malcriada. 2. Malagueta. *Capsicum frutescens.*
magitôyô [magiˈtojo] *(n.)* Dongos-do-Congo. *Aframomum melegueta.*
maglita [maˈglita] *(n.)* Malagueta. Cf. **magita**.
magula [ˈmagula] *(n.)* 1. Amargura. 2. Mágoa.
magwa [ˈmagwa] *(n.)* 1. Mágoa. 2. Ofensa.
magwa [maˈgwa] *(v.)* 1. Ofender. 2. Magoar.
maji [ˈmaʒi] *(conj.)* Mas.
maka [ˈmaka] *(n.)* Maca.
makabali [makabaˈli] *(n.)* 1. Cambalhota. 2. Erva-de-colégio. *Elephantopus mollis.* 3. *Fya-dentxi.*
makabungu [makabũˈgu] *(n.)* Preparação de cascas cozidas lentamente em uma panela de barro e usada pelo massagista para tratar problemas de ossos, dores musculares etc.
makaku [maˈkaku] *(n.)* 1. Doença que tolhe o desenvolvimento de recém-nascidos, assim chamada porque as crianças nascem muito peludas. 2. Macaco.
makalon [makaˈlõ] *(n.)* Macarrão.
makamblala [makẽblaˈla] *(n.)* Macambrara. *Craterispermum montanum.*
makêkê [makeˈke] *(n.)* Beringela amarga. *Solanum macrocarpon.*
ma-kloson [ˈma klɔˈsõ] *(adj.)* Malvado.
ma-kloson [ˈma klɔˈsõ] *(n.)* Malvadez.
makoya [maˈkɔja] *(n.)* 1. Sarna. 2. Tabaco. *Nicotiana tabacum.*
makubungu [makubũˈgu] *(n.)* Mistura de cascas para massagens.
makuku [makuˈku] *(n.)* Fogão tradicional formado por pedras, habitualmente três, dispostas triangularmente e que suportam a panela.
makulu [makuˈlu] *(n.)* Infecção anal com sangramento.
makundja [maˈkũdʒa] *(n.)* Makundja. *Mucuna pruriens.*
makunga [makũˈga] *(n.)* Alimento cozido à base de farinha de milho, enrolado em folha de bananeira.
makuta [makuˈta] *(n.)* 1. Antiga moeda de cobre de cinquenta centavos. 2. Seiva da palmeira.
mala [ˈmala] *(n.)* 1. Caixa. 2. Mala.
mala [maˈla] *(v.)* 1. Amarrar. 2. Atar. 3. Capturar. 4. Prender.
maladu [maˈladu] *(adj.)* 1. Amarrado. 2. Preso. 3. Capturado.
malakundja [malakũˈdʒa] *(n.)* Maracujá. *Passiflora edulis.*
malakundja-blabu [malakũˈdʒa ˈblabu] *(n.)* Maracujá-roxo. *Passiflora edulis.*
malakundja-koblo [malakũˈdʒa kɔˈblo] *(n.)* Maracujá-de-cobra. *Passiflora foetida.*
malakundja-nglandji [malakũˈdʒa ˈŋglẽdʒi] *(n.)* Maracujá-grande. *Passiflora quadrangularis.*
malakunja [malakũˈʒa] *(n.)* Maracujá. Cf. **malakundja**.
mala mon [maˈla ˈmõ] *(expr.)* 1. Casar. 2. Contrair matrimônio.
mala-mon [maˈla ˈmõ] *(n.)* 1. Casamento. 2. Matrimônio.
malapyon [malaˈpjõ] *(n.)* Marapião. *Zanthoxylum gilletii.*
malapyon-mwala [malaˈpjõ ˈmwala] *(n.)* Marapião-mulher. *Zanthoxylum rubescens.*
male [maˈlɛ] *(n.)* 1. Jovem. 2. Moço. 3. Rapaz.
malelu [maˈlelu] *(adj.)* Amarelo.
mali [ˈmali] *(adv.)* Mal.
mali [ˈmali] *(n.)* 1. Erro. 2. Mal.
mali-bega [ˈmali ˈbega] *(n.)* 1. Dor de barriga. 2. Prisão de ventre.
malidu [maˈlidu] *(n.)* Marido.
malikyadu [maliˈkjadu] *(adj.)* Malcriado.
malikyadu [maliˈkjadu] *(n.)* Malcriado.

malimboki [mali'bɔki] *(n.)* Malimboki. ***Oncoba spinosa.***

malivla ['malivla] *(n.)* Malva. ***Abutilon grandiflorum.***

malixa [ma'liʃa] *(n.)* 1. Capricho. 2. Malícia. 3. Maldadez.

malôkô [ma'loko] *(adj.)* 1. Ingênuo. 2. Inocente. 3. Maluco. 4. Pateta. 5. Tonto.

malôtô [ma'loto] *(adj.)* Maroto.

malu ['malu] *(n.)* 1. Cônjuge. 2. Esposa. 3. Esposo. 4. Marido. Cf. **malun.**

malun ['malũ] *(n.)* 1. Cônjuge. 2. Esposa. 3. Esposo. 4. Marido.

ma-lungwa ['ma 'lũgwa] *(adj.)* Maledicente.

ma-lungwa ['ma 'lũgwa] *(n.)* Maledicência.

maluvada [malu'vada] *(adj.)* 1. Malvada. 2. Má.

maluvadu [malu'vadu] *(adj.)* 1. Malvado. 2. Mau.

mama [ma'ma] *(n.)* 1. Mãe. 2. Senhora.

mama ['mama] *(n.)* 1. Mama. 2. Seio.

mama [ma'ma] *(v.)* 1. Amamentar. 2. Mamar.

mama-kadela ['mama ka'dɛla] *(n.)* Nádegas.

mamalongô [mama'lõgo] *(n.)* Mamalongô. ***Luffa aegyptiaca.***

mamblêblê [mẽble'ble] *(n.)* Mamblêblê. ***Brillantaisia patula.***

mamon [ma'mõ] *(n.)* 1. Mamão. 2. Mamoeiro. ***Carica papaya.*** 3. Papaia. 4. Mamoeiro-papaia. ***Carica papaya.***

mamon-d'ôbô [ma'mõ do'bo] *(n.)* Mamão-do-obô. ***Drypetes glabra.***

mamônô [mamo'no] *(n.)* 1. Mamona. ***Ricinus communis.*** 2. Rícino. ***Ricinus communis.***

mampyan [mẽ'pjẽ] *(n.)* 1. Carapinha. 2. Marapião. ***Zanthoxylum gillettii.***

mana ['mana] *(n.)* 1. Irmã. 2. Mana.

manaka [mana'ka] *(n.)* Manaka. ***Brunfelsia uniflora.***

manda [mẽ'da] *(conj.)* Por isso. Cf. **êlê manda.**

manda [mẽ'da] *(v.)* 1. Enviar. 2. Mandar. 3. Ordenar.

manda bi [mẽ'da 'bi] *(v.)* 1. Convocar. 2. Importar.

mandjan [mẽ'dʒẽ] *(n.)* Madrinha.

mandjinga [mẽ'dʒĩga] *(n.)* 1. Ataque de fúria. 2. Cólera. 3. Fúria. 4. Nervosismo.

mandjingêlu [mẽdʒĩ'gelu] *(adj.)* 1. Desordeiro. 2. Destemido. 3. Furioso. 4. Insubmisso. 5. Nervoso. 6. Rebelde. 7. Reguila.

mandjoka [mẽ'dʒɔka] *(n.)* Mandioca. ***Manihot esculenta.***

mandjoka-zaya [mẽ'dʒɔka 'zaja] *(n.)* Mandiocabrava. ***Janipha manihot.***

mandjolo [mẽdʒɔ'lɔ] *(n.)* Mandjolo. ***Solenostemon monostachyus.***

manduku [mẽ'duku] *(n.)* 1. Acha. 2. Bastão. 3. Bordão. 4. Cacete.

manga [mẽ'ga] *(n.)* 1. Manga. 2. Manga. (Parte da peça de vestuário.) 3. Mangueira. ***Mangifera indica.*** 4. Pega. 5. Ramo.

manga [mẽ'ga] *(v.)* Provocar.

manga-makaku ['mẽga ma'kaku] *(n.)* Manga-maluca. ***Irvingia gabonensis.***

mangason [mẽga'sõ] *(n.)* 1. Gozo. 2. Ironia. 3. Menosprezo. 4. Troça.

mangenge [mẽgẽ'ge] *(n.)* Aranha *mangenge*.

mangi ['mẽgi] *(n.)* Mangue.

mangi-d'ôbô ['mẽgi do'bo] *(n.)* Nêspera-do-mato. ***Corynanthe paniculata.***

mangineza [mẽgi'neza] *(n.)* Magnésio.

mangi-ple ['mẽgi 'plɛ] *(n.)* Mangue-da-praia. ***Rizophora harrisonii.***

manglôlô [mẽglo'lo] *(n.)* Camarão de rio (espécie).

mangugu [mẽ'gugu] *(n.)* Mangugu. ***Thaumatococcus danielii.***

manha [mẽ'ɲa] *(n.)* 1. Manha. 2. Mania. 3. Truques.

manha [mẽ'ɲa] *(v.)* 1. Deixar de. 2. Reduzir.

manhêlu [mẽ'ɲelu] *(n.)* Marinheiro.

maniwini [mani'wini] *(n.)* Mármore.

manjinga [mẽ'ʒĩga] *(n.)* 1. Ataque de fúria. 2. Cólera. 3. Fúria. 4. Nervosismo. Cf. **mandjinga.**

manjinkon [mẽʒĩ'kõ] *(n.)* Manjericão. Cf. **mlanjinkon.**

manka [mẽ'ka] *(v.)* 1. Mancar. 2. Manquejar.

mankêlê [mẽke'le] *(adj.)* 1. Aleijado. 2. Manco.

mankina ['mẽkina] *(n.)* Máquina.

manklutu [mẽ'klutu] *(adj.)* 1. Encruado. 2. Imaturo.

mankwete [mẽkwɛ'tɛ] *(adv.)* Abundantemente.

mansa [mẽ'sa] *(v.)* 1. Amansar. 2. Amassar. 3. Bater. 4. Domar. 5. Domesticar. 6. Espancar. 7. Estar entre. 8. Estar no meio.

mansadêlu [mẽsa'delu] *(n.)* Lenhador.

mansadu [mẽ'sadu] *(n.)* Machado.

manse [mẽ'sɛ] *(n.)* 1. Estrangeiro. 2. Serviçal.

manson [mẽ'sõ] *(n.)* 1. Maçã. 2. Mansão.

mansu [mẽ'su] *(adj.)* 1. Dissimulado. **Numigu mansu.** *Inimigo dissimulado.* 2. Manso.

manta ['mẽta] *(n.)* Manta.

mantê [mẽ'te] *(v.)* Manter.

mantega [mẽ'tega] *(n.)* Manteiga.

mantine [mẽti'ne] *(n.)* Matinê.

mantxan [mẽ'tʃẽ] *(n.)* 1. Cumprimentos. 2. Saudações.

mantxi [mẽ'tʃi] *(n.)* 1. Catana. 2. Manche.

manu ['manu] *(n.)* 1. Irmão. 2. Mano.

manve [mẽ'vɛ] *(n.)* Cãibra.

manxi [mẽ'ʃi] *(n.)* 1. Catana. 2. Manche. Cf. **mantxi.**

manzenze [mẽzɛ'zɛ] *(n.)* Vinho de palma muito doce.

mapinta [mapĩ'ta] *(n.)* Tubarão-baleia. ***Rhincodon typus.***

maplamina [mapla'mina] *(n.)* Camarão de rio (espécie).

masa ['masa] *(n.)* 1. Argamassa. 2. Gesso. 3. Massa alimentar.

masa [ma'sa] *(v.)* 1. Amassar. 2. Incomodar. 3. Maçar.

masada [ma'sada] *(n.)* 1. Cansaço. 2. Incômodo. 3. Maçada.

masada [masaˈda] (v.) 1. Cansar. 2. Incomodar.
masadadu [masaˈdadu] (adj.) 1. Cansado. 2. Incomodado. 3. Maçado.
masadô [masaˈdo] (n.) Argamassador.
masakle [maˈsakle] (n.) Massacre.
masêtê [maˈsete] (n.) 1. Cacete. 2. Pau para matar peixes.
ma-sonhu [ˈma ˈsõɲu] (n.) Pesadelo.
masoniku [maˈsoniku] (n.) 1. Feiticeiro. 2. Maçônico. 3. Mágico.
ma-sotxi [ˈma ˈsɔtʃi] (n.) Azar.
masu [ˈmasu] (n.) 1. Maço. 2. Março.
maswenswe [maswẽˈswɛ] (n.) Sorgo. *Sorghum sp.- Exccic.*
mata [maˈta] (v.) 1. Acabar. 2. Matar. 3. Terminar.
mata-bisu [ˈmataˈbisu] (n.) 1. Café-da-manhã. 2. Gratificação. 3. Mata-bicho. 4. Pequeno-almoço.
mata-bwê [ˈmata ˈbwê] (n.) Mata-boi. *Abutilon striatum.*
matadô [mataˈdo] (n.) Matador.
matakumbi [mataˈkũbi] (n.) *Matakumbi.* Ritmo musical.
matapasu [mataˈpasu] (n.) Mata-passo. *Pentadesma butyracea.*
mata ubwê [matuˈbwê] (expr.) Suicidar-se.
matawula [mataˈwula] (n.) Peixe salgado.
matazen [mataˈzẽ] (n.) Matazen. *Merremia aegyptia.*
matelu [maˈtelu] (n.) Martelo.
matete [matɛˈtɛ] (n.) Refugo do óleo de palma.
matêya [maˈteja] (n.) Pus.
matimatika [matiˈmatika] (n.) Matemática.
matli [ˈmatli] (n.) Fitolaca. *Phytolacca dodecandra.*
matli-mwala [ˈmatli ˈmwala] (n.) Plumbago-branca. *Plumbago zeylanica.*
matlusu [maˈtlusu] (n.) 1. Erva-de-Santa-Maria. *Chenopodium ambrosioides.* 2. Matruço. *Chenopodium ambrosioides.*
matotadji [matɔˈtadʒi] (n.) Sujeira.
matotaji [matɔˈtaʒi] (n.) Sujeira. Cf. **matotadji**.
matu [ˈmatu] (n.) 1. Campo. 2. Mato. 3. Terreno baldio.
matu-bana [ˈmatu ˈbana] (n.) Folha-ponto. *Achyrantes aspera.*
matu-kana [ˈmatu kaˈna] (n.) *Matu-kana.* *Mikania chenopodiifolia.*
matxanzoxi [matʃẽˈzɔʃi] (n.) *Matxanzoxi.* *Syzygium guineense.*
matxi [ˈmatʃi] (n.) 1. Dificuldade. 2. Sacrifício.
matxikula [matʃikuˈla] (v.) Matricular.
matxoka [matʃɔˈka] (v.) 1. Amarrotar. 2. Machucar.
matxokadu [matʃɔˈkadu] (adj.) 1. Amarrotado. 2. Machucado.
maw [ˈmaw] (adj.) 1. Má. 2. Mau.
ma-wê [ˈma ˈwe] (n.) Mau-olhado.
maxi [ˈmaʃi] (adv.) Mais.
maxibin [maʃiˈbĩ] (n.) 1. Jovem. 2. Mancebo. 3. Rapaz.

maxi-montxi [ˈmaʃi ˈmõtʃi] (quant.) 1. Maioria. 2. Muitos. **Maxi montxi nen sangê ve.** *Muitas das senhoras velhas.*
maxipombô [ˈmaʃiˈpõbo] (n.) *Maxipombô.* *Hemiramphus balao.*
maxkelenxa [maʃkɛˈlẽʃa] (n.) 1. Dívida moral. 2. Maldição. 3. Pecado.
maxkovadu [maʃkɔˈvadu] (n.) Mulato.
maxpadu [maʃˈpadu] (n.) 1. Adulto. 2. Sênior.
maxtlu [ˈmaʃtlu] (n.) Mastro.
mayaga [maˈjaga] (n.) Molho à base de folhas e peixe.
maya-wê-son [maˈja ˈwe ˈsõ] (n.) Vagina.
mayoba [maˈjɔba] (n.) Fedegoso. *Cassia occidentalis.*
mayoba-beni [maˈjɔba ˈbɛni] (n.) *Mayoba-beni.* *Cassia sophera.*
mayu [ˈmaju] (n.) Maio.
mbaxada [mbaˈʃada] (n.) Embaixada.
mbila [mbiˈla] (n.) 1. Tumba. 2. Túmulo pagão.
mbon [ˈmbõ] (adv.) 1. Enfim. 2. Ora bem. 3. Vejamos.
me [ˈmɛ] (adv.) 1. Mesmo. 2. Próprio.
me-blugadu [ˈmɛ bluˈgadu] (n.) Pênis.
mê-dja [meˈdʒa] (n.) Meio-dia.
mê-d'ola [meˈdɔla] (adv.) 1. De repente. 2. Rapidamente.
mega [ˈmɛga] (n.) Melga.
mêgêmêgê [meˈgemeˈge] (id.) Cf. **myêgêmyêgê**.
mêji [ˈmeʒi] (conj.) Mas. Cf. **maji**.
mêji [ˈmeʒi] (n.) Mês.
meka [ˈmɛka] (n.) 1. Cicatriz. 2. Marca.
mela [mɛˈla] (v.) Amadurecer bastante.
mele [ˈmɛlɛ] (n.) Mel.
mê-lentxi [ˈme ˈlẽtʃi] (adv.) 1. Assim-assim. 2. Mais ou menos.
mele-vunvu [mɛlɛvũˈvu] (n.) Mel de abelha.
melon [mɛˈlõ] (n.) Melão.
membla [ˈmɛbla] (n.) 1. Roupa obrigatória para os membros de uma confraria. 2. Membro. Elemento feminino do folclore.
memblu [ˈmɛblu] (n.) Membro.
meme [mɛˈmɛ] (n.) 1. Mãe. 2. Pó-lixa. *Ficus exasperata.*
memen [mɛˈmẽ] (n.) Enorme.
men [ˈmẽ] (n.) Mãe.
menda [ˈmẽda] (n.) Emenda.
menda [mẽˈda] (v.) 1. Corrigir. 2. Emendar.
men-dawa [mẽˈdawa] (n.) 1. Água-viva. 2. Alforreca. 3. Fonte. 4. Mãe-d'água.
mendu [ˈmẽdu] (n.) 1. Medo. 2. Receio.
mendu [mẽˈdu] (v.) Ter medo.
menemene [mɛˈnɛmɛˈnɛ] (id.) Cf. **doxi menemene**.
men-kaki [ˈmẽ kaˈki] (n.) Mãe-de-caqui. *Myripristis jacobus.*
menlôfi [mẽˈlofi] (n.) Redemoinho.
mensê [mẽˈse] (v.) 1. Amar. 2. Desejar. 3. Precisar de. 4. Querer. Cf. **mêsê**.
menu [mɛˈnu] (n.) Tipo de carnaval são-tomense.
menu [ˈmɛnu] (quant.) Menos.
mesa [mɛˈsa] (v.) 1. Mostrar a língua. 2. Surgir.

mese [ˈmɛsɛ] (n.) **1.** Herbalista. **2.** Mestre. **3.** Professor. **4.** Sabedoria.
mêsê [meˈse] (n.) **1.** Amor. **2.** Desejo. **3.** Vontade.
mêsê [meˈse] (v.) **1.** Amar. **2.** Desejar. **3.** Precisar de. **4.** Querer. **5.** Requerer.
mesesela [mɛsɛˈsela] (n.) Inseto.
metadji [mɛˈtadʒi] (n.) Metade.
mêtê [meˈte] (v.) Meter.
mê-txibi [ˈme ˈtʃibi] (adv.) **1.** Assim-assim. **2.** Mais ou menos.
mextlason [mɛʃtlaˈsõ] (n.) Menstruação.
mêya [ˈmeja] (n.) **1.** Meia. **2.** Peúga.
mêya-nôtxi [mejaˈnotʃi] (n.) Meia-noite.
meza [ˈmɛza] (n.) Mesa.
mezada [mɛˈzada] (n.) **1.** Mensalidade. **2.** Mesada.
midji [miˈdʒi] (v.) Medir.
midjida [miˈdʒida] (n.) Medida.
miga [ˈmiga] (n.) Amiga.
miga [miˈga] (v.) **1.** Amigar. **2.** Viver maritalmente.
mige [miˈgɛ] (n.) Migalha.
migu [ˈmigu] (n.) Amigo.
miji [miˈʒi] (v.) Medir. Cf. **midji**.
mikoko [mikɔˈkɔ] (n.) Alfavaca-cravo. *Ocimum gratissimum.*
mikoko-kampu [mikɔˈkɔ ˈkẽpu] (n.) Cambará. *Lantana camara.*
mikolo [mikɔˈlɔ] (n.) Saia utilizada nas festas religiosas e populares.
mikondo [mikõˈdɔ] (n.) **1.** Baobá. **2.** Imbondeiro. **3.** *Mikondo. Adansonia digitata.*
mila [miˈla] (v.) Mirrar.
milagli [miˈlagli] (n.) Milagre.
milantxi [miˈlẽtʃi] (n.) Meliante.
mile [miˈlɛ] (n.) Mil-réis. Antiga unidade monetária.
milhon [miˈʎõ] (adv.) **1.** Antes. **2.** Melhor. **3.** Ser necessário. **4.** Ser preciso.
milhon [miˈʎõ] (num.) Milhão.
mili [ˈmili] (num.) Mil.
milondo [milõˈdɔ] (n.) *Milondo. Acridocarpus longifolius.*
mimoya [miˈmɔja] (n.) Brinco.
mimu [ˈmimu] (n.) Mimo.
min [ˈmĩ] (n.) **1.** Milho. **2.** Milheiro. *Zea mays.*
mina [ˈmina] (n.) **1.** Criança. **2.** Filha. **3.** Filho. **4.** Menina. **5.** Menino. **6.** Pequeno. **7.** Um bocadinho de. **8.** Um pouco de.
mina [miˈna] (v.) Armar uma armadilha.
mina bodobodo [ˈmina bɔˈdɔbɔˈdɔ] (expr.) Sensualíssima.
mina-dedu [ˈmina ˈdɛdu] (n.) Dedo mindinho.
mina-fili [ˈmina ˈfili] (n.) **1.** Bebê. **2.** Criança pequena.
mina-fili petepete [ˈmina ˈfili pɛˈtɛpɛˈtɛ] (expr.) Criança muito pequena.
mina-kasô [ˈmina kaˈso] (n.) Cachorrinho.
mina-kono [ˈmina kɔˈnɔ] (n.) Clítoris.
mina-kya [ˈmina ˈkja] (n.) **1.** Criado. **2.** Menino de recados.
mina-lemi [ˈmina ˈlɛmi] (n.) Clítoris.

mina-mindjan [ˈmina mĩˈdʒẽ] (n.) Prematuro.
mina-mosa [ˈmina ˈmɔsa] (n.) Moça.
mina-mosu [ˈmina ˈmɔsu] (n.) Rapaz.
mina-mwala [ˈmina ˈmwala] (n.) **1.** Filha. **2.** Menina. **3.** Moça.
mina-ome [ˈmina ˈɔmɛ] (n.) **1.** Filho. **2.** Menino. **3.** Moço.
mina-pikina [ˈmina piˈkina] (n.) **1.** Bebê. **2.** Criança.
mina-pinta [ˈmina ˈpita] (n.) Pintinho.
mina-pixi [ˈmina ˈpiʃi] (n.) Pênis de criança.
mina-platu [ˈmina ˈplatu] (n.) Pires.
mina-santome [ˈmina sẽtɔˈmɛ] (n.) **1.** Filho da terra. **2.** Forro. **3.** São-tomense.
mina-sentenxa [ˈmina sẽˈtẽʃa] (n.) Criança que não pagou as dívidas espirituais da vida anterior.
mina-tela [ˈmina ˈtɛla] (n.) **1.** Filho da terra. **2.** São-tomense.
mina-tlabe [ˈmina tlaˈbɛ] (n.) Criança de penitência.
minda [ˈmĩda] (n.) **1.** Medida. **2.** Quantidade.
mindjan [mĩˈdʒẽ] (n.) **1.** Mezinha. **2.** Remédio caseiro.
mindjan-matu [mĩˈdʒẽ ˈmatu] (n.) Mezinha tradicional.
mindjan-saka [mĩˈdʒẽ saˈka] (n.) Vomitório.
mingwa [mĩˈgwa] (v.) **1.** Diminuir. **2.** Minguar.
mingwantxi [mĩˈgwẽtʃi] (n.) Minguante.
minhon [miˈɲõ] (adv.) **1.** Antes. **2.** Melhor. **3.** Ser necessário. **4.** Ser preciso. Cf. **milhon**.
minimu [miˈnimu] (n.) Mínimo.
minixtelyu [miniʃˈtelju] (n.) Ministério.
minixtlu [miˈniʃtlu] (n.) Ministro.
minjan [mĩˈʒẽ] (n.) **1.** Mezinha. **2.** Remédio caseiro. Cf. **mindjan**.
mintxi [mĩˈtʃi] (n.) Luxação.
mintxi [mĩˈtʃi] (v.) **1.** Desarticular. **2.** Deslocar. **3.** Luxar.
mintxidu [mĩˈtʃidu] (adj.) **1.** Desarticulado. **2.** Deslocado. **3.** Luxado.
mintxidu [mĩˈtʃidu] (n.) **1.** Desarticulação. **2.** Deslocação.
mintxila [mĩˈtʃila] (n.) Mentira.
mintxila [mĩˈtʃila] (v.) Mentir.
minutu [miˈnutu] (n.) Minuto.
misa [ˈmisa] (n.) Missa.
misali [miˈsali] (n.) Missal.
misanga [miˈsẽga] (n.) **1.** Cortina usada para espantar moscas. **2.** Missanga.
mixagla [miˈʃagla] (n.) Dobradiça.
mixidadji [miʃiˈdadʒi] (n.) **1.** Carência. **2.** Necessidade. **3.** Privação. **4.** Pobreza.
mixidaji [miʃiˈdaʒi] (n.) **1.** Carência. **2.** Necessidade. **3.** Privação. **4.** Pobreza. Cf. **mixidadji**.
mixikodji [miʃiˈkɔdʒi] (n.) Misericórdia.
mixkitu [miʃˈkitu] (n.) Mosquito.
mixtula [miʃˈtula] (n.) Mistura.
miza [miˈza] (n.) Esperma.
mizelya [miˈzelja] (n.) Miséria.
mizonge [mizõˈgɛ] (n.) Prato típico feito à base de verduras e óleo de palma. Cf. **muzonge**.
mlaga [mlaˈga] (n.) Pâncreas.

mlaga [mlaˈga] (v.) Amargar.
mlagadu [mlaˈgadu] (adj.) 1. Amargado. 2. Amargoso.
mlagôzu [mlaˈgozu] (n.) Amargoso. *Mammea africana*.
mlagu [ˈmlagu] (adj.) Magro.
mlagu benfebenfe [ˈmlagu bẽˈfɛbẽˈfɛ] (expr.) 1. Estreito. 2. Magricelo. 3. Magrinho. 4. Raquítico.
mlagu txeketxeke [ˈmlagu tʃɛˈkɛtʃɛˈkɛ] (expr.) Macérrimo.
mlaka [mlaˈka] (v.) 1. Bordar. 2. Demarcar. 3. Marcar.
mlakason [mlakaˈsõ] (n.) 1. Demarcação de terreno. 2. Fronteira. 3. Marcação.
mlanjinkon [mlẽʒiˈkõ] (n.) Manjericão. *Ocimum minimum*.
mlaxka [ˈmlaʃka] (n.) Máscara.
mlaxka [mlaʃˈka] (v.) Mascarar.
mlazuga [mlazuˈga] (v.) Madrugar.
mlazugadu [mlazuˈgadu] (n.) Madrugada.
mlazugadô [mlazugaˈdo] (n.) Madrugador.
mo [ˈmɔ] (conj.) 1. À semelhança de. 2. Assim como. 3. Como. 4. Tal como.
mo [ˈmɔ] (n.) 1. Maneira. 2. Modo. Cf. **modu**.
moda [ˈmɔda] (n.) 1. Costume. 2. Forma. Cf. **modu**. 3. Hábito. 4. Moda. 5. Modo.
môdê [moˈde] (v.) Morder.
modu [ˈmɔdu] (n.) 1. Maneira. 2. Modo. 3. Forma.
modu ku modu [ˈmɔdu ku ˈmɔdu] (adv.) De qualquer forma.
modu-modu [ˈmɔduˈmɔdu] (adv.) 1. De qualquer maneira. 2. Desajeitadamente.
mo fala mo klonvesa [ˈmɔ ˈfala ˈmɔ klõveˈsa] (adv.) 1. Digamos. 2. Por exemplo.
mogomogo [mɔˈgɔmɔˈgɔ] (id.) Cf. **moli mogomogo**.
mola [ˈmɔla] (n.) Mola.
mola [mɔˈla] (v.) 1. Afiar. 2. Amolar. 3. Desfazer. 4. Esmagar. 5. Moer. 6. Pisar. 7. Triturar.
môladô [mɔlaˈdo] (n.) 1. Cidadão. 2. Forro pertencente à elite sócio-económica. 3. Morador.
moladu [mɔˈladu] (adj.) 1. Amolado. 2. Afiado.
môlê [moˈle] (n.) Morte.
môlê [moˈle] (v.) Morrer.
molextya [mɔˈleʃtja] (n.) 1. Doença. 2. Moléstia.
molextyadu [mɔleʃˈtjadu] (adj.) 1. Doente. 2. Molestado.
moli [ˈmɔli] (adj.) Mole.
moli mogomogo [ˈmɔli mɔˈgɔmɔˈgɔ] (expr.) Molíssimo.
molimoli [mɔliˈmɔli] (adv.) Devagar.
môlô [ˈmolo] (id.) Cf. **zedon môlô**.
môlô [ˈmolo] (n.) Mouro.
môlôkentxi [ˈmoloˈketʃi] (n.) 1. Abcesso. 2. Sífilis. 3. Úlcera.
mo-modu [mɔˈmɔdu] (adv.) 1. De qualquer maneira. 2. Desajeitadamente. Cf. **modu-modu**.
momoli [mɔˈmɔli] (adv.) Devagar. Cf. **molimoli**.
mon [ˈmõ] (n.) 1. Braço. 2. Mão. 3. Vez.

mon-betu [ˈmõ ˈbɛtu] (adj.) 1. Generoso. 2. Pródigo.
mon-fisadu [ˈmõ fiˈsadu] (adj.) 1. Avarento. 2. Mão-de-vaca. 3. Sovina. 4. Somítico.
monha [mɔ̃ˈna] (v.) Molhar.
monhadu [mɔ̃ˈnadu] (adj.) Molhado.
monha potopoto [mɔ̃ˈna pɔˈtɔpɔˈtɔ] (expr.) Encharcar.
mon-klaniji [ˈmõ klaˈniʒi] (n.) Artrose reumática.
mon-kluklu [ˈmõ kluˈklu] (n.) Braço amputado.
monko [mɔ̃ˈkɔ] (n.) 1. Moncó. Designação pejorativa para os naturais da ilha do Príncipe e a sua língua. 2. Principense.
mon-longô [ˈmõ ˈlõgo] (n.) Ladrão.
mono [ˈmɔnɔ] (adj.) Morno.
monsonson [mõsõˈsõ] (n.) 1. Erva-cacho. *Paspalum paniculatum*. 2. Massagem terapêutica.
monta [mɔ̃ˈta] (v.) 1. Entrar em transe. 2. Montar.
montalha [mɔ̃ˈtaʎa] (n.) Mortalha.
montxa [mɔ̃ˈtʃa] (v.) 1. Caçar. 2. Perseguir.
montxadô [mɔ̃tʃaˈdo] (n.) Caçador.
montxi [ˈmɔ̃tʃi] (adv.) 1. Aos montes. 2. Monte. 3. Muito.
mosa [ˈmɔsa] (n.) 1. Jovem. 2. Moça.
mosu [ˈmɔsu] (n.) 1. Jovem. 2. Moço.
mosu-kata [ˈmɔsu ˈkata] (n.) Menino de recados. Personagem do **Txiloli** que leva a carta de D. Carloto a D. Roldão.
mosu-kya [ˈmɔsu ˈkja] (n.) Criado.
motali [mɔˈtali] (adj.) Imundo.
moto [ˈmɔtɔ] (n.) Motocicleta.
moto di plasa [ˈmɔtɔ di ˈplasa] (n.) Moto-táxi.
motxi [ˈmɔtʃi] (n.) 1. Morte. 2. Morto.
môvê [moˈve] (n.) Aborto.
môvê [moˈve] (v.) 1. Abortar. 2. Atrofiar.
môvidu [moˈvidu] (adj.) 1. Atrofiado. 2. Enfezado.
moxka [ˈmɔʃka] (n.) Mosca.
môyô [ˈmojo] (n.) Molho.
mpali [ˈmpali] (n.) Par.
mpanampana [ˈmpanẽˈpana] (n.) Fatia.
mpavu [ˈmpavu] (n.) Cobertura de folhas de palmeira.
mpêlu [mpeˈlu] (n.) Peru.
mpenampena [mpɛˈnẽpɛˈna] (id.) Cf. **blaga mpenampena**.
mpenhu [ˈmpɛɲu] (n.) 1. Capricho. 2. Determinação. 3. Empenho.
mpênumpênu [mpeˈnũpeˈnu] (n.) 1. Cílios. 2. Pestanas.
mplega [ˈmplɛga] (n.) 1. Prega. 2. Ruga.
mpon [ˈmpõ] (n.) Pão.
mpon-dolo [ˈmpõ dɔˈlɔ] (n.) Pão-de-ló.
mpyala [ˈmpjala] (n.) *Mpyala*. *Olyra latifolia*.
mpyan [ˈmpjẽ] (n.) 1. Cacho. 2. Espinha de peixe. 3. Espinho. 4. Pinha.
mpyan-kabla [ˈmpjẽ ˈkabla] (n.) *Mpyan-kabla*. *Alternanthera pungens*.
mpyan-kana [ˈmpjẽ kaˈna] (n.) Acne.

mpyon ['mpjõ] *(n.)* 1. Destro. 2. Perigoso. 3. Pião. 4. Redemoinho.

mu ['mu] *(pron.)* -me. Primeira pessoa do singular com a função de complemento direto ou indireto. **Kê ngê ka ngana mu?** *Quem é que me engana?*

mu ['mu] *(poss.)* 1. Meu. 2. Meus. 3. Minha. 4. Minhas.

muda [mu'da] *(v.)* Mudar.

mufa [mu'fa] *(v.)* Mofar.

mufada [mu'fada] *(n.)* Almofada. Cf. **munfada**.

mufinu [mu'finu] *(adj.)* 1. Avaro. 2. Sovina. Cf. **munfinu**.

mufuku [mufu'ku] *(id.)* 1. Cf. **pema mufuku**. 2. Cf. **plêjida mufuku**.

mukamba [muke'ba] *(n.)* Espírito protetor dos vinhateiros.

mukamba-vlêmê [muke'ba vle'me] *(n.)* *Mukamba-vlêmê.* **Chlorophora excelsa.**

mukambu [muke'bu] *(n.)* Libô. Cf. **libô**.

mukluklu [muklu'klu] *(n.)* Elefantíase do escroto.

mukumbli [mukũ'bli] *(n.)* *Mukumbli.* **Lannea welwitschii.**

mula ['mula] *(n.)* Mula.

mulangu [mu'lẽgu] *(n.)* Framboesa-brava. ***Rubus rosifolius.***

mulangu-d'ôbô [mu'lẽgu do'bo] *(n.)* Amora. ***Rubus pinnatus.***

mulata [mu'lata] *(adj.)* Mulata.

mulata [mu'lata] *(n.)* Mulata.

mulatu [mu'latu] *(adj.)* Mulato.

mulatu [mu'latu] *(n.)* 1. Mulato. 2. Mulato. ***Paranthias furcifer.***

mulatu fããã [mu'latu 'fẽẽẽ] *(expr.)* Mulato pálido.

mulela [mu'lela] *(n.)* 1. Amoreira. ***Milicia excelsa.*** 2. *Mukamba-vlêmê.* **Chlorophora excelsa.**

mulu ['mulu] *(n.)* 1. Muro. 2. Parede. 3. Piso.

mumu ['mumu] *(adj.)* Mudo.

mun ['mũ] *(poss.)* Cf. **mu**.

mun ['mũ] *(pron.)* Cf. **mu**.

mundja [mũ'dʒa] *(v.)* 1. Estar de pé. 2. Ficar de pé. 3. Parar.

mundjadu [mũ'dʒadu] *(adj.)* Estar parado.

mundjadu tĩĩĩ [mũ'dʒadu 'tĩĩĩ] *(expr.)* Imobilizado.

mundu ['mũdu] *(n.)* 1. Mundo. 2. Planeta. 3. Terra.

munfada [mũ'fada] *(n.)* Almofada.

munfinu [mũ'finu] *(adj.)* 1. Avaro. 2. Sovina.

munja [mũ'ʒa] *(v.)* 1. Estar de pé. 2. Ficar de pé. 3. Parar. Cf. **mundja**.

munken [mũ'kẽ] *(n.)* Pomba-preta. ***Aplopelia larvata simplex.***

munsa [mũ'sa] *(v.)* Mostrar. Cf. **musa**.

muntu ['mũtu] *(adv.)* Muito.

musa [mu'sa] *(v.)* Mostrar.

musambê [mu'sẽbe] *(n.)* Peixe salgado.

musampyan [musẽ'pjẽ] *(n.)* *Musampyan.* ***Hibiscus surattensis.***

musanda [musẽ'da] *(n.)* *Musanda.* ***Ficus annobonensis.***

musanfi [mu'sẽfi] *(n.)* *Musanfi.* ***Cleome rutidosperma.***

musinika [musi'nika] *(n.)* Ameixoeira-africana. ***Prunus africana.***

musumba [mu'sũba] *(n.)* Timbalão tradicional.

musungu [mu'sũgu] *(n.)* Cântaro.

muswa ['muswa] *(n.)* Azeda-da-Guiné. ***Hibiscus acetosella.***

muswa [mu'swa] *(n.)* Armadilha feita de fibra de folha da palmeira utilizada na captura do camarão.

muta ['muta] *(n.)* *Muta.* Mezinha, preparada com urina envelhecida, utilizada para tratamentos tradicionais, sobretudo para evitar o mau-olhado.

mutambu [mutẽ'bu] *(n.)* Arapuca.

mutendê [mutẽ'de] *(n.)* Palmeira jovem.

mutendê-d'ôbô [mutẽ'de do'bo] *(n.)* Palmeira-d'obô. ***Mapania ferruginea.***

mutete [mutɛ'tɛ] *(n.)* Cesto de **ndala**.

mutopa [mu'tɔpa] *(n.)* 1. *Mutopa.* **Maesa lanceolata.** 2. Pau-cabra. ***Maesa lanceolata.***

mutoru [mu'tɔru] *(n.)* Motor.

mutxi [mu'tʃi] *(n.)* Motim.

mutxivu [mu'tʃivu] *(n.)* Motivo.

muxila [mu'ʃila] *(n.)* Mochila.

muxinji [mu'ʃĩʒi] *(n.)* Naco.

muxkitu [mu'ʃkitu] *(n.)* Mosquito. Cf. **mikkitu**.

muxtlada [mu'ʃtlada] *(n.)* Mostarda. ***Brassica juncea.***

muzonge [muzõ'gɛ] *(n.)* Caldo de peixe.

muzula [mu'zula] *(n.)* 1. Aldrabice. 2. Fingimento. 3. Sorna.

mwala ['mwala] *(n.)* 1. Fêmea. 2. Mulher.

mwala-bega ['mwala 'bega] *(n.)* Grávida.

mwala-palidu-fili ['mwala pa'lidu 'fili] *(n.)* Parturiente.

mwala-sendê-mon-sendê-ope ['mwala sẽ'de 'mõ sẽ'de ɔ'pɛ] *(n.)* Mulher-estendeu-mão-estendeu-pé. ***Paspalum conjugatum.***

mwandjin [mwẽ'dʒĩ] *(n.)* Sucupira. ***Pentaclettra macrophylla.***

mwandjin-ome [mwẽ'dʒĩ 'ɔmɛ] *(n.)* Mwandjin-ome. ***Cnestis ferruginea.***

mwe ['mwɛ] *(v.)* 1. Amolecer. 2. Domesticar.

mweda ['mwɛda] *(n.)* Moeda.

mwindlu [mwĩ'dlu] *(n.)* *Mwindlu.* ***Bridelia micrantha.***

mya ['mja] *(v.)* Abrir as pernas.

myamya [mja'mja] *(n.)* Relâmpago.

myamyamya [mjamja'mja] *(id.)* Cf. **vlêmê myamyamya**.

myawa ['mjawa] *(n.)* Anexo.

myêgêmyêgê [mjɛ'gɛmjɛ'gɛ] *(id.)* Cf. **luji myêgêmyêgê**.

myole [mjɔ'lɛ] *(adv.)* 1. Agora. 2. Neste momento.

myôlô [mjɔ'lo] *(n.)* 1. Cabeça. 2. Cérebro. 3. Miolo da palmeira. 4. Miolo de pão. 5. Miolos.

myôtô-kadela ['mjɔto ka'dɛla] *(n.)* Ânus.

N n

n [n] (*prep.*) 1. De. 2. Em. Cf. **ni**.

N [n] (*pron.*) Eu. **N na xê fa.** *Eu não saí.*

na [ˈna] (*neg.*) Não. Partícula de negação pré-verbal correlativa de **fa**. **N na tê mina fa.** *Não tenho filhos.*

nadaxi [ˈnadaʃi] (*indef.*) Nada. **N na fla nadaxi fa.** *Eu não disse nada.*

nai [naˈi] (*adv.*) 1. Aqui. 2. Cá.

nala [naˈla] (*adv.*) 1. Acolá. 2. Lá. Cf. **ala**.

namplakata [nɛ̃plaˈkata] (*adv.*) De repente.

nanaji [naˈnaʒi] (*n.*) 1. Ananás. 2. Ananaseiro. *Ananas comosus.*

nandji [ˈnɛ̃dʒi] (*int.*) Onde. **Nandji ku nansê sa nê?** *Onde é que vocês estão?*

nankô [nɛ̃ˈko] (*adj.*) Encardido.

nansê [nɛ̃ˈse] (*n.*) 1. Destino. 2. Nascimento.

nêblina [neˈblina] (*n.*) 1. Neblina. 2. Nuvem.

nansê [nɛ̃ˈse] (*pron.*) Cf. **inansê**.

nansê [nɛ̃ˈse] (*v.*) Nascer.

nansolo [nɛ̃ˈsɔlo] (*n.*) Lençol. Cf. **lansolo**.

nanson [nɛ̃ˈsõ] (*n.*) 1. Casta. 2. Enorme. 3. Espécie. 4. Nação.

nanta [ˈnɛ̃ta] (*neg.*) 1. Jamais. 2. Nunca. 3. Nunca mais. Cf. **nantan**.

nantan [nɛ̃ˈtɛ̃] (*neg.*) 1. Jamais. 2. Nunca. 3. Nunca mais. **Ê nantan ka bila fe bô mali fa.** *Ele nunca mais volta a fazer-te mal.*

nanve [nɛ̃ˈve] (*n.*) Navalha.

nanxidu [nɛ̃ˈʃidu] (*adj.*) Nascido.

nasika [naˈsika] (*n.*) Nasika. *Amaurocichla bocagii.*

nata [naˈta] (*n.*) Natal.

natula [naˈtula] (*n.*) Época.

nave [naˈvɛ] (*n.*) Navalha. Cf. **nanve**.

navega [naveˈga] (*v.*) Navegar.

navegadô [navegaˈdo] (*n.*) Navegador.

navin [naˈvĩ] (*n.*) 1. Alma penada. 2. Navio.

nawa [ˈnawa] (*n.*) 1. Anágua. 2. Saiote.

naxi [ˈnaʃi] (*neg.*) Ainda não. **N naxi tê mwala fa.** *Ainda não tenho mulher.*

nda [ˈnda] (*v.*) 1. Andar. 2. Arrepiar.

ndadu [ˈndadu] (*adj.*) Andado.

ndaga [ndaˈga] (*v.*) 1. Indagar. 2. Investigar. 3. Sondar. 4. Vasculhar.

ndakla [ndaˈkla] (*n.*) Lacrau.

ndala [ndaˈla] (*n.*) Ramos de coqueiro ou palmeira.

ndependenxa [ndɛpɛ̃ˈdẽʃa] (*n.*) Independência. Cf. **dependenxa**.

ndêwa [ˈndewa] (*n.*) Vagina.

ndika [ndiˈka] (*v.*) 1. Apontar. 2. Indicar.

ndombo [ndɔ̃ˈbɔ] (*n.*) Folhas tenras da palmeira.

ndonkli [ˈndõkli] (*id.*) Cf. **zedu ndonkli**.

ndufa [nduˈfa] (*n.*) 1. Adufe. 2. Baqueta.

ndufa [nduˈfa] (*v.*) Bater.

nduka [nduˈka] (*v.*) Educar.

ndukadu [nduˈkadu] (*adj.*) Educado.

ndukason [ndukaˈsõ] (*n.*) Educação.

ndumba [ˈndũba] (*adj.*) Grande.

nê [ˈne] (*conj.*) 1. E. **Êlê so sa kapataji di tudu ngê ku sa vivu nê ku sa motxi.** *Ele é que é o capataz de todos os que estão vivos e que estão mortos.* 2. Inclusive. **Yôyô ngê, nê minixtlu, ku a mata.** *Muitas pessoas, inclusive ministros, foram mortas.* 3. Nem. **Nê zuji nê avogadu na pô blaga demanda se fa.** *Nem o juiz, nem o advogado conseguiram solucionar a questão.*

nega [nɛˈga] (*v.*) 1. Negar. 2. Proibir. 3. Recusar.

negla [ˈnɛgla] (*n.*) Negra.

neglu [ˈnɛglu] (*n.*) Negro.

nen [ˈnẽ] (*pron.*) Cf. **inen**.

nene [nɛˈnɛ] (*n.*) 1. Bebê. 2. Boneca.

nengla [nɛ̃ˈgla] (*v.*) Enfeitar.

neni [ˈnɛ̃ni] (*n.*) Anel.

nen-ke-mu [ˈnẽ ˈkɛ ˈmu] (*n.*) 1. Antepassados familiares. 2. Família. 3. Gentes.

nentxi [ˈnẽtʃi] (*n.*) Gente. Cf. **zentxi**.

netu-ome [ˈnetu ˈɔmɛ] (*n.*) Neto.

netu-mwala [ˈnetuˈmwala] (*n.*) Neta.

nê ũa [ˈne ˈũa] (*quant.*) Nenhum. **N naxi bêbê nê ũa tampa kaxalamba plaman se fa.** *Ainda não bebi nenhuma tampa de cacharamba esta manhã.*

nê ũa ngê [ˈne ˈũa ˈŋge] (*indef.*) Ninguém. **N na mêsê nê ũa ngê fa.** *Não quero ninguém.*

neva [ˈnɛva] (*n.*) Noiva.

neva [nɛˈva] (*v.*) Alinhavar.

nêxpla [ˈneʃpla] (*n.*) 1. Nêspera. 2. Nespereira. *Eriobotrya japonica.*

nêxpla-d'ôbô [ˈneʃpla doˈbo] (*n.*) Nêspera-do-bosque. *Uapaca guineensis.*

nfelumu [ˈnfelumu] (*n.*) 1. Doente. 2. Enfermo.

nfenu [ˈnfenu] (*n.*) Inferno.

nflimêla [nfliˈmela] (*n.*) Enfermeira.

nflimêlu [nfliˈmelu] (*n.*) Enfermeiro.

ngama [ŋgaˈma] (*n.*) Gamela.

ngamala [ŋgaˈmala] (*n.*) Gamela. Cf. **ngama**.

ngaman [ŋgaˈmẽ] (*n.*) Gamela. Cf. **ngama**.

ngana [ˈŋgana] (*n.*) 1. Gana. 2. Ímpeto.

ngana [ŋgaˈna] (*v.*) Enganar(-se).

nganadu [ŋgaˈnadu] (*adj.*) Enganado.

ngandu [ŋgẽ'du] *(n.)* Tubarão.

ngandu-d'alya [ŋgẽ'du da'lja] *(n.)* Tubarão-areia.

ngandu-futu [ŋgẽ'du fu'tu] *(n.)* Iguaria preparada à base de carne de tubarão fermentada e cozida.

ngandu-kwa-kota [ŋgẽ'du 'kwa kɔ'ta] *(n.)* Tubarão-serra.

ngandu-toto [ŋgẽ'du 'tɔtɔ] *(n.)* Tubarão-martelo.

nganha [ŋgẽ'ɲa] *(n.)* Galinha.

nganha [ŋgẽ'ɲa] *(v.)* 1. Alcançar. 2. Arrecadar. 3. Chegar. 4. Ganhar.

nganha-balele [ŋga'ɲa ba'lɛlɛ] *(n.)* Galinha-garnisé.

nganhadu [ŋgẽ'ɲadu] *(adj.)* Chegado.

nganha-mosa [ŋga'ɲẽ 'mɔsa] *(n.)* Franga.

nganhan [ŋga'ɲẽ] *(n.)* Galinha. Cf. **nganha**.

nganha-ngene [ŋgẽ'ɲẽ ŋgɛ'nɛ] *(n.)* 1. Galinha d'Angola. *Numida meleagris.* 2. Galinha-da-Guiné. *Numida meleagris.* 3. Perdiz.

nganhu [ŋgẽ'ɲu] *(n.)* Ganho.

nganozu [ŋga'nɔzu] *(adj.)* Enganoso.

ngansa [ŋgẽ'sa] *(v.)* 1. Agarrar. 2. Enganchar.

ngansu [ŋgẽsu] *(n.)* Gancho.

ngê ['ŋge] *(n.)* 1. Gente. 2. Pessoa.

ngẽẽẽ ['ŋgẽɛ̃ɛ̃ɛ̃] *(id.)* Cf. **lẽdidu ngẽẽẽ**.

ngê-gôdô ['ŋge 'godo] *(adj.)* 1. Influente. 2. Poderoso.

ngê-gôdô ['ŋge 'godo] *(n.)* Rico.

ngêlê [ŋge'le] *(n.)* *Ngêlê.* **Warneckea memecyloides.**

ngê-lwa ['ŋge 'lwa] *(n.)* Estranho.

ngembu [ŋgẽ'bu] *(n.)* Morcego. **Myonycteris brachycephala.**

ngen ['ŋgẽ] *(n.)* 1. Galho. 2. Penca.

ngene [ŋgɛ'nɛ] *(n.)* *Ngene.* Instrumento musical de cordas.

ngenengene [ŋgɛ'nɛ ŋgɛ'nɛ] *(id.)* Cf. **wê ngenengene.**

ngenge [ŋgẽ'gɛ] *(n.)* Copo feito com o invólucro da flor de coqueiro, usado pelos vinhateiros.

ngê-tamen ['ŋge 'tamẽ] *(n.)* 1. Adulto. 2. Idoso. 3. Pessoa influente. 4. Pessoa prestigiada.

nginda [ŋgĩ'da] *(v.)* 1. Atar. 2. Guindar.

nginhon [ŋgĩ'ɲõ] *(n.)* 1. Agrião. Cf. **fya-nginhon.** 2. Corrente. 3. Grilhão.

nginhon-matu [ŋgĩ'ɲõ 'matu] *(n.)* Agrião-do-mato. **Peperomia pellucida.**

ngipa [ngi'pa] *(n.)* *Ngipa.* Instrumento musical, típico dos Angolares.

nglandji ['ŋglẽdʒi] *(adj.)* Grande.

nglatu ['ŋglatu] *(adj.)* Ingrato.

nglêji ['ŋglɛʒi] *(adj.)* Inglês.

nglêji ['ŋglɛʒi] *(n.)* Inglês.

nglêji-pletu ['ŋglɛʒi 'plɛtu] *(n.)* Inglês-negro. Nome dado a africanos de língua inglesa no período colonial.

nglentu ['ŋglẽtu] *(n.)* 1. Interior. 2. Quarto.

nglentu ['ŋglẽtu] *(prep. n.)* Dentro (de).

nglentu-ke ['ŋglẽtu 'kɛ] *(n.)* Portas adentro. **Numigu nglentu-ke.** Inimigo portas adentro.

nglexti ['ŋglɛʃti] *(adj.)* 1. Áspero. 2. Picante. 3. Temperamental. 4. Terrível.

ngleva ['ŋglɛva] *(adj.)* Gémeo. Cf. **ingleva**.

nglimi [ŋgli'mi] *(n.)* Labaredas.

nglimi [ŋgli'mi] *(v.)* 1. Atiçar o fogo. 2. Encolerizar(-se). 3. Por fogo em. 4. Subir de tom.

nglon ['ŋglõ] *(n.)* Grão.

nglon-floli ['ŋglõ 'flɔli] *(n.)* Flor-de-coral. **Jatropha multifida.**

nglon-kongô-mwala ['ŋglõ 'kõgo 'mwala] *(n.)* Flor-de-coral.

nglon-pluga ['ŋglõ 'pluga] *(n.)* Purgueira. **Jatropha curcas.**

nglopi ['ŋglɔpi] *(n.)* 1. Gole. 2. Trago.

ngloya ['ŋglɔja] *(n.)* Glória.

ngluda [ŋglu'da] *(v.)* Grudar.

ngola [ŋgɔ'la] *(n.)* Angolar. Grupo étnico Angolar de São Tomé e Príncipe.

Ngola ['ŋgɔla] *(top.)* Angola.

ngoma [ŋgɔ'ma] *(n.)* 1. *Ngoma.* Ritual no qual os participantes entram em transe ao ritmo dos tambores. 2. Rico.

ngoma [ŋgɔ'ma] *(v.)* Engomar.

ngomadu [ŋgɔ'madu] *(adj.)* Engomado.

ngombe [ŋgõ'bɛ] *(n.)* 1. Cambalhota. 2. Movimento rápido.

ngomitu ['ŋgɔmitu] *(n.)* Vômito.

ngon ['ŋgõ] *(n.)* Primeiras bananas de uma penca.

ngongô [ŋgõ'go] *(n.)* Caneca feita de fibra da coqueiro.

ngoxta [ŋgɔʃ'ta] *(v.)* 1. Adorar. 2. Amar. 3. Apreciar. 4. Gostar.

ngugu ['ŋgugu] *(n.)* 1. Perdiz. 2. Promíscuo.

nguli ['ŋguli] *(n.)* 1. Espíritos maus. 2. Insaciável. 3. Ogro. 4. Sôfrego.

nguli [ŋgu'li] *(v.)* Engolir.

nguli wê [ŋgu'li 'we] *(v.)* Morrer.

ngumba [ŋgũ'ba] *(n.)* Amendoim. **Arachis hypogaea.**

ngumi ['ŋgumi] *(n.)* Teto.

ngumita [ŋgumi'ta] *(n.)* Vômito.

ngumita [ŋgumi'ta] *(v.)* Vomitar.

ngunda ['ŋgũda] *(n.)* 1. Engodo. 2. Isca.

ngunda [ŋgũ'da] *(v.)* 1. Acalmar. 2. Acarinhar. 3. Aconselhar. 4. Conquistar. 5. Embalar. 6. Engodar. 7. Mimar.

ngungunu [ŋgũgu'nu] *(v.)* 1. Murmurar. 2. Resmungar.

ngunhadu [ŋgu'ɲadu] *(adj.)* Encolhido.

ngunu [ŋgu'nu] *(n.)* 1. Facho. 2. Lampião. 3. Tocha.

ngwalia [ŋgwa'lia] *(n.)* Iguaria.

ngwangwangwan [ŋgwẽgwẽ'gwẽ] *(id.)* Cf. **solo mêdja ngwangwangwan.**

ngwenta [ŋgwẽ'ta] *(v.)* 1. Aguentar. 2. Resistir.

ngweva ['ŋgweva] *(n.)* 1. Goiaba. 2. Goiabeira. **Psidium guajava.**

ngyon ['ŋgjõ] *(onom.)* Som de engolir algo.

nha ['ɲa] *(n.)* Lenha.

nhami ['ɲẽmi] *(n.)* Inhame.

nhami-bini ['ɲẽmi bi'ni] *(n.)* *Inhame-bini.*

nhami-blanku ['ɲẽmi 'blẽku] *(n.)* Inhame-branco. **Discorea cayenensis.**

nhami-gundu ['ɲẽmi gũ'du] *(n.)* Inhame-gundu. *Discorea alata.*
nhami-gundu-sangi ['ɲẽmi gũ'du'sẽgi] *(n.)* Inhame-gundu-sangi.
nhami-klobo ['ɲẽmi 'klɔbɔ] *(n.)* Inhame-klobo.
nhami-kwini ['ɲẽmi 'kwini] *(n.)* Inhame-selvagem. *Dioscorea dumetorum.*
nhami-ngêlêwa ['ɲami ŋgele'wa] *(n.)* Inhame-ngêlêwa.
nhami-ofo ['ɲami ɔ'fɔ] *(n.)* Inhame-selvagem. *Dioscorea bulbifera.*
nhami-otoni-liba-kafe ['ɲami ɔ'tɔni 'liba ka'fɛ] *(n.)* Inhame-otoni-liba-kafe.
nhami-sangi ['ɲẽmi 'sẽgi] *(n.)* Inhame-sangi.
nhami-son-longô ['ɲẽmi 'sõ 'lõgo] *(n.)* Inhame-son-longô.
nhami-zambluku ['ɲẽmi zẽ'bluku] *(n.)* Inhame-amarelo. *Dioscorea cayenensis.*
nhamu [ɲa'mu] *(onom.)* Som que se faz ao comer.
nhamunhamu [ɲa'muɲa'mu] *(onom.)* Som que se faz ao comer. Cf. **nhamu**.
nhanga [ɲẽ'ga] *(v.)* Desarticular.
nhange-d'ôbô [ɲã'gɛ do'bo] *(n.)* Nhange-d'ôbô. *Marattia fraxinia.*
nhanhadu [ɲa'ɲadu] *(adj.)* Bêbado.
nhanhanha [ɲaɲa'ɲa] *(id.)* Cf. **filidu nhanhanha**.
nhe ['ɲɛ] *(v.)* 1. Calcar. 2. Comprimir. 3. Esmagar. 4. Espremer. 5. Pressionar.
nhendlu [ɲẽ'dlu] *(n.)* Morcego. Cf. **ngembu**.
nhe pê ['ɲɛ 'pe] *(expr.)* 1. Assinalar. 2. Calcar.
nho ['ɲɔ] *(v.)* 1. Ausentar(-se). 2. Faltar. **Djêlu nho**. *Falta dinheiro*. 3. Não estar. **Non nho ke**. *Não estamos em casa*. 4. Não existir.
nhongônhongô [ɲõ'goɲõ'go] *(adj.)* 1. Apalermado. 2. Idiota. 3. Molengo. 4. Patético.
nhongônhongô [ɲõ'goɲõ'go] *(n.)* 1. Idiota. 2. Molengo. 3. Palerma. 4. Pateta.
nhonho [ɲɔ̃'ɲɔ] *(n.)* Caracol.
ni ['ni] *(prep.)* 1. De. 2. Em.
nina [ni'na] *(v.)* Fazer cócegas.
ningê [nĩ'ge] *(n.)* Pessoa. Cf. **ngê**.
njenson [nʒẽ'sõ] *(n.)* Injeção.
njeson [nʒe'sõ] *(n.)* Injeção. Cf. **njenson**.
njizu ['nʒizu] *(n.)* Jejum.
njozu ['nʒɔzu] *(adj.)* 1. Curioso. 2. Habilidoso.
nkome [ŋkɔ'mɛ] *(n.)* Soco.
nkon [ŋkɔ̃] *(n.)* Alimento mal cozido.
nkon [ŋkɔ̃] *(v.)* 1. Atenuar. 2. Atrofiar. 3. Diminuir.
nkoni ['ŋkɔni] *(n.)* 1. Chifre. 2. Saliência.
nkon-kadela ['ŋkõ ka'dɛla] *(n.)* Ancas.
nkyonkyon ['ŋkjɔ̃'kjɔ̃] *(id.)* Cf. **oso nkyonkyon**.
noda ['nɔda] *(n.)* Nódoa.
nogoxo [nɔ'gɔʃɔ] *(n.)* Negócio.
noja [nɔ'ʒa] *(v.)* Enojar.
nôjô ['nɔʒo] *(n.)* Nojo.
nomi ['nɔmi] *(n.)* Nome.
nomi-familya ['nɔmi fa'milja] *(n.)* 1. Apelido. 2. Nome de família. 3. Sobrenome.
nomi-ke ['nɔmi 'kɛ] *(n.)* Alcunha.

non ['nõ] *(pron.)* 1. -nos. Primeira pessoa do plural com a função de complemento direto ou indireto. 2. Nós.
non ['nõ] *(poss.)* 1. Nossa. 2. Nossas. 3. Nosso. 4. Nossos.
nona ['nɔna] *(n.)* 1. Anona. *Anona squamosa*. 2. Pinha. *Anona squamosa*.
nona-konxa ['nɔna 'kõʃa] *(n.)* Araticum-da-praia. *Annona glabra*.
nondji ['nõdʒi] *(int.)* Onde. Cf. **nandji**.
nono [nɔ'nɔ] *(n.)* Nono. *Canthium subcordatum*.
nono [nɔ'nɔ] *(v.)* Coçar.
nonu ['nɔnu] *(num.)* Nono.
nôô [no'o] *(adv.)* Não.
Nosa-Xola ['nɔsa 'ʃɔla] *(n.)* Nossa Senhora.
nôsentxi [no'sẽtʃi] *(adj.)* Inocente.
nôsentxi [no'sẽtʃi] *(n.)* Inocente.
nota ['nɔta] *(n.)* Nota.
notxi ['nɔtʃi] *(n.)* Norte.
nôtxi ['nɔtʃi] *(n.)* Noite.
notxi ['nɔtʃi] *(top.)* Portugal.
nova ['nɔva] *(n.)* 1. Notícia. 2. Novidade.
nove ['nɔvɛ] *(num.)* Nove.
nove-dexi [nɔve'deʃi] *(num.)* Noventa.
novemblu [nɔ'vẽblu] *(n.)* Novembro.
novena [nɔ'vena] *(n.)* Novena.
noventa [nɔ'vẽta] *(num.)* Noventa.
novesentu [nɔve'sẽtu] *(num.)* Novecentos.
nôvi ['novi] *(n.)* Nuvem.
novu ['nɔvu] *(adj.)* 1. Jovem. 2. Novo. 3. Recente.
novu xtlîki ['nɔvu 'ʃtlĩki] *(expr.)* Novíssimo.
noxtempu [nɔʃ'tẽpu] *(adv.)* Antigamente.
nozadu [nɔ'zadu] *(n.)* 1. Cerimônia de luto. 2. Velório.
nozo [nɔ'zɔ] *(v.)* Fraturar.
nsanga ['nsẽga] *(n.)* Moreia.
ntela [ntɛ'la] *(v.)* Enterrar.
nteladu [ntɛ'ladu] *(v.)* Enterrado.
ntêlu ['ntelu] *(adj.)* Inteiro.
ntelu ['ntɛlu] *(n.)* Enterro.
ntenu ['ntenu] *(n.)* Marmita.
ntlega [ntlɛ'ga] *(v.)* Entregar. Cf. **tlega**.
numeru ['numeru] *(n.)* Número.
numiga [nu'miga] *(n.)* Inimiga.
numigu [nu'migu] *(n.)* Inimigo.
nunson [nũ'sõ] *(n.)* Noção.
nutixa [nu'tiʃa] *(n.)* Notícia.
nutuxa [nu'tuʃa] *(n.)* Notícia. Cf. **nutixa**.
nuvidadji [nuvi'dadʒi] *(n.)* Novidade.
nventa [nvẽ'ta] *(v.)* Inventar.
nwa ['nwa] *(id.)* Cf. **betu nwa**.
nwa ['nwa] *(n.)* Lua.
nyuku ['njuku] *(adv.)* 1. Absolutamente nada. 2. Nada.
nzali [nza'li] *(n.)* 1. Larva. 2. Verme.
nzolo ['nzɔlɔ] *(n.)* Anzol.
nzuku ['nzuku] *(n.)* 1. Excrementos. 2. Fezes.

O o

ô [ˈo] *(conj.)* Ou.

ô [ˈo] *(part.)* Partícula de asserção. **N xka be mu ke ô.** *Estou a ir para casa.*

ô [ˈo] *(pron.)* Cf. **bô**.

oali [ɔˈali] *(n.)* 1. Ar. 2. Atmosfera. 3. Firmamento. 4. Céu.

oba [ɔˈba] *(n.)* 1. Cacau. 2. Dinheiro. 3. Obá. *Mammea africana*.

ôbata [obaˈta] *(n.)* Ôbata. *Ficus chlamydocarpa*.

obla [ˈɔbla] *(n.)* Obra.

obla [ɔˈbla] *(n.)* Excremento.

ôbliga [obliˈga] *(v.)* Obrigar.

ôbligadu [obliˈgadu] *(adj.)* Obrigado.

ôbligason [obligaˈsõ] *(n.)* 1. Dever. 2. Obrigação.

ôbô [oˈbo] *(n.)* 1. Mato. 2. Floresta.

ôbô jiji [oˈbo ʒiˈʒi] *(expr.)* Floresta densa.

odji [ˈɔdʒi] *(n.)* 1. Direito. 2. Direitos. 3. Ordem.

odjo [ɔˈdʒɔ] *(n.)* 1. Inveja. 2. Ódio. 3. Rancor.

odo [ɔˈdɔ] *(n.)* 1. Dó. 2. Luto.

ôdô [oˈdo] *(n.)* 1. Almofariz. 2. Potinho.

ofisina [ɔfiˈsina] *(n.)* Oficina.

ofixali [ɔfiˈʃali] *(n.)* Oficial.

ofo [ɔˈfɔ] *(n.)* Inhame-selvagem. Cf. **nhami-ofo**.

oji [ˈɔʒi] *(n.)* Ordem. Cf. **odji**.

ojo [ˈɔʒɔ] *(n.)* Ódio. Cf. **odjo**.

oka [ɔˈka] *(n.)* 1. Mafumeira. *Ceiba pentandra*. 2. Sumaúma. *Ceiba pentandra*.

okala [ˈɔkala] *(n.)* 1. Cicatriz. 2. Nódoa.

ôkê [ˈoke] *(n.)* 1. Colina. 2. Ladeira. 3. Monte. 4. Subida.

oki [ˈɔki] *(n.)* Gato-do-mato.

okloklo [ɔklɔˈklɔ] *(n.)* Cicatriz.

oklu [ˈɔklu] *(n.)* Óculos.

ôkô [ˈoko] *(n.)* 1. Buraco. 2. Orifício.

ôkô [ˈoko] *(n.)* Cabaça.

ôkô-budu [ˈoko ˈbudu] *(n.)* Caverna.

ôkô-d'olha [ˈoko ˈdɔʎa] *(n.)* Ouvido.

okoli [ˈɔkɔli] *(n.)* Larva de besouro.

ôkô-lixi [ˈoko ˈliʃi] *(n.)* Narinas.

ôkôsô [ˈokoso] *(n.)* 1. Albino. 2. Espírito de água doce.

ola [ˈɔla] *(conj.)* Quando.

ola [ˈɔla] *(n.)* Hora.

ôlêdê [oleˈde] *(n.)* Atum. *Thunnus albacares*.

olha [ɔˈʎa] *(n.)* Orelha.

olha-d'atô [ɔˈʎa daˈto] *(n.)* Olha-d'atô. *Geophila repens*.

olha-lizu [ɔˈʎa ˈlizu] *(adj.)* 1. Obstinado. 2. Teimoso.

olha-lizu [ɔˈʎa ˈlizu] *(n.)* 1. Obstinação. 2. Teimosia.

olientxi [ɔliˈɛtʃi] *(n.)* Oriente.

ôlô [ˈolo] *(n.)* 1. Ouro. 2. Ouros. Um dos naipes do baralho.

olota [ˈɔlɔta] *(n.)* Horta.

olufu [ˈɔlufu] *(n.)* Órfão.

olyo [ˈɔljɔ] *(n.)* Óleo.

ôlyô [oˈljo] *(n.)* 1. Água parada coberta de limo. 2. Lago. 3. Lagoa.

omali [ɔˈmali] *(n.)* Mar.

ome [ˈɔmɛ] *(n.)* 1. Homem. 2. Macho.

ômê [oˈme] *(n.)* Meio.

ômê [oˈme] *(prep. n.)* No meio de.

ome-d'ũa-oso [ˈɔmɛ ˈdũa ˈɔsɔ] *(n.)* Homem-de-um-osso. *Culcasia scandens*.

ômu [ˈomu] *(n.)* Sabão em pó.

ondji [ˈõdʒi] *(int.)* Onde. Cf. **andji**.

ondlega [ˈɔ̃dlɛga] *(n.)* Osga. *Hemidactylus greefi*.

ono [ˈɔˈnɔ] *(n.)* Nó.

onoxi [ɔˈnɔʃi] *(n.)* Concha tradicional feita com casca de coco.

onsa [ˈɔ̃sa] *(n.)* Onça.

onso [ˈɔ̃sɔ] *(n.)* 1. Enxó. 2. Corda utilizada pelos vinhateiros para subir as palmeiras. Cf. **kodo-d'onso**.

onte [ˈɔ̃tɛ] *(adv.)* Ontem. Cf. **onten**.

onten [ɔ̃ˈtẽ] *(adv.)* Ontem.

onze [ˈɔ̃zɛ] *(num.)* Onze.

ope [ɔˈpɛ] *(n.)* 1. Pé. 2. Perna. 3. Junto de. 4. Perto a.

ope-kabla [ɔˈpɛ ˈkabla] *(n.)* Pé-de-cabra.

ope-po [ɔˈpɛ ˈpɔ] *(n.)* 1. *Perna-de-pau*. Personagem do *dansu-kongô* que executa acrobacias sobre pernas-de-pau. 2. Tronco.

opleson [ɔplɛˈsõ] *(n.)* Opressão.

opo [ˈɔˈpɔ] *(n.)* 1. Pó. 2. Poeira. 3. Resíduos em pó.

opo-tabaku [ɔˈpo taˈbaku] *(n.)* Rapé.

ôsa [ˈosa] *(n.)* Voo alto.

ôsa [oˈsa] *(v.)* Voar muito alto.

osami [ˈɔsami] *(n.)* Osami. *Afromomum danielli*.

osana [ɔˈsẽna] *(n.)* Hosana.

ose [ɔˈse] *(n.)* Céu.

oso [ˈɔsɔ] *(n.)* Osso.

ôsôbô [osoˈbo] *(n.)* Cuco-esmeraldino. *Chrysococcyx cupreus insularum*.

oso-di-liba-d'amblu [ˈɔsɔ di ˈliba ˈdẽblu] *(n.)* Clavícula.

oso-d'ope [ˈɔsɔ dɔˈpɛ] *(n.)* Tornozelo.
oso-moli [ˈɔsɔ ˈmɔli] *(n.)* Oso-moli. ***Uraspis secunda.***
oso nkyonkyon [ˈɔsɔ ˈŋkjɔ̃ˈkjɔ̃] *(expr.)* Ossos amontoados.
oso-tlaxi [ˈɔsɔ ˈtlaʃi] *(n.)* Coluna vertebral.
otaji [ˈɔtaʒi] *(n.)* Otaji. ***Gongronema latifolium.***
otelu [ɔˈtɛlu] *(n.)* Hotel.
ôtlô [ˈotlo] *(indef.)* Outro.
ôtô [ˈoto] *(num.)* Oito. Cf. **wôtô**.
ototo [ɔˈtɔtɔ] *(n.)* Ototo. ***Malvastrum coromandelianum.***
ototo-nglandji [ɔˈtɔtɔ ˈŋglẽdʒi] *(n.)* Ototo-nglandji. ***Sida acuta.***
ototo-pikina [ɔˈtɔtɔ piˈkina] *(n.)* Ototo-pikina. ***Urena lobata.***
ototo-ventu [ɔˈtɔtɔ ˈvẽtu] *(n.)* Malva-roxa. ***Urena lobata.***
ôtublu [oˈtublu] *(n.)* Outubro.
ovu [ˈɔvu] *(n.)* 1. Ovo. 2. Testículos.
ovu-d'idu [ˈɔvu ˈdidu] *(n.)* Lêndea.
oxtya [ˈɔʃtja] *(n.)* Hóstia.
oze [ˈɔzɛ] *(adv.)* Hoje.

P p

pa ['pa] *(conj.)* 1. A fim de. 2. Para. **N ba ala pa n ga kopla vinpema.** *Fui lá para comprar vinho de palma.* 3. Para que. 4. Que. Introduz orações completivas. **N mêsê pa san be.** *Quero que ela vá.*
padaria [pada'ria] *(n.)* Padaria.
pade [pa'dɛ] *(n.)* 1. Canário-castanho de São Tomé e Príncipe. *Serinus rufobrunneus thomensis.* 2. Pardal.
padê ['pade] *(n.)* Padre.
pade-kampu [pa'dɛ 'kẽpu] *(n.)* Bispo-de-coroa-vermelha. *Euplectus hordeaceus.*
padê-nosu [pa'de 'nɔsu] *(n.)* Pai-nosso.
padisê [padi'se] *(v.)* Padecer.
padjin [pa'dʒĩ] *(n.)* Padrinho.
padlaxtu [pa'dlaʃtu] *(n.)* Padrasto.
padlwêla [pa'dlwela] *(n.)* Padroeira.
padlwêlu [pa'dlwelu] *(n.)* Padroeiro.
paga [pa'ga] *(v.)* 1. Apagar. 2. Desligar. 3. Pagar.
paga-dêvê [pa'ga de've] *(n.)* *Paga-dêvê.* Ritual conduzido por um mestre que simula o pagamento de uma dívida, através de orações e oferendas depositadas em encruzilhadas e outros locais.
pagadô [paga'do] *(n.)* Pagador.
pagadô-dêvê [paga'do de've] *(n.)* 1. Devedor do **paga-dêvê**. 2. Quimbandeiro.
pagadu [pa'gadu] *(adj.)* Apagado.
pagadu [pa'gadu] *(v.)* 1. Desligado. 2. Pago.
paga-santu [pa'ga 'sãtu] *(n.)* *Paga-santu.* Ritual para curar doenças nos olhos conduzido, em geral, perto de uma fonte de água ou praia.
paga-wê [pa'ga 'we] *(n.)* Margoso. *Elaephorbia grandifolia.*
paga-wê-blanku [pa'ga 'we 'blẽku] *(n.)* Apaga-olho-branco. *Elaeophorbia drupifera.*
Page [pa'gɛ] *(top.)* Santo Antônio do Príncipe.
pagu ['pagu] *(n.)* Pago.
paji [pa'ʒi] *(n.)* Paz.
pajin [pa'ʒĩ] *(n.)* Padrinho. Cf. **padjin**.
pajina [pa'ʒina] *(n.)* Página.
pakata [paka'ta] *(v.)* 1. Esmagar-se. 2. Espalmar.
pakatadu [paka'tadu] *(adj.)* 1. Esmagado. 2. Espalmado.
pala ['pala] *(n.)* Pala.
pala ['pala] *(prep.)* Para. **Pala semple.** *Para sempre.*
pala [pa'la] *(v.)* 1. Agarrar. 2. Segurar.
palada [pa'lada] *(n.)* Palmada.
palanki [pa'lẽki] *(n.)* 1. Instrumento de pesca. 2. Palanque.
palavla [pa'lavla] *(n.)* Palavra.
palaxu [pa'laʃu] *(n.)* Palácio.
palayê [pala'je] *(n.)* 1. Quitandeiro. 2. Revendedor(a). 3. Vendedor(a) ambulante. 4. Vendedor(a) de mercado.
pala-zawa ['pala 'zawa] *(n.)* Calcinha.
palêdê [pa'lede] *(n.)* Parede.
palêsê [pa'lese] *(adv.)* Aparentemente.
pali ['pali] *(n.)* 1. Parto. 2. Par. Cf. **mpali**.
pali [pa'li] *(v.)* 1. Dar à luz. 2. Gerar. 3. Parir.
pali divida [pa'li 'divida] *(expr.)* Contrair dívidas.
palidu [pa'lidu] *(adj.)* Parida.
palitu [pa'litu] *(n.)* Palito.
paludixmu [palu'diʃmu] *(n.)* 1. Malária. 2. Paludismo.
palugu ['palugu] *(n.)* Pargo. *Pagrus caeruleostictus.*
palya [pa'lja] *(v.)* 1. Alisar. 2. Aplainar.
pampôlê ['pẽpole] *(n.)* Peixe pampolê.
panampanan [pa'nẽpa'nẽ] *(adj.)* 1. Delicado. 2. Leve.
pane [pa'nɛ] *(n.)* 1. Crepúsculo. 2. Penumbra.
pane-di-wê [pa'nɛ 'di 'we] *(n.)* Catarata.
panela [pa'nɛla] *(n.)* Panela.
panha [pẽ'ɲa] *(v.)* 1. Apanhar. 2. Ficar com. 3. Pegar.
panha pê [pẽ'ɲa 'pe] *(expr.)* Colocar em.
panhonho [pẽɲɔ'ɲɔ] *(adj.)* 1. Idiota. 2. Imbecil. 3. Parvo.
pankada [pẽ'kada] *(n.)* 1. Pancada. 2. Porrada. 3. Sova. 4. Tareia.
panta [pẽ'ta] *(v.)* Espantar(-se).
pantula [pẽtu'la] *(n.)* Indigestão.
pantula [pẽtu'la] *(v.)* Empanturrar.
pantuladu [pẽtu'ladu] *(adj.)* Empanturrado.
panu ['panu] *(n.)* Pano.
panxadu [pẽ'ʃadu] *(adj.)* Muito cheio.
papa ['papa] *(n.)* Manta.
papa [pa'pa] *(n.)* 1. Pai. 2. Papá. 3. Papai.
papa [pa'pa] *(v.)* 1. Mastigar. 2. Pap.
papafigu [papa'figu] *(n.)* Papa-figo de São Tomé. *Oriolus crassirostris.*
papage [papa'gɛ] *(n.)* Papagaio. *Psittacus eritachus princeps.*
papa-ventu ['papa 'vẽtu] *(n.)* 1. Ventilador. 2. Ventoinha.
papelu [pa'pɛlu] *(n.)* 1. Documento. 2. Papel.
papla [pa'pla] *(v.)* 1. Apalpar. 2. Experimentar. 3. Preparar. 4. Tentar. Cf. **plapa**.
papu ['papu] *(n.)* 1. Cordas vocais. 2. Garganta. 3. Papo.

papuda [pa'puda] *(n.)* Papeira.
papu-doxi ['papu 'dɔʃi] *(n.)* Voz melodiosa.
papuni [pa'puni] *(n.)* Cão novo.
pasa [pa'sa] *(adv.)* 1. Demasiado.   2. Muito. **Xefi mu sa bluku pasa.** *O meu chefe é muito mau.*
pasa [pa'sa] *(conj.)* Do que. **Ê sa longô pasa mu.** *Ele é mais alto do que eu.*
pasa [pa'sa] *(v.)* 1. Ocorrer.   2. Passar(-se).   3. Ultrapassar.
pasadu [pa'sadu] *(adj.)* 1. Passado.   2. Ultrapassado.   3. Estragado.
pasaji [pa'saʒi] *(n.)* Passagem.
pasu ['pasu] *(n.)* 1. Paço.   2. Passo.   3. Presépio.
pata ['pata] *(n.)* Pata.
patadu [pa'tadu] *(adj.)* 1. Apartado.   2. Separado.
pata-galu ['pata 'galu] *(n.)* Pato.
pataka [pa'taka] *(n.)* Pataca. Antiga unidade monetária.
pata-mwala ['pata 'mwala] *(n.)* Pata.
patapata [pata'pata] *(n.)* Patapata. *Selene dorsalis.*
patela [pa'tɛla] *(n.)* Parteira.
patlisu [pa'tlisu] *(n.)* 1. Co-cidadão.   2. Patrício.
patlon [pa'tlɔ̃] *(n.)* Patrão.
patu ['patu] *(n.)* Parto.
patxa [pa'tʃa] *(n.)* Partilha.
patxi ['patʃi] *(n.)* 1. Notícia.   2. Parte.
patxi [pa'tʃi] *(v.)* 1. Distribuir.   2. Dividir.   3. Oferecer.   4. Repartir.
pavon [pa'võ] *(n.)* Pavão.
pavu ['pavu] *(n.)* Cobertura de folhas de palmeira. Cf. **mpavu**.
paxa [pa'ʃa] *(v.)* Passear.
paxensa [pa'ʃẽsa] *(n.)* Paciência.
paxon [pa'ʃɔ̃] *(n.)* Paixão.
paxte [paʃ'tɛ] *(n.)* Pastel.
paxtlu ['paʃtlu] *(n.)* Paxtlu. *Onychognathus fulgidus.*
paxtu ['paʃtu] *(n.)* Pasto.
pawen [pa'wẽ] *(n.)* 1. Canibal.   2. Pessoa insaciável.   3. Pessoa voraz.
paya ['paja] *(n.)* Palha.
paya-min ['paja 'mĩ] *(n.)* Palha de milho.
paya-sela ['paja 'sɛla] *(n.)* 1. Besouro. *Cerembex cerdo.*   2. Pau-esteira. *Pandanus thomensis.*
pazuma [pazu'ma] *(v.)* Pasmar.
pazumadu [pazu'madu] *(adj.)* 1. Inerte.   2. Pasmado.
pe ['pe] *(n.)* 1. Grande.   2. Pai.
pê ['pe] *(prep. v.)* 1. Em. **Sun tufu ope pê awa.** *Ele colocou os pés na água.*   2. Em cima.   3. Por cima. **Bô ka plêmê limon pê.** *Espremes o limão por cima.*   4. Para.   5. Sobre.
pê ['pe] *(v.)* 1. Colocar.   2. Pôr.
pedasu [pe'dasu] *(n.)* 1. Gleba.   2. Pedaço.   3. Parcela.
pêdlêlu [pe'dlelu] *(n.)* Pedreiro.
pedon [pe'dɔ̃] *(n.)* Perdão.
pêdu [pe'du] *(adj.)* 1. Colocado.   2. Posto.
pega ['pɛga] *(n.)* 1. Briga.   2. Conflito.

pega [pɛ'ga] *(v.)* 1. Acender.   2. Ligar.   3. Pegar.   4. Segurar.   5. Tomar.
pega kabu [pɛ'ga ka'bu] *(expr.)* Agarrar com força.
pega-latu ['pɛga 'latu] *(n.)* Pega-rato. *Pupalia lappacea.*
pega-pega ['pɛga'pɛga] *(n.)* Picão preto. *Desmodium ramosissimum.*
pekadô [pɛka'do] *(n.)* 1. Pecador.   2. Pessoa.   3. Ser humano.
pekadu [pɛ'kadu] *(n.)* Pecado.
peki ['pɛki] *(n.)* Espremedor.
pêlêja [pe'lɛʒa] *(n.)* Peleja.
pêlêja [pele'ʒa] *(v.)* Pelejar.
peli ['pɛli] *(n.)* Pele.
pêlu [pe'lu] *(n.)* Peru. Cf. **mpêlu**.
pema ['pɛma] *(n.)* Palmeira.
pema-d'anji ['pɛma dẽ'ʒi] *(n.)* Palmeira andim. *Elaeis guineense.*
pema-d'ôbô ['pɛma do'bo] *(n.)* Palmeira-d'ôbô. *Mapania ferruginea.*
pema mufuku ['pɛma mufu'ku] *(expr.)* Palmeira ainda não tratada pelo vinhateiro.
pema-vunvun ['pɛma vũ'vũ] *(n.)* Palmeira apta a se extrair o vinho de palma.
pempe [pẽ'pɛ] *(adj.)* 1. Estreito.   2. Magro.
pempe [pẽ'pɛ] *(n.)* Carriço utilizado para o **vin-pema** entrar em seu recipiente.
pempen [pẽ'pẽ] *(n.)* Pempen. *Dracaena laxissima.*
pena ['pɛna] *(n.)* 1. Pena.   2. Tristeza.
pena [pɛ'na] *(n.)* Sarna.
pena [pɛ'na] *(v.)* 1. Depenar.   2. Sentir dó.   3. Sofrer.
penadu [pɛ'nadu] *(adj.)* 1. Depenado.   2. Sarnento.   3. Tinhoso.
pena-d'ubwê ['pɛna 'dubwe] *(n.)* Pelo.
pena-limi ['pɛna'limi] *(n.)* 1. Pelos púbicos da puberdade.   2. Penugem.
penapena ['pɛna'pɛna] *(n.)* Franjas do **kodo d'onso**, utilizadas como proteção às mãos.
peneta [pɛ'nɛta] *(n.)* 1. Destino.   2. Infortúnio.   3. Sorte.
peneta [pɛnɛ'ta] *(v.)* Sofrer.
penhu ['pẽɲu] *(n.)* 1. Capricho.   2. Determinação.   3. Empenho. Cf. **mpenhu**.
pensa [pẽ'sa] *(v.)* 1. Julgar.   2. Pensar.   3. Preocupar(-se).   4. Presumir.
pensadu [pẽ'sadu] *(adj.)* Pensado.
pensamentu [pẽsa'mẽtu] *(n.)* 1. Pensamento.   2. Preocupação.
pentxa [pẽ'tʃa] *(v.)* 1. Adornar.   2. Arrumar.   3. Pentear.   4. Polir.
pentxi [pẽ'tʃi] *(n.)* 1. Pente.   2. Púbis.
pênupênu [penupe'nu] *(n.)* 1. Cílios.   2. Pálpebra.   3. Sobrancelhas. Cf. **mpênumpênu**.
pepe ['pɛpɛ] *(n.)* 1. Pai.   2. Papá.
pê poxta ['pe 'pɔʃta] *(expr.)* Apostar.
pesa ['pɛsa] *(n.)* 1. Canhão.   2. Peça.
pesku ['pɛsku] *(n.)* Pêssego-de-São-Tomé. *Chytranthus mannii.*
peta [pɛ'ta] *(v.)* 1. Apertar.   2. Espetar.

petadu [pe'tadu] *(v.)* 1. Apertado. 2. Espetado.
petepete [pe'tepe'te] *(id.)* 1. Cf. **fili petepete.** 2. Cf. **mina-fili petepete.**
petloli [pe'tlɔli] *(n.)* Petróleo.
petu ['petu] *(adv.)* Perto.
petu ['petu] *(n.)* Espeto.
pêtu ['petu] *(n.)* Peito.
pextana [peʃ'tẽna] *(n.)* Sobrancelhas.
pexti [peʃti] *(n.)* Peste. Cf. **pextli.**
pextli ['peʃtli] *(adj.)* 1. Grosseiro. 2. Malcriado.
pextli ['peʃtli] *(n.)* Peste.
peza [pe'za] *(v.)* Pesar.
pezu ['pezu] *(n.)* Peso.
pidji [pi'dʒi] *(v.)* Pedir.
pidji kasa [pi'dʒi ka'za] *(expr.)* Cio.
pidji plaga [pi'dʒi 'plaga] *(expr.)* 1. Esconjurar. 2. Praguejar.
pidji poda [pi'dʒi 'pɔda] *(expr.)* Desculpar(-se).
pidu ['pidu] *(n.)* 1. Flato. 2. Peido.
pijami [pi'ʒẽmi] *(n.)* Pijama.
piji [pi'ʒi] *(v.)* Pedir. Cf. **pidji.**
pika [pi'ka] *(v.)* 1. Beliscar. 2. Desconfiar. 3. Picar.
pikadu [pi'kadu] *(adj.)* 1. Desconfiado. 2. Picado.
pikaleta [pika'leta] *(n.)* Picareta.
pika letlatu [pi'ka le'tlatu] *(expr.)* Fotografar.
pikina [pi'kina] *(adj.)* Pequeno.
pikina [pi'kina] *(adv.)* 1. Bocadinho. 2. Pouco.
pikina [pi'kina] *(n.)* Pedaço.
pikiniki [piki'niki] *(n.)* Piquenique.
piku ['piku] *(n.)* Pico.
pilha ['piʎa] *(n.)* Pilha.
pilixilina [piliʃi'lina] *(n.)* Penicilina.
pilolo [pilɔ'lɔ] *(n.)* Pênis de criança.
pilon [pi'lõ] *(n.)* Pirão. Prato típico com farinha de mandioca e caldo.
pilôtô [pi'loto] *(n.)* Piloto.
pilula ['pilula] *(n.)* Pílula.
pimbi [pĩ'bi] *(n.)* Pênis.
pimenton [pimẽ'tõ] *(n.)* Pimentão.
pimpinela [pĩpi'nela] *(n.)* 1. Chuchu. *Sechium edule.* 2. Pimpinela. *Sechium edule.*
pinela [pi'nela] *(n.)* Peneira.
pinga ['pĩga] *(n.)* Vinho.
pingada [pĩ'gada] *(n.)* Espingarda.
pingada-nglandji [pĩ'gada 'nglẽdʒi] *(n.)* Canhão.
pingininu [pĩgi'ninu] *(n.)* Diabinho.
piniku [pi'niku] *(n.)* Penico.
pininkanu [pinĩ'kẽnu] *(n.)* Cordão-de-frade. *Leonotis nepetifolia.*
pinji ['pĩʒi] *(n.)* Impigem.
pinsa [pĩ'sa] *(v.)* Empurrar.
pinsu ['pĩsu] *(n.)* 1. Empurrão. 2. Encontrão.
pinta ['pĩta] *(n.)* 1. Pintainho. 2. Pintinho.
pinta [pĩ'ta] *(v.)* Pintar.
pinta-wê ['pĩta'we] *(n.)* Pupila.
pintenxa [pĩ'tẽʃa] *(n.)* Penitência.
pinton [pĩ'tõ] *(n.)* Clítoris.
pipi [pi'pi] *(n.)* Vagina.

pipipi [pipi'pi] *(id.)* Cf. **kaboka pipipi.**
pita [pi'ta] *(v.)* 1. Apitar. 2. Alertar. 3. Avisar.
pitanga [pi'tẽga] *(n.)* Pitanga. *Eugenia uniflora.*
pitu ['pitu] *(n.)* 1. Apito. 2. Flauta.
pitu-doxi ['pitu 'dɔʃi] *(n.)* Música de **pitu.**
pitu-pempe ['pitu pẽ'pe] *(n.)* Flauta de bambu.
pitxipitxi [pi'tʃipi'tʃi] *(id.)* 1. Cf. **lêdê pitxipitxi.** 2. Cf. **wê pitxipitxi.**
pixi ['piʃi] *(n.)* Peixe.
pixi-fumu ['piʃi 'fumu] *(n.)* Peixe-fumo. *Acanthocybium solandri.*
pixi-gôdô ['piʃi 'godo] *(n.)* Rico. Cf. **ngê-gôdô.**
pixi-kabla ['piʃi 'klaba] *(n.)* Peixe-cabra. *Branchiostegus semifasciatus.*
pixi-magita ['piʃi ma'gita] *(n.)* Pixi-magita. *Pagellus bellottii bellottii.*
pixin [pi'ʃĩ] *(n.)* Larvas de peixe, localmente denominado 'peixinho'.
pixina [pi'ʃina] *(n.)* Piscina.
pixinadu [piʃi'nadu] *(n.)* 1. Pelo-sinal. 2. Sinal da cruz.
pixi-ndala ['piʃi 'ndala] *(n.)* 1. Agulhão-bandeira. *Istiophorus albicans.* 2. Marlim-azul. *Istiophorus albicans.*
pixi-novu ['piʃi 'nɔvu] *(n.)* Peixe-novo. *Apsilus fuscus.*
pixi-sela ['piʃi 'sɛla] *(n.)* Peixe-serra. *Scomberomorus tritor.*
pixka ['piʃka] *(n.)* Pesca.
pixka [piʃ'ka] *(v.)* 1. Cochilar. 2. Dormitar. 3. Pescar.
pixkadô [piʃka'do] *(n.)* Pescador.
pixkela [piʃ'kɛla] *(n.)* Pesqueiro.
pixtola [piʃ'tola] *(n.)* 1. Pistola. 2. Revólver.
pla Konsa ['pla 'kõsa] *(top.)* Praia das Conchas.
pla ['pla] *(prep.)* Para. **Ise sa pla ome tamen.** *Isso é para homens adultos.*
plafuzu [pla'fuzu] *(n.)* Parafuso.
plaga ['plaga] *(n.)* Praga.
plaka [pla'ka] *(n.)* Peixe-voador (de)fumado seco.
plakê [pla'ke] *(prep.)* 1. Perante. 2. Por. **Plakê dêsu.** *Por Cristo.*
plakini [plaki'ni] *(n.)* Diabinho.
plama [pla'ma] *(n.)* Manhã.
plama bili [pla'ma bi'li] *(expr.)* Amanhecer.
plama bili wan [pla'ma bi'li 'wẽ] *(expr.)* Amanhecer depressa.
plama da kôdon [pla'ma da ko'dõ] *(expr.)* Amanhecer.
plama klaya [pla'ma kla'ja] *(expr.)* Amanhecer.
plamatoya [plama'tɔja] *(n.)* Palmatória.
plamitu [pla'mitu] *(n.)* Palmito.
plana ['plana] *(n.)* Plaina.
plana [pla'na] *(v.)* Aplainar.
planta ['plẽta] *(n.)* 1. Planta. 2. Vegetal.
plantu ['plẽtu] *(n.)* 1. Alarde. 2. Espalhafato. 3. Espavento.
plapa [pla'pa] *(v.)* 1. Apalpar. 2. Experimentar. 3. Tentar.

plaplapla [plapla'pla] *(id.)* Cf. **blaga awa-wê plaplapla**.
plapa son [pla'pa sõ] *(expr.)* 1. Apalpar o terreno. 2. Sondar.
plasa ['plasa] *(n.)* Praça.
plasê [pla'se] *(v.)* 1. Aparecer. 2. Surgir.
plasela [pla'sɛla] *(n.)* Rival. Mulheres que compartilham ou compartilharam o mesmo homem.
plasêlu [pla'selu] *(n.)* Rival. Homens que compartilham ou compartilharam a mesma parceira.
plasenta [pla'sẽta] *(n.)* Placenta.
plata ['plata] *(n.)* Prata.
platoya [pla'tɔja] *(n.)* Palmatória. Cf. **plamatoya**.
platu ['platu] *(n.)* Prato.
plaxtiku ['plaʃtiku] *(n.)* 1. Plástico. 2. Saco plástico.
plazu ['plazu] *(n.)* Prazo.
ple ['plɛ] *(n.)* Praia.
plêdê [ple'de] *(v.)* 1. Desaparecer. 2. Perder(-se).
plêdê mêji [ple'de 'meʒi] *(expr.)* Estar grávida.
plêdê xintxidu [ple'de ʃĩ'tʃidu] *(expr.)* Desmaiar.
plêdidu [ple'didu] *(adj.)* Perdido.
plêdjida [ple'dʒida] *(n.)* Má cozinheira.
plêdjida mufuku [ple'dʒida mufu'ku] *(expr.)* Péssima cozinheira.
plêfêtu [ple'fetu] *(n.)* Prefeito.
plega ['plɛga] *(n.)* Prega.
plega [plɛ'ga] *(v.)* Pregar.
plegadu [plɛ'gadu] *(adj.)* Pregado.
plegu ['plɛgu] *(n.)* Prego.
plêjida [ple'ʒida] *(n.)* Má cozinheira. Cf. **plêdjida**.
plêmê [ple'me] *(n.)* Disenteria.
plêmê [ple'me] *(v.)* 1. Espremer. 2. Prensar. 3. Apertar.
plêmêtê [pleme'te] *(v.)* Prometer.
plêmidu [ple'midu] *(adj.)* Espremido.
plêndê [plẽ'de] *(v.)* 1. Perder. Cf. **plêdê**. 2. Prender.
plepala [plɛpa'la] *(v.)* 1. Preparar. 2. Prevenir.
plepleple [plɛplɛ'plɛ] *(id.)* Cf. **kaba plepleple**.
plepoxta [plɛ'poʃta] *(n.)* Proposta.
plesa [plɛ'sa] *(v.)* Emprestar.
plesadu [plɛ'sadu] *(adj.)* Emprestado.
plesu ['plɛsu] *(n.)* Preço.
pletu ['plɛtu] *(adj.)* 1. Negro. 2. Preto.
pletu ['plɛtu] *(n.)* 1. Folha-preta. *Datura metel.* 2. Negro. 3. Preto.
pletu kongô ['plɛtu 'kõgo] *(expr.)* 1. Nigérrimo. 2. Pretíssimo.
pletu lululu ['plɛtu lulu'lu] *(expr.)* 1. Pretíssimo. 2. Nigérrimo.
plêzenta [ple'zẽta] *(v.)* Apresentar.
plêzentxi [ple'zẽtʃi] *(n.)* 1. Prenda. 2. Presente.
plezu ['plɛzu] *(adj.)* Preso.
plezu ['plɛzu] *(n.)* Preso.
pligisa [pli'gisa] *(n.)* Preguiça.
pligisa [pligi'sa] *(v.)* 1. Desmaiar. 2. Morrer.
pligisozu [pligi'sozu] *(adj.)* Preguiçoso.
pligitu [pli'gitu] *(n.)* Periquito.

pligôzu [pli'gozu] *(adj.)* Perigoso.
pligu ['pligu] *(n.)* Perigo.
plijidentxi [pliʒidẽ'tʃi] *(n.)* Presidente. Cf. **plizidentxi**.
plima ['plima] *(n.)* Prima.
plimê [pli'me] *(num.)* Primeiro. Cf. **plumêlu**.
plimenta [pli'mẽta] *(n.)* Pimenta. *Piper nigrum.*
plimu ['plimu] *(n.)* Primo.
plinxêza [plĩ'ʃeza] *(n.)* Princesa.
plinxipi ['pliʃipi] *(n.)* Príncipe.
Plinxipi ['pliʃipi] *(top.)* Ilha do Príncipe.
plison [pli'sõ] *(n.)* Procissão.
plivini [plivi'ni] *(v.)* 1. Preparar. 2. Prevenir.
plivinidu [plivi'nidu] *(adj.)* 1. Preparado. 2. Prevenido.
plixigi [pliʃi'gi] *(v.)* Perseguir.
plixigidu [pliʃi'gidu] *(adj.)* Perseguido.
plixiza [pliʃi'za] *(v.)* 1. Necessitar. 2. Precisar.
plixizadu [pliʃi'zadu] *(adj.)* Necessitado.
plixizon [pliʃi'zõ] *(n.)* 1. Necessidade. 2. Precisão.
plixizu [pli'ʃizu] *(adj.)* Preciso.
plizidentxi [plizidẽ'tʃi] *(n.)* Presidente.
plô ['plo] *(prep.)* Por. **Vintxi kontu plô dja.** *Vinte contos por dia.*
plodja [plɔ'dʒa] *(n.)* 1. Desdém. 2. Mania.
plôdôzu [plɔ'dozu] *(adj.)* Poderoso.
plofana [plɔfa'na] *(v.)* Criticar.
plofesa [plɔfɛ'sa] *(v.)* 1. Professar. 2. Prostrar.
ploglama [plɔ'glama] *(n.)* Programa.
plôkê [plo'ke] *(int.)* Por que.
plôkô ['ploko] *(n.)* Porco.
plôkô-balon ['ploko ba'lõ] *(n.)* Varrão.
plôkô-matu ['ploko 'matu] *(n.)* Porco-do-mato. *Sus scrofa.*
plôkôson [ploko'sõ] *(n.)* Erva-tostão. *Boerhaavia diffusa.*
plôkô-supin ['ploko su'pĩ] *(n.)* Porco-espinho.
plokuladô [plɔkula'do] *(n.)* Procurador.
plôli [plo'li] *(n.)* Disenteria.
plomesa [plɔ'mɛsa] *(n.)* Promessa.
plômêtê [plome'te] *(v.)* Prometer. Cf. **plêmêtê**.
plômondêsu [plomõ'desu] *(n.)* Plômondêsu. Festa típica de São Tomé em que são recitados provérbios ao som do batuque.
plopi ['plɔpi] *(adj.)* Próprio.
plôsêdê [plose'de] *(n.)* Juízo.
plôsêdê [plose'de] *(v.)* Proceder.
plosesu [plɔ'sɛsu] *(n.)* Processo.
plova [plɔ'va] *(v.)* 1. Experimentar. 2. Provar.
ploveta [plɔvɛ'ta] *(v.)* Aproveitar.
plovetu [plɔ'vɛtu] *(n.)* Proveito.
plovidensya [plɔvi'dẽsja] *(n.)* Providência.
plovinxa [plɔ'vĩʃa] *(n.)* Província.
plôvô ['plovo] *(n.)* Polvo.
plovoka [plɔvɔ'ka] *(v.)* 1. Afligir. 2. Brigar. 3. Provocar.
plôvya ['plovja] *(conj.)* 1. Devido a. 2. Por causa de.
plôwa ['plowa] *(n.)* Proa.

ploximu [ˈplɔʃimu] *(n.)* Próximo.
plufesôlu [plufeˈsolu] *(n.)* Professor.
plufya [pluˈfja] *(n.)* 1. Discussão. 2. Disputa. 3. Insistência. 4. Porfia.
plufya [pluˈfja] *(v.)* 1. Discutir. 2. Disputar. 3. Insistir. 4. Porfiar.
pluga [ˈpluga] *(n.)* Pulga.
pluga [pluˈga] *(n.)* Purgante.
pluga [pluˈga] *(v.)* 1. Purgar. 2. Ter diarreia.
pluga-matu [ˈpluga ˈmatu] *(n.)* Purgante-do-mato. *Croton draconopsis.*
plugatoli [plugaˈtɔli] *(n.)* Purgatório.
plujizu [pluˈʒizu] *(n.)* Prejuízo.
plukê [pluˈke] *(conj.)* Porque. Cf. **plukêlu**.
plukêlu [pluˈkelu] *(conj.)* Porque.
pluku [ˈpluku] *(n.)* Púcaro.
plukutu [ˈplukutu] *(n.)* 1. Altar. 2. Estrado. 3. Palanque. 4. Palco. 5. Pódio. 6. Tribuna.
plumê [pluˈme] *(num.)* Primeiro. Cf. **plumêlu**.
plumêlu [pluˈmelu] *(num.)* Primeiro.
plumu [ˈplumu] *(n.)* 1. Prumo. 2. Viga.
plunda [plũˈda] *(v.)* Pendurar.
plundadu [plũˈdadu] *(adj.)* Pendurado.
plundadu [plũˈdadu] *(n.)* Prateleira.
pluvidu [pluˈvidu] *(adj.)* Proibido.
pluvimentu [pluviˈmẽtu] *(adj.)* Proibição.
po [ˈpɔ] *(n.)* 1. Árvore. 2. Paus. Um dos naipes do baralho. Cf. **fya-paw**. 3. Madeira. 4. Pau. 5. Pênis. 6. Ramo.
pô [ˈpo] *(v.)* 1. Poder. 2. Ser capaz de.
po-ama [ˈpɔ ˈama] *(n.)* Pau-ama. *Premna angolensis.*
po-awa [ˈpɔ ˈawa] *(n.)* Pau-água. *Grumilea venosa.*
po-bakatxi [ˈpɔ baˈkatʃi] *(n.)* Abacateiro. *Persea americana.*
po-blanku [ˈpɔ ˈblẽku] *(n.)* Pau-branco. *Tetrorchidium didymostemom.*
pôblêza [poˈbleza] *(n.)* Pobreza.
pobli [ˈpɔbli] *(adj.)* Pobre.
pobli [ˈpɔbli] *(n.)* Pobreza.
pobli vantenadu [ˈpɔbli vẽteˈnadu] *(expr.)* Paupérrimo.
pobli zegezege [ˈpɔbli zeˈgezeˈge] *(expr.)* Paupérrimo.
poda [ˈpɔda] *(n.)* Poda.
poda [pɔˈda] *(v.)* 1. Castrar. 2. Perdoar. 3. Podar.
po-dadu [ˈpɔ ˈdadu] *(n.)* Pau-dado. *Ouratea nutans.*
podadu [pɔˈdadu] *(adj.)* 1. Castrado. 2. Perdoado. 3. Podado.
pôdê [poˈde] *(n.)* Poder.
pôdêtê [poˈdete] *(n.)* Leitão.
po-di-kola [ˈpɔ di ˈkɔla] *(n.)* Pau-de-cola. *Sterculia acuminata.*
pôdja [poˈdʒa] *(v.)* 1. Devia. 2. Podia.
po-djaka [ˈpɔ ˈdʒaka] *(n.)* Jaqueira. *Artocarpus heterophylla.*
podji [ˈpɔdʒi] *(v.)* 1. Aguentar. 2. Conseguir.
podle [ˈpɔdlɛ] *(adj.)* Podre.
po-d'olho [ˈpɔ dˈɔʎɔ] *(n.)* Pau-óleo. *Santiria trimera.*
po-d'olho-d'ôbô [ˈpɔ ˈdɔʎɔ doˈbo] *(n.)* Óleo-barão. *Symphonia globulifera.*

po-dumu [ˈpɔ duˈmu] *(n.)* 1. Pau-dumo. *Ochna membranacea.* 2. Pau-dumo. *Psychotria molleri.*
po-fede [ˈpɔ feˈdɛ] *(n.)* Pau-fede. *Celtis gomphophylla.*
po-felu [ˈpɔ ˈfɛlu] *(n.)* Pau-ferro. *Margaritaria discoidea.*
po-flêminga [ˈpɔ fleˈmĩga] *(n.)* Pau-formiga. *Pauridiantha floribunda.*
po-floku [ˈpɔ ˈflɔku] *(n.)* Forca.
po-floli [ˈpɔ ˈflɔli] *(n.)* Pau-flor. *Breynia disticha.*
po-fluta [ˈpɔ ˈfluta] *(n.)* Árvore-do-pão. *Artocarpus incisa.*
po-gamela [ˈpɔ ˈgamela] *(n.)* Gameleira. *Ficus doliaria.*
po-impe [ˈpɔ ĩˈpɛ] *(n.)* Po-impe. *Olea capensis.*
pôja [pɔˈʒa] *(v.)* 1. Devia. 2. Podia. Cf. **pôdja**.
poji [ˈpɔʒi] *(n.)* 1. Luxo. 2. Ostentação. 3. Vaidade.
po-kabla [ˈpɔ ˈkabla] *(n.)* Pau-cabra. *Trema orientalis.*
po-kabole [ˈpɔ kabɔˈlɛ] *(n.)* Cabolé. *Anisophyllea cabole.*
po-kadela [ˈpɔ kaˈdela] *(n.)* 1. Cintura. 2. Pau-leite. *Funtumia elastica.* 3. Quadril.
po-kafe [ˈpɔ kaˈfɛ] *(n.)* 1. Cafeeiro. *Coffea arabica.* 2. Pé-de-café.
po-kakaw [ˈpɔ kaˈkaw] *(n.)* Cacaueiro. *Theobroma cacao.*
po-kali [ˈpɔ kaˈli] *(n.)* Po-kali. *Alchonea laxiflora.*
po-kanela [ˈpɔ kaˈnela] *(n.)* Caneleira. *Cinnamomum verum.*
po-kanela-d'ôbô [ˈpɔ kaˈnela doˈbo] *(n.)* Caneleira-brava. *Cinnamomum burmanni.*
po-kapiton [ˈpɔ kapiˈtõ] *(n.)* Pau-capitão. *Celtis mildbraedii.*
po-kason [ˈpɔ kaˈsõ] *(n.)* Pau-caixão. *Pycnanthus angolensis.*
po-kaxtanha [ˈpɔ kaʃˈtẽna] *(n.)* Pau-castanha. *Artocarpus altilis.*
po-kazu [ˈpɔ kaˈzu] *(n.)* Cajueiro. *Anacardium occidentale.*
po-kina [ˈpɔ ˈkina] *(n.)* Quineira. *Chinchona carabayensis.*
po-kitxiba [ˈpɔ kiˈtʃiba] *(n.)* Bananeira. *Musa paradisiaca.*
po-klusu [ˈpɔ kluˈsu] *(n.)* 1. Alho-d'ôbô. Cf. **ayud'ôbô**. 2. Pau-cruz. *Psychotria peduncularis.*
pôkô [ˈpoko] *(adv.)* Pouco. **Sun ka nganha pôkô.** *Ele ganha pouco.*
pôkô [ˈpoko] *(quant.)* Pouco. **Kuma, n tê pôkô sotxi.** *Comadre, tenho pouca sorte.*
po-kola [ˈpɔ ˈkɔla] *(n.)* Coleira. *Cola acuminata.*
poladêsu [pɔlaˈdesu] *(n.)* Defunto velado, após o fisu.
po-lanza-d'ôbô [ˈpɔ ˈlẽza doˈbo] *(n.)* Laranjeira-do-mato. *Citrus aurantium.*
po-lanza-doxi [ˈpɔ ˈlẽza ˈdɔʃi] *(n.)* Laranjeira. *Citrus sinensis.*
po-lanza-matu [ˈpɔ ˈlẽza ˈmatu] *(n.)* Laranjeira-do-mato.
po-limon [ˈpɔ liˈmõ] *(n.)* Limoeiro. *Citrus limonum.*
politika [pɔˈlitika] *(n.)* Política.

polivla ['pɔlivla] *(n.)* Pólvora.
polixa [pɔ'liʃa] *(n.)* 1. Agente de polícia. 2. Polícia.
po-lixa ['pɔ 'liʃa] *(n.)* Folha-lixa. *Ficus exasperata*.
po-lukula ['pɔ luku'la] *(n.)* Pau-nicolau. *Pauridiantha floribunda*.
po-mampyan ['pɔ mẽ'pjẽ] *(n.)* Marapião. *Zanthoxylum gillettii*.
po-manga ['pɔ 'mẽga] *(n.)* Mangueira. *Mangifera indica*.
pombin [põ'bĩ] *(n.)* Pombo de São Tomé. *Columba thomensis*.
pombô [põ'bo] *(n.)* Pombo.
po-min ['pɔ 'mĩ] *(n.)* 1. Milheiro. *Zea mays*. 2. Sabugo.
po-moli ['pɔ 'mɔli] *(n.)* Pau-branco. *Tetrorchidium didymostemon*.
po-mpyan ['pɔ 'mpjẽ] *(n.)* Pau-espinho. *Dalbergia ecastaphyllum*.
pondja ['põdʒa] *(n.)* Esponja.
po-ngweva ['pɔ 'ŋgwɛva] *(n.)* Goiabeira. *Psidium guajava*.
ponja ['põʒa] *(n.)* Esponja. Cf. **pondja**.
ponta ['põta] *(n.)* 1. Bico. 2. Extremidade. 3. Ponta.
ponta [põ'ta] *(v.)* 1. Apontar. 2. Indicar.
pontada [põ'tada] *(n.)* 1. Flanco do tórax. 2. Pontada.
pontadu [põ'tadu] *(adj.)* Quase maduro.
ponta-mama ['põta 'mama] *(n.)* 1. Mamilo. 2. Teta.
pontope [põtɔ'pɛ] *(n.)* Pontapé.
pontu ['põtu] *(n.)* Ponto.
pontxi ['põtʃi] *(n.)* Ponte.
po-olyo ['pɔ 'ɔljɔ] *(n.)* Bálsamo-de-São-Tomé. *Santiriops trimera*.
po-ova ['pɔ ɔ'va] *(n.)* Mata-passo. *Pentadesma butyracea*.
pôpa ['popa] *(n.)* Popa.
popa [pɔ'pa] *(v.)* Poupar.
po-patela ['pɔ pa'tɛla] *(n.)* Pau-parteira. *Trema orientalis*.
po-pedasu ['pɔ 'pɛdasu] *(n.)* Tronco.
po-pletu ['pɔ 'plɛtu] *(n.)* Pau-preto. *Polyalthia oliveri*.
po-plimenta ['pɔ pli'mẽta] *(n.)* Pimenteira-brava. *Piper guineense*.
po-pluga ['pɔ plu'ga] *(n.)* Pau-purga. *Croton draconopsis*.
popoy [pɔ'pɔj] *(adj.)* Barrigudo.
po-sabon ['pɔ sa'bõ] *(n.)* Pau-sabão. *Dracaena arborea*.
po-safu ['pɔ sa'fu] *(n.)* Safuzeiro. *Canarium edule*.
po-sangi ['pɔ 'sẽgi] *(n.)* Pau-sangue. *Harungana madagascariensis*.
po-sapilin ['pɔ sapi'lĩ] *(n.)* Pau-chapelinho. *Cola digitata*.
pôsô ['poso] *(n.)* 1. Aglomerado. 2. Poço.
po-soda ['pɔ 'sɔda] *(n.)* Gêgê-fasu. Cf. **gêgê-fasu**.
Poson [pɔ'sõ] *(top.)* Cidade de São Tomé.
pota [pɔ'ta] *(v.)* Importar(-se).
po-tabaki ['pɔ ta'baki] *(n.)* Pau-tabaque. *Cordia platythyrsa*.

po-tlêxi ['pɔ 'tleʃi] *(n.)* Pau-três. *Allophylus africanus*.
po-tlêxi-d'ôbô ['pɔ 'tleʃi do'bo] *(n.)* Pau-três-do-mato. *Allophylus grandifolius*.
poto ['pɔtɔ] *(n.)* Porta.
poto [pɔ'tɔ] *(v.)* 1. Apodrecer. 2. Pisar.
potodu [pɔ'tɔdu] *(adj.)* 1. Apodrecido. 2. Pisado.
poto-nglandji [pɔ'tɔ 'ŋglẽdʒi] *(n.)* Portão.
potopoto [pɔ'tɔpɔ'tɔ] *(id.)* 1. Cf. **monha potopoto**. 2. Cf. **sola potopoto**.
potxi ['pɔtʃi] *(n.)* 1. Pote. 2. Vaso de barro.
po-vilo ['pɔ vi'lɔ] *(n.)* Po-vilo. *Scytopetalum klaineanum*.
po-vlêmê ['pɔ vle'me] *(n.)* Pau-vermelho. *Stauditia pterocarpa*.
pôvô ['povo] *(n.)* Povo.
poxi ['pɔʃi] *(n.)* 1. Capacidade. 2. Posses. 3. Possibilidades.
poxta ['pɔʃta] *(n.)* 1. Aposta. 2. Posta.
poxta [pɔʃ'ta] *(v.)* Apostar.
pôxtêma [pɔʃ'tema] *(n.)* 1. Abcesso. 2. Furúnculo.
pôxtu [pɔʃ'tu] *(adj.)* Posto.
pôxtu ['pɔʃtu] *(n.)* Posto.
poya [pɔ'ja] *(v.)* Apoiar.
pôza [po'za] *(v.)* Pousar.
pôzê [po'ze] *(v.)* 1. Aproximar(-se). 2. Situar(-se).
po-zêkentxi ['pɔ ze'kẽtʃi] *(n.)* Izaquenteiro. *Treculia africana*.
po-zetona ['pɔ zɛ'tõna] *(n.)* Pau-azeitona. *Manilkara multinervis*.
pu ['pu] *(id.)* Cf. **xa pu**.
pujita [puʒi'ta] *(v.)* 1. Amantizar. 2. Amigar. 3. Viver maritalmente.
pujitadu [puʒi'tadu] *(adj.)* 1. Amantizado. 2. Amigado.
puke ['pukɛ] *(n.)* Púcaro.
pulidu [pu'lidu] *(adj.)* Polido.
pulimentu [puli'mẽtu] *(n.)* 1. Polimento. 2. Verniz.
pulu ['pulu] *(n.)* Pulo.
pulumon [pulu'mõ] *(n.)* Pulmão.
pumbu [pũ'bu] *(n.)* Vinho de palma de má qualidade.
punda ['pũda] *(conj.)* Porque.
punda kamanda ['pũda kamẽ'da] *(int.)* Porquê?
punhu ['puɲu] *(n.)* 1. Manga. 2. Punho.
punta [pũ'ta] *(v.)* 1. Perguntar. 2. Solicitar.
purton [pur'tõ] *(n.)* Portão.
pusela [pu'sɛla] *(n.)* Pulseira.
pusentu [pu'sẽtu] *(n.)* 1. Aposento. 2. Reforma.
pusu ['pusu] *(n.)* 1. Hemorróidas. 2. Pulso.
pusuku ['pusuku] *(n.)* Caixinha.
pusu-mon ['pusu 'mõ] *(n.)* Pulso.
Putuga [putu'ga] *(top.)* Portugal.
putugêji [putu'geʒi] *(adj.)* Português.
putugêji [putu'geʒi] *(n.)* Português.
puxa ['puʃa] *(n.)* Puxa. Dança tradicional.
pwela ['pwɛla] *(n.)* 1. Poeira. 2. Vazio.
pwêta ['pwɛta] *(n.)* Puíta.
pya ['pja] *(v.)* 1. Observar. 2. Olhar. 3. Ver.
pya babaka ['pja baba'ka] *(expr.)* Estar pasmo.

pyadadji [pjaˈdadʒi] *(n.)* Piedade.
pyadô [pjaˈdo] *(n.)* Espectador.
pyadô-zawa [pjaˈdo ˈzawa] *(n.)* *Pyadô-zawa*. Terapeuta tradicional que examina a urina.
pyala [ˈpjala] *(n.)* Pyala. Cf. **mpyala**.
pyan [ˈpjẽ] *(n.)* 1. Cacho. 2. Espinha de peixe. 3. Espinho. 4. Pinha. Cf. **mpyan**.
pyan-tlaxi [ˈpjẽ ˈtlaʃi] *(n.)* 1. Coluna vertebral. 2. Espinha dorsal.
pya sũũũ [ˈpja ˈsũũũ] *(expr.)* Olhar fixamente.
pyenepyene [pjɛˈnɛpjɛˈnɛ] *(id.)* Cf. **limpu pyenepyene**.
pyepyepye [pjɛpjɛˈpjɛ] *(id.)* Cf. **limpu pyepyepye**.
pyola [pjɔˈla] *(v.)* 1. Agravar-se. 2. Piorar.
pyoladu [pjɔˈladu] *(adj.)* Piorado.
pyolo [ˈpjɔlɔ] *(adv.)* Pior.
pyolopyolo [pjɔˈlɔpjɔˈlɔ] *(adv.)* Frequentemente.
pyonelu [pjɔˈnelu] *(n.)* Pioneiro.
pyonpyonpyon [pjõpjõˈpjõ] *(adj.)* 1. Aguçado. 2. Pontiagudo.
pyuku [pjuˈku] *(n.)* 1. Coscuvilheiro. 2. Curioso.

R r

radiu [ɾaˈdiu] *(n.)* 1. Rádio 2. Emissora de rádio. Cf. **misôla**.
raix-keblada [ɾaˈiʃ kɛˈblada] *(n.)* Raiz quadrada.

rew [ˈɾɛw] *(n.)* Réu.
rivixta [ɾiˈviʃta] *(n.)* Revista.
rumba [ˈɾũba] *(n.)* Rumba.

S s

sa [ˈsa] (v.) 1. Assar. 2. Custar. 3. Estar. 4. Ser.
sabadu [ˈsabadu] (n.) Sábado.
sabanku [saˈbɛ̈ku] (n.) Chanca.
sabi [ˈsabi] (n.) Chave.
sabola [saˈbɔla] (n.) Cebola.
sabola-sensê [saˈbɔla sẽˈse] (n.) Flor-branca. *Crinum jagus*.
sabon [saˈbõ] (n.) Sabão.
sabunêtê [sabuˈnete] (n.) Sabonete.
sada [ˈsada] (n.) 1. Enxada. 2. Pegada. 3. Tartaruga-de-couro. *Dermochelys coriacea*.
sa di [ˈsa ˈdi] (expr.) 1. Estar para. 2. Estar prestes a.
sadu [ˈsadu] (adj.) Assado.
safa [saˈfa] (v.) 1. Branquear. 2. Clarear.
saflon [saˈflõ] (n.) Açafrão. *Curcuma longa*.
safu [saˈfu] (n.) Safu.
safu-d'ôbô [saˈfu doˈbo] (n.) Safu-do-mato. *Pseudospondias microcarpa*.
sagudji [saguˈdʒi] (v.) Sacudir.
saguji [saguˈʒi] (v.) Sacudir. Cf. **sagudji**.
sagwa [saˈgwa] (v.) 1. Bochechar. 2. Enxaguar.
saka [ˈsaka] (n.) 1. Bolsa. 2. Saca.
saka [saˈka] (n.) Vômito.
saka [ˈsaka] (part.) Partícula que exprime o progressivo apectual. **Bega saka klêsê**. *A barriga está a crescer*. Cf. **xka**.
saka [saˈka] (v.) 1. Sacar. 2. Tirar. 3. Vomitar.
saka-nzolo [saˈka ˈnzɔlɔ] (n.) 1. Anzolama. 2. Puxa-conversa.
sakapuli [sakapuˈli] (v.) 1. Escapulir. 2. Fugir. 3. Resolver.
sakasaka [saˈkasaˈka] (n.) 1. Bruto. 2. Desajeitado. 3. Pessoa grosseira.
sakaya [saˈkaja] (n.) 1. Chocalho. 2. Maraca.
saklamentu [saklaˈmẽtu] (n.) Sacramento.
saku [ˈsaku] (n.) Saco.
sakusaku [saˈkusaˈku] (adj.) 1. Desajeitado. 2. Estabanado.
sala [saˈla] (dem.) 1. Aquela. 2. Aquelas. 3. Aquele. 4. Aqueles.
sala [ˈsala] (n.) 1. Dança. 2. Sala. 3. Sala de estar.
sala [saˈla] (v.) 1. Acrescentar. 2. Acrescer. 3. Completar. 4. Perfazer.
sala-d'ope [ˈsala dɔˈpɛ] (n.) Planta do pé.
sala-ke [ˈsala ˈkɛ] (n.) Sala de estar.
salakonta [salaˈkõta] (n.) Cana-de-jardim. *Canna bidentata*.
salamba [salẽˈba] (n.) Salamba. *Dialium guineense*.

sala-mon [ˈsala ˈmõ] (n.) 1. Destino. 2. Palma da mão. 3. Sina.
salasa [saˈlasa] (n.) Chalaça.
salmu [ˈsalmu] (n.) Salmo.
salon [saˈlõ] (n.) Salão.
salu [ˈsalu] (n.) Sal.
salu [saˈlu] (v.) 1. Arrebentar. 2. Extravazar. 3. Vazar.
sama [saˈma] (v.) Chamar.
samada [saˈmada] (n.) 1. Chamada. 2. Morte.
samangungu [samẽgũˈgu] (n.) Tarântula de São Tomé. *Hysterocrates apostolicus*.
samba [sẽˈba] (n.) 1. Puxão. 2. Samba.
sambawa [sẽˈbawa] (n.) 1. Mulher favorita. 2. Mulher grande.
sambu [sẽˈbu] (n.) 1. Embrulho. 2. Grande quantidade. 3. Reservatório.
samu [ˈsamu] (n.) Senhora.
samungê [samũˈge] (n.) Senhora.
san [ˈsẽ] (poss.) 1. Seu. 2. Seus. 3. Sua. 4. Suas.
san [ˈsẽ] (pron.) 1. -a (formal). Terceira pessoa do singular com a função de complemento direto. 2. Ela (formal). **San nganha kinte**. *Ela chegou ao quintal*. 3. -lhe (formal). Terceira pessoa do singular com a função de complemento indireto. **N fada san kuma n na sêbê fa**. *Eu disse-lhe que não sabia*.
sana [saˈna] (v.) Empanturrar(-se).
sanatoryu [sanaˈtɔrju] (n.) Sanatório.
sanda [ˈsẽda] (n.) Enxada.
sandaleti [sẽdaˈlɛti] (n.) Sandália.
sandja [sẽˈdʒa] (n.) Sardinha.
sandja-kasa [sẽˈdʒa ˈkasa] (n.) Sardinha pequena.
sandja-longô [sẽˈdʒa ˈlõgo] (n.) Sardinela. *Sardinella aurita*.
sangê [sẽˈge] (n.) Senhora.
sangi [ˈsẽgi] (n.) Sangue.
sanklixtia [sẽkliʃˈtia] (n.) Sacristia.
sanklixton [sẽkliʃˈtõ] (n.) Sacristão.
san-lenha [sẽ ˈlɛɲa] (n.) 1. Imperatriz. 2. Rainha. Personagem de histórias tradicionais.
San-Ma [ˈsẽ ˈma] (n.) Nossa Senhora.
San Maya [ˈsẽ ˈmaja] (n.) Santa Maria.
santa [ˈsẽta] (adj.) Santa.
santaji-basu-kafe [sẽˈtaʒi ˈbasu kaˈfɛ] (n.) *Santaji-basu-kafe. Elytraria marginata*.
santifikadu [sẽtifiˈkadu] (adj.) Santificado.
santome [sẽtɔˈmɛ] (n.) 1. Santome. A língua **santo-**

me de São Tomé e Príncipe. 2. Forro. Grupo étnico de São Tomé e Príncipe.
Santome [sɐ̃tɔ'mɛ] (top.) Ilha de São Tomé.
santope [sɐ̃tɔ'pɛ] (n.) Centopéia. *Otostigmus productus.*
santu ['sẽtu] (adj.) Santo.
santu ['sẽtu] (n.) 1. Espírito. 2. Santo.
saôdji [sa'odʒi] (n.) Saúde.
saôji [sa'oʒi] (n.) Saúde. Cf. **saôdji**.
sapatêlu [sapa'telu] (n.) Sapateiro.
sapatu [sa'patu] (n.) Sapato.
sapatu-klonklo-longô [sa'patu klõ'klɔ 'lõgo] (n.) Bota.
sapê [sa'pe] (n.) Chapéu.
sapê-kôkô [sa'pe 'koko] (n.) Capacete.
sapê-solo [sa'pe 'sɔlɔ] (n.) Guarda-sol.
sapê-suba [sa'pe 'suba] (n.) Guarda-chuva.
saplamada [sapla'mada] (n.) Palmada.
sasa [sa'sa] (v.) 1. Capinar. 2. Esquartejar. 3. Golpear. 4. Podar. 5. Retalhar.
sasa bengula [sa'sa bẽgu'la] (expr.) Ter relações sexuais.
sasasa [sasa'sa] (adj.) 1. Esperto. 2. Espevitado. 3. Vivo.
sasasa [sasa'sa] (id.) Cf. **fla sasasa**.
sata [sa'ta] (v.) 1. Atravessar. 2. Pular. 3. Saltar.
sata awa [sa'ta 'awa] (expr.) 1. Atravessar um curso de água ou o mar. 2. Viajar.
sata-awa [sa'ta 'awa] (n.) Calças curtas.
satanaji [sata'naʒi] (n.) Satanás.
sata-sata [sa'ta sa'ta] (adj.) 1. Espevitado. 2. Saltitante.
sata-sata [sa'ta sa'ta] (n.) Pessoa saltitante.
satida [sa'tida] (n.) Sátira.
satu ['satu] (n.) 1. Passo. 2. Salto.
sawdadji [saw'dadʒi] (n.) Saudade.
saya [saja] (n.) Saia.
saya [sa'ja] (v.) 1. Arrastar. 2. Esticar. 3. Puxar.
se [sɛ] (dem.) 1. Essa. 2. Essas. 3. Esse. **N ga toma fi se.** *Eu vou pegar esse fio.* 4. Esses. 5. Esta. 6. Estas. 7. Este. 8. Estes.
sê [se] (prep.) Sem.
sê [se] (v.) Saber. Cf. **sêbê**.
sêbê [se'be] (n.) 1. Ciência. 2. Sabedoria. 3. Saber.
sêbê [se'be] (v.) 1. Cuidar. 2. Saber. 3. Tratar.
sêbêdô [sebe'do] (adj.) Sábio.
sêbêdô [sebe'do] (n.) Sábio.
sêbidu [se'bidu] (adj.) Sabido.
sêbidu [se'bidu] (n.) Sabichão.
sebu ['sɛbu] (n.) Sebo.
seda ['sɛda] (n.) 1. Cio. 2. Seda.
sêdji ['sedʒi] (n.) 1. Apetite sexual. 2. Sede.
sedu ['sɛdu] (adv.) Cedo.
sega [sɛ'ga] (v.) 1. Cegar. 2. Distrair.
segu ['sɛgu] (adj.) Cego.
sêgunda-fela [se'gũda 'fɛla] (n.) Segunda-feira.
sêgundu [se'gũdu] (num.) Segundo.
sêja fêta ['seʒa 'fɛta] (expr.) Seja feita. **Sêja fêta sa vonte Dêsu.** *Seja feita a vontade de Deus.*

sêja lôvadu ['seʒa lo'vadu] (expr.) Seja louvado!
sêji ['seʒi] (n.) 1. Apetite sexual. 2. Sede. Cf. **sêdji**.
seka ['sɛka] (v.) Secar.
sekelu [sɛ'kɛlu] (adv.) Ao menos.
sekletalia [sɛklɛta'lia] (n.) Secretaria.
sêklêtalyu [sɛklɛ'talju] (n.) Secretário.
sê konta ['se 'kõta] (expr.) Imensurável.
seku ['sɛku] (adj.) Seco.
seku klakata ['sɛku klaka'ta] (expr.) Sequíssimo.
sekulu ['sɛkulu] (n.) Século.
sela [sɛ'la] (adv.) 1. Apenas. **Sun na ka tlaba ku kwa di vludu fa, sela di felu.** *Ele não trabalha com coisas de vidro, apenas com as de ferro.* 2. Ter de. **Sela pa n be ku bô.** *Tenho de ir contigo.* 3. Ter que.
sela ['sɛla] (n.) 1. Cela. 2. Serra.
sêla ['sela] (n.) Esteira.
sela [sɛ'la] (v.) 1. Cheirar. 2. Serrar.
selada [sɛ'lada] (n.) Salada.
seladô [sɛla'do] (n.) Serrador.
sela tententen [sɛ'la tẽtẽ'tẽ] (v.) Cheirar bem.
sêlê-alê [se'le a'le] (n.) *Sêlê-alê. Leea tinctoria.*
sêlêlê [sele'le] (id.) Cf. **kôlê sêlêlê**.
sêlêsêlê [se'lese'le] (n.) *Sêlê-alê.* Cf. **sêlê-alê**.
sêlêvêja [sele'veʒa] (n.) Cerveja.
selivi ['sɛlivi] (n.) Servo.
selon [sɛ'lõ] (n.) Serrão.
selotxi [sɛ'lɔtʃi] (n.) Serrote.
sêlu ['selu] (n.) 1. Cheiro. 2. Selo.
sêlu-sun-zon-maya ['selu 'sũ 'zõ ma'ja] (n.) Coentro de São Tomé. *Eryngium foetidum.*
semba ['sẽba] (n.) Semba.
sembleya [sẽ'blɛja] (n.) Assembleia.
semple ['sẽplɛ] (adv.) Sempre.
semplu ['sẽplu] (n.) 1. Piada. 2. Provérbio. 3. Metáforas provocatórias.
sen ['sẽ] (num.) Cem.
sen ['sẽ] (v.) 1. Existir. 2. Haver. **Tempu na sen fa.** *Não há tempo.*
sena ['sɛna] (n.) 1. Cena. 2. Cerimônias. 3. Manha. 4. Vergonha.
senadô [sɛna'do] (n.) Senador.
sendê [sẽ'de] (v.) 1. Acender. 2. Aumentar. 3. Estender(-se). 4. Esticar.
sendê byolollo [sẽ'de bjɔlɔ'lɔ] (expr.) Estender-se muito.
sendê pligisa [sẽ'de pli'gisa] (expr.) Espreguiçar(-se).
senge [sẽ'gɛ] (n.) Senge. Prato tradicional à base de milho.
sengundu [sẽ'gũdu] (num.) Segundo.
seni ['sɛni] (n.) Cherne.
senkwa [sẽ'kwa] (n.) Percevejo.
senson [sẽ'sõ] (n.) 1. Cerimônia. 2. Comício. 3. Reunião. 4. Sessão.
sentenalyu [sẽtɛ'nalju] (n.) Centenário.
sentenxa [sẽ'tẽʃa] (n.) 1. Carma. 2. Espírito. 3. Sentença.
sentlu ['sẽtlu] (n.) Centro.
senzala [sẽ'zala] (n.) Senzala.
senzon [sẽ'zõ] (n.) 1. Febre. 2. Sintomas de doença.
sê pa ['se 'pa] (conj.) Sem que.

sê-plôsêdê ['se ploseˈde] *(adj.)* 1. Desalinhado. 2. Desatinado. 3. Descuidado. 4. Desleixado.

sesa [ˈsɛsa] *(adj.)* 1. Insignificante. 2. Inútil.

sêsa [ˈsesa] *(n.)* Pombo-verde de São Tomé. *Treron sanctithomae*.

sêsê-limê [seˈse ˈlime] *(n.)* Sêsê-limê. *Psophocarpus scandens*.

sesenta [seˈsẽta] *(num.)* Sessenta.

sêsentu [seˈsẽtu] *(num.)* Seiscentos.

seta [sɛˈta] *(v.)* 1. Aceitar. 2. Saber.

sete [ˈsɛtɛ] *(num.)* Sete.

sete-dexi [ˈsɛtɛˈdɛʃi] *(num.)* Setenta.

setemblu [sɛˈtẽblu] *(n.)* Setembro.

setenta [sɛˈtẽta] *(num.)* Setenta.

setesentu [sɛtɛˈsẽtu] *(num.)* Setecentos.

setimu [ˈsɛtimu] *(num.)* Sétimo.

setu [ˈsɛtu] *(adj.)* 1. Certo. 2. Correto.

setu [ˈsɛtu] *(n.)* Cetro.

seva [sɛˈva] *(v.)* Ficar estéril.

sêvada [seˈvada] *(n.)* Cevada.

sêvadu [seˈvadu] *(adj.)* Estéril.

sêxi [ˈseʃi] *(num.)* Seis.

sêxi-dexi [ˈseʃi ˈdɛʃi] *(num.)* Sessenta.

sêxta-fela [ˈseʃta ˈfela] *(n.)* Sexta-feira.

sêxtêmunha [seʃteˈmũɲa] *(n.)* Testemunha.

sêxtu [ˈseʃtu] *(num.)* Sexto.

sidlela [siˈdlɛla] *(n.)* 1. Cedro-rosa. *Cedrela odorata*. 2. Cidreira. *Cedrela odorata*.

siganu [siˈgẽnu] *(n.)* Cigano.

sigi [siˈgi] *(v.)* 1. Continuar. 2. Seguir.

simêla [siˈmela] *(n.)* Cimeira.

simenta [simẽˈta] *(v.)* Cimentar.

sinôra [siˈnora] *(n.)* Cenoura.

sivika [ˈsivika] *(adj.)* Cívica.

sivil [siˈvil] *(adj.)* Civil.

sixti [siʃˈti] *(v.)* Assistir.

so [ˈsɔ] *(adv.)* 1. Apenas. **Sun pasa mu n'ũa anu so**. *Ele é apenas um ano mais velho*. 2. Só. 3. Somente.

so [ˈsɔ] *(conj.)* 1. Aí. 2. Então. **So a ka laba ôdô muntu ben**. *Então lavaram a almofariz muito bem*.

so [ˈsɔ] *(foc.)* É que. **Ami so kota sun mon**. *Eu é que lhe cortei o braço*.

sôbê [soˈbe] *(v.)* 1. Bater. 2. Chover.

sobelubu [sɔˈbelubu] *(adj.)* 1. Arrogante. 2. Soberbo.

sôbê po [soˈbe ˈpɔ] *(expr.)* 1. Bater com o pau. 2. Espancar.

sobladu [sɔˈbladu] *(n.)* 1. Piso. 2. Soalho. 3. Sobrado.

soda [ˈsɔda] *(n.)* Soda cáustica.

soda [sɔˈda] *(v.)* 1. Atar. 2. Soldar.

sode [sɔˈdɛ] *(n.)* 1. Polícia. 2. Soldado.

sôdon-kampu [soˈdõ ˈkẽpu] *(n.)* Sôdon-kampu. *Rynchosia minima*.

sogla [ˈsɔgla] *(n.)* 1. Nora. 2. Sogra. Cf. **xtloga**.

soglu [ˈsɔglu] *(n.)* 1. Genro. 2. Sogro. Cf. **xtlogu**.

soka [sɔˈka] *(v.)* 1. Amarrar. 2. Apertar. 3. Atar. 4. Beber.

sokadu [sɔˈkadu] *(adj.)* 1. Amarrado. 2. Apertado. 3. Atado.

soki [ˈsɔki] *(n.)* Choco. *Sepia oficinalis*.

sôkô [ˈsoko] *(n.)* Soco.

sokope [sɔkɔˈpɛ] *(n.)* Socopé. Dança tradicional.

soku [ˈsɔku] *(conj.)* 1. Aí. 2. Depois. 3. Então. **Soku ê ka tason liba budu se**. *Então ele senta-se em cima dessa pedra*.

soku [ˈsɔku] *(foc.)* É que. **Bô soku n fla ku ê**. *Contigo é que falei*.

sola [ˈsɔla] *(n.)* Sola.

sola [sɔˈla] *(n.)* Choro.

sola [sɔˈla] *(v.)* Chorar.

sola fliji [sɔˈla fliˈʒi] *(expr.)* Chorar desalmadamente.

sola potopoto [sɔˈla pɔˈtɔpɔˈtɔ] *(expr.)* Chorar desalmadamente.

sôlê [ˈsole] *(adj.)* 1. Solitário. 2. Solteiro. 3. Sozinho.

sôlê [ˈsole] *(n.)* 1. Solitário. 2. Solteiro.

sôlêta [soˈleta] *(n.)* 1. Suporte. 2. Viga.

soletla [sɔlɛˈtla] *(v.)* Soletrar.

soletladu [sɔlɛˈtladu] *(adj.)* Soletrado.

sôlisô [soˈliso] *(n.)* 1. Chouriço. 2. Linguiça.

solo [ˈsɔlɔ] *(n.)* Sol.

sôlôbatu [soloˈbatu] *(n.)* Celibato.

solo mê-dja ngwangwangwan [ˈsɔlɔ meˈdʒa ŋgwẽgweˈgwẽ] *(expr.)* Sol abrasador.

soma [ˈsɔma] *(n.)* Soma.

somana [sɔˈmana] *(n.)* Semana.

sombla [ˈsɔ̃bla] *(n.)* Sombra.

sombla [sɔ̃ˈbla] *(v.)* 1. Assombrar. 2. Assustar(-se). 3. Espantar.

sombladu [sɔ̃ˈbladu] *(adj.)* 1. Assombrado. 2. Assustado. 3. Espantado.

son [ˈsõ] *(n.)* 1. Chão. 2. Solo. 3. Terra.

sonha [sõˈɲa] *(v.)* Sonhar.

sonhu [ˈsõɲu] *(n.)* Sonho.

sono [ˈsɔnɔ] *(n.)* Sono.

sono [sɔˈnɔ] *(v.)* Ruído produzido com os lábios para exprimir desagrado, desprezo ou enfado perante uma situação ou pessoa.

sonosono [sɔˈnɔsɔˈnɔ] *(id.)* Cf. **liku sonosono**.

sôpa [ˈsopa] *(n.)* 1. Sopa. 2. Sopa. *Kyphosus incisor*.

sopla [sɔˈpla] *(v.)* 1. Assoprar. 2. Atirar. 3. Dizer. 4. Falar. 5. Soprar.

sopla olha [sɔˈpla ɔˈʎa] *(expr.)* Namorar.

sopla pê [sɔˈpla ˈpe] *(expr.)* Disparar.

sosega [sɔsɛˈga] *(v.)* 1. Acalmar. 2. Sossegar.

sosegadu [sɔsɛˈgadu] *(adj.)* 1. Quieto. 2. Sossegado.

sosegu [sɔˈsegu] *(n.)* 1. Calma. 2. Sossego.

soso [sɔˈsɔ] *(conj.)* 1. Aí. 2. Então. Cf. **so**.

sôsô [soˈso] *(adj.)* 1. Aventureiro. 2. Vadio. 3. Vagabundo.

sôsô [soˈso] *(v.)* 1. Aventureirar. 2. Vadiar. 3. Vagabundear. 4. Vaguear.

sososo [sɔsɔˈsɔ] *(conj.)* 1. Aí. 2. Então. Cf. **so**. 3. Por isso.

sota [sɔˈta] *(v.)* Soltar.

sotxi [ˈsɔtʃi] *(n.)* 1. Destino. 2. Sorte.

sôtxi [ˈsotʃi] *(n.)* 1. Açoite. 2. Sova. 3. Surra.

sôtxi-flima ['sotʃi fli'ma] *(n.)* *Sôtxi-flima.* Ritual de transição da puberdade para a vida adulta.
sôvêtê [sove'te] *(v.)* Esgotar.
soveza [sɔvɛ'za] *(v.)* 1. Restar. 2. Sobejar. 3. Sobrar.
sovezu [sɔvɛ'zu] *(n.)* 1. Sobejos. 2. Sobra. 3. Resto.
sôwô ['sowo] *(n.)* *Sôwô.* Prato típico que pode, alternativamente, ser preparado com fruta-pão, mandioca, inhame, matabala, batata-doce, banana-pão, com peixe e óleo de palma e algumas ervas aromáticas, acompanhado de farinha de mandioca ou banana assada.
soxi ['sɔʃi] *(n.)* Sócio. Cf. **xoxi**.
soya ['sɔja] *(n.)* 1. Conto. 2. História. 3. Narrativa tradicional.
soya [sɔ'ja] *(v.)* 1. Assoalhar. 2. Deitar.
soyu ['sɔju] *(n.)* 1. Assoalho. 2. Soalho.
suba ['suba] *(n.)* 1. Chuva. 2. Estação chuvosa.
subli [su'bli] *(prep. v.)* Para cima. **Inen nda subli.** *Andaram para cima.*
subli [su'bli] *(n.)* Subida.
subli [su'bli] *(v.)* 1. Montar. 2. Subir. 3. Superar.
sublidô [subli'do] *(v.)* 1. Escalador. 2. Trepador.
sublidu [su'blidu] *(adj.)* 1. Caro. 2. Subido.
sublinha [su'bliɲa] *(n.)* Sobrinha.
sublinhu [su'bliɲu] *(n.)* Sobrinho.
subli-taku [su'bli 'taku] *(n.)* Posição sexual.
subyan [su'bjẽ] *(n.)* Afilhado do mesmo padrinho ou da mesma madrinha.
sudu ['sudu] *(adj.)* Surdo.
sudu ['sudu] *(n.)* Bofetada.
sufatu [su'fatu] *(n.)* Sulfato.
sufli [su'fli] *(v.)* Sofrer.
suflidu [su'flidu] *(adj.)* Sofrido.
sufli kloson [su'fli klɔ'sɔ̃] *(expr.)* 1. Encorajar(-se). 2. Ter coragem.
suga [su'ga] *(v.)* 1. Enxugar. 2. Secar. 3. Sugar.
sugadu [su'gadu] *(adj.)* 1. Enxuto. 2. Seco.
suinsuin [suĩ'suĩ] *(n.)* Suinsuin. **Uraeginthus angolensis.**
sukata [su'kata] *(n.)* 1. Coisa estragada. 2. Sucata.
sukli ['sukli] *(n.)* Açúcar.
sukumbi [sukũ'bi] *(v.)* Sumir.
sulon [su'lõ] *(adj.)* 1. Lascivo. 2. Com forte apetite sexual.
sulon [su'lõ] *(n.)* 1. Pessoa lasciva. 2. Pessoa com forte apetite sexual.
sulu ['sulu] *(n.)* Sul.
sulu ['sulu] *(top.)* Angola.

sumba [sũ'ba] *(v.)* 1. Chumbar. 2. Encarar.
sumbada [sũ'bada] *(n.)* Frígida.
sumbadu [sũ'badu] *(n.)* 1. Chumbado. 2. Inerte.
sumbu ['sũbu] *(n.)* 1. Chumbo. 2. Mulher sexualmente passiva.
sumi ['sumi] *(adj.)* Ciumento.
sumi ['sumi] *(n.)* Ciúmes.
sumi [su'mi] *(v.)* 1. Consumir. 2. Desaparecer. 3. Disputar. 4. Enciumar. 5. Sumir. 6. Ter ciúmes de.
sumu ['sumu] *(n.)* 1. Deus. 2. Excelentíssimo. 3. Senhor. 4. Suco de fruta. 5. Sumo de fruta.
sun ['sũ] *(n.)* Senhor.
sun ['sũ] *(poss.)* 1. Seu. 2. Seus. 3. Sua. 4. Suas.
sun ['sũ] *(pron.)* 1. Ele (formal). **Kê kwa ku sun se fe ni vida sun?** *O que é que ele fez na sua vida?* 2. -lhe (formal). Terceira pessoa do singular com a função de complemento indireto. 3. -o (formal). Terceira pessoa do singular com a função de complemento direto.
sun-alê ['sũ a'le] *(n.)* 1. Imperador. Personagem de histórias tradicionais. 2. Rei.
sungê [sũ'ge] *(n.)* Senhor.
supa [su'pa] *(v.)* 1. Chupar. 2. Soluçar. 3. Ter soluços.
supada [su'pada] *(n.)* 1. Espada. 2. Espadas. Um dos naipes do baralho. Cf. **fya-supada**.
supadô [supa'do] *(n.)* Aproveitador.
supapu [supa'pu] *(n.)* Sopapo.
supê [su'pe] *(n.)* Espelho.
supetu [su'petu] *(adj.)* 1. Astuto. 2. Esperto.
supiga [su'piga] *(n.)* Espiga.
suplitu [su'plitu] *(n.)* 1. Espírito. 2. Força.
supriôr [supri'or] *(n.)* Superior.
supya [su'pja] *(n.)* Assobio.
supya [su'pja] *(v.)* Assobiar.
sũũũ ['sũũũ] *(id.)* Cf. **pya sũũũ**.
suxtu ['suʃtu] *(n.)* Susto.
suza [su'za] *(v.)* Sujar.
suzu ['suzu] *(adj.)* 1. Indecente. 2. Sujo.
suzu ['suzu] *(n.)* Excremento.
suzu-d'olha ['suzu dɔ'ʎa] *(n.)* 1. Cera de ouvido. 2. Cerume.
suzu kotokoto ['suzu kɔ'tɔkɔ'tɔ] *(expr.)* Sujíssimo.
swa ['swa] *(v.)* 1. Suar. 2. Transpirar.
swaswa [swa'swa] *(n.)* 1. Cobra-verde. **Philothamnus thomensis.** 2. Swaswa. **Rinorea molleri.**
syensya ['sjẽsja] *(n.)* Ciência.

T t

ta ['ta] *(part.)* Cf. **tava**.
ta ['ta] *(v.)* 1. Estar. 2. Ficar. 3. Ter relações sexuais.
taba ['taba] *(n.)* Tábua.
tabaki [ta'baki] *(n.)* Atabaque.
tabaku [ta'baku] *(n.)* Tabaco.
tabulêlu [tabu'lelu] *(n.)* Tabuleiro.
tabwada [ta'bwada] *(n.)* Tabuada.
tada ['tada] *(n.)* 1. Metade. 2. Pedaço.
tada [ta'da] *(v.)* 1. Atrasar. 2. Demorar. 3. Tardar.
tadadu [ta'dadu] *(adj.)* 1. Atrasado. 2. Demorado.
tadji [ta'dʒi] *(n.)* Tarde.
tafon [ta'fõ] *(n.)* Mosca grande.
taji ['taʒi] *(adv.)* Tarde. Cf. **tadji**.
taka [ta'ka] *(v.)* Atacar.
taka boto [ta'ka bɔ'tɔ] *(expr.)* Abotoar.
takadu [ta'kadu] *(adj.)* Atacado.
taki ['taki] *(n.)* Epilepsia. Cf. **xtaki**.
taku-po ['taku 'pɔ] *(n.)* Cepo.
talabaxi [tala'baʃi] *(n.)* Saca grande.
talafa [ta'lafa] *(n.)* 1. Rede de pesca. 2. Tarrafa.
talanta [talẽ'ta] *(v.)* 1. Amedrontar. 2. Assustar. 3. Atarantar.
talantadu [talẽ'tadu] *(adj.)* 1. Amedrontado. 2. Assustado. 3. Atarantado.
talhadera [taʎa'dɛɾa] *(n.)* Talhadeira.
tali ['tali] *(dem.)* Tal. *Maji n bê mwala bô ni tali xitu. Mas encontrei a tua mulher no tal lugar.*
talimba [ta'lĩba] *(n.)* Tarimba.
talitali ['tali'tali] *(adv.)* Completamente.
talon [ta'lõ] *(n.)* 1. Recibo. 2. Talão.
taluvê [talu've] *(adv.)* Talvez.
tamanhan [tamẽ'ɲẽ] *(n.)* 1. Formiga grande preta. 2. Tamarindo. 3. Tamarindeiro. *Tamarindus indica*.
tamanhan-ome [tamẽ'ɲẽ 'ɔmɛ] *(n.)* Tamarindo-homem. *Ormocarpum sennoides*.
tambôlô [tẽ'bolo] *(n.)* Tambor.
tambwê [tẽ'bwe] *(n.)* 1. Armadilha. 2. Jugo. 3. Ratoeira.
tamen [ta'mẽ] *(adj.)* 1. Adulto. 2. Crescido. 3. Grande. 4. Velho.
tampa ['tɛpa] *(n.)* Tampa.
tampu ['tɛpu] *(n.)* 1. Tampa. 2. Tampão.
tamyan [ta'mjẽ] *(n.)* 1. Marmita. 2. Tigela.
tan [tẽ] *(adv.)* 1. Apenas. 2. Só. 3. Sozinho.
tanaji [ta'naʒi] *(adj.)* Tenaz.
tanaza [tana'za] *(v.)* 1. Danificar. 2. Escangalhar.
tanda [tẽ'da] *(v.)* Entregar.

tangana [tẽga'na] *(adv.)* Apenas. *Sun tangana tan ku sua vida sun. Apenas ele com a sua vida.*
tanji [tẽ'ʒi] *(v.)* 1. Chamar de longe. 2. Clamar. 3. Tanger.
tanjilina [tẽʒi'lina] *(n.)* 1. Tangerina. 2. Tangerineira. *Citrus reticulata*.
tanki ['tɛki] *(n.)* 1. Chafariz. 2. Tanque.
tansu ['tɛsu] *(n.)* 1. Idiota. 2. Tanso.
tantan [tẽ'tẽ] *(n.)* Gafanhoto.
tantu ['tɛtu] *(quant.)* Tanto.
tapa [ta'pa] *(v.)* 1. Tapar. 2. Vedar.
tapadu [ta'padu] *(adj.)* 1. Tapado. 2. Vedado.
tapa-wê ['tapa 'we] *(n.)* Bofetada.
tapêtê [ta'pete] *(n.)* Tapete.
tapona [ta'pɔna] *(n.)* Palmada na cara com as costas da mão.
tasa ['tasa] *(n.)* Taça.
tason [ta'sõ] *(v.)* Sentar(-se).
tasondu [ta'sõdu] *(adj.)* Sentado.
tason zekete [ta'sõ zɛkɛ'tɛ] *(expr.)* Sentar-se imobilizado.
tasu ['tasu] *(n.)* Tacho.
tata [ta'ta] *(n.)* Fezes.
tata [ta'ta] *(v.)* Defecar.
tatali ['tatali] *(adv.)* Completamente. Cf.**talitali**.
tataluga [tata'luga] *(n.)* Tartaruga. Personagem nas narrativas tradicionais. Cf. **tatalugwa**.
tatalugwa [tata'lugwa] *(n.)* 1. Tartaruga. 2. Tartaruga. Personagem nas narrativas tradicionais.
tatata [tata'ta] *(id.)* 1. Cf. **flexku tatata**. 2. Cf. **lêdê tatata**. 3. Cf. **tlêmê tatata**. 4. Cf. **vivu tatata**.
tava ['tava] *(part.)* Partícula temporal. *Bô naxi tava nansê. Ainda não tinhas nascido.* *N tava ka vivê nala. Eu estava a viver lá.*
tava ['tava] *(v.)* 1. Ser (passado do verbo copulativo **sa**). *Ê tava ome tamen za. Ele já era um homem crescido.* 2. Estar (passado do verbo copulativo **sa**). *Men mu tava Plinxipi. A minha mãe estava na Ilha do Príncipe.*
taxka ['taʃka] *(n.)* 1. Pequena loja. 2. Tasca.
tayu ['taju] *(n.)* 1. Açougue. 2. Talho. 3. Vinco.
tê ['te] *(v.)* 1. Agarrar. 2. Existir. 3. Haver. 4. Possuir. 5. Segurar. 6. Ter. 7. Ter que.
tebo ['tebɔ] *(n.)* Impotente.
tê di ['te 'di] *(expr.)* Ter de. *Bô tê di fla. Tens de falar.*
têdu ['tedu] *(adj.)* 1. Agarrado. 2. Amparado. 3. Protegido. 4. Segurado.
têdu kankankan ['tedu kẽkẽ'kẽ] *(expr.)* Agarradíssimo.

tefitefi [ˈtɛfiˈtɛfi] *(id.)* Cf. **kloson tefitefi.**
tê fitxin [ˈte fiˈtʃi] *(expr.)* Fazer intrigas.
tê konta ku [ˈte ˈkõta ˈku] *(expr.)* Ter responsabilidades com.
tela [ˈtɛla] *(n.)* 1. Nação.   2. País.   3. Planeta Terra.   4. Terra.
telefona [tɛlɛfɔˈna] *(v.)* Telefonar.
telefoni [tɛlɛˈfoni] *(n.)* Telefone.
televizon [tɛlɛviˈzõ] *(n.)* Televisão.
tema [ˈtɛma] *(n.)* Teimosia.
tê matxi [ˈte ˈmatʃi] *(expr.)* Ser difícil.
tembe [tɛ̃ˈbe] *(adv.)* Também. Cf.**tembeten.**
tembeten [tɛ̃bɛˈtɛ̃] *(adv.)* Também.
templa [ˈtɛ̃pla] *(n.)* 1. Condimento.   2. Pimenta.   3. Tempero.
templa [tɛ̃ˈpla] *(v.)* 1. Preparar a palmeira para a extração do vinho de palma.   2. Temperar.
templadu [tɛ̃ˈpladu] *(adj.)* 1. Preparada a palmeira para a extração do vinho de palma.   2. Temperado.
templêlu [tɛ̃ˈplelu] *(n.)* Tempero.
tempu [ˈtɛpu] *(n.)* 1. Clima.   2. Tempo.
ten [ˈtɛ̃] *(adv.)* Também.
tenda [ˈtɛ̃da] *(n.)* 1. Barraca.   2. Emprego.   3. Local onde se juntam cápsulas de cacau.   4. Loja rural.   5. Tenda.   6. Trabalho.
tendê [tɛ̃ˈde] *(v.)* 1. Compreender.   2. Entender.   3. Ouvir.   4. Sentir.
tendêdô [tɛ̃deˈdo] *(n.)* Entendedor.
tengu [tɛ̃ˈgu] *(v.)* Coxear.
tenha [ˈtɛɲa] *(n.)* Tainha. *Mugil liza.*
tenson [tɛ̃ˈsõ] *(n.)* 1. Atenção.   2. Intenção.   3. Pretensão.   4. Tensão.
tenta [tɛ̃ˈta] *(v.)* Tentar.
tentason [tɛ̃taˈsõ] *(n.)* Tentação.
tententen [tɛ̃tɛ̃ˈtɛ̃] *(adj.)* 1. Afoito.   2. Espevitado.   3. Impertinente.   4. Intrometido.   5. Metediço.
tententen [tɛ̃tɛ̃ˈtɛ̃] *(id.)* Cf. **sêla tententen.**
tententen [tɛ̃tɛ̃ˈtɛ̃] *(n.)* 1. Afoito.   2. Impertinente.   3. Intrometido.   4. Intromissão.   5. Metediço.
tê pena [ˈte ˈpɛna] *(expr.)* 1. Apiedar-se de.   2. Lamentar.
tesa [ˈtɛsa] *(n.)* 1. Fachada.   2. Testa.
tesa-fela [ˈtɛsa ˈfɛla] *(n.)* Terça-feira.
tese [tɛˈsɛ] *(n.)* Tese. *Rinorea thomensis.*
têsê [tɛˈse] *(v.)* 1. Entrançar.   2. Tecer.
têsêdô [tɛsɛˈdo] *(n.)* Tecedor.
têsidu [tɛˈsidu] *(adj.)* Tecido.
têsidu [tɛˈsidu] *(n.)* Tecido.
tesu [ˈtɛsu] *(n.)* Terço.
tete [tɛˈte] *(v.)* 1. Andar de forma lenta e arrastada.   2. Engatinhar.   3. Gatinhar.
tê tema [ˈte tɛˈma] *(expr.)* Teimar.
tetu [ˈtɛtu] *(n.)* Teto.
textu [ˈtɛʃtu] *(n.)* Texto.
têya [ˈtɛja] *(n.)* Telha.
teyateya [ˈtɛjaˈtɛja] *(n.)* 1. Mucumba. *Rothmannia urcelliformis.*   2. *Teya-teya. Rothmannia urcelliformis.*
teza [tɛˈza] *(v.)* 1. Entesar.   2. Esticar.
tezadu [tɛˈzadu ˈtõõõ] *(adj.)* Esticadíssimo.
tiii [ˈtĩĩĩ] *(id.)* Cf. **mundjadu tĩĩĩ.**
tijigadu [tiʒiˈgadu] *(n.)* Tísico.
tijigu [tiˈʒigu] *(n.)* Tuberculose.
tindji [tĩˈdʒi] *(n.)* Pênis de criança. Cf. **txintxi.**
tinha [ˈtiɲa] *(v.)* Tinha.
tintu [ˈtitu] *(adj.)* Tinto.
tipu [ˈtipu] *(n.)* 1. Fulano.   2. Tipo.
tisa [tiˈsa] *(v.)* Atiçar.
titiya [tiˈtija] *(n.)* Tia-avó.
titiyu [tiˈtiju] *(n.)* Tio-avô.
tixi [tiˈʃi] *(v.)* Espirrar.
tixidu [tiˈʃidu] *(n.)* Tecido. Cf. **têsidu.**
tiya [ˈtija] *(n.)* Tia.
tiya-nglandji [ˈtija ˈŋglɛ̃dʒi] *(n.)* Tia-avó.
tiyu [ˈtiju] *(n.)* Tio.
tiyu-nglandji [ˈtiju ˈŋglɛ̃dʒi] *(n.)* Tio-avô.
tlaba [tlaˈba] *(v.)* 1. Funcionar.   2. Trabalhar.
tlabadô [tlabaˈdo] *(n.)* Trabalhador.
tlabadu [tlaˈbadu] *(adj.)* Trabalhado.
tlabe [tlaˈbe] *(n.)* 1. Infelicidade.   2. Infortúnio.   3. Padecimento.   4. Trabalho braçal.
tlanka [tlɛ̃ˈka] *(v.)* Trancar.
tlansadu [tlɛ̃ˈsadu] *(n.)* Espada.
tlapasa [tlaˈpasa] *(n.)* 1. Falsidade.   2. Mentira.   3. Trapaça.
tlapaya [tlapaˈja] *(v.)* Atrapalhar.
tlapayadu [tlapaˈjadu] *(adj.)* Atrapalhado.
tlata [tlaˈta] *(v.)* 1. Cuidar.   2. Tratar.
tlatadu [tlaˈtadu] *(adj.)* Tratado.
tlatamentu [tlataˈmẽtu] *(n.)* Tratamento.
tlatason [tlataˈsõ] *(n.)* 1. Cuidados.   2. Tratamento.
tlavesa [tlaˈvɛsa] *(n.)* Travessa.
tlavon [tlaˈvõ] *(n.)* 1. Freio.   2. Travão.
tlaxi [ˈtlaʃi] *(n.)* 1. Costas.   2. Parte de trás.
tlaxi [ˈtlaʃi] *(prep.)* Atrás.
tlaxi-glêza [ˈtlaʃi ˈglɛza] *(n.)* Confraternização realizada atrás da igreja, após as cerimónias religiosas, que consiste na repartição de comida e bebidas.
tlaxi-kabêsa [ˈtlaʃi kaˈbesa] *(n.)* Nuca.
tlaxilin [tlaxiˈli] *(n.)* Cordão de ouro.
tlaza [tlaˈza] *(v.)* Atrasar.
tlazadu [tlaˈzadu] *(adj.)* Atrasado.
tlebesa [tlɛbɛˈsa] *(n.)* Peixe-voador. *Cheilopogon melanurus.*
tlebesa [tlɛbɛˈsa] *(v.)* Atravessar.
tlêbêsubê [tlebeˈsube] *(n.)* 1. Afoito.   2. Impertinente.   3. Intrometido.   4. Irrequieto.   5. Metediço.   6. Travesso.
tlega [tlɛˈga] *(v.)* Entregar.
tlêmê [tleˈme] *(v.)* Tremer.
tlêmê gidigidi [tleˈme giˈdigiˈdi] *(expr.)* Tremer intensamente.
tlêmê tatata [tleˈme tataˈta] *(expr.)* Tiritar.
tlen [ˈtlɛ̃] *(n.)* 1. Comboio.   2. Trem.
tlêsêlu [tleˈselu] *(num.)* Terceiro. Cf. **tlusêlu.**
tlêxi [ˈtleʃi] *(num.)* Três.
tlêxi-dexi [ˈtleʃi ˈdeʃi] *(num.)* Trinta. Cf. **tlinta.**

tlezaman-pasa [tlɛza'mẽ pa'sa] *(adv.)* De hoje a três dias.

tlezantonte [ˈtlɛzẽˈtõtɛ] *(adv.)* trás-anteonten.

tlezanu-pasadu [ˈtlɛzanu paˈsadu] *(adv.)* Há dois anos.

tlêzê [ˈtleze] *(num.)* Treze.

tlezentu [tlɛˈzẽtu] *(num.)* Trezentos.

tliatu [tliˈatu] *(n.)* Teatro.

tligi [ˈtligi] *(n.)* Tigre.

tligi-mwala [ˈtligi ˈmwala] *(n.)* Tigresa.

tligu [ˈtligu] *(n.)* Trigo.

tlinku [ˈtlĩku] *(n.)* Trinco.

tlinta [ˈtlĩta] *(num.)* Trinta.

tlipa [ˈtlipa] *(n.)* 1. Intestinos. 2. Tripas.

tlisa [ˈtlisa] *(n.)* 1. Crista. 2. Hepatite. 3. Icterícia.

tlividu [tliˈvidu] *(adj.)* Atrevido.

tlixtêza [tliʃˈteza] *(n.)* 1. Desgosto. 2. Tristeza.

tloka [tlɔˈka] *(v.)* Trocar.

tlokadu [tlɔˈkadu] *(adj.)* Trocado.

tloku [ˈtlɔku] *(n.)* Troco.

tlomentu [tlɔˈmẽtu] *(n.)* 1. Barulho. 2. Desordem.

tlosa [ˈtlɔsa] *(n.)* Trouxa de roupa.

tlôsê [tloˈse] *(v.)* Torcer.

tlotlo [tlɔˈtlɔ] *(v.)* 1. Economizar. 2. Poupar.

tlovada [tlɔˈvada] *(n.)* 1. Chuva forte. 2. Tempestade. 3. Trovão.

tlovu [ˈtlɔvu] *(n.)* 1. Dente de serra. 2. Lâmina de serra.

tlôxidu [tloˈʃidu] *(adj.)* Torcido.

tlôxidu [tloˈʃidu] *(n.)* 1. Mecha. 2. Rastilho.

tlubon-tunha [tluˈbõ ˈtuɲa] *(n.)* Tubarão (espécie).

tlubuladu [tlubuˈladu] *(adj.)* 1. Agitado. 2. Atribulado. 3. Desconcertado. 4. Impaciente. 5. Perturbado. 6. Rabugento.

tlubulason [tlubulaˈsõ] *(n.)* 1. Agitação. 2. Atribulação. 3. Desconcentração. 4. Perturbação.

tlubutu-boka [tluˈbutu ˈbɔka] *(n.)* Afta.

tluki-sun-dêsu [ˈtluki ˈsũ ˈdesu] *(n.)* Truqui. *Prinia molleri.*

tlundu [ˈtlũdu] *(n.)* 1. Carnaval. 2. Entrudo.

tlunfu [ˈtlũfu] *(n.)* Triunfo.

tlusêlu [tluˈselu] *(adj.)* Terceiro.

tluxi [ˈtluʃi] *(n.)* Cueca.

to [ˈtɔ] *(v.)* 1. Bicar. 2. Gotejar. 3. Pingar.

tobo [ˈtɔbɔ] *(n.)* Izaquente.

tôdô [ˈtodo] *(n.)* 1. Período pós-parto em que a mulher tradicionalmente não sai de casa durante oito dias. 2. Repouso pós-parto. 3. Resguardo. 4. Toldo. 5. Tordo de São Tomé. *Turdus olivaceofuscus.*

tôdô-santu [ˈtodo ˈsetu] *(n.)* Todos-os-Santos.

toka [tɔˈka] *(v.)* 1. Beber muito. 2. Caber a. 3. Dever ria. 4. Tocar. 5. Tocar um instrumento musical.

tokadô [tɔkaˈdo] *(n.)* 1. Músico. 2. Tocador.

tokadu [tɔˈkadu] *(adj.)* Tocado.

toki [ˈtɔki] *(n.)* 1. Música. 2. Ritmo musical. 3. Toque.

tôkô [ˈtoko] *(n.)* 1. Pedacinho. 2. Toco. 3. Tronco.

tola [ˈtɔla] *(n.)* Tora.

tola [tɔˈla] *(v.)* 1. Torar. 2. Torrar.

toladu [tɔˈladu] *(adj.)* Torrado.

tôli [ˈtoli] *(n.)* Torre.

toma [tɔˈma] *(v.)* 1. Pegar. 2. Receber. 3. Retirar. 4. Tirar. 5. Tomar.

tomadu [tɔˈmadu] *(adj.)* 1. Bêbado. 2. Enfeitiçado. 3. Tomado.

toma fôsa [tɔˈma ˈfosa] *(expr.)* Recuperar-se.

toma kinjila [tɔˈma kĩˈʒila] *(expr.)* Desrespeitar.

toma kôlô dixi [tɔˈma ˈkolo ˈdiʃi] *(expr.)* Ressurgir.

toma mina [tɔˈma ˈmina] *(expr.)* 1. Amantizar. 2. Amigar. 3. Casar.

toma mwala [tɔˈma ˈmwala] *(expr.)* 1. Amantizar. 2. Amigar. 3. Casar.

toma pêtu bala [tɔˈma ˈpetu ˈbala] *(expr.)* 1. Assumir. 2. Chegar-se à frente com destemor.

toma santu [tɔˈma ˈsetu] *(expr.)* Entrar em transe.

tome-gaga [tɔˈmɛ gaˈga] *(n.)* Papa-moscas de São Tomé. *Terpsiphone atrochalybeia.*

ton [ˈtõ] *(n.)* Tom.

ton [ˈtõ] *(v.)* 1. Pegar. 2. Receber. Cf. **toma**.

tônêla [toˈnela] *(n.)* Torneira.

tonfonsu [tõˈfõsu] *(n.)* Tonfonsu. *Adenostemma perrottetii.*

tonga [ˈtõga] *(n.)* Tonga. Descendente dos trabalhadores contratados.

tonifonsu [toniˈfõsu] *(n.)* Tonifonsu. *Adenostemma perrottetii.*

toniku [ˈtɔniku] *(n.)* 1. Tônico. 2. Xarope.

tonitoni [ˈtõniˈtõni] *(n.)* 1. Feridas na pele. 2. Reação cutânea.

tono [tɔˈnɔ] *(v.)* 1. Beliscar. 2. Esmigalhar. 3. Espicaçar. 4. Picar. 5. Tirar um pedaço.

tônôtônô [toˈnotoˈno] *(n.)* Feridas.

tôõõ [ˈtõõõ] *(id.)* 1. Cf. **felu tôõõ**. 2. Cf. **tezadu tôõõ.**

topi [ˈtɔpi] *(n.)* 1. Topo. 2. Tropeção. 3. Tropeço.

toson [ˈtɔsõ] *(n.)* 1. Dinheiro. 2. Tostão.

tota [tɔˈta] *(v.)* 1. Entortar(-se). 2. Virar.

toto [ˈtɔtɔ] *(adj.)* Torto.

toto [ˈtɔtɔ] *(n.)* Vagina.

tôtô [toˈto] *(adj.)* 1. Anão. 2. Baixo. 3. Pequeno.

tôwôtôwô [toˈwotoˈwo] *(adj.)* 1. Estouvado. 2. Precipitado.

toxa [ˈtɔʃa] *(n.)* 1. Candeeiro. 2. Lamparina. 3. Tocha.

toxi [ˈtɔʃi] *(n.)* Tosse.

toxi [tɔˈʃi] *(v.)* Tossir.

toya [ˈtɔja] *(n.)* Toalha.

tudaxi [tudaˈʃi] *(adv.)* 1. Igualmente. 2. Também. *Êlê tudaxi ka kume. Ele também comerá.*

tudaxi [tudaˈʃi] *(indef.)* Tudo. *Bô ka ba paga tudaxi. Vais pagar tudo.*

tudaxi [tudaˈʃi] *(quant.)* Todo. **Sode tudaxi be dinen.** *Os soldados todos foram-se embora.*

tudu [ˈtudu] *(indef.)* Tudo.

tudu [ˈtudu] *(quant.)* Todo.

tudu modu [ˈtudu ˈmɔdu] *(adv.)* Ao menos.

tufu [ˈtufu] *(n.)* Estocada.

tufu [tuˈfu] (v.) 1. Copular rapidamente. 2. Enfiar. 3. Introduzir. 4. Meter. 5. Penetrar.

tugu [tuˈgu] (v.) 1. Agitar. 2. Bulir. 3. Complicar. 4. Intensificar. 5. Recrudescer.

tugudu [tuˈgudu] (adj.) 1. Agitado. 2. Bravo.

tuji [tuˈʒi] (v.) 1. Mexer. 2. Tugir.

tula [ˈtula] (adv.) Bastante.

tula [tuˈla] (v.) 1. Encher. 2. Entupir.

tumatu [tuˈmatu] (n.) Tomate. *Lycopersicum esculentum*.

tumbu [tũˈbu] (n.) 1. Cheiro desagradável. 2. Poeira.

tumba [ˈtũba] (n.) 1. Tumba. 2. Túmulo.

tunga [tũˈga] (v.) 1. Atiçar. 2. Convidar. 3. Estimular.

tunha [tũˈɲa] (n.) Golfinho.

tuntuntun [tũtũˈtũ] (adj.) 1. Desconcentrado. 2. Distraído.

tunxadu [tũˈʃadu] (adj.) Farto.

tutana [tuˈtana] (n.) Cérebro.

tutu [tuˈtu] (n.) Fezes.

tutu [tuˈtu] (v.) 1. Aglomerar. 2. Ajuntar. 3. Juntar.

tutubi [tutuˈbi] (n.) 1. Criançada. 2. Crianças.

tũũũ [ˈtũũũ] (id.) Cf. **fede tũũũ**.

twa [ˈtwa] (adv.) Diretamente.

twa [ˈtwa] (v.) Entoar.

twatwa [twaˈtwa] (n.) Malagueta pequena. *Capsicum frutescens*.

txada [ˈtʃada] (n.) Acampamento montado nas praias pelos pescadores para a pesca de peixe-voador na gravana. Cf. **xada**.

txakatxaka [tʃaˈkatʃaˈka] (adj.) 1. Atabalhoado. 2. Desgarrado. 3. Desinteressante. 4. Impróprio. 5. Inconveniente. 6. Lamacento.

txanga [tʃẽˈga] (n.) Instrumento de pesca para apanhar **pixin**.

txe [ˈtʃɛ] (id.) Cf. **labadu txe**.

txeketxeke [tʃɛˈkɛtʃɛˈkɛ] (adj.) Franzino.

txeketxeke [tʃɛˈkɛtʃɛˈkɛ] (id.) Cf. **mlagu txeketxeke**.

txentxa [tʃẽˈtʃa] (v.) 1. Poupar. 2. Economizar.

txetxetxe [tʃɛtʃɛˈtʃɛ] (id.) Cf. **fudu txetxetxe**.

txi [ˈtʃi] (n.) Tio.

txibadu [tʃiˈbadu] (adj.) 1. Baço. 2. Encardido. 3. Entupido. 4. Húmido. 5. Sem brilho.

txibi [ˈtʃibi] (adv.) 1. Assim-assim. 2. Mais ou menos. Cf. **txibitxibi**.

txibitxibi [ˈtʃibiˈtʃibi] (adv.) 1. Assim-assim. 2. Mais ou menos.

txibitxibi [tʃibiˈtʃibi] (n.) Osso parietal.

txibitxobo [tʃibiˈtʃɔbɔ] (adv.) Assim-assim.

txifina [ˈtʃifina] (n.) 1. Acicate. 2. Instigação.

txifungu [tʃiˈfũgu] (n.) Alimento preparado à base de banana madura pisada e farinha de milho. Cf. **kafungu**.

txika [tʃiˈka] (n.) Palmadas amigáveis.

txila [tʃiˈla] (v.) 1. Desbotar. 2. Tirar.

txila awa [tʃiˈla ˈawa] (expr.) 1. Atingir o orgasmo. 2. Gozar.

txiladô-ventoza [tʃilaˈdo vẽˈtɔza] (n.) *Txiladô-ventoza*. Terapeuta tradicional que pratica a sangria ou ventosa.

txiladu [tʃiˈladu] (adj.) Tirado.

txila lema [tʃiˈla ˈlɛma] (expr.) Provar.

txila semplu [tʃiˈla ˈsẽplu] (expr.) Satirizar.

txila ventoza [tʃiˈla vẽˈtɔza] (expr.) Sangrar. Fazer uma sangria terapêutica.

txila vesu [tʃiˈla ˈvesu] (expr.) 1. Caluniar. 2. Depreciar alguém numa canção.

txili [ˈtʃili] (n.) Bocadinho. Cf. **txilitxoko**.

txilitxili [ˈtʃiliˈtʃili] (n.) Olho-branco-pequeno de São Tomé. *Zosterops feae*.

txilitxoko [ˈtʃiliˈtʃɔkɔ] (n.) Bocadinho.

txiloli [tʃiˈlɔli] (n.) Tchiloli. Representação do conflito entre a corte medieval do Imperador Carlos Magno e a do Marquês de Mântua provocado pelo assassínio de Valdevinos.

txilu [ˈtʃilu] (n.) Tiro.

tximbadu [tʃiˈbadu] (adj.) 1. Imóvel. 2. Inábil. 3. Parado.

tximbôtô [tʃiˈboto] (n.) 1. Desajeitado. 2. Idiota. 3. Inábil. 4. Inativo. 5. Palerma. 6. Pateta. 7. Tolo.

txinantxinan [tʃiˈnẽtʃiˈnẽ] (n.) 1. Seiva do safuzeiro. 2. Seiva venenosa.

txini [ˈtʃini] (n.) Cachorrinho.

txinta [ˈtʃita] (n.) Tinta.

txintxi [tʃiˈtʃi] (n.) Pênis de criança.

txintxin [tʃiˈtʃi] (id.) 1. Cf. **bega txintxin**. 2. Cf. **txintxintxin**.

txintxin [tʃiˈtʃi] (n.) *Txintxin*. *Stegastes imbricatus*.

txintxintxin [tʃitʃiˈtʃi] (id.) Cf. **djina txintxintxin**.

txintxintxolo [tʃitʃiˈtʃɔlɔ] (n.) Tecelão de São Tomé. *Thomasophantes sanctithomae*.

txisa [tʃiˈsa] (v.) Atiçar.

txita [ˈtʃita] (n.) Corrimento.

txitu [ˈtʃitu] (n.) Título.

txitxi [tʃiˈtʃi] (id.) Cf. **txintxintxin**.

txizola [tʃiˈzɔla] (n.) Tesoura.

txizola [tʃiˈzɔla] (n.) Tesouro.

txofodu [tʃɔˈfɔdu] (adj.) 1. Furado. 2. Perfurado.

txoko [ˈtʃɔkɔ] (adj.) 1. Pequenino. 2. Pequeno.

txoko [ˈtʃɔkɔ] (n.) Bocadinho.

txonzu ˈ[tʃõzu] (adj.) Mofino.

txonzu ˈ[tʃõzu] (n.) 1. Garça-de-cabeça-negra. *Butorides striatus*. 2. Mofino.

U u

ũa [ˈũa] *(adv.)* Tão. **Kasô sa ũa bluku**. *O cão é tão mau.*

ũa [ˈũa] *(art.)* 1. Um. 2. Uma.

ũa [ˈũa] *(num.)* 1. Um. 2. Uma.

ũa data [ˈũa ˈdata] *(adv.)* Muito. **Mwala ka blôsê ku ami ũa data**. *A mulher chateia-se muito comigo.*

ũa data [ˈũa ˈdata] *(quant.)* Muito. **N sa ku feble ũa data**. *Estou com muita febre.*

ũa-dôsu [ˈũa ˈdosu] *(quant.)* Alguns. **N tê ũa-dôsu kopu za**. *Já tenho alguns copos.*

ũa-kwatu [ˈũa ˈkwatu] *(n.)* Metade.

ũa-ũa [ˈũa ˈũa] *(indef.)* Certo. **N tê ũa-ũa pema mu nala liba**. *Tenho uma certa palmeira minha lá em cima.*

ubaga [uˈbaga] *(n.)* Panela.

ubaga-plelele [uˈbaga plɛlɛˈlɛ] *(n.)* 1. Caçarola. 2. Tacho.

ubaga-tela [uˈbaga ˈtɛla] *(n.)* Panela de barro.

ubwa [ˈubwa] *(n.)* 1. Cerca. 2. Cercado. 3. Pocilga. 4. Tapume.

ubwami [uˈbwami] *(n.)* Bochecha.

ubwê [uˈbwe] *(n.)* 1. Caule. 2. Corpo humano. 3. Pênis.

ubwê-betu [ˈubwe ˈbɛtu] *(adj.)* 1. Desandado. 2. Desligado.

ubwê-d'ome [ˈubwe ˈdɔmɛ] *(n.)* Pênis.

ubwê-mwala [ˈubwe ˈmwala] *(n.)* Vagina.

uexti [uˈɛʃti] *(n.)* Oeste.

uku [ˈuku] *(n.)* 1. Lixo. 2. Sujidade.

uku [uˈku] *(n.)* 1. Ânus. 2. Cu.

ukwe [ˈukwɛ] *(n.)* 1. Bago. 2. Dragão. Personagem do **dansu-kongô**. 3. Gigante. Personagem de narrativas tradicionais. 4. Testículos.

ukwe-d'ovu [ˈukwɛ ˈdɔvu] *(n.)* Testículos.

ukwêtê [ukweˈte] *(n.)* *Ukwêtê*. **Palisota pedicillata**.

ukwêtê-d'awa [ukweˈte ˈdawa] *(n.)* *Ukwêtê-d'awa*. **Costus afer**.

ukwêtê-d'ôbô [ukweˈte doˈbo] *(n.)* *Ukwêtê-d'ôbô*. **Pollia condensata**.

ukwêtê-makaku [ukweˈte maˈkaku] *(n.)* *Ukwêtê-makaku*. **Palisota pedicellata**.

ukwêtê-nglandji [ukweˈte ˈŋɡlẽdʒi] *(n.)* Bordão-de-macaco. **Costus giganteus**.

ukwe-tlaxi [uˈkwɛ ˈtlaʃi] *(n.)* *Ukwe-tlaxi*. **Phyllanthus amarus**.

ukwe-wê [ˈukwɛ ˈwe] *(n.)* Íris.

uluba [uˈluba] *(n.)* Terçol.

ululu [uˈlulu] *(n.)* Placenta.

ulwa [ˈulwa] *(n.)* Bananeira-de-leque. **Ravenala madagascariensis**.

umeme [uˈmɛmɛ] *(n.)* Andim muito tenro. Cf. **ime-me**.

umida [uˈmida] *(n.)* Nevoeiro.

umpete [ˈũpɛtɛ] *(n.)* Remela. Cf. **impete**.

unidu [uˈnidu] *(adj.)* Unido.

untwe [ˈũtwɛ] *(n.)* *Untwe*. **Chrysophyllum albidum**.

untwe-d'ôbô [ˈũtwɛ doˈbo] *(n.)* *Untwe-d'ôbô*. **Crysophyllum africanum**.

unu [uˈnu] *(adj.)* 1. Despido. 2. Nu.

upa [ˈupa] *(id.)* Cf. **dentxi upa**.

upa [ˈupa] *(n.)* Paina.

uswa [ˈuswa] *(n.)* 1. Vinho de palma fermentado. 2. *Uswa*. Dança tradicional.

utu [uˈtu] *(n.)* 1. Bolor. 2. Cogumelo. 3. Mofo. 4. Musgo.

uva [ˈuva] *(n.)* 1. Agitar. 2. Mexer. 3. Misturar.

uxidu [uˈʃidu] *(adj.)* 1. Agitado. 2. Mexido. 3. Misturado.

uxi [uˈʃi] *(v.)* 1. Agitar. 2. Mexer. 3. Misturar.

uwu [uˈwu] *(n.)* 1. Linha. 2. Fio.

uwu-dêsu [uˈwu desu] *(n.)* Algodão. **Gossypium barbadense**.

uza [ˈuza] *(n.)* 1. Arraia. 2. Raia.

uzadu [uˈzadu] *(adj.)* Usado.

uzuzu [ˈuzuzu] *(n.)* 1. Fio desfiado. 2. Fitinhas nas pontas de um xaile. 3. Franja.

V v

va ['va] (v.) Rachar.
vadjin [va'dʒĩ] (adj.) 1. Vadio. 2. Vão.
vadjin [va'dʒĩ] (n.) 1. Inútil. 2. Vadio.
vadô [va'do] (n.) 1. Peixe-voador. *Cheilopogon melanurus*. 2. Rachador de lenha.
vadô-guya [va'do 'guja] (n.) Peixe-voador-agulha.
vadô-panha [va'do pã'ɲa] (n.) Peixe-voador. *Cheilopogon melanurus*.
vadu ['vadu] (adj.) 1. Aberto. 2. Rachado.
vagudu ['vagudu] (n.) 1. Desmaio. 2. Fraqueza.
vaji ['vaʒi] (n.) 1. Grota. 2. Limite da roça.
vajin [va'ʒĩ] (adj.) 1. Inútil. 2. Vadio. 3. Vão. Cf. **vadjin**.
vala ['vala] (n.) 1. Açoite. 2. Vala. 3. Vara.
vala [va'la] (v.) 1. Passar por. 2. Ultrapassar.
valadu [va'ladu] (n.) Valado.
vala-kazê ['vala ka'ze] (n.) Carrapichão. *Desmodium incanum*.
valanda [va'lẽda] (n.) Varanda.
vala-ple ['vala 'plɛ] (n.) Vara-da-praia. *Turraea vogelii*.
valapo [vala'pɔ] (n.) Varapau.
valê [va'le] (v.) 1. Acudir. 2. Ajudar. 3. Socorrer. 4. Valer.
valeta [va'leta] (n.) Valeta.
valha [va'ʎa] (v.) Variar.
valu ['valu] (n.) Vale.
valudu [va'ludu] (n.) Coco seco.
vamplega [vẽ'plega] (n.) Técnica de construção de paredes à base de ramos de palmeira.
vangana [vẽga'na] (v.) Cambalear.
vanjeli [vẽ'ʒeli] (n.) Evangelho.
vantaji [vẽ'taʒi] (n.) Vantagem.
vantenadu [vẽte'nadu] (id.) Cf. **pobli vantenadu**.
vantxi ['vẽtʃi] (adv.) 1. Adiante. 2. Avante. 3. Em frente.
vapô [va'po] (n.) 1. Barco. 2. Barco grande. 3. Navio.
va wê ['va 'we] (expr.) Arregalar.
ve ['vɛ] (adj.) Velho.
ve ['vɛ] (n.) 1. Idoso. 2. Velho.
vê ['ve] (n.) Vez.
vede [vɛ'dɛ] (adj.) 1. Verdade. 2. Verdadeiro.
vede [vɛ'dɛ] (n.) Verdade.
vêde ['vede] (adj.) 1. Imaturo. 2. Verde.
vede-vede [vɛ'dɛ vɛ'dɛ] (adv.) 1. De verdade. 2. Mesmo. 3. Realmente. 4. Verdadeiramente.
ve ketekete ['vɛ kɛ'tɛkɛ'tɛ] (expr.) Velhíssimo.

ve-kwa ['vɛ 'kwa] (n.) 1. Resto. 2. Trapo.
vela ['vela] (n.) Vela.
ve-late ['vɛ la'tɛ] (n.) Trapo.
veludu [vɛ'ludu] (n.) 1. Veludo. 2. *Veludu. Trichilia grandifolia*.
vendê ['vede] (n.) Loja.
venena [vɛnɛ'na] (v.) Envenenar.
venenadu [vɛnɛ'nadu] (v.) Envenenado.
venenu [vɛ'nɛnu] (n.) Veneno.
venka [vẽ'ka] (n.) Avenca. *Adiantum raddianum*.
vensê [vẽ'se] (v.) 1. Ganhar. 2. Vencer.
vensêmentu [vẽse'mẽtu] (n.) 1. Salário. 2. Vencimento.
venta [vẽ'ta] (n.) Cigarro.
venta [vẽ'ta] (v.) 1. Fumar. 2. Soprar de. 3. Ventar.
ventoza [vẽ'tɔza] (n.) Ventosa. Cf. **txila ventoza**.
ventozu [vẽ'tɔzu] (adj.) Ventoso.
ventu ['vẽtu] (n.) Vento.
venxa ['vẽʃa] (n.) 1. Amante. 2. Amásia. 3. Concubina. Cf. **vivenxa**.
vesu ['vɛsu] (n.) 1. Expressão idiomática. 2. Máxima. 3. Provérbio. 4. Sátira. 5. Verso.
ve-tlapu ['vɛ 'tlapu] (n.) Trapo.
veyaku [vɛ'jaku] (n.) Velhaco.
vida ['vida] (n.) Vida.
vidja [vi'dʒa] (v.) Vigiar.
vidjadu [vi'dʒadu] (adj.) Vigiado.
vidjan [vi'dʒẽ] (n.) Vizinho.
vidola [vi'dɔla] (n.) 1. Libelinha. 2. Libélula.
viga ['viga] (n.) 1. Barrote. 2. Prumo. 3. Viga.
vigalu [vi'galu] (n.) Vigário.
vija [vi'ʒa] (v.) Vigiar. Cf. **vidja**.
vijan [vi'ʒẽ] (n.) Vizinho. Cf. **vidjan**.
viji [vi'ʒi] (n.) 1. Hímen. 2. Virgem. 3. Virgindade.
vijilanxya [viʒi'lẽʃja] (n.) Vigilância.
vila ['vila] (n.) Vila.
vilotxi [vi'lɔtʃi] (n.) 1. Broto. 2. Rebento.
vin ['vĩ] (n.) Vinho.
vinagli [vi'nagli] (n.) Vinagre.
vinda ['vida] (n.) Vinda.
vinga [vĩ'ga] (v.) Vingar.
vingansa [vĩ'gẽsa] (n.) Vingança.
vin-pema ['vĩ 'pema] (n.) Vinho de palma.
vinte [vĩ'tɛ] (n.) 1. *Fya-vinte. Desmodium adscendens*. 2. Pega-pega. *Desmodium adscendens*. 3. Vintém.
vintxi ['vĩtʃi] (num.) Vinte.
visu ['visu] (n.) Vício.
vita [vi'ta] (v.) 1. Evitar. 2. Repreender.

vitamina [vitaˈmina] *(n.)* Vitamina.
viva [ˈviva] *(n.)* Viva.
viva [ˈviva] *(v.)* Dar vivas a.
vivê [viˈve] *(n.)* Vida.
vivê [viˈve] *(v.)* Viver.
vivêmentu [viveˈmetu] *(n.)* 1. Convivência. 2. Vivência.
vivenxa [viˈveʃa] *(n.)* 1. Amante. 2. Amásia. 3. Concubina.
vivu [ˈvivu] *(adj.)* Vivo.
vivu tatata [ˈvivu tataˈta] *(expr.)* Vivíssimo.
vixkondji [viʃˈkõdʒi] *(n.)* Visconde.
vixtidu [viʃˈtidu] *(n.)* Vestido.
vixu [ˈviʃu] *(n.)* Vício.
viya [ˈvija] *(n.)* 1. Hérnia. 2. Vagina.
viyuva [viˈjuva] *(n.)* Viúva.
viyuvu [viˈjuvu] *(n.)* Viúvo.
viza [viˈza] *(v.)* Avisar.
vizadu [viˈzadu] *(adj.)* Avisado.
vizita [viˈzita] *(n.)* Visita.
vizita [viziˈta] *(v.)* Visitar.
vlega [vlɛˈga] *(v.)* 1. Abaixar. 2. Curvar. 3. Envergar. 4. Inclinar(-se). 5. Vergar.
vlegonha [vlɛˈgõɲa] *(n.)* Vergonha.
vlegonha [vlɛgõˈɲa] *(v.)* Envergonhar(-se).
vlêmê [vleˈme] *(adj.)* Vermelho.
vlêmê [vleˈme] *(n.)* Vermelho. *Apsilus fuscus*.
vlêmê bababa [vleˈme babaˈba] *(expr.)* Vermelhíssimo.
vlêmê myamyamya [vleˈme mjamjaˈmja] *(expr.)* Vermelho garrido.
vlentêji [vleˈteʒi] *(n.)* Entranhas.
vlêtê [vleˈte] *(v.)* Verter.
vlidu [ˈvlidu] *(n.)* Vidro.
vôdô [ˈvodo] *(n.)* 1. Balbúrdia. 2. Bando.
vôlô [voˈlo] *(v.)* 1. Repreender. 2. Zangar(-se).
vonte [võˈtɛ] *(n.)* 1. Interesse. 2. Vontade.
vonvon [võˈvõ] *(adv.)* À toa.
vonvon [võˈvõ] *(id.)* Cf. **fla vonvon.**

vota [ˈvɔta] *(n.)* 1. Vez. 2. Volta.
vota [vɔˈta] *(v.)* Votar.
votu [ˈvɔtu] *(n.)* Voto.
vovo [vɔˈvɔ] *(v.)* 1. Desintegrar. 2. Infectar.
vozu [ˈvɔzu] *(n.)* Voz.
vu [ˈvu] *(id.)* Cf. **xê vu.**
vugu [vuˈgu] *(v.)* 1. Agitar. 2. Lutar pela vida. 3. Mover.
vuguvugu [ˈvuguˈvugu] *(n.)* Toco ou pedaço de madeira que é arremessado para tirar frutos das árvores ou utilizado como arma.
vumba [vũˈba] *(v.)* 1. Desferir. 2. Enfiar.
vumbada [vũˈbada] *(n.)* 1. Purgante. 2. *Vumbada*. Mistura de folhas utilizada para o tratamento de cólicas em crianças.
vunga [ˈvũga] *(n.)* 1. Balanço. 2. Baloiço.
vunga [vũˈga] *(v.)* Ter relações sexuais.
vungu [ˈvũgu] *(n.)* 1. Canção. 2. Cantiga. 3. Música.
vunun [vuˈnũ] *(n.)* Vunun. *Ehretia scrobiculata*.
vunvu [vũˈvu] *(n.)* Abelha. Cf. **vunvun.**
vunvun [vũˈvũ] *(n.)* Abelha.
vunvun-wangadu [vũˈvũ wẽˈgadu] *(n.)* Têmpera do mosto da palmeira.
vutu [ˈvutu] *(n.)* 1. Corpulência. 2. Sombra. 3. Vulto.
vuwa [vuˈva] *(v.)* Uivar.
vuza [vuˈza] *(v.)* 1. Celebrar. 2. Comemorar. 3. Inaugurar.
vwa [ˈvwa] *(v.)* 1. Apressar(-se). 2. Correr. 3. Saltar de. 4. Voar.
vwa-sata [ˈvwa saˈta] *(n.)* 1. Atalho. 2. Corta-mato.
vya [ˈvja] *(n.)* Veia.
vyaji [ˈvjaʒi] *(n.)* Viagem.
vyantêlu [vjẽˈtelu] *(n.)* Vinhateiro.
vyola [ˈvjɔla] *(n.)* 1. Guitarra. 2. Violão.
vyolinu [vjɔˈlinu] *(n.)* Violino.
vyuva [ˈvjuva] *(n.)* Viúva. Cf. **viyuva.**
vyuvu [ˈvjuvu] *(n.)* Viúvo. Cf. **viyuvu.**

W w

wagawaga [ˈwagaˈwaga] (n.) Erva-boi. *Setaria megaphylla.*
walawala [ˈwalaˈwala] (adv.) 1. Desarrumadamente. 2. Desorganizadamente. 3. Dispersamente. 4. Espalhadamente.
wamba [wɛ̃ˈba] (n.) Água turva resultante do processo de fabricação do óleo de palma.
wan [ˈwɛ̃] (id.) 1. Cf. **betu wan** 2. Cf. **plama bili wan**
wanga [wɛ̃ˈga] (v.) 1. Derramar. 2. Entornar. 3. Espalhar.
wangadu [wɛ̃ˈgadu] (adj.) 1. Espalhado. 2. Derramado.
wangila [wɛ̃giˈla] (adv.) 1. Em grande quantidade. 2. Muito.
wê [ˈwe] (n.) 1. Broto. 2. Folhas. 3. Frente. 4. Olho. 5. Primeiro. 6. Rebento.
wê [ˈwe] (prep. n.) 1. Diante (de). 2. Em frente a. 3. Em frente de.
wê-betu [ˈwe ˈbɛtu] (adj.) 1. Acordado. 2. Atento. 3. Esperto.
wê betu klan [ˈwe ˈbɛtu ˈklɛ̃] (expr.) De olhos bem abertos.
wê-bila [ˈwe biˈla] (n.) Vertigem.
wê-bluku [ˈwe ˈbluku] (n.) Mau-olhado.
wê-d'ope [ˈwe dɔˈpɛ] (n.) Canela.
wê-glosu [ˈwe ˈglɔsu] (adj.) 1. Ganancioso. 2. Invejoso. 3. Orgulhoso.
wê-glosu [ˈwe ˈglɔsu] (n.) 1. Ganância. 2. Inveja. 3. Olho-grosso. *Speirops lugubris.* 4. Orgulho.
wê-gôdô [ˈwe ˈgodo] (adj.) Guloso.
wê-gôdô [ˈwe ˈgodo] (n.) Gula.
wê klan [ˈwe ˈklɛ̃] (expr.) De olhos bem abertos.
wê-kobo [ˈwe ˈkɔbɔ] (n.) 1. Olheiras. 2. Olhos fundos.
wê-kobo [ˈwe kɔˈbɔ] (n.) 1. Covinha. 2. Jogo de crianças.
wê-kota [ˈwe kɔˈta] (n.) Má cara.
wê-kubli [ˈwe kuˈbli] (n.) 1. Ao contrário. 2. De borco. 3. De cabeça para baixo.
wê-kume [ˈwe kuˈmɛ] (n.) *Wê-kume.* Primeira concha que se retira da panela oferecida aos **nen-ke-mu**.
wele [ˈwɛlɛ] (adv.) Agora.
wê-leve [ˈwe ˈlɛvɛ] (n.) Vidente.
welewele [ˈwɛlɛˈwɛlɛ] (adv.) 1. Agora. 2. Há pouco. 3. Recentemente.
wê-lizu [ˈwe ˈlizu] (adj.) Corajoso.

wê-lizu [ˈwe ˈlizu] (n.) Coragem.
wê-longô [ˈwe ˈlõgo] (adj.) Invejoso.
wê-longô [ˈwe ˈlõgo] (n.) 1. Inveja. 2. Saudades.
wê-lujidu [ˈwe luˈʒidu] (adj.) 1. Culto. 2. Instruído.
wê-lujidu [ˈwe luˈʒidu] (n.) 1. Culto. 2. Instruído.
wembe [ˈwɛ̃bɛ] (adj.) 1. Grande. 2. Insistente. 3. Perseverante.
wembe [ˈwɛ̃bɛ] (n.) 1. Coragem. 2. Insistência. 3. Perseverança. 4. Tambor.
wê ngenengene [ˈwe ŋgɛˈnɛ ŋgɛˈnɛ] (expr.) Olhos reluzentes.
wê-pinta [ˈwe ˈpĩta] (n.) Cego.
wê pitxipitxi [ˈwe piˈtʃipiˈtʃi] (expr.) Olhos semicerrados.
wê-poto [ˈwe ˈpɔtɔ] (n.) Vista de frente.
wê-son [ˈwe ˈsõ] (adj.) Castanho.
wê-sonson [ˈwe sõˈsõ] (adj.) 1. Dissimulado. 2. Sorrateiro.
wêtavu [weˈtavu] (adj.) Oitavo.
wêtenta [weˈtɛ̃ta] (num.) Oitenta.
wê-txofodu [ˈwe tʃɔˈfodu] (n.) 1. Caolho. 2. Zarolho.
wê-vilo [ˈwe viˈlɔ] (adj.) 1. Estrábico. 2. Vesgo. 3. Pessoa estrábica.
wê-xa [ˈwe ˈʃa] (adj.) 1. Ganancioso. 2. Invejoso. 3. Orgulhoso.
wê-xa [ˈwe ˈʃa] (n.) 1. Ganância. 2. Inveja. 3. Orgulho.
wêyê [weˈje] (v.) Remediar.
winiwini [wiˈniˈwini] (id.) 1. Cf. **kebla nwininwini**. 2. Cf. **kota nwininwini**.
winiwini [wiˈniwiˈni] (n.) 1. Estilhaço. 2. Fragmento.
wixixaxa [ˈwiʃiˈwaʃa] (n.) Desordem.
wo [ˈwɔ] (adv.) Agora.
wô [ˈwo] (v.) 1. Estar maduro. 2. Evoluir. 3. Progredir.
wôdu [ˈwodu] (adj.) 1. Crescido. 2. Idoso. 3. Maduro.
wôkô [ˈwoko] (n.) 1. Buraco. 2. Orifício. Cf. **ôkô**.
wôlôwôlô [woˈlowoˈlo] (adj.) Desconcentrado.
wôlôwôlô [woˈlowoˈlo] (id.) Cf. **kabêsa wôlôwôlô**.
wôtô [ˈwoto] (num.) Oito.
wôtô-dexi [ˈwotoˈdɛʃi] (num.) Oitenta.
wôtôsentu [wotoˈsẽtu] (num.) Oitocentos.

X x

xa [ˈʃa] *(adj.)* Cheio.
xa [ˈʃa] *(n.)* Chá.
xa [ˈʃa] *(v.)* 1. Encher. 2. Inflar. 3. Insuflar.
xada [ˈxada] *(n.)* Acampamento montado nas praias pelos pescadores para a pesca de peixe-voador na gravana.
xadu [ˈʃadu] *(adj.)* Cheio.
xa dududu [ˈʃa duduˈdu] *(expr.)* Repletíssimo.
xalanga [ʃaˈlẽga] *(n.)* Charanga.
xale [ʃaˈlɛ] *(n.)* 1. Casa pequena. 2. Chalé.
xalela [ʃaˈlɛla] *(n.)* 1. Belgata. *Cymbopogon citratus*. 2. Chá do Príncipe. *Cymbopogon citratus*. 3. Erva-limão. *Cymbopogon citratus*.
xa libita [ˈʃa libiˈta] *(expr.)* Cheííssimo.
xa lôlôlô [ˈʃa loloˈlo] *(expr.)* 1. Cheiíssimo. 2. Inchadíssimo.
xa-plaga [ˈʃa ˈplaga] *(adj.)* Azarado.
xa pu [ˈʃa ˈpu] *(expr.)* Muito cheio.
xapuxapu [ˈʃapuˈʃapu] *(n.)* 1. Graviola. 2. Gravioleira. *Anona Muricata*.
xatu [ˈʃatu] *(n.)* Chato. *Pthirus pubis*.
xavina [ˈʃavina] *(n.)* Chávena.
xdluga [ˈʃdluˈga] *(v.)* Julgar.
xê [ˈʃe] *(interj.)* Xê. Interjeição de espanto ou dúvida.
xê [ˈʃe] *(v.)* Sair.
xêdu [ˈʃedu] *(adj.)* Saído.
xefi [ˈʃefi] *(n.)* Chefe.
xeki [ˈʃeki] *(n.)* Cheque.
xê kubu [ˈʃe ˈkubu] *(expr.)* 1. Arremeter. 2. Fazer investidas. Cf. **da kubu**.
xele [ˈʃɛlɛ] *(n.)* Dinheiro.
xeli [ˈʃɛli] *(n.)* 1. Xaile. 2. Xale.
xê liba [ˈʃe ˈliba] *(expr.)* Deparar com.
xê lwa [ˈʃe ˈlwa] *(expr.)* Sair.
xembe [ʃẽˈbɛ] *(n.)* *Kolombeta*. Cf. **kolombeta**.
xempli [ˈʃẽpli] *(n.)* Caldeirão.
xê pla [ˈʃe ˈpla] *(expr.)* Sair intempestivamente.
xê sangi [ˈʃe ˈsẽgi] *(expr.)* Sangrar.
xê vu [ˈʃe ˈvu] *(expr.)* 1. Aparecer intempestivamente. 2. Sair repentinamente.
xi [ˈʃi] *(conj.)* 1. Caso. 2. Se.
xi [ˈʃi] *(dem.)* 1. Essa. **Kume xi ku ê kume.** *Essa comida que ele comeu.* 2. Essas. 3. Esse. 4. Esses.
xi [ˈʃi] *(n.)* Disenteria.
xibata [ʃibaˈta] *(v.)* Chicotear.
xidadon [ʃidaˈdõ] *(n.)* 1. Cidadão. 2. Morador. Cf. **môladô**.
xiga [ʃiˈga] *(v.)* 1. Bastar. 2. Chegar.
xigalu [ʃiˈgalu] *(n.)* Cigarro.
xigunu [ʃiˈgunu] *(n.)* Signo.
xika [ʃiˈka] *(v.)* Instigar.
xikêma [ʃiˈkema] *(n.)* Esquema.
xikila [ʃikiˈla] *(n.)* Cooperativa em que, a cada mês, algum membro dá uma parte dos seus vencimentos para ser guardado num fundo que poderá ser utilizado futuramente.
xikixiki [ˈʃikiˈʃiki] *(n.)* Pega-pega. Brincadeira de criança.
xikla [ˈʃikla] *(n.)* 1. Chávena. 2. Xícara.
xikotxi [ʃiˈkɔtʃi] *(n.)* Chicote.
xili [ˈʃili] *(n.)* Chile branco. *Drymaria cordata*.
xilinga [ʃiˈliga] *(n.)* Seringa.
xilola [ʃiˈlɔla] *(n.)* Ceroulas.
xima [ˈʃima] *(n.)* 1. Andar superior de uma casa tradicional. 2. Parte de cima.
ximba [ʃĩˈba] *(n.)* Polícias de segurança pública no tempo colonial.
ximbôtô [ʃĩˈboto] *(n.)* 1. Desajeitado. 2. Idiota. 3. Palerma. 4. Pateta. 5. Tolo. Cf. **tximbôtô**.
ximentxi [ʃiˈmẽtʃi] *(adj.)* 1. Muito. 2. Semelhante. 3. Tal.
ximidô [ʃimiˈdo] *(n.)* 1. Consumidor. 2. Ralo. 3. Sumidouro.
ximine [ʃimiˈnɛ] *(n.)* 1. Chaminé. 2. Latrina ao ar livre.
ximinteli [ʃimĩˈtɛli] *(n.)* Cemitério.
ximon-koya [ʃiˈmɔ kɔˈja] *(n.)* Simão-Correia. *Lagenaria breviflora*.
ximpli [ˈʃĩpli] *(adj.)* 1. Insosso. 2. Simples.
ximya [ʃiˈmja] *(v.)* 1. Plantar. 2. Semear.
ximyadô [ʃimjaˈdo] *(n.)* Agricultor.
ximyadu [ʃiˈmjadu] *(adj.)* Semeado.
xina [ʃiˈna] *(v.)* 1. Aperfilhar. 2. Aprender. 3. Assinar. 4. Ensinar.
xinadu [ʃiˈnadu] *(adj.)* 1. Aprendido. 2. Assinado. 3. Ensinado.
xinali [ʃiˈnali] *(n.)* Sinal.
xindja [ˈʃĩdʒa] *(n.)* Cinzas.
xinelu [ʃiˈnɛlu] *(n.)* 1. Chinela. 2. Chinelo.
xinga [ʃiˈga] *(n.)* 1. Músculo. 2. Tendão.
xingila [ʃigiˈla] *(v.)* Entrar em transe.
xinhô [ʃiˈɲo] *(n.)* 1. Festa religiosa de freguesia. 2. Ostensório. 3. Santíssimo sacramento.
xinjeli [ʃĩˈʒeli] *(n.)* 1. Parcelas. 2. Pedaço.
xinku [ˈʃiku] *(num.)* Cinco.
xinku-dexi [ˈʃiku ˈdeʃi] *(num.)* Cinquenta.
xinkwenta [ʃĩˈkwẽta] *(num.)* Cinquenta.

xinta ['ʃita] *(n.)* Cinta.
xinta-kadela ['ʃita ka'dɛla] *(n.)* Ancas.
xintu ['ʃitu] *(n.)* Cinto.
xintxi ['ʃitʃi] *(n.)* 1. Acinte. 2. Capricho. 3. Casmurrice. 4. Teimosia.
xintxi [ʃi'tʃi] *(v.)* 1. Aperceber-se de. 2. Sentir.
xintxidu [ʃi'tʃidu] *(n.)* 1. Intenção. 2. Percepção. 3. Sentido. 4. Significado.
xintximentu [ʃitʃi'mẽtu] *(n.)* Sentimento.
xinu ['ʃinu] *(n.)* 1. Ferrinhos. 2. Sineta. 3. Sino.
xipitali [ʃipi'tali] *(n.)* Hospital.
xitla ['ʃitla] *(n.)* Tecido de chita.
xitu ['ʃitu] *(n.)* 1. Local. 2. Lugar. 3. Sítio. Cf. **saka**.
xka ['ʃka] *(part.)* Partícula preverbal que exprime o progressivo aspectual. **N xka be mu ke**. *Estou a ir para casa*.
xkada ['ʃkada] *(n.)* Escada.
xkalhu ['ʃkaʎu] *(n.)* *Xkalhu*. Instrumento musical, feito de casca de coco e sementes. Usa-se um pedaço de pau como pega.
xkapa [ʃka'pa] *(v.)* Escapar.
xkedu ['ʃkɛdu] *(adj.)* Esquerdo.
xkentamentu [ʃkẽta'mẽtu] *(n.)* Gonorréia.
xkindi [ʃkĩ'di] *(n.)* Mania.
xklêvê [ʃkle've] *(v.)* 1. Escrever. 2. Descrever. 3. Desenhar.
xklêvêdô [ʃkleve'do] *(n.)* Escritor.
xklêvidu [ʃkle'vidu] *(adj.)* Escrito.
xklitoli [ʃkli'tɔli] *(n.)* Escritório.
xklitu ['ʃklitu] *(adj.)* Escrito.
xklivon [ʃkli'võ] *(n.)* Escrivão.
xkola ['ʃkɔla] *(n.)* Escola.
xkôva ['ʃkova] *(n.)* Escova.
xkudu ['ʃkudu] *(n.)* Escudo.
xlava [ʃla'va] *(v.)* Salvar. Cf. **xtlava**.
xlavadô [ʃlava'do] *(n.)* Salvador. Cf. **xtlavadô**.
xlavason [ʃlava'sõ] *(n.)* Salvação. Cf. **xtlavason**.
xlivisu [ʃli'visu] *(n.)* 1. Serviço. 2. Trabalho. Cf. **xtluvisu**.
xofelu [ʃɔ'felu] *(n.)* Motorista.
xoki ['ʃɔki] *(n.)* Acidente.
xola ['ʃɔla] *(n.)* 1. Desfile de canoas em festas religiosas de pescadores. 2. Festa de Nossa Senhora. 3. Senhora.
xota ['ʃɔta] *(n.)* Sótão.
xoxi ['ʃɔʃi] *(n.)* 1. Parceiro. 2. Sócio.
xoxo [ʃɔ'ʃɔ] *(n.)* Pica-peixe-de-peito-azul. *Halcyon malimbica dryas*.
xpanze [ʃpẽ'zɛ] *(n.)* Chimpanzé.
xplika [ʃpli'ka] *(v.)* Explicar.
xplikadu [ʃpli'kadu] *(adj.)* Explicado.
xplikason [ʃplika'sõ] *(n.)* Explicação.
xtadu ['ʃtadu] *(n.)* 1. Estado. 2. Governo.
xtaka ['ʃtaka] *(n.)* Estaca.
xtaka [ʃta'ka] *(v.)* Permanecer.
xtaki ['ʃtaki] *(n.)* Epilepsia.
xtanhu ['ʃtẽɲu] *(n.)* Estanho.
xtanka [ʃtẽ'ka] *(v.)* Estancar.

xtatwa ['ʃtatwa] *(n.)* Estátua.
xtê ['ʃte] *(n.)* 1. Amparo. 2. Batente. 3. Esteio. 4. Prumo. 5. Segurança.
xtenson [ʃtẽ'sõ] *(n.)* Extensão.
xtenta ['ʃtẽta] *(num.)* Setenta. Cf. **setenta**.
xtêpô [ʃte'po] *(n.)* 1. Achaque. 2. Fraqueza. 3. Doença. 4. Incômodo. 5. Maleita.
xtetika ['ʃtetika] *(n.)* Estética.
xtika [ʃti'ka] *(v.)* 1. Estender. 2. Esticar. 3. Morrer.
xtima [ʃti'ma] *(v.)* Estimar.
xtivadô [ʃtiva'do] *(n.)* Estivador. Cf. **xtivadô-bodo**.
xtivadô-bodo [ʃtiva'do 'bɔdɔ] *(n.)* Estivador.
xtlada ['ʃtlada] *(n.)* 1. Caminho. 2. Estrada.
xtlada-klusu ['ʃtlada 'klusu] *(n.)* 1. Cruzamento. 2. Encruzilhada.
xtlada-lasu ['ʃtlada 'lasu] *(n.)* Pequenos atalhos.
xtlafa [ʃtla'fa] *(v.)* 1. Cortar. 2. Lavrar.
xtlafasa [ʃtlafa'sa] *(v.)* Sangrar.
xtlafason [ʃtlafa'sõ] *(n.)* Escarificação.
xtlafon [ʃtla'fõ] *(n.)* Açafrão. Cf. **saflon**.
xtlaga [ʃtla'ga] *(v.)* Salgar.
xtlagadu [ʃtla'gadu] *(adj.)* Salgado.
xtlagu ['ʃtlagu] *(n.)* Estrago.
xtlaka [ʃtla'ka] *(n.)* Formiga preta e grande.
xtlakamentu [ʃtlaka'mẽtu] *(n.)* Sacramento. Cf. **saklamentu**.
xtlala [ʃtla'la] *(v.)* 1. Estalar. 2. Romper.
xtlalaxtlala ['ʃtlala'ʃtlala] *(n.)* *Xtlalaxtlala*. *Ophiobotrys zenkeri*.
xtlamunka [ʃtlamũ'ka] *(v.)* Cozer mal.
xtlamunkadu [ʃtlamũ'kadu] *(adj.)* Mal cozido.
xtlanhu ['ʃtlẽɲu] *(adj.)* 1. Desconhecido. 2. Estranho.
xtlanjêlu [ʃtlẽ'ʒelu] *(n.)* Estrangeiro.
xtlava [ʃtla'va] *(v.)* Salvar.
xtlavadô [ʃtlava'do] *(adj.)* Salvador.
xtlavadu [ʃtla'vadu] *(adj.)* Salvo.
xtlavason [ʃtlava'sõ] *(n.)* Salvação.
xtlegedu [ʃtle'gedu] *(n.)* Segredo.
xtleka [ʃtle'ka] *(v.)* Cercar.
xtlekadu [ʃtle'kadu] *(adj.)* Cercado.
xtlekadu [ʃtle'kadu] *(n.)* 1. Cercado. 2. Curral.
xtlekon [ʃtlɛ'kõ] *(n.)* 1. Cerca. 2. Cercado.
xtlela ['ʃtlela] *(n.)* Estrela.
xtlela-xtlela ['ʃtlela'ʃtlela] *(n.)* Sêlê-alê.
xtlele [ʃtle'le] *(n.)* 1. Formiga-branca. 2. Térmite.
xtlêlê [ʃtle'le] *(n.)* 1. Formiga-branca. 2. Térmite. Cf. **xtlele**. 3. Beija-flor-pequeno de São Tomé. *Anabathmis newtonii*.
xtlêlê-mangotxi [ʃtle'le mẽ'gɔtʃi] *(n.)* Beija-flor-preto de São Tomé. *Nectarinia thomensis*.
xtlena [ʃtlɛ'na] *(v.)* 1. Chuviscar. 2. Garoar. 3. Serenar.
xtlenu ['ʃtlɛnu] *(n.)* 1. Chuvisco. 2. Garoa. 3. Sereno.
xtleson [ʃtlɛ'sõ] *(n.)* Garoa. Sinaliza o início do período das chuvas.
xtleva ['ʃtleva] *(n.)* 1. Escuridão. 2. Trevas. 3. Tre-

vas. Representação teatral que ocorre na Quarta-Feira de Cinzas.
xtlijon [ʃtliˈʒɔ̃] *(n.)* Terapeuta tradicional.
xtlijon-matu [ʃtliˈʒɔ̃ ˈmatu] *(n.)* Terapeuta tradicional especializado em coletar remédios no mato.
xtlimonha [ʃtliˈmɔ̃ɲa] *(n.)* Cerimônia.
xtlinki [ˈʃtlĩki] *(id.)* Cf. **novu xtlinki.**
xtlivi [ʃtliˈvi] *(v.)* 1. Servir. 2. Trabalhar.
xtlividô [ʃtliviˈdo] *(n.)* 1. Empregado. 2. Servidor.
xtlivisu [ʃtliˈvisu] *(n.)* 1. Serviço. 2. Trabalho. Cf. **xtluvisu.**
xtloa [ʃtlɔˈa] *(v.)* 1. Atordoar. 2. Ficar atordoado.
xtloadu [ʃtlɔˈadu] *(adj.)* Atordoado.
xtlofi [ˈʃtlɔfi] *(n.)* Melão-de-São-Caetano. ***Momordica charantia.***
xtlofi-d'ôbô [ˈʃtlɔfi doˈbo] *(n.)* Xtlofi-d'ôbô. ***Diplocyclos palmatus.***
xtloga [ˈʃtlɔga] *(n.)* 1. Nora. 2. Sogra.
xtlogu [ˈʃtlɔgu] *(n.)* 1. Genro. 2. Sogro.
xtlôkô [ˈʃtloko] *(n.)* Xaroco. ***Eleotris vittata.***
xtlôlô [ˈʃtlolo] *(n.)* 1. Esforço. 2. Sacrifício. 3. Suor.
xtlova [ʃtlɔˈva] *(v.)* Estorvar.
xtlôvê [ʃtloˈve] *(v.)* 1. Converter. 2. Esconjurar um malefício com a ajuda de um padre. 3. Solver.
xtlumu [ˈʃtlumu] *(n.)* Estrume.
xtluvisu [ʃtluˈvisu] *(n.)* 1. Serviço. 2. Trabalho.
xtofa [ʃtɔˈfa] *(v.)* Estufar.
xtofadu [ʃtɔˈfadu] *(adj.)* Estufado.
xtuda [ʃtuˈda] *(v.)* Estudar.
xtudantxi [ʃtuˈdẽtʃi] *(n.)* 1. Estudante. 2. Sacristão.
xtudu [ˈʃtudu] *(n.)* Estudo.
xuxu [ˈʃuʃu] *(n.)* 1. Faca. 2. Punhal. 3. Garça-de-cabeça-negra. ***Butorides striatus.***

Y y

ya [ˈja] *(adv.)* **1.** Aqui. **2.** Eis. **Ya mina mu en.** *Eis a minha filha.*

yaga [ˈjaga] *(n.)* Andim seco.

yaga [jaˈga] *(v.)* **1.** Abandonar. **2.** Banalizar. **3.** Desprezar. **4.** Extrair.

yala [jaˈla] *(adv.)* Eis ali.

yalala [jalaˈla] *(adv.)* **1.** Ali. **2.** Lá. **Yalala ka kume.** *Lá está a comer.*

yale [jaˈlɛ] *(adv.)* **1.** Eis. **Yale nansê bi xê mu ke.** *Eis que vocês me apareceram.* **2.** Eis aqui.

yanga [jẽˈga] *(v.)* **1.** Abrir. **2.** Desarticular. **3.** Escancarar.

yaya [jaˈja] *(n.)* Sementes subdesenvolvidas de izaquente.

yayaya [jajaˈja] *(v.)* Pinicar.

yê [ˈje] *(v.)* **1.** Agradar. **2.** Amontoar. **3.** Apanhar. **4.** Apetecer. **5.** Arrumar. **6.** Tomar. **yê pikina**. *Tomar um bocadinho.*

yêdu [ˈjedu] *(adj.)* Amontoado.

yeta [jeˈta] *(v.)* **1.** Apegar(-se). **2.** Esconder(-se). **3.** Grudar.

yetayeta [ˈjetaˈjeta] *(n.)* **1.** Cantinho. **2.** Esconderijo. **3.** Labirinto.

yô [ˈjo] *(adv.)* Sim.

yô [ˈjo] *(n.)* **1.** Ilhéu. **2.** Ribeira. **3.** Rio.

yô [ˈjo] *(quant.)* Muito. **Sun tê yô likêza.** *Ele tem muita riqueza.*

yobo [jɔˈbɔ] *(n.)* Noz-moscada-da-Jamaica. ***Monodora myristica.***

yogo [jɔˈgɔ] *(v.)* **1.** Afrouxar. **2.** Convalescer. **3.** Curar. **4.** Decair. **5.** Esmorecer. **6.** Melhorar. **7.** Pender.

yôlô [joˈlo] *(v.)* **1.** Afastar(-se). **2.** Desamarrar. **3.** Despir(-se).

yono [jɔˈnɔ] *(v.)* **1.** Beliscar. **2.** Retirar um naco.

yôxi [ˈjoʃi] *(adv.)* Sim.

yôyô [joˈjo] *(n.)* Bala de chumbo.

yoyo [jɔˈjɔ] *(n.)* Pênis de criança.

Z

za ['za] *(adv.)* 1. Agora. 2. Já.
zage [za'gɛ] *(n.)* 1. Lança. 2. Zagaia.
zagli ['zagli] *(n.)* 1. Doença cutânea grave. 2. Lepra. 3. Sarna.
zaguli [zagu'li] *(v.)* 1. Desfazer(-se). 2. Desfiar. 3. Destruir. 4. Rasgar.
zala [za'la] *(v.)* 1. Ciscar. 2. Desfazer. 3. Dispersar. 4. Esgravatar. 5. Espalhar.
zaladu [za'ladu] *(adj.)* 1. Ciscado. 2. Desfeito. 3. Disperso. 4. Esgravatado. 5. Espalhado.
zali ['zali] *(n.)* Verme. Cf. **nzali**.
zalima ['zalima] *(n.)* 1. Alma. 2. Fantasma.
zalima-bluku ['zalima 'bluku] *(n.)* 1. Alma dos que tiveram uma morte violenta. 2. Alma penada.
zalu ['zalu] *(n.)* Jarro.
zamba [zẽ'ba] *(adj.)* Muito grande.
zamba [zẽ'ba] *(n.)* Elefante.
zambomba [zẽ'bõba] *(n.)* Zabumba.
zami ['zami] *(n.)* Exame.
zamumu [zamu'mu] *(n.)* Zamumu. *Gambeya africana*.
zanela [za'nɛla] *(n.)* Janela.
zanove [za'nɔvɛ] *(num.)* Dezanove. Cf. **dezanovi**.
zanta [zẽ'ta] *(n.)* Jantar.
zanta [zẽ'ta] *(v.)* Jantar.
zanve [zẽ'vɛ] *(n.)* Zanve. *Tylosurus acus rafale*.
zanvyadu [zẽ'vjadu] *adj.* 1. Enviesado. 2. Torto.
zao [za'ɔ] *(adv.)* 1. A seguir. 2. Depois. 3. De seguida. 4. Então. Cf. **zawo**.
zasete [za'sɛtɛ] *(num.)* Dezassete. Cf. **dezasete**.
zasêxi [za'seʃi] *(num.)* Dezasseis. Cf. **dezasêxi**.
zatona [za'tɔna] *(n.)* Azeitona.
zaxpela [zaʃpɛ'la] *(v.)* Desesperar.
zaxpeladu [zaʃpɛ'ladu] *(adj.)* Desesperado.
zawa ['zawa] *(n.)* Urina.
zawo [za'wɔ] *(adv.)* 1. A seguir. 2. Depois. *Nganha ka plapla aza zawo pa ê vwa. A galinha experimenta as asas para depois voar.* 3. De seguida. 4. Então. Cf. *Zawo bô ka punta non. Então perguntas-nos.* 5. Seguidamente.
zaya ['zaja] *(n.)* Zaya. *Cassia podocarpa*.
zazaza [zaza'za] *(id.)* Cf. **lêdê zazaza**.
zeda [zɛ'da] *(v.)* Azedar.
zedadu [zɛ'dadu] *(adj.)* 1. Azedado. 2. Cansado.
zedon [zɛ'dõ] *(n.)* Azedo.
zedon môlô [zɛ'dõ 'molo] *(expr.)* Acérrimo.
zedu ['zɛdu] *(adj.)* Azedo.
zedu kankankan ['zɛdu kẽkẽ'kẽ] *(expr.)* Acérrimo.

zedu ndonkli ['zɛdu 'ndõkli] *(expr.)* Acérrimo.
zegezege [zɛ'gɛzɛ'gɛ] *(id.)* 1. Cf. **kebla zegezege**. 2. Cf. **pobli zegezege**.
zêkentxi [zɛ'kẽtʃi] *(n.)* Izaquente. *Treculia africana*.
zekete [zɛkɛ'tɛ] *(id.)* Cf. **tason zekete**.
zelason [zɛ'lasõ] *(n.)* Geração.
zele [zɛ'lɛ] *(v.)* 1. Apodrecer. 2. Desfazer(-se).
zema ['zɛma] *(n.)* Gema.
zema [zɛ'ma] *(v.)* 1. Algemar. 2. Cair inerte.
zemadu [zɛ'madu] *(adj.)* 1. Algemado. 2. Inerte.
zeme [zɛ'mɛ] *(n.)* Gemido.
zeme [zɛ'mɛ] *(v.)* Gemer.
zenha [zẽ'ɲa] *(v.)* Engendrar.
zentria [zẽ'tria] *(n.)* Disenteria.
zentxi ['zẽtʃi] *(n.)* Gente.
zenze [zẽ'zɛ] *(n.)* Zenze. *Pachylobus edulis*.
zeta [zɛ'ta] *(v.)* 1. Abandonar. 2. Detestar. 3. Rejeitar.
zetadu [zɛ'tadu] *(adj.)* 1. Abandonado. 2. Enjeitado. 3. Rejeitado.
zêtê [zɛ'tɛ] *(n.)* 1. Azeite. 2. Óleo de palma.
zêtê-doxi ['zete 'dɔʃi] *(n.)* Azeite de oliva.
zêtê-pema ['zete 'pɛma] *(n.)* Óleo de palma.
zêtu ['zɛtu] *(n.)* Jeito. Cf. **jêtu**.
zimblon [zĩ'blõ] *(n.)* Maçã-da-Índia. *Ziziphus abyssinica*.
zo ['zɔ] *(adv.)* 1. A seguir. 2. Depois. 3. De seguida. 4. Então. Cf. **zawo**.
zobla ['zɔbla] *(n.)* Obras públicas.
zobozobo [zɔ'bɔzɔ'bɔ] *(adj.)* Flácido.
zôgô ['zogo] *(n.)* Jogo.
zolo ['zɔlɔ] *(n.)* Anzol. Cf. **nzolo**.
zolo [zɔ'lɔ] *(v.)* Misturar.
zolodu [zɔ'lɔdu] *(adj.)* 1. Misto. 2. Misturado.
zona ['zɔna] *(n.)* Zona.
zôplô ['zoplo] *(n.)* Simulação.
zozo [zɔ'zɔ] *(v.)* 1. Desfazer(-se). 2. Desintegrar. 3. Espalhar.
zozodu [zɔ'zɔdu] *(adj.)* 1. Desfeito. 2. Desintegrado. 3. Espalhado.
zu ['zu] *(v.)* Latejar.
zuda ['zuda] *(n.)* 1. Ajuda. 2. Judas. 3. Pessoa falsa. 4. Pessoa traiçoeira.
zuda [zu'da] *(v.)* Ajudar.
zuda pê [zu'da 'pe] *(expr.)* Descarregar.
zudê [zu'de] *(n.)* 1. Atum-judeu. *Katsuwonus pelamis*. 2. Judeu.
zuga [zu'ga] *(v.)* 1. Atirar. 2. Jogar.

zuga buta [zuˈga buˈta] *(expr.)* Deitar fora.
zuga kupi [zuˈga kuˈpi] *(expr.)* Cuspir.
zuga vitô [zuˈga ˈvito] *(expr.)* Mentir.
zuguzugu-dansu [ˈzuguˈzugu ˈdẽsu] *(n.)* *Zuguzugu-dansu*. Personagem ajudante do feiticeiro no **dansu-kongô**.
zuji [ˈzuʒi] *(n.)* 1. Juiz. 2. Juízo.
zuku [ˈzuku] *(n.)* 1. Excrementos. 2. Fezes. Cf. **nzuku**.
zula [zuˈla] *(v.)* Jurar.
zuladu [zuˈladu] *(adj.)* Jurado.
zulu [ˈzulu] *(n.)* Azul.
zulu kankankan [ˈzulu kẽkẽˈkẽ] *(expr.)* Azulíssimo.
zumba [ˈzũba] *(n.)* 1. Aflição. 2. Desgraça. 3. Problema.
zumbi [zũˈbi] *(n.)* 1. Espírito. 2. Fantasma.
zumbu [zũˈbu] *(n.)* 1. Fralda. 2. Tanga.
zungu [ˈzũgu] *(n.)* Quebra-machado. *Cynometra mannii*.
zunta [ˈzũta] *(n.)* 1. Junta. 2. Joelho.
zunta [zũˈta] *(v.)* 1. Ajuntar. 2. Juntar. 3. Misturar. 4. Reunir.
zuntadu [zũˈtadu] *(adj.)* 1. Juntado. 2. Junto. 3. Misturado.
zunta fôgô [zũˈta ˈfogo] *(expr.)* Preparar o fogo.
zuntamentu [zũtaˈmẽtu] *(n.)* 1. Ajuntamento. 2. Rebaldaria.
zuntu [ˈzũtu] *(adj.)* Junto.
zunzwa [zũˈzwa] *(v.)* Jejuar.
zusa [ˈzusa] *(n.)* Tiririca-comum. *Cyperus rotundus*.
zuxtisa [zuʃˈtisa] *(n.)* Justiça.
zuxtu [ˈzuʃtu] *(adj.)* 1. Apertado. 2. Exato. 3. Justo.
zuzuzu [zuzuˈzu] *(id.)* 1. Cf. **fela zuzuzu**. 2. Cf. **kenta zuzuzu**. 3. Cf. **kentxi zuzuzu**.

Dicionário livre português/santome

A a

a 1. E. 2. Ê. 3. Êlê. 4. San.
-a 1. E. 2. Ê. 3. Êlê. 4. San.
aba Aba.
abacate Bakatxi.
abacateiro 1. Bakatxi. 2. Po-bakatxi. *Persea americana*.
abacaxi Nanaji.
abade Badji.
abafado Bafadu.
abafar 1. Bafa. 2. Kapa.
abaixado 1. Bazadu. 2. Kukunudu.
abaixar Vlega.
abaixar(-se) 1. Baza. 2. Kukunu.
abaixo-assinado Baxa-xinadu.
abanador Banadô.
abanar 1. Bana. 2. Djinga. 3. Jinga.
abanar agitadamente o corpo Djinga gidigidi.
abancar Banka.
abandalhado Lalaxadu.
abandalhar Lalaxa.
abandonado 1. Azêtô. 2. Zetadu.
abandonar 1. Lega. 2. Yaga. 3. Zeta.
abastado Gôdô.
abastança Legela.
abater Batê.
abatido Kiovodu.
abatimento Batêmentu.
abcesso 1. Môlôkentxi. 2. Pôxtêma.
abdômen Ite.
à beira de Begabega.
abelha 1. Vunvu. 2. Vunvun.
abençoar 1. Benzê. 2. Da bensa. 3. Da benson.
abertíssimo Betu wan.
aberto 1. Betu. 2. Bilidu. 3. Vadu.
abertura Faxi.
abóbora Bobla.
aboboreira Bobla.
abordoar Da bodon.
aborrecer 1. Bluxa. 2. Flema.
aborrecer(-se) Blôsê.
aborrecido 1. Blôxidu. 2. Bluxadu.
abortar 1. Lanka bega. 2. Môvê.
aborto 1. Bega-lanka. 2. Bega-môvê. 3. Môvê.
abotoar Taka boto.
abraçado Buyadu.
abraçar 1. Blasa. 2. Buya. 3. Da buya. 4. Dêdê.
abraço Blasu.
abrandar 1. Blanda. 2. Klama.
abrenúncio! 1. Ablunusu. 2. Klê ni dêsu padê klusu.
abril Abli.
abrir 1. Bili. 2. Fana. 3. Yanga.
abrir as pernas Mya.
abrir-se com Bili.
absolutamente nada Nyuku.
absorvente íntimo Late.
abundantemente 1. Amblôyô. 2. Mankwete.
abusado Fyadu.
abusar Buza.
acabado Kabadu.
acabamento Kabamentu.
acabar 1. Dumu. 2. Kaba. 3. Mata.
acabar completamente Kaba lolo.
acabar de Kaba.
acácia Alkase. *Cassia spectabilis*.
açafrão 1. Saflon. 2. Xtlafon. *Curcuma longa*.
acalmar 1. Gunda. 2. Ngunda. 3. Sosega.
acalmar da chuva Klama.
acalmar(-se) Kaluma.
açambarcar Fulu.
acampamento montado nas praias pelos pescadores para a pesca de peixe-voador na gravana 1. Txada. 2. Xada.
acanhar Kanha.
acariciar 1. Dôlô. 2. Gunda.
acarinhar Ngunda.
acasalar Da kasa.
aceitar Seta.
acender 1. Lêdê. 2. Pega. 3. Sendê.
acérrimo 1. Zedon môlô. 2. Zedu kankankan. 3. Zedu ndonkli.
acertadamente Kaba.
acesíssimo Lêdidu ngêêê.
aceso Lêdidu.
acha 1. Axa. 2. Manduku.
achaque Xtêpô.
achatado Lapa.
achatar Lapa.
acicatar Da txifina.
acicate Txifina.
acidente Xoki.
acinte Xintxi.
acne Mpyan-kana.
aço Asu.
acocorado Kukunudu.
acocorar Kukunu.
açoitar 1. Da sôtxi. 2. Da vala.

açoite 1. Sôtxi. 2. Vala.
acolá 1. Ala. 2. Nala.
acomodar Komoda.
acompanhar Lêlê.
aconchegado Kunudu.
aconchegar 1. Da bendenxa. 2. Dôlô.
aconchegar o bebê Kenta mina.
aconchego Ite-ite.
aconselhar Ngunda.
acontecer Da ku.
acordado 1. Kodadu. 2. Wê-betu.
acordar 1. Fana wê. 2. Koda.
acordo Kumbinason.
acostumado Kuxtumadu.
açougue Tayu.
acreditar Kêlê.
acrescentado Klêsentadu.
acrescentar 1. Klêsenta. 2. Sala.
acrescer Sala.
acréscimo Klesentu.
açúcar Sukli.
acudam! Kidalê.
acudir 1. Kudji. 2. Valê.
acusar Kuza.
ademais Andeji.
adenia Fisandja. *Adenia cissampeloides.*
adeus! Ê byê pema.
adeus Adêzu.
adeus para sempre Adêwa-kongô.
adiante Vantxi.
adiar Liba.
adivinha Agwêdê.
adivinhador Dinvyadô.
adivinhar Dinvya.
administração Amixtlason.
admirado Dimiladu.
admirar Dimila.
admoestar 1. Da baki. 2. Lêklê.
adorar 1. Goxta. 2. Ngoxta.
adornado Latêyadu.
adornar Pentxa.
adorno Latêya.
adubar Dumba.
adufe Ndufa.
adulto 1. Felon. 2. Maxpadu. 3. Ngê-tamen.
advertido Lêklidu.
advertir Lêklê.
advogado Avogadu.
aeroplano Lomplanu.
aeroporto Kampu-d'avyon.
afagar Dêdê.
afamado Famadu.
afamar Bafama.
afastar Foko.
afastar(-se) 1. Fô. 2. Yôlô.
afazeres domésticos Lida.
afetar Lefeta.

afiado Moladu.
afiançar Fyansa.
afiar Mola.
afilhada Fyada.
afilhado Fyadu.
afilhado do mesmo padrinho ou da mesma madrinha Subyan.
a fim de Pa.
afinal 1. Anda. 2. Lôgô.
afinar Fina.
afincar-se Klana.
aflição 1. Aflison. 2. Zumba.
afligir 1. Fênêtxiga. 2. Fliji. 3. Plovoka.
aflito 1. Fênêtxigadu. 2. Flijidu.
afogar(-se) Foga.
afoito 1. Tententen. 2. Tlêbêsubê.
África Aflika.
africano Aflikanu.
afrontamento Flontamentu.
afrouxar 1. Blanda. 2. Yogo.
afta Tlubutu-boka.
afundado Fundadu.
afundar(-se) Funda.
agarradíssimo Têdu kankankan.
agarrado Têdu.
agarrar 1. Anha. 2. Ngansa. 3. Pala. 4. Tê.
agarrar com força Pega kabu.
agarrar pelo pescoço Glavata.
agasalhado Bufadu.
agente da autoridade Blasu-d'alê.
agente de polícia Polixa.
agitação 1. Kalema. 2. Kumbila. 3. Tlubulason.
agitado 1. Bulidu. 2. Tlubuladu. 3. Tugudu. 4. Uxidu.
agitar 1. Tugu. 2. Uxi. 3. Vugu.
agitar-se 1. Buli. 2. Denge.
agitar(-se) 1. Djinga. 2. Jinga.
aglomeração de casas Lôdô.
aglomerado Pôsô.
aglomerar Tutu.
agora 1. Myole. 2. Wele. 3. Welewele. 4. Wo. 5. Za.
agosto Agôxtô.
agradar 1. Bwada. 2. Kyê toma kadu. 3. Yê.
agradável Doxi.
agradecer Da dêsu paga.
agravar Glava.
agravar-se Pyola.
agravo Glavu.
agrião 1. Fya-nginhon. *Roripa nasturtium-aquaticum.* 2. Nginhon.
agrião-do-mato Nginhon-matu. *Peperomia pellucida.*
agricultor Ximyadô.
água Awa.
água mineral gasosa Awa-flêbê.
água parada coberta de limo Ôlyô.
água potável Awa-xelele.
água-viva Men-dawa.

aguardar Gwada.
aguardente 1. Awadentxi. 2. Bagasu.
aguardente misturada com água Kaxalamba.
água turva resultante do processo de fabricação do óleo de palma Wamba.
aguçado Pyonpyonpyon.
aguçar Lavla.
aguentar 1. Dêfendê. 2. Gwenta. 3. Ngwenta. 4. Podji.
agulha Guya.
agulhão-bandeira Pixi-ndala. *Istiophorus albicans.*
agulheiro Gyêlu.
Fórmula de introdução de uma adivinha utilizada pelo emissor, ao que o receptor responde alê. Agwêdê.
aí 1. So. 2. Soku. 3. Soso. 4. Sososo.
ai Jesus! Jizu.
ai meu deus! Kidalê.
ainda Antawo.
ainda bem 1. Axi bonja. 2. Bondja.
ainda não 1. Antawo. 2. Naxi.
ajeitar Kyê ku.
ajoelhar 1. Da dizê. 2. Kebla dizê.
ajuda Zuda.
ajudar 1. Valê. 2. Zuda.
ajudar de forma enviesada Da jêtu.
ajuntamento Zuntamentu.
ajuntar 1. Tutu. 2. Zunta.
ajuntar-se Lema pê.
alada Alada. Dança típica.
alagar Awa toma.
alamanda-de-flor-grande Alamanda. *Orelia grandiflora.*
alarde Plantu.
albino Ôkôsô.
alcançar Nganha.
álcool Aloko.
alcunha Nomi-ke.
aldeia Luxan.
aldrabice Muzula.
alecrim Likli.
alegre Legli.
alegria 1. Alêglia. 2. Gôxtô. 3. Lêglia.
aleijado 1. Lêzadu. 2. Mankêlê.
aleijar Lêza.
além disso 1. Andeji. 2. Andeji me.
alento Anumu.
alergia Buyada.
alertar Pita.
alface Alfasi.
alfaiate 1. Lêfatxi. 2. Lifyatxi.
alfavaca Alfabaka. *Peperomia pellucida.*
alfinete Finêtê.
alforreca Men-dawa.
algazarra Kôlombêya.
algemado Zemadu.
algemar Zema.
algibeira 1. Djibela. 2. Jibela.

algo Kwa.
algodão 1. Alugudon. 2. Uwu-dêsu. *Gossypium barbadense.*
algo de borla Bolila.
alguidar Lígida.
alguns Ũa-dôsu.
alho Ayu.
alho-d'ôbô 1. Ayu-d'ôbô. 2. Po-klusu. *Psychotria peduncularis.*
ali Yalala.
aliado 1. Aliadu. 2. Damon.
aliás Andeji.
alicate Likatxi.
alicerce Kabôkô.
alimandadji Alimandadji. Dança comumente executada no fim das empreitadas, sobretudo nas roças.
alimento cozido à base de farinha de milho, enrolado em folha de bananeira Makunga.
alimento mal cozido Nkon.
alimento preparado à base de banana madura pisada e farinha de milho 1. Kafungu. 2. Txifungu.
alimento sagrado oferecido aos antepassados no djambi e repartidos depois da meia-noite pela audiência Kudia.
alinhavar 1. Linhava. 2. Neva.
alisar Palya.
aliviar 1. Fia. 2. Livla.
alma 1. Alima. 2. Kazumbi. 3. Zalima.
alma dos que tiveram uma morte violenta Zalimabluku.
alma penada 1. Alima-plêdidu. 2. Navin. 3. Zalimabluku.
almirante 1. Almilantxi. 2. Kapiton-vapô. 3. Komandantxi-vapô.
almoçar Lomosa.
almoço Lomosu.
almofada 1. Mufada. 2. Munfada.
almofariz Ôdô.
almude 1. Almidi. 2. Almudi.
aloés 1. Aliba-blaboza. 2. Blaboza. *Aloe humilis.*
alqueire Kwata.
altar 1. Atali. 2. Plukutu.
alto Longô.
alto mar Ble-d'omali.
alugar 1. Lenda. 2. Luga.
aluguer Lenda.
alumínio 1. Alumidu. 2. Aluminu.
aluno Alunu.
alvoroçar Lovlosa.
ama de leite Ama-seka.
amadurecer bastante Mela.
amadurecido Bôbôdu.
amainar Klana.
amaldiçoado Lazadu.
amaldiçoar Laza.
amalucadamente Dôdô-dôdô.
amamentar Mama.
a maneira de as mulheres dobrarem o vestido ou a saia de forma que o sexo não fique visível Kilambu.
amanhã 1. Amanha. 2. Amanhan.

amanhecer 1. Fe dja. 2. Plama bili. 3. Plama da kôdon. 4. Plama klaya.
amanhecer depressa Plama bili wan.
amansar 1. Doma. 2. Mansa.
amante 1. Kamalada. 2. Venxa. 3. Vivenxa.
amantizado Pujitadu.
amantizar 1. Kudji ome. 2. Toma mina. 3. Toma mwala. 4. Pujita.
amar 1. Gôgô. 2. Gongô. 3. Goxta. 4. Mensê. 5. Mêsê. 6. Ngoxta.
amarelo 1. Bôbô. 2. Malelu.
amargado Mlagadu.
amargar Mlaga.
amargoso 1. Mlagadu. 2. Mlagôzu. *Mammea africana.*
amargura Magula.
amarrado 1. Maladu. 2. Sokadu.
amarrar 1. Mala. 2. Soka.
amarrotado 1. Klinkinhadu. 2. Matxokadu.
amarrotar 1. Fubuka. 2. Klinkinha. 3. Matxoka.
ama-seca Ama-seka.
amásia 1. Venxa. 2. Vivenxa.
amassar 1. Fubuka. 2. Mansa. 3. Masa.
amedrontado Talantadu.
amedrontar Talanta.
amêijoa Amêjua. *Cerastoderma edule.*
ameixoeira-africana Musinika. *Prunus africana.*
ameixoeira-da-baía Limon-ple. *Ximenia americana.*
amén Amen.
amendoeira-da-Índia Klôsô. *Terminalia catappa.*
amendoim 1. Gumba. 2. Ngumba. *Arachis hypogaea.*
a mesma história de sempre! Axen so.
amiga 1. Dêya. 2. Miga.
amigado Pujitadu.
amigar 1. Kudji ome. 2. Miga. 3. Pujita. 4. Toma mina. 5. Toma mwala.
amigo 1. Dêya. 2. Migu.
amolado Moladu.
amolar Mola.
amolecer Mwe.
amolecido Byololo.
amolejado Byololo.
amolgar Fubuka.
amontoado Yêdu.
amontoar 1. Dumba. 2. Lô. 3. Yê.
amor 1. Amôlê. 2. Amwêlê. 3. Kodo-kloson. 4. Mêsê.
amora Mulangu-d'ôbô. *Rubus pinnatus.*
amoreira Mulela. *Milicia excelsa.*
amparado Têdu.
amparo Xtê.
amplo Lalugu.
amuleto Kontla.
amuleto em forma de almofada com enchimento de ervas, usado para proteção do recém-nascido Kôlô.
anã 1. Anan. 2. Bakôwa.
anágua 1. Longô. 2. Nawa.
analfabeto Abube.
ananás Nanaji.
ananaseiro Nanaji. *Ananas comosus.*
anão 1. Anan. 2. Bakôwa. 3. Tôtô.
anato Jinklo. *Bixa orellana.*
ancas 1. Kadela. 2. Nkon-kadela. 3. Xinta-kadela.
âncora 1. Ankôla. 2. Fundadô. 3. Fundjadô.
andado Ndadu.
andaime Andami.
andar 1. Andali. 2. Nda.
andar da procissão Andôlô.
andar de forma lenta e arrastada Tete.
andar superior de uma casa tradicional Xima.
andim Andji. *Elaeis guinensis.*
andim muito tenro 1. Imeme. 2. Umeme.
andim seco Yaga.
andiroba 1. Gôgô. 2. Gôgô-vlêmê. *Carapa procera.*
andor Andôlô.
andorinha Andôlin.
andú Fezon-kongô. *Cajanus cajan.*
anel Neni.
anexo Myawa.
angina Klonklo.
Angola Ngola.
angola Sulu.
angolar Ngola. Grupo étnico Angolar de São Tomé e Príncipe.
angu Angu.
angústia Anxa.
anil Anili.
anileiro Agô-matu. *Indigofera tinctoria.*
animal Bisu.
ânimo Anumu.
aniversário Dja-d'anu.
anjo Anzu.
anjogo Anjogo. *Tristemma mauritianum.*
anjolo Enjolo. *Neospiza concolor.*
ano Anu.
anona Nona. *Anona squamosa.*
ânsia Anxa.
ansioso 1. Kwaji. 2. Kyolakyola.
antebraço Axa-mon.
anteontem 1. Antonte. 2. Antonten.
antepassados familiares Nen-ke-mu.
antes 1. Antix. 2. Antix ku. 3. Milhon. 4. Minhon.
antes que Antix pa.
antever Bê ku pena d'ubwê.
antigamente Noxtempu.
antiga moeda de cobre de cinquenta centavos Makuta.
anunciar 1. Da blandu. 2. Da patxi.
anúncio 1. Bladu. 2. Blandu.
ânus 1. Fulu-d'uku. 2. Fulu-kadela. 3. Myôtô-kadela. 4. Uku.
anzol 1. Nzolo. 2. Zolo.
anzolama Saka-nzolo.
ao avesso (usado apenas para roupas) Luvesa.
ao contrário (usado apenas para roupas) Luvesa.
ao contrário Wê-kubli.

ao lado de Bodo.
ao longo de Lêlê.
ao menos 1. Amenu. 2. Sekelu. 3. Tudu modu.
ao pé de Ite-ite.
ao redor de Loja.
aos montes Montxi.
aos poucos Fifi.
apaga-olho-branco Paga-wê-blanku. *Elaeophorbia drupifera.*
apagado Pagadu.
apagar Paga.
apalermado 1. Dongô-moli. 2. Nhongônhongô.
apalpar 1. Papla. 2. Plapa.
apalpar o terreno Plapa son.
apanhar 1. Anha. 2. Djê. 3. Jê. 4. Panha. 5. Yê.
aparecer 1. Da saklixtu. 2. Plasê.
aparecer intempestivamente Xê vu.
aparentemente Palêsê.
apartado Patadu.
apegar(-se) Yeta.
apego Ite-ite.
apelido 1. Apilidu. 2. Nomi-familya.
apenas 1. Sela. 2. So. 3. Tan. 4. Tangana.
aperceber-se Lepala.
aperceber-se de Xintxi.
aperfilhar Xina.
apertadíssimo Fisadu kôkôkô.
apertado 1. Petadu. 2. Sokadu. 3. Zuxtu.
apertar 1. Peta. 2. Plêmê. 3. Soka.
apesar disso Axen me.
apetecer Yê.
apetite sexual 1. Sêdji. 2. Sêji.
apiedar-se de Tê pena.
apitar Pita.
apito Pitu.
aplainar 1. Palya. 2. Plana.
apodrecer 1. Dana. 2. Poto. 3. Zele.
apodrecido Potodu.
apoiado 1. Apoyadu. 2. Koxtadu.
apoiar Poya.
apoiar(-se) Koxta.
apontar 1. Dika. 2. Ndika. 3. Ponta.
apoquentar Lefeta.
aposento Pusentu.
aposta 1. Kalikali. 2. Poxta.
apostar 1. Pê poxta. 2. Poxta.
apóstolo Apoxtulu.
apreciar 1. Goxta. 2. Ngoxta.
aprender Xina.
aprendido Xinadu.
apresentar Plêzenta.
apressadamente Lufugôzu.
apressado 1. Djandja. 2. Djandjan. 3. Janja. 4. Janjan.
apressar(-se) Vwa.
aproveitador Supadô.
aproveitar Ploveta.

aproximar-se Lwelwe.
aproximar(-se) Pôzê.
aquecer 1. Fela. 2. Kenta.
aquecer o útero (prática tradicional pós-parto) Fela madlê.
aquecido 1. Feladu. 2. Kentadu.
aquecimento Kentula.
a que horas Kê mind'ola.
aquela 1. Isaki. 2. Isala. 3. Ixi. 4. Sala.
aquelas 1. Isala. 2. Ixi. 3. Sala.
aquele 1. Isaki. 2. Isala. 3. Ixi. 4. Sala.
aquele que dá o mote em uma sessão musical ou folclórica Gatela.
aquele que entoa ladainhas nos velórios Kantôlô.
aquele que vai Badô.
aquele que vê Bêdô.
aqueles 1. Isala. 2. Ixi. 3. Sala.
aquentar Kenta.
aqui 1. Ayen. 2. Nai. 3. Ya.
aqui d'el rei! Kidalê.
aquilo Kwa.
ar Oali.
arame Alami.
aranha Alan.
aranha *mangenge* Mangenge.
arapuca Mutambu.
araticum-da-praia Nona-konxa. *Annona glabra.*
arca Alika.
arco Aluku.
arco-íris Aluku.
arder Lêdê.
ardido Lêdidu.
ardor de uma ferida Lêdê zazaza.
ardor provocado por pimenta Lêdê zazaza.
areia Alya.
argamassa Masa.
argamassador Masadô.
argila Balu.
arguto Blabu.
armadilha 1. Lema. 2. Tambwê.
armadilha em forma de gancho para apanhar ratos e mussaranhos Kitaka.
armadilha feita de fibra de folha da palmeira utilizada na captura do camarão Muswa.
armadilha utilizada para caçar pequenos pássaros ou o munken Fle.
armadilha utilizada para capturar morcegos Kapwele.
armado Lemadu.
armador Lemadô.
armar Lema.
armar-se em pessoa fina Fe fina.
armar-se em valentão Fe luvon.
armário Alumayu.
armar uma armadilha Mina.
armazém 1. Alimanze. 2. Alumanze. 3. Kilala.
armazenar Kanga.
arraia Uza.

arrancado Lankadu.
arrancar 1. Kono. 2. Lanka.
arranhado Fonodu.
arranhar Fono.
arranjar Lanja.
arranjar problemas Fêtwa.
arrasado Lazadu.
arrasar Laza.
arrastar Saya.
arrebentar 1. Lebenta. 2. Salu.
arrecadado Lôklidu.
arrecadar 1. Ganha. 2. Lôklê. 3. Nganha.
arrefecer Fia.
arrefecer completamente Fia kôkôkô.
arregalado Blagadu.
arregalar 1. Blaga. 2. Fana. 3. Va wê.
arremeter 1. Da kubu. 2. Xê kubu.
arrendado Lendadu.
arrendamento Lenda.
arrendar 1. Lenda. 2. Luga.
arrepender Lêpendê.
arrependido Lêpendidu.
arrepiar Nda.
arrepio Ijiji.
arrevesado Levesadu.
arriscar Bêtwa.
arrogante Sobelubu.
arrombar Lomba.
arrotar 1. Da jatu. 2. Lota.
arroto Lotu.
arroz Lôsô.
arruda Luda. *Ruta chapelensis*.
arruinar financeiramente Dukunu.
arrumado 1. Kunudu. 2. Lumadu.
arrumar 1. Kunu. 2. Luma. 3. Pentxa. 4. Yê.
arte Atxi.
artista Fedô.
artrose reumática 1. Klanixi. 2. Mon-klaniji.
árvore 1. Aluvu. 2. Po.
árvore-do-pão 1. Fluta-mpon. 2. Po-fluta. *Artocarpus incisa*.
árvore-sem-folha Aluvu-sê-fya. *Euphorbia tirucalli*.
as 1. Inen. 2. Nen.
-as 1. Inen. 2. Nen.
ás Aji.
asa Aza.
a seguir 1. Zao. 2. Zawo. 3. Zo.
à semelhança de Mo.
asma Kansu.
asno Azunu. *Balistes punctatus*.
áspero Nglexti.
assado Sadu.
assaltante encapuçado Bufadu.
assar Sa.
asseadíssimo Fudu txetxetxe.
assediar Flonta.
assédio Flonta.

assembleia Sembleya.
assemelhar(-se) Kô.
assento Banku.
assim 1. Axen. 2. Axi.
assim-assim 1. Baleladu. 2. Gêgêgê. 3. Lengelenge. 4. Lentxi. 5. Leveleve. 6. Mê-lentxi. 7. Mê-txibi. 8. Txibi. 9. Txibitxibi. 10. Txibitxobo.
assim como Mo.
assinado Xinadu.
assinalar 1. Kunga pê. 2. Nhe pê.
assinar Xina.
assistente Axitentxi.
assistir Sixti.
assoalhar Soya.
assoalho Soyu.
assobiar Supya.
assobio Supya.
associação Asoxiason.
associado Koxtadu.
assombrado Sombladu.
assombrar Sombla.
assoprar Sopla.
assumir Toma pêtu bala.
assunto 1. Asuntu. 2. Kwa.
assustado 1. Sombladu. 2. Talantadu.
assustar Talanta.
assustar(-se) Sombla.
as tais Ixi.
astucioso Bêtôdô.
astuto 1. Blabu. 2. Supetu.
atabalhoado Txakatxaka.
atabaque Tabaki.
atacado Takadu.
atacar Taka.
atado Sokadu.
a tal Ixi.
atalho Vwa-sata.
ataque de fúria 1. Mandjinga. 2. Manjinga.
atar 1. Mala. 2. Nginda. 3. Soda. 4. Soka.
atarantado Talantadu.
atarantar Talanta.
até Antê.
atenção 1. Akaka. 2. Lepalu. 3. Tenson.
atento Wê-betu.
atenuar Nkon.
até o fim Kaba.
até que 1. Antê. 2. Antê ku.
atiçar 1. Da txifina. 2. Tisa. 3. Tunga. 4. Txisa.
atiçar o fogo Nglimi.
atingir o orgasmo 1. Dêsê awa. 2. Txila awa.
atirar 1. Sopla. 2. Zuga.
atisô Atisô. Tipo de tecido.
atmosfera Oali.
à toa Vonvon.
atordoado Xtloadu.
atordoar Xtloa.
ato sexual de animais 1. Kuba. 2. Kubli-ovu.
atrair Gunda.
atrapalhado 1. Kanimbôtô. 2. Tlapayadu.

atrapalhar Tlapaya.
atrás Tlaxi.
atrasado 1. Tadadu. 2. Tlazadu.
atrasar 1. Tada. 2. Tlaza.
atravessar 1. Dêvêsa. 2. Sata. 3. Tlebesa.
atravessar um curso de água ou o mar Sata awa.
atrever-se a Deja.
atrevido 1. Bêtwadu. 2. Fyadu. 3. Tlividu.
atrevimento Abuzu.
atribulação Tlubulason.
atribulado Tlubuladu.
atrito entre pessoas Ledu.
atrofiado 1. Donoxadu. 2. Kandlezadu. 3. Môvidu.
atrofiar 1. Donoxa. 2. Kandleza. 3. Môvê. 4. Nkon.
atum Ôlêdê. *Thunnus albacares*.
atum-bonito Fulufulu. *Auxis thazard*.
atum-judeu Zudê. *Katsuwonus pelamis*.
aumentar Sendê.
ausência Fata.
ausentar(-se) Nho.
autocarro Atukaru.
autorização Lisensa.
auxílio de pessoa influente Kunha.
avante Vantxi.
avarento 1. Kain. 2. Kasu. 3. Mon-fisadu.
avaro 1. Mufinu. 2. Munfinu.
ave! Avlê.
ave Bisu.
Ave-Maria Avlê-maya.
avenca Venka. *Adiantum raddianum*.
aventureirar Sôsô.
aventureiro Sôsô.
avião Avyon.
avisado Vizadu.
avisar 1. Pita. 2. Viza.
avó Dona.
avô Donu.
à volta de Loja.
axila Basu-mon.
azagwa Azagwa. Prato típico da Ilha do Príncipe, à base de folhas e feijão, acompanhado de farinha de mandioca.
azar 1. Aza. 2. Jagu. 3. Ma-sotxi.
azarado Xa-plaga.
azeda-da-Guiné Muswa. *Hibiscus acetosella*.
azedado Zedadu.
azedar Zeda.
azedinha Fya-viola. *Oxalis corymbosa*.
azedo 1. Zedon. 2. Zedu.
azeite Zêtê.
azeite de oliva Zêtê-doxi.
azeitona Zatona.
azia Kloson-kema.
aziago Djagu.
azul Zulu.
azulíssimo Zulu kankankan.

B b

baba 1. Awa-boka. 2. Dongodongo.
baba derradeira do moribundo Blaboza-motxi.
bacalhau Bakaya.
bacalhau seco Bakaya.
bacharel Baxale.
bacia Baxa.
bacio 1. Baxa-zawa. 2. Baxin.
baço 1. Basu. 2. Txibadu.
badejo Badêzu. *Epinephelus goreensis.*
baeta Baêta.
bagaço Bagasu.
bagagem 1. Bagadji. 2. Bagaji. 3. Kega.
bago Ukwe.
baiacu Bubu.
baile Bayle.
baixado Bazadu.
baixar Baza.
baixo 1. Basu. 2. Bazadu. 3. Kutu. 4. Tôtô.
baixo-ventre 1. Basu-d'ite. 2. Ite.
bala de chumbo Yôyô.
balança Balansa.
balançar 1. Balansa. 2. Djinga. 3. Jinga.
balanço Vunga.
balão Balon.
balbúrdia Vôdô.
balcão Balakon.
balconista Kaxêlu.
balde 1. Badji. 2. Baji.
baleia 1. Balha. 2. Balya.
balofo Fôfô.
baloiço Vunga.
bálsamo-de-São-Tomé Po-olyo. *Santiriops trimera.*
bambu Bambu. *Bambusa vulgaris.*
banalizar 1. Foya. 2. Yaga.
banana-da-terra 1. Bana. 2. Bana-aga. *Musa sapientum.*
banana-maçã Bana-manson.
banana madura Bôbô.
banana-ouro Bana-ôlô.
banana-pão 1. Bana. 2. Bana-aga. 3. Bana-mpon. 4. Lôlongôma. *Musa sapientum.*
banana-pão roxa Bana-gabon. *Musa velutina.*
banana-prata 1. Bana-plata. 2. Kitxiba. 3. Kixiba. *Musa balbisiana.*
banana-prata de casca muito fina Bana-mwala.
bananeira Po-kitxiba. *Musa paradisiaca.*
bananeira-de-leque Ulwa. *Ravenala madagascariensis.*
bananeira-maçã Bana-manson. *Musa acuminata.*
bananeira-ouro Bana-ôlô. *Musa x paradisiaca.*
bananeira-pão Bana-mpon. *Musa paradisiaca.*
bananeira-prata Bana-plata. *Musa balbisiana.*
banco Banku.
banda Konjuntu.
bandeira Bandela.
bandeja Bandêza.
bando 1. Bandu. 2. Vôdô.
bandolim Bandôlin.
banha Banha.
banheiro 1. Ke-banhu. 2. Letleti.
banho Banhu.
banho tradicional à base de folhas medicinais Badja.
banka Banka. *Tephrosia vogelii.*
banquete Bankêtê.
banquinho Banku-tason.
baobá Mikondo.
baqueta Ndufa.
baralhar Balha.
barata Blata.
barata grande Klokoto.
barato Blatu.
barba Beba.
barba-de-barata 1. Beba-blata. 2. Fya-fôgô. *Acacia kamerunensis.*
barba do milho Beba-min.
barbatana Aza-pixi.
barbeiro Blabêlu.
barbudo 1. Blabadu. 2. Blabudu. *Galeoides polydactylus.*
barco Vapô.
barco grande Vapô.
barra Bala.
barraca 1. Kixpa. 2. Tenda.
barracuda Bakuda. *Sphyraena guachancho.*
barrar Bolo.
barrete Balêtê.
barriga Bega.
barriga-no-chão Bega-ni-son. *Achyrospermum oblongifolium.*
barriga da perna Bega-d'ope.
barrigão Bega-txintxin.
barrigudo Popoy.
barril Balili.
barro Balu.
barrote Viga.
barulho Tlomentu.
base Fundu.

bastante 1. Luma. 2. Tula.
bastão Manduku.
bastar 1. Baxta. 2. Baxtava. 3. Xiga.
batata Batata.
batata da perna Bega-d'ope.
batata-doce Batata-doxi. *Ipomoea batatas*.
batata pim-pim Batata-pimpin. *Peponium vogelii*.
batê-mon Batê-mon.
batente Xtê.
bater 1. Batê. 2. Da. 3. Da ku po. 4. Da pankada. 5. Da sôtxi. 6. Da vala. 7. Mansa. 8. Ndufa. 9. Sôbê.
bater com o pau Sôbê po.
batismo Butxizumu.
batizado Butxizadu.
batizar Butxiza.
baú 1. Alika. 2. Bau.
baunilha Bandilha. *Vanilla planifolia*.
bêbado 1. Bebeda. 2. Bebedadu. 3. Bêbêdô. 4. Bêbidu. 5. Nhanhadu. 6. Tomadu.
bebê 1. Anzu. 2. Anzu-dêsu. 3. Bebe. 4. Mina-fili. 5. Mina-pikina. 6. Nene.
bebedeira Bebeda.
bebedíssimo Bebedadu sete fôlô.
bebedor Bêbêdô.
bebeka Bêbêka. *Trachinotus ovatus*.
beber 1. Bêbê. 2. Soka.
beber em excesso Kebla kaneku.
beber muito Toka.
bebida Kwa-bêbê.
bebida alcoólica 1. Bêbê. 2. Bebeda.
bebido Bêbidu.
beco Beku.
bêdô 1. Bêdô. Almofadinha com remédio utilizada, depois de aquecida com uma pedra quente, para aperfeiçoar o formato da cabeça ou do nariz de um recémnascido 2. Bêdô. Pedra utilizada no banho tradicional do recém-nascido para fortalecer o seu corpo ou cicatrizar o umbigo.
begônia 1. Bôba. 2. Fya-bôba-blanku. 3. Fya-bôba-vlêmê. *Begonia baccata*.
beija-flor-pequeno de São Tomé Xtlêlê. *Anabathmis newtonii*.
beija-flor-preto de São Tomé Xtlêlê-mangotxi. *Nectarinia thomensis*.
beijar Benza.
beira 1. Bela. 2. Bodo.
beldroega-grande Bondlega-nglandji. *Talinum triangulare*.
beldroega-pequena Bondlega-pikina. *Portulaca oleracea*.
beleza Glavi.
belgata Xalela. *Cymbopogon citratus*.
beliscar 1. Pika. 2. Tono. 3. Yono.
belo 1. Doxi. 2. Glavi.
belo-vermelho Belo-vlêmê. *Amaranthus graecizans*.
bem 1. Ben. 2. Bwa. 3. Kodo-kloson.
bem feito! 1. Axen me. 2. Dêsu-paga.
bem lavado Labadu txe.

bem-vindo Benvindu.
benção 1. Bensa. 2. Benson.
bendito Benditu.
benfeitor Fedô-ben.
bengala Bengala.
bengue 1. Bengi. 2. Bengi-doxi. 3. Bujibuji. *Alchornea cordifolia*.
benjamim 1. Kode. 2. Kota-bega.
bens Ben.
benzer 1. Benzê. 2. Konveta.
benzido Benjidu.
beringela amarga Makêkê. *Solanum macrocarpon*.
beringela branca Binzela. *Solanum ovigerum*.
beringela roxa Binzela. *Solanum melongena*.
berrar Da baki.
besouro Paya-sela. *Cerembex cerdo*.
besugo Bujigu. *Pomadasys incisus*.
besuntar Bolo.
bêtôdô Bêtôdô. Personagem sábia em narrativas tradicionais.
betume Betumi.
bíblia Bibilha.
biblioteca Bibilhoteka.
bica Bika. *Lethrinus atlanticus*.
bica d'água Bika.
bicar To.
bicho Bisu.
bicho-do-pé Bixô. *Tunga penetrans*.
bicicleta Bixketa.
bico Ponta.
bico-de-lacre Keblankana. *Estrilda astrild*.
bife Bifi.
bigode 1. Beba. 2. Bigodji.
bilha Dudu.
bilhete Bilêtê.
bimba Bimba. Instrumento musical tradicional.
bisavó 1. Bixdona. 2. Dona-nglandji.
bisavô 1. Bixdonu. 2. Donu-nglandji.
bisca Bixka.
biscoito Lungwa-vaka.
bisneta Bixneta.
bisneto Bixnetu.
bispo Bixpu.
bispo-de-coroa-vermelha Pade-kampu. *Euplectus hordeaceus*.
blabla Blabla. Prato típico de São Tomé parecido com **kalu**.
bloco Bloki.
blusa 1. Kimoni. 2. Kimono.
boa Bon.
boa! Kidalê.
boa-fé Bon-afe.
boa noite Bwa-nôtxi.
boa recepção Kuvidu.
boa tarde Bwax-tadji.
boato 1. Bwatu. 2. Fala-tendê.
boa-vida Legela.
bobo Bôbô.

bôbô-dansu Bôbô-dansu. Personagem ridículo do dansu-kongô.
bôbôbôbô 1. Bôbôbôbô. 2. Fya-bombon. *Casearia barteri.*
boca Boka.
boca da praia Boka-ple.
bocadinho 1. Pikina. 2. Txili. 3. Txilitxoko. 4. Txoko.
bocado 1. Bokadu. 2. Bola. 3. Lombo.
Ritual tradicional e familiar que ocorre na Quarta-Feira de Cinzas durante o qual o membro feminino mais idoso introduz na boca de cada participante uma colher com alimento tradicional. Bokadu.
boçal 1. Boka-suzu. 2. Bosali.
bocejar Boka bili.
boceta onde os pescadores guardam os seus acessórios de pesca Buseta.
bochecha 1. Kêxada. 2. Ubwami.
bochechar Sagwa.
bode Bodji.
bofetada 1. Bofeton. 2. Kubli-wê. 3. Kwa-kala. 4. Sudu. 5. Tapa-wê.
boga Bongamon. *Boops boops.*
bogoto Bogoto. *Pollia condensata.*
boi Bwê-ome.
bóia Boya.
bola Bola.
bolacha Bôlô.
bola de ferro empregada para descascar as sementes do *izaquente* Bala.
bolas! 1. Djasu. 2. Jasu!
boleia Bolila.
boletim Bulitxin.
bolo 1. Bôlô. 2. Doxi.
bolo de farinha de milho Bula.
bolo de fubá Bula.
bolor Utu.
bolsa Saka.
bolso 1. Djibela. 2. Jibela.
bom 1. Bon. 2. Bwa. 3. Bwadu. 4. Doxi. 5. Fina.
bombo Bumbu.
bom dia Bon-dja.
bondade Bondadji.
boneca Nene.
boneco Buneku.
boneco utilizado no ritual do paga-dêvê Fêgula.
boniteza Glavidadji.
bonito 1. Benfetu. 2. Bunitu. *Caranx crysos.* 3. Glavi. 4. Kotadu.
boquiaberto 1. Babakadu. 2. Banzu.
borboleta Bendê-panu.
borda Bodo.
borda da panela Bakê.
bordão 1. Axa. 2. Bodon. 3. Manduku.
bordão-de-macaco Ukwêtê-nglandji. *Costus giganteus.*
bordar 1. Bodla. 2. Mlaka.
bordejar Bôdôja.
bordo Bodo.
borra Bola.
borracha-do-mato Klikoto-d'ôbô. *Oxyanthus speciosus.*
bossa 1. Kakunda. 2. Kôy.
bota 1. Bota. 2. Sapatu-klonklo-longô.
bota alta Butin.
botão 1. Boto. 2. Boton.
botelha Bôtê.
botica Butxika.
botija Bôtê.
bovino Bwê.
braça Blasa.
braço 1. Axa-mon. 2. Blasu. 3. Mon.
braço amputado Mon-kluklu.
bradar Blada.
braguilha Blagiya.
branco Blanku.
branco pobre Galegu.
branquear 1. Fu. 2. Safa.
branquíssimo Blanku fenene.
brasa Blaza.
Brasil Blaji.
brasileiro Blaji.
bravo Tugudu.
bretangil Botandji.
briga 1. Kêtêkêtê. 2. Luta. 3. Pega.
brigar 1. Luta. 2. Plovoka.
brigue Bligi.
brilhante Lujidu.
brilhar Luji.
brilhar do sol com intensidade (*expr.*) Lêdê tatata.
brilhar intensamente Luji myêgêmyêgê.
brilho Eli.
brincadeira 1. Floga. 2. Kamizada. 3. Kwa-floga.
brincadeira movimentada e ruidosa Kliba.
brincar Floga.
brinco Mimoya.
broa Blôa.
bronze Blonji.
broto 1. Vilotxi. 2. Wê.
broto da palmeira Klêklê.
brotos Balabala.
bruto 1. Blutu. 2. Sakasaka.
bruxa Bluxa.
bucho Busu.
buginganga Bujinganga.
bulawê Bulawê. Ritmo musical tradicional.
bule Buli.
buli Buli. *Voacanga africana.*
bulhão Bulhon. *Bodianus speciosus.*
bulir 1. Buli. 2. Tugu.
bunda Kadela.
buquê de noiva Klôwa-kaza.
buraco 1. Blaku. 2. Flôxô. 3. Fulu. 4. Kobo. 5. Ôkô. 6. Wôkô.
buraco da fechadura Fulu-poto.
burro Buru.
buscar 1. Buka. 2. Djê. 3. Jê.

butina Butin.
buzina Bujina.
búzio Bunzu.

búzio do mar Bunzu-d'omali.

búzio do mato Bunzu-d'ôbô.

C c

cá 1. Ai. 2. Nai.
cabaça Ôkô.
cabana de palha Kilala.
cabaz Kabasu.
cabeça 1. Kabêsa. 2. Myôlô.
cabeçada Kabêsada.
cabeça de vento Kabêsa wôlôwôlô.
cabeceira Kabisela.
cabelo Kabêlu.
cabelo de bebê Kabêlu-limi.
cabelo do milho Beba-min.
caber a Toka.
cabidela Kabidela.
cabo Kabu.
cabo-verdiano Kabuvêdê.
cabolé Po-kabole. *Anisophyllea cabole.*
cabo (patente militar) Kabu.
Cabo Verde Kabuvêdê.
cabra Kabla.
cabra-loira Kafunhe. *Lucanus cervus.*
caça Kasa.
caçador 1. Kasadô. 2. Montxadô.
caçar 1. Kasa. 2. Montxa.
caçarola Ubaga-plelele.
cacau 1. Kakaw. 2. Kakayu. 3. Oba.
cacaueiro 1. Kakayu. 2. Po-kakaw. *Theobroma cacao.*
cacetada Kunha.
cacete 1. Bodon. 2. Manduku. 3. Masêtê.
cacete empregado na bliga Axa.
cachaça Awadentxi.
cacharamba Kaxalamba.
cachimbo Kintximon.
cachimbo de barro Jesu.
cacho 1. Mpyan. 2. Pyan.
cachorrinho 1. Mina-kasô. 2. Txini.
cachorro Kasô.
cachupa Kaxupa.
caco Kaku.
caçoar Fe pôkô.
caçula 1. Kode. 2. Kota-bega.
cada Kada.
cadáver 1. Dêfuntu. 2. Kadavelu.
cadeia Kadja.
cadeira Kadela.
cadeiras Kadela.
cadela Kasô-mwala.

caderno Kadenu.
café Kafe.
café-da-manhã Mata-bisu.
café-do-mato Kafe-d'ôbô. *Bertiera racemosa.*
cafeeiro Po-kafe. *Coffea arabica.*
cafezeiro Kafe. *Coffea arabica.*
caiado Kayadu.
caiar Kaya.
cãibra Manve.
cair 1. Bluguna. 2. Da son. 3. Kyê.
cair ao chão Lanka da son.
cair estatelado Da son dĩĩ.
cair inerte Zema.
cais 1. Bodo. 2. Kaji-vapô.
caixa 1. Kaxa. 2. Mala.
caixão Kason.
caixeiro Kaxêlu.
caixinha Pusuku.
cajá-manga Kajamanga.
cajá-mangueira Kajamanga. *Spondias cytherea.*
cajá-mirim Gêgê.
cajazeiro Gêgê. *Spondias mombim.*
cajazeiro-mirim Gêgê. *Spondias luteas.*
caju Kaju.
cajueiro 1. Kaju. 2. Po-kazu. *Anacardium occidentale.*
cal Kali.
calabouço 1. Kalabusu. 2. Kalabuxu.
calado Kaladu.
calar(-se) Kaboka.
calcanhar Klakanhon.
calção 1. Klason. 2. Klason-d'ope-kutu.
calçar Klasa.
calcar 1. Nhe. 2. Nhe pê.
calças 1. Klason. 2. Klason-d'ope-longô.
calças boca-de-sino Boka-xinu.
calças curtas Sata-awa.
calças de ganga Klason-zwatxi.
calcinha 1. Kaxinha. 2. Pala-zawa.
calcular 1. Fe konta. 2. Lepala.
cálculo Konta.
calda Kada.
caldeirada Kadelada.
caldeirão Xempli.
caldo Kadu.
caldo de peixe Muzonge.
cálice Kasi.

calma 1. Kaluma.   2. Sosegu.
calo Kalu.
calor 1. Kalôlô.   2. Kentula.
caluda! Kaboka pipipi.
calulu Kalu. Prato típico preparado com óleo de palma, folhas e outras plantas.
calulu de galinha Kalu-nganha.
calulu de pé de porco (de)fumado. 1. Kalu-mikoto.   2. Kalu-mukoto.
calulu de peixe Kalu-pixi.
calulu para crianças e/ou mulheres em dietas pós-parto Kalu-pletu.
calúnia Fasu.
caluniar 1. Lanta fasu.   2. Txila vesu.
cama Kama.
câmara Kamala.
camarada Kamalada.
camarão Izê.
camarão amarelo Mabôbô.
camarão branco Izê-blanku.
camarão muito pequeno Klakla.
camarão de rio 1. Manglôlô.   2. Maplamina.
cambalear Vangana.
cambalhota 1. Fusula.   2. Kanfini.   3. Makabali.   4. Ngombe.
cambará Mikoko-kampu. *Lantana camara*.
camião Kamyoneti.
caminhão Kamyoneti.
caminho 1. Kamya.   2. Xtlada.
camisa 1. Kaminza.   2. Kamiza.
camisola 1. Kaminzola.   2. Kamizola.
campanha eleitoral Kampanha.
campeão Kampyon.
campo 1. Kampu.   2. Matu.
cana-de-açúcar 1. Kana.   *Saccharum officinarum*.   2. Kana-blanku.   3. Kanan.   4. Kana-pletu.
cana-de-jardim Salakonta. *Canna bidentata*.
cananga Ilangi-ilangi. *Cananga odorata*.
canário Kanaryu.
canário-castanho de São Tomé e Príncipe Pade. *Serinus rufobrunneus thomensis*.
canário-do-mar Kapiton. *Anthias anthias*.
cana silvestre Kana-makaku.
canção 1. Kanson.   2. Vungu.
candeeiro 1. Kandja.   2. Toxa.
candeeiro de petróleo feito de lata Kafuka.
candeia Kandja.
caneca 1. Kaneka.   2. Kaneku.
caneca feita de fibra da coqueira. Ngongô.
caneco de lata Klupu.
canela 1. Kanela.   2. Wê-d'ope.
caneleira 1. Kanela.   2. Po-kanela. *Cinnamomum verum*.
caneleira-brava Po-kanela-d'ôbô. *Cinnamomum burmanni*.
caneta Kaneta.
canga Kanga.
cangalha Kanga.

canhão 1. Kanhon.   2. Pesa.   3. Pingada-nglandji.
canibal Pawen.
caniço Kanidu.
canivete Kanivêtê.
canja Kandja.
canjica Kanxika.
cano Kanu.
canoa Kanwa.
canoa grande Blakin.
canoa onde se esmaga e se lava o andim, para se extrair o óleo de palma Kanwa.
canoa onde se lava o andim Kôsô.
cansaço Masada.
cansado 1. Kansadu.   2. Masadadu.   3. Zedadu.
cansar 1. Foga.   2. Masada.
cansar(-se) Kansa.
cantar 1. Kanta.   2. Lega.
cântaro Musungu.
canteiro Kantêlu.
cantiga 1. Kanta.   2. Vungu.
cantina Kantxina.
cantinho 1. Kantlela.   2. Kantxin.   3. Yetayeta.
canto 1. Bodo.   2. Djanga.   3. Kantlela.   4. Kantu.   5. Kantxin.
cantor 1. Kantadô.   2. Kantôlô.
cão Kasô. *Canis lupus familiaris*.
cão de caça Kasô-montxa.
caolho Wê-txofodu.
cão novo Papuni.
capa Kapa.
capacete 1. Kapasêtê.   2. Sapê-kôkô.
capacidade 1. Kasku.   2. Poxi.
capa de chuva Kapotxi.
capado Kapadu.
capanga Kapanga.
capataz Kapataji.
capela Kapela.
capim 1. Aliba.   2. Kapin.
capim-de-burro Aliba-kasô. *Eleusine indica*.
capim-vassoura Aliba-kasô. *Eleusine indica*.
capinar 1. Kalakala.   2. Sasa.
capinzal Bujibuji.
capitão Kapiton.
capô do carro Kampon.
capoeira 1. Kapwela.   2. Ke-nganha.
capote Kapotxi.
capricho 1. Malixa.   2. Mpenhu.   3. Penhu.   4. Xintxi.
caprichoso Faxtozu.
cápsula do cacau Kakayu-ntêlu.
capturado Maladu.
capturar Mala.
caqui 1. Kaki. *Holocentrus ascensionis*.   2. Kaki.
caquizeiro Kaki. *Diospyros kaki*.
cara Kala.
cará Kôkô.
cará-branco Kôkô-blanku.   *Xanthosoma sagittifolium*.
cará-veneno Kôkô-venenu.

cará-vermelho Kôkô-vlêmê. *Xanthosoma sagittifolium.*
caracol Nhonho.
caramba! 1. Akaka. 2. Kaka. 3. Kaki. 4. Kamblasata. 5. Kanimbôtô. 6. Kidalê.
carambola Kalambola.
caramboleira Kalambola. *Averrhoa carambola.*
caramujo Klamuzu.
caramujo do mar Klamuzu-d'omali.
caranguejo Anka.
carapaça de crustáceo Kwakwa.
carapau Glapon. *Selar crumenophthalmus.*
carapinha 1. Klapinhe. 2. Mampyan.
carência 1. Fata. 2. Mixidadji. 3. Mixidaji.
carestia Kalema.
careta 1. Byôkô. 2. Kaleta.
carga Kega.
caridoso Bon-kloson.
cárie 1. Fulu-dentxi. 2. Kobo-dentxi.
carma Sentenxa.
carnaval Tlundu.
carne Kani.
carne humana Kalumanu.
carneiro 1. Kabla-d'ope-longô. 2. Kanêlu.
caro 1. Karu. 2. Sublidu.
caroço Klôsô.
carpinteiro Klapintêlu.
carpir Kalakala.
carrapato Klafatxi.
carrapichão Vala-kazê. *Desmodium incanum.*
carrapicho-de-agulha Aliba-guya. *Bidens pilosa.*
carrapito Kalapitu.
carrasco Lôgôzô. Personagem do **dansu-kongô** que passa de guardião a usurpador.
carregado Klagadu.
carregador Klagadô.
carregar Klaga.
carriço utilizado para o vin-pema entrar em seu recipiente Pempe.
carro Karu.
carta Kata.
cartão Katon.
cartilagem 1. Klafasa. 2. Klumuklumu.
cartucho Katuxu.
caruru Belo-vlêmê. *Amaranthus graecizans.*
carvão Klavon.
casa Ke.
casaco 1. Djibon. 2. Jibon. 3. Kulêtê.
casa de alvenaria Ke-mulu.
casa de banho 1. Ke-banhu. 2. Letleti.
casa de madeira Ke-taba.
casa de solteiro Ke-sôlê.
casado Kazadu.
casa grande Ke-nglandji.
casamento 1. Kaza. 2. Kazamentu. 3. Mala-mon.
casamento à moda europeia Kaza-blanku.
casa pequena Xale.
casar 1. Mala mon. 2. Toma mina. 3. Toma mwala.
casar(-se) Kaza.
casa tradicional com primeiro piso Ke-xima.
casca 1. Kaxika. 2. Kaxka.
cascata Bwabwa.
caserna Kazena.
casmurrice Xintxi.
caso 1. Xi. 2. Kazu.
caso contrário Axi fa.
caspa Kasku.
cássia-oficinal Kanapixtula. *Cassia fistula.*
casta 1. Kaxta. 2. Nanson.
castanha Kaxtanha.
castanha-de-caju Kaxtanha-kaju.
castanho Wê-son.
castanho-claro Bôbô.
castelo Kaxtelu.
castiçal Katxisali.
castiço Jikitxi.
castigar 1. Da kaxtigu. 2. Kaxtiga.
castigo Kaxtigu.
castrado 1. Kapadu. 2. Podadu.
castrar 1. Kapa. 2. Poda.
catana 1. Mantxi. 2. Manxi.
catarata Pane-di-wê.
catarro Katalu.
catarro seco Kabaku-lixi.
catinga Katxinga.
cativeiro Katxibu.
cativo Katxibu.
católico Katoliku.
catorze Katôzê.
cauda Labu.
caule Ubwê.
causar ardor Fela.
causar pena Da pena.
cavala Kavala. *Decapterus macarellus.*
cavalinho-de-deus Kabalu-sun-dêsu.
cavalo Kabalu.
cavaquear Da bendenxa.
cavaqueira Bendenxa.
cavar Kobo.
cave Basu-son.
caveira Kabêsa-dêfuntu.
caverna Ôkô-budu.
cebola Sabola.
cedo Sedu.
cedro-rosa Sidlela. *Cedrela odorata.*
cegar Sega.
cego 1. Segu. 2. Wê-pinta.
cela Sela.
celebrar Vuza.
celibato Sôlôbatu.
cem Sen.
cemitério Ximinteli.
cena 1. Fita. 2. Sena.
cenário Fita.
cenoura Sinôra.
centela Fya-d'olha. *Centella asiatica.*

centenário Sentenalyu.
centopéia Santope. *Otostigmus productus.*
centro Sentlu.
cepo Taku-po.
cera de ouvido Suzu-d'olha.
cerca 1. Kinte. 2. Ubwa. 3. Xtlekon.
cercado 1. Lojadu. 2. Ubwa. 3. Xtlekadu. 4. Xtlekon.
cercar 1. Lodja. 2. Loja. 3. Xtleka.
cérebro 1. Kasku. 2. Myôlô. 3. Tutana.
cerimônia 1. Funson. 2. Senson. 3. Xtlimonha.
cerimônia de luto Nozadu.
cerimônias Sena.
ceroulas Xilola.
cerrado Jiji.
certamente Efan.
certo 1. Setu. 2. Ūa-ūa.
certos pequenos cursos d'água Awa-txotxo.
cerume Suzu-d'olha.
cerveja Sêlêvêja.
cestinho Kinda.
cesto Kwali.
cesto de *ndala* Mutete.
cetro Setu.
céu 1. Oali. 2. Ose.
cevada Sêvada.
chá Xa.
chá-do-Príncipe 1. Fya-xalela. 2. Xalela. *Cymbopogon ciitratus.*
chá-Gabão Fya-xalela. *Cymbopogon ciitratus.*
chafariz Tanki.
chalaça Salasa.
chalé Xale.
chamada Samada.
chamar 1. Gunda. 2. Sama.
chamar de longe Tanji.
chaminé Ximine.
chamuscar Lala.
chanca Sabanku.
chão Son.
chapa de zinco Jinku.
chapéu 1. Balêtê. 2. Sapê.
charanga Xalanga.
charco 1. Awa-lôdô. 2. Lamalon. 3. Lôdô.
chatear Flonta.
chatice Flonta.
chato Xatu. *Pthirus pubis.*
chave Sabi.
chávena 1. Xavina. 2. Xikla.
chefe Xefi.
chefiar Govena.
chegado Nganhadu.
chegar 1. Nganha. 2. Xiga.
chegar-se à frente com destemor Toma pêtu bala.
cheia Awa-matu.
cheiíssimo 1. Fumadu libita. 2. Xa libita. 3. Xa lôlôlô.

cheio 1. Xa. 2. Xadu.
cheio de saliências Kôykôy.
cheirar Sela.
cheirar a carne humana em decomposição 1. Fede kalumanu. 2. Fede kulumanu.
cheirar bem Sela tententen.
cheirar mal Fede.
cheirar muito mal Fede tuntuntun.
cheiro 1. Kulukulu. 2. Sêlu.
cheiro a amoníaco, característico do tubarão conservado cru e abafado durante algum tempo antes de ser cozido Futu.
cheiro desagradável Tumbu.
cheque Xeki.
cherne Seni.
chicote Xikotxi.
chicotear 1. Da xikotxi. 2. Xibata.
chifre 1. Koneta. 2. Nkoni.
chile branco 1. Fya-bambi. 2. Xili. *Drymaria cordata.*
chimpanzé Xpanze.
chinela Xinelu.
chinelo Xinelu.
chocalho Sakaya.
chocar ovo(s) 1. Kuba. 2. Kubli ovu.
choco Soki. *Sepia oficinalis.*
chocolate Banza.
choramingar Gô.
chorar Sola.
chorar desalmadamente 1. Blaga awa-wê plaplapla. 2. Sola fliji. 3. Sola potopoto.
choro Sola.
chouriço Sôlisô.
chover Sôbê.
chuchu Pimpinela. *Sechium edule.*
chumbado Sumbadu.
chumbar Sumba.
chumbo Sumbu.
chupar 1. Fefe. 2. Fibika. 3. Supa.
chuva Suba.
chuva-de-ouro Kanapixtula. *Cassia fistula.*
chuva forte Tlovada.
chuviscar Xtlena.
chuvisco Xtlenu.
cicatriz 1. Meka. 2. Okala. 3. Okloklo.
cidadão 1. Môladô. 2. Xidadon.
cidade de São Tomé Poson.
cidade de São Tomé e imediações Banda-basu.
cidreira Sidlela. *Cedrela odorata.*
ciência 1. Sêbê. 2. Syensya.
cigano Siganu.
cigarro 1. Venta. 2. Xigalu.
cílios 1. Mpênumpênu. 2. Pênupênu.
cimeira Simêla.
cimentar Simenta.
cimo Liba-d'ôkê.
cinco Xinku.
cinema Ke-sinema.

cinquenta 1. Xinku-dexi. 2. Xinkwenta.
cinta Xinta.
cinto Xintu.
cintura Po-kadela.
cinzas Xindja.
cinzento Kôlô-xindja.
cio 1. Pidji kasa. 2. Seda.
ciscado Zaladu.
ciscar Zala.
citar Lumya.
citronela Fya-xalela. *Cymbopogon ciitratus.*
ciumento Sumi.
ciúmes Sumi.
cívica Sivika.
civil Sivil.
clamar Tanji.
clara Klala.
clara de ovo Klala-d'ovu.
clarear 1. Klaya. 2. Safa.
claridade 1. Byebyebye. 2. Kedadji. 3. Kedaji.
clarim Koneta.
claríssimo Klalu fenene.
claro 1. Bôbô. 2. Fudu. 3. Klalu.
classe escolar Klasi.
clavícula Oso-di-liba-d'amblu.
cliente Flêgê.
clima Tempu.
clítoris 1. Mina-kono. 2. Mina-lemi. 3. Pinton.
coado Kuadu.
coador Kwadô.
coar Kua.
cobertura de folhas de palmeira 1. Mpavu. 2. Pavu.
cobiçar Dêya.
cobra Koblo.
cobra-amarela Koblo-bôbô. *Schistometopum thomensis.*
cobra-preta Koblo-pletu. *Naja melanoleuca.*
cobrar Kobla.
cobra-verde Swaswa. *Philothamnus thomensis.*
cobre Kobli.
cobrir Kubli.
cobrir(-se) Bufa.
coçar 1. Kosa. 2. Nono.
cóccix Lin-kadela.
cochilar Pixxa.
co-cidadão Patlisu.
coco 1. Kôkondja. 2. Kôkonja.
coco seco Valudu.
coco tenro Dawa.
codorniz Kôdôni.
coedano Kwedanu. *Cestrum laevigatum.*
coelho 1. Kwê. *Oryctolagus cuniculus.* 2. Kwê. *Lagocephalus laevigatus.*
coentro de São Tomé Sêlu-sun-zon-maya. *Eryngium foetidum.*
cofre Kofli.
cogumelo Utu.

coisa Kwa.
coisa estragada Sukata.
coitado Kwêtadu.
cola-do-congo Kola-kongô. *Buchholzia coriacea.*
colágeno-de-Gotu Fya-d'olha. *Centella asiatica.*
cola-macaco Kola-makaku. *Trichilia grandifolia.*
colar Kola.
colchão Koson.
colega 1. Damon. 2. Kolega.
coleira 1. Kola. 2. Po-kola. *Cola acuminata.*
cólera 1. Mandjinga. 2. Manjinga.
colete Kulêtê.
coletivo constituído por vinte a trinta membros que, antigamente, se atarefavam na colheita do café, cacau e nos demais serviços agrícolas Alimandadji.
colher 1. Kono. 2. Kuyê. 3. Kôyê.
colher de madeira, geralmente de três pontas, usada para triturar o izakentxi Kata.
cólima Kolima. *Lonchocarpus sericeus.*
cólima-fria Kolima. *Millettia thonningii.*
colina Ôkê.
colmeia Ke-vunvu.
colo 1. Ite. 2. Kôfô.
colocado Pêdu.
colocar 1. Buta. 2. Pê.
colocar em Panha pê.
colombeta Kolombeta. *Coryphaena equiselis.*
colono Kôlônu.
colorir Da txinta.
coluna vertebral 1. Fi-tlaxi. 2. Oso-tlaxi. 3. Pyan-tlaxi.
com Ku.
comadre Kuma.
comandante Komandantxi.
com apetite Boka-doxi.
combatente Madô.
combinação Kumbinason.
combinado 1. Fladu. 2. Kumbinadu.
combinar 1. Fe kumbinason. 2. Kumbina.
comboio Tlen.
come-morre Kume-môlê. *Scorpaena laevis.*
começar 1. Bili. 2. Bili mon. 3. Komesa. 4. Lema.
começar a gritar Lema kidalê.
começo Komesu.
comedor Kumedô.
comemorar Vuza.
comer 1. Bogoso. 2. Kume.
comer e mastigar bem Fefe.
com forte apetite sexual Sulon.
comichão Kumison.
comício 1. Kumisu. 2. Senson.
comida 1. Kume. 2. Kwa-kume.
comida sem acompanhamento Dudji.
comido Kumedu.
comigo-ninguém-pode Kosakosa. *Dieffenbachia seguine.*
como 1. Kuma. 2. Mo.

compadre Kompa.
companheiro 1. Damon. 2. Kompanhe.
competição Konkusu.
completamente 1. Buta. 2. Talitali. 3. Tatali.
completamente fechado Fisadu kôkôkô.
completar Sala.
complicar 1. Buya. 2. Tugu.
compor(-se) Fisa ubwê.
comportamento Kunduta.
comprado Kopladu.
comprar Kopla.
compreender Tendê.
comprido Longô.
comprimir Nhe.
comunicar Bili.
com vários cortes Bagasadu.
concha Konxa.
concha tradicional feita com casca de coco Onoxi.
concluir Kaba.
concubina 1. Venxa. 2. Vivenxa.
concurso Konkusu.
conde Kondji.
condenar Kondena.
condimento Templa.
conduzir Giya.
confessar Kofesa.
confiança Kunfyansa.
confiar Kunfya.
conflito Pega.
conflito entre homem e mulher Kêtêkêtê.
conformado Kontentadu.
conformar(-se) 1. Kontenta. 2. Konvêsê.
conforto Legela.
confraternização realizada atrás da igreja, após as cerimónias religiosas, que consiste na repartição de comida e bebidas Tlaxi-glêza.
confusão 1. Bixbile. 2. Dizodji. 3. Fokoto. 4. Fundji. 5. Fusula. 6. Kumbila. 7. Kunfuzon.
conhecer Konsê.
conhecido Konxidu.
cônjuge 1. Malu. 2. Malun.
conjunto musical Konjuntu.
conquanto que Baxta pa.
conquistar Ngunda.
consciência Kunxensa.
conseguir Podji.
conselho Konsê.
consentir Kunxintxi.
consertado Konsetadu.
consertar Konseta.
conservar Konxtleva.
consolar 1. Fia. 2. Konsola.
conspiração Kwa-fedu.
constipação 1. Kuxtipason. 2. Lixbitadu.
constipação nasal Lixi-tapa.
construção Konxtluson.
construir Fe.

consulta Kunsuta.
consultar Kunsuta.
consumidor Ximidô.
consumir Sumi.
conta Konta.
contabilista Gwada-livlu.
contador Dadô.
contador de histórias Dadô-soya.
contar 1. Da. 2. Konta.
contenda Demanda.
contentamento Gôxtô.
contentar(-se) Kontenta.
contente Kontentxi.
continência Kontinensya.
continuar 1. Kontinwa. 2. Sigi.
conto 1. Kontaji. 2. Kontu. (Unidade monetária correspondente a mil dobras.) 3. Soya.
contra Kontla.
contrair dívidas Pali divida.
contrair matrimônio Mala mon.
contratar Kontlata.
contrato Kontlatu.
contribuição Finta.
contribuir Fe finta.
contudo Agola.
convalescer Yogo.
conversa 1. Klonvesa. 2. Klonveson.
conversado 1. Fladu. 2. Klonvesadu.
conversar 1. Klonvesa. 2. Konvlesa.
conversa sedutora 1. Bendenxa. 2. Boka-doxi.
converter 1. Koventa. 2. Xtlôvê.
convidado 1. Kunvidadu. 2. Kuvidadu.
convidar 1. Kuvida. 2. Tunga.
convite 1. Konvidu. 2. Konvitxi. 3. Kunvitxi.
convivência Vivêmentu.
convívio Batê-mon.
convocar Manda bi.
cooperação Finta.
cooperar Fe finta.
cooperativa em que, a cada mês, algum membro dá uma parte dos seus vencimentos para ser guardado num fundo que poderá ser utilizado futuramente. Xikila.
coordenar Lêgula.
copa Kopa.
copas 1. Fya-kopa. 2. Kopa. Um dos naipes do baralho.
copo Kopu.
copo feito com o invólucro da flor de coqueiro, usado pelos vinhateiros Ngenge.
copular Kobo.
copular rapidamente Tufu.
coqueiro Kôkondja. *Cocos nucifera*.
cor Kôlô.
coração Kloson.
coração-do-chão Kloson-son. *Pleurotus tuberregium*.
coração-rijo Kloson-lizu. *Warneckea membranifolia*.

coragem 1. Kloson. 2. Kolaji. 3. Wê-lizu. 4. Wembe.
corajoso 1. Kloson-felu. 2. Wê-lizu.
corcovado 1. Kokovadu. *Caranx hippos.* 2. Konki.
corcunda 1. Kakunda. 2. Konki. 3. Kôy.
corda Kodo.
corda-de-casa-do-mato Kodo-ke-d'ôbô. *Jasminum bakeri.*
cordão Kodon.
cordão-de-frade Pininkanu. *Leonotis nepetifolia.*
cordão de ouro Tlaxilin.
cordão umbilical Kodo-binku.
cordas vocais Papu.
corda utilizada pelos vinhateiros para subir as palmeiras 1. Kodo-d'onso. 2. Onso.
cordeiro Kodelu.
cordoeiro Jingadô.
corneta Koneta.
corneteiro Konetêlu.
corno Koneta.
coroa Klôwa.
coroa de palmeira Klôwa.
coronha Klonha.
coronhada Klonha.
corpo em transe Kaxa.
corpo humano 1. Klôpô. 2. Ubwê.
corpulência Vutu.
corredor Kôlêdô.
corrente 1. Kolentxi. 2. Nginhon.
correr 1. Kôlê. 2. Vwa.
correto Setu.
corrida Kôlê.
corrida de cavalos 1. Lêdja. 2. Lêja.
corrigir Menda.
corrimão Kôlêmon.
corrimento Txita.
cortado 1. Kotadu. 2. Kumbu.
cortado curto Kumbudu.
corta-mato Vwa-sata.
cortar 1. Kota. 2. Xtlafa.
cortar ao meio Kota kla.
cortar em pedacinhos Kota winiwini.
corte Kotxi.
corte real Kotxi.
cortina usada para espantar moscas. Misanga.
coruja Kukuku.
corvina Klôvina.
cós Kôzu.
coscuvilheiro Pyuku.
coser Klôzê.
costas Tlaxi.
costela Bansa.
costela da palmeira Klêklê.
costume 1. Kuxtumi. 2. Kuxtumu. 3. Moda.
costurar Klôzê.
cotizar Fe finta.
cotovelo Kôkôi-mon.

couve Kôvi.
cova Kobo.
covarde 1. Flaku. 2. Kovadu.
coveiro Kôvêlu.
covinha 1. Kêxada-kobo. 2. Wê-kobo.
coxa Kôsô.
coxear Tengu.
coxo Kôxô.
cozedura Kudjidela.
cozer 1. Byê. 2. Flebenta. 3. Flenta.
cozer mal Xtlamunka.
cozido 1. Byêdu. 2. Flebentadu. 3. Flentadu. 4. Kudjidu. 5. Kujidu. 6. Kuzidu.
cozimento medicinal Kudjimentu.
cozinha 1. Fogon. 2. Kudjan.
cozinhado 1. Kudjidu. 2. Kujidu.
cozinhar Kudji.
cozinha tradicional Kixpa.
cozinheira Kuzinhêra.
cozinheiro 1. Fedô-kume. 2. Kudjidela. 3. Kuzinhêru.
credo! 1. Klê ni Dêsu Padê Klusu. 2. Kidalê. 3. Kyê. 4. Kyêy.
crê em Deus-Pai e na Cruz Klê ni Dêsu Padê Klusu.
crepúsculo Pane.
crer Kêlê.
crescente Klesentxi.
crescer Klêsê.
crescido 1. Flimadu. 2. Tamen. 3. Wôdu.
cretino Fyadu.
criação 1. Kliason. 2. Kyason.
criado 1. Kiadu. 2. Kliadu. 3. Mina-kya. 4. Mosu-kya.
criador Kiadô.
criança 1. Anzu. 2. Bebe. 3. Bizôli. 4. Kasô-dêsu. 5. Mina-pikina. 6. Mina.
criançada Tutubi.
criança de penitência Mina-tlabe.
criança muito pequena Mina-fili petepete.
criança pequena Mina-fili.
criança que não pagou as dívidas espirituais da vida anterior Mina-sentenxa.
criança raquítica Klinkata.
crianças Tutubi.
criar Kia.
crime Klimi.
crise Kliji.
crista Tlisa.
cristão Klixton.
cristo Klixtu.
criticar 1. Fla fala. 2. Plofana.
crocodilo Jakare.
crosta Bluma.
cru Kulu.
crucifixo Klusu.
cruel Bluku.
cruíssimo Kulu klani.
cruz Klusu.

cruzado Kluzadu.
cruzamento 1. Kluzêlu. 2. Xtlada-klusu.
cruzar Kluza.
cruzeiro Kluzêlu.
cu Uku.
cuco-esmeraldino Ôsôbô. *Chrysococcyx cupreus insularum.*
cueca Tluxi.
cuecas 1. Kweka. 2. Kwekwe.
cuidado! Akaka.
cuidado 1. Kidadu. 2. Kwidadu. 3. Lepalu.
cuidados Tlatason.
cuidar 1. Sêbê. 2. Tlata.
culpa Klupa.
culpado Klupadu.
culpar Klupa.
culto Wê-lujidu.
cultura Kutura.
cumprimentar Fla mantxan.
cumprimento respeitoso Abensa.
cumprimentos Mantxan.
cumprir 1. Kumpli. 2. Kupli.

cunha Kunha.
cunhada 1. Kunhada. 2. Kwada.
cunhado 1. Kunhadu. 2. Kwadu.
cupim 1. Klongôji. 2. Klonkôji.
cura Kula.
curado Kuladu.
curandeiro Kulandêlu.
curar 1. Fisa ubwê. 2. Kula. 3. Yogo.
curioso 1. Njozu. 2. Pyuku.
curral Xtlekadu.
curso Kusu.
curto Kutu.
curva Kluva.
curvado Bazadu.
curvar Vlega.
cuscuz Kusukusu.
cuspe Kupi.
cuspir 1. Buta kupi. 2. Kupi. 3. Zuga kupi.
custa Kuxta.
custar 1. Kuxta. 2. Sa.
custo Kuxtu.

D d

dain Dain. *Lomariopsis guineensis*.
dama-da-noite Loza-bilanza. *Mirabilis jalapa*.
dança 1. Bayle. 2. Kilêlê. 3. Sala.
dançar Dansa.
dançarina Dansadô-mwala.
dançarino 1. Dansadô. 2. Dansadô-ome.
Danço-Congo Dansu-kongô.
danificado Danadu.
danificar 1. Dana. 2. Tanaza.
dar Da.
dar à luz Pali.
dar cambalhotas 1. Bila kanfini. 2. Bila ngombe.
dar consultas Kunsuta.
dardo Dadu.
dar margem a Da venha.
dar o *badja* Badja-badja.
dar parte Da patxi.
dar porradas Da osa.
dar uma coronhada Klonha.
dar um mau jeito Lendê.
dar vivas a Viva.
dar voltas Da loda.
de 1. Di. 2. Dji. 3. Djina. 4. Fô. 5. Ji. 6. Jina. 7. N. 8. Ni.
de baixa estatura Balele.
debaixo Basu.
debalde Dudji.
débil 1. Fasufasu. 2. Flaku.
debochar Fe mangason.
de borco Wê-kubli.
de cabeça para baixo Wê-kubli.
decair Yogo.
decidido Lôzôvidu.
decidir 1. Disidi. 2. Lôzôvê.
décimo Desimu.
decisão Dixpaxu.
de cócoras Bazadu.
dedal 1. Djidali. 2. Jidali.
dedo Dedu.
dedo anelar Dedu-neni.
dedo do pé Dedu-d'ope.
dedo indicador Dedu-ponta.
dedo médio Dedu-longô.
dedo mindinho 1. Dedu-txoko. 2. Mina-dedu.
dedo polegar Dedu-nglandji.
de fato 1. Efan. 2. Vede-vede.
defecar 1. Fe matu. 2. Koko. 3. Tata.
defeito Dêfêtu.
defeitos Glavidadji.
defender Dêfendê.
defesa Dêfêza.
definhado Kamuzenze.
definhar Donoxa.
deflorar Fula viji.
de forma dissimulada Falufalu.
de forma sensata Kaba.
defumado Fumadu.
defumar Fuma.
defunto 1. Dêfuntu. 2. Kazumbi.
defunto velado, após o fisu Poladêsu.
degradar Dana.
degredar Dlegeda.
degredo 1. Dlegedu. 2. Fotxi-losada.
de hoje a três dias Tlezaman-pasa.
deitado Detadu.
deitar Soya.
deitar(-se) Deta.
deitar fora Zuga buta.
deixado Fikadu.
deixar 1. Desa. 2. Fika.
deixar de Manha.
dela Dê.
delas Dinen.
dele Dê.
delegado Delegadu.
deles Dinen.
delgado 1. Dlegadu. 2. Finfi.
delicado Panampanan.
delicioso Doxi.
demanda 1. Demanda. 2. Dizodji.
de mansinho Ka konta ope.
demarcação de terreno Mlakason.
demarcar Mlaka.
demasiadamente Mankwete.
demasiado Pasa.
democracia Demoklaxia.
demolir 1. Blaga. 2. Blaguna.
demolir por completo Blaga mpenampena.
demônio Demono.
demorado 1. Longô. 2. Tadadu.
demorar Tada.
denguice Denge.
de novo Bila.
denso Jiji.

dente Dentxi.
dente de serra Tlovu.
dentes espaçados, sinônimo de beleza Dentxi upa.
dentro (de) 1. Dlentu.   2. Glentu.   3. Nglentu.
denunciante Dadô-patxi.
denunciar 1. Bili funda.   2. Da patxi.
de olhos bem abertos 1. Wê betu klan.   2. Wê klan.
deparar com Xê liba.
de pele acastanhada Fula.
depenado Penadu.
depenar Pena.
dependência Dependenxa.
depender Dêpendê.
dependurado 1. Lengelenge.   2. Lingadu.
dependurar Linga.
depois 1. Dipôji.   2. Dêpôji.   3. Dêpôx.   4. Logo.   5. Soku.   6. Zao.   7. Zawo.   8. Zo.
depois de amanhã Aman-pasa.
depois que Dêpôji ku.
depressa 1. Djandja.   2. Djandjan.   3. Janja.   4. Janjan.   5. Lufugôzu.
depressão Bambi.
deputado Deputadu.
de qualquer forma Modu ku modu.
de qualquer maneira 1. Mo-modu.   2. Modu-modu.
de que modo Kuma.
de repente 1. Dixpantu.   2. Mê-d'ola.   3. Namplakata.
derramado Wangadu.
derramar Wanga.
derramar lágrimas Blaga awa-wê.
derreter 1. Dlêtê.   2. Glêtê.
derrotar alguém no jogo da bisca Da kapotxi.
derrubar Dluba.
desacertar Lagasa.
desairar Lagasa.
desajeitadamente 1. Mo-modu.   2. Modu-modu.
desajeitado 1. Djômblo.   2. Kôykôy.   3. Sakasaka.   4. Sakusaku.   5. Tximbôtô.   6. Ximbôtô.
desalinhado Sê-plôsêdê.
desamarrar Yôlô.
desandado Ubwê-betu.
desanimado Kiovodu.
desanimar Kiovo.
desaparecer 1. Loke.   2. Plêdê.   3. Sumi.
desarrumadamente Walawala.
desarrumado Klôbôklôbô.
desarticulação Mintxidu.
desarticulado Mintxidu.
desarticular 1. Mintxi.   2. Nhanga.   3. Yanga.
desastre Dizaxtli.
desatar Fana.
desatinado Sê-plôsêdê.
desbotar 1. Debota.   2. Txila.
desbragado Lagasadu.
desbragar Lagasa.
descansar Kansa.
descarregar Zuda pê.

descascado Blugadu.
descascar Bluga.
descer Dêsê.
descobrir Dixkubli.
desconcentração Tlubulason.
desconcentrado 1. Tuntuntun.   2. Wôlôwôlô.
desconcertado Tlubuladu.
desconfiado 1. Dixkunfyadu.   2. Pikadu.
desconfiar 1. Dixkunfya.   2. Pika.
desconhecido Xtlanhu.
desconto Batêmentu.
descontraidamente Legadu-bofi.
descrever Xklêvê.
descuidado Sê-plôsêdê.
descuidar Laga.
desculpar(-se) Pidji poda.
descurar Laga.
desde 1. Djina.   2. Jina.
desde essa altura 1. Djinola.   2. Jinola.
desdém 1. Fante.   2. Plodja.
desde que Baxta pa.
desde sempre Jinola.
de seguida 1. Zao.   2. Zawo.   3. Zo.
desejar 1. Dêya.   2. Dêzêja.   3. Mensê.   4. Mêsê.
desejo Mêsê.
desencaminhar Dizanda.
desengonçado Djômblo.
desenhar Xklêvê.
desenho Dêzenhu.
desentendimento Bixbile.
desenvolver(-se) Lô.
desequilibrar Dizanda.
desertado Azêtô.
desesperado Zaxpeladu.
desesperar Zaxpela.
desfazer 1. Blaga.   2. Mola.   3. Zala.
desfazer por completo Blaga mpenampena.
desfazer(-se) 1. Zaguli.   2. Zele.   3. Zozo.
desfeito 1. Blagadu.   2. Zaladu.   3. Zozodu.
desferir Vumba.
desfiar Zaguli.
desfile de canoas em festas religiosas de pescadores Xola.
desfrutar 1. Goza.   2. Legela.
desgarrado Txakatxaka.
desgosto 1. Dijigôxtô.   2. Dixgôxtô.   3. Tlixtêza.
desgraça 1. Dixglasa.   2. Zumba.
desgraçado 1. Dixglasadu.   2. Kaleta.
desgraçar Dukunu.
desintegrado Zozodu.
desintegrar 1. Vovo.   2. Zozo.
desinteressante Txakatxaka.
disenteria 1. Plêmê.   2. Zentria.
desleixado 1. Djômblo.   2. Lêsenxadu.   3. Lêxenxadu.   4. Sê-plôsêdê.
desligado 1. Pagadu.   2. Ubwê-betu.
desligar Paga.
deslocação Mintxidu.
deslocado Mintxidu.

deslocar Mintxi.
desmaiar 1. Plêdê xintxidu. 2. Pligisa.
desmaio Vagudu.
desmanchar Blaga.
desmanchar por completo Blaga mpenampena.
desmazelado Klôbôklôbô.
desmedido Jingantxi.
desmontar por completo Blaga mpenampena.
desmoronar 1. Ba bligidi. 2. Bu blugidi. 3. Bluguna.
desnorteadamente Dôdô-dôdô.
desordeiro Mandjingêlu.
desordem 1. Dizodji. 2. Tlomentu. 3. Wixiwaxa.
desorganizadamente Walawala.
despacho Dixpaxu.
despedaçar Bagasa.
despedida Dixpidji.
despedir(-se) Dixpidji.
despejar 1. Baza. 2. Bloka.
despencar 1. Ba bligidi. 2. Bu blugidi.
despertar Da kôlô dixi.
despesa Dixpeza.
despido Unu.
despir(-se) Yôlô.
desprender Blaga.
despreocupadamente Legadu-bofi.
desprezar Yaga.
desrespeitar Toma kinjila.
desta forma Axen.
destemido 1. Kloson-felu. 2. Kloson-tatalugwa. 3. Mandjingêlu.
destino 1. Dixtinu. 2. Nansê. 3. Peneta. 4. Sala-mon. 5. Sotxi.
destro Mpyon.
destruir 1. Blaga. 2. Donoxa. 3. Zaguli.
desvendar um segredo Bili funda.
desviado Fintadu.
desviar 1. Finta. 2. Floga. 3. Lola.
detalhado Letayadu.
deteriorado Bômbôlimbô.
determinação 1. Mpenhu. 2. Penhu.
detestar Zeta.
de uma vez por todas Kaba.
de um dia para o outro Gaja.
deus 1. Dêsu. 2. Sumu.
devagar 1. Leveleve. 2. Molimoli. 3. Momoli.
dêvason Dêvason. Amuleto que é colocado ao pescoço dos recém-nascidos para os proteger dos feiticeiros ou ao pescoço de um gémeo sobrevivente.
devassa Devasa.
devedor do paga-dêvê Pagadô-dêvê.
dever 1. Dêvê. 2. Ôbligason.
de verdade Vede-vede.
deveria Toka.
devia 1. Pôdja. 2. Pôja.
devido a 1. Da. 2. Plôvya.
dez Dexi.
dezanove 1. Dezanovi. 2. Zanove.

dezasseis 1. Dezasêxi. 2. Zasêxi.
dezassete 1. Dezasete. 2. Zasete.
dezembro Dezemblu.
dezoito Dizôytô.
dia 1. Dja. 2. Ja.
dia aziago Djagu.
diabinho 1. Pinginínu. 2. Plakini.
diabinhos Klafatxi.
diabo! 1. Djanga. 2. Djesu.
diabo 1. Djabu. 2. Jabu.
diante (de) Wê.
diarréia 1. Bega-kôlê. 2. Kusu.
dicionário Livlu-nglandji.
dieta 1. Dyeta. 2. Lijimentu.
difamar 1. Lanta fasu. 2. Bafama.
dificuldade Matxi.
digamos Mo fala mo klonvesa.
diminuir 1. Baza. 2. Dêsê. 3. Mingwa. 4. Nkon.
dinheiro 1. Djêlu. 2. Jêlu. 3. Oba. 4. Toson. 5. Xe-le.
diospireiro Kaki. *Diospyros kaki.*
dióspiro Kaki.
diplomático Diplomatiku.
dique Awa-fumadu.
direito 1. Dlêtu. 2. Glêtu. 3. Odji.
direitos Odji.
diretamente 1. Glêtula. 2. Twa.
diretor Diretôru.
dirigir Giya.
disciplina Dixiplina.
discípulo Apoxtulu.
disco Dixku.
discussão 1. Demanda. 2. Plufya.
discutir 1. Debota. 2. Dixkuti. 3. Fe demanda. 4. Plufya.
disenteria 1. Plôli. 2. Xi.
disfarçado Bufadu.
disparar Sopla pê.
dispendioso Karu.
dispersamente Walawala.
dispersar Zala.
disperso Zaladu.
disputa Plufya.
disputar 1. Fe demanda. 2. Plufya. 3. Sumi.
dissimulado 1. Mansu. 2. Wê-sonson.
dissimular Lwelwe.
distante 1. Londji. 2. Lonji.
distraído Tuntuntun.
distrair Sega.
distribuir Patxi.
dito Fladu.
diversão Floga.
divertir(-se) 1. Buta kloson ba lonji. 2. Floga.
dívida 1. Divida. 2. Konta.
dívida espiritual Dêvê.
dívida moral Maxkelenxa.
dividir 1. Dividi. 2. Patxi.
divino Divinu.
divórcio Divorsyu.

divulgar Bili.
dizer 1. Buta. 2. Fada. 3. Fla. 4. Sopla.
dízimo Dizimu.
Ritual realizado durante a noite em torno de uma fogueira e que, através da música e da dança num ritmo frenético, pretende levar ao transe os participantes, principalmente os doentes, com o objetivo de os aliviar ou curar. Djambi.
djambi Jambi.
dó Odo.
doador Dadô.
dobra Dobla. Unidade monetária de São Tomé e Príncipe.
dobradiça Mixagla.
dobrar Dobla.
doce Doxi.
doce de banana da Ilha do Príncipe Bôbô-fitu.
documento Papelu.
doença 1. Dwentxi. 2. Molextya. 3. Xtêpô.
doença cutânea grave Zagli.
doença de pele 1. Bôba. 2. Lalu.
doença incurável Dwentxi-bluku.
doença prolongada Dwentxi kwenkwenkwen.
doença que tolhe o desenvolvimento de recém-nascidos, assim chamada porque as crianças nascem muito peludas Makaku.
doença venérea Kema.
doente 1. Dwentxi. 2. Felumu. 3. Molextyadu. 4. Nfelumu.
doer Dwê.
doido Dôdô.

dois Dôsu.
dolorido Dizandadu.
domar 1. Doma. 2. Mansa.
domesticar 1. Mansa. 2. Mwe.
domingo 1. Dja-djingu. 2. Ja-jingu.
Dança ligada aos espíritos, executada durante o *djambi*. Dondolo.
dongos-do-Congo Magitôyô. *Aframomum melegueta*.
doninha Alêdunha. *Mustela nivalis*.
dono Donu.
do que 1. Dôkê. 2. Pasa.
dor Dôlô.
dor de barriga Mali-bega.
dormir Dumini.
dormitar 1. Kebla sono. 2. Pixka.
douto Bêtôdô.
doutor Dôtôlô.
doze Dôzê.
dragão Ukwe. Personagem do **dansu-kongô**.
dreno para escoar água Levada.
duende Gugu. (Figura mitológica.)
dulcíssimo Doxi menememe.
dumbu Dumbu. *Solanum americanum*.
dumu vermelho Dumu-mwala. *Ouratea vogelii*.
duque Duki.
duríssimo Lizu kankankan.
duro 1. Glosu. 2. Lizu.
duzentos Duzentu.
dwala Dwala. Dança tradicional.

E e

e 1. I. 2. Ku. 3. Nê.
e agora Agola.
eco Eku.
economia Konomia.
economizar 1. Tlotlo. 2. Txentxa.
educação Ndukason.
educado 1. Kiadu. 2. Ndukadu.
educar 1. Kia. 2. Nduka.
efetivamente Efan.
egoísmo Flontadu.
egoísta Flontadu.
ei! Êya.
eia! Kidalê.
eis 1. Ya. 2. Yale.
eis aqui Yale.
ejacular Dêsê awa.
ela 1. Ê. 2. Êlê. 3. San.
elas 1. Inê. 2. Inen. 3. Nen.
elástico 1. Fijiga. 2. Laxtiku.
ele 1. Ê. 2. Êlê. 3. Sun.
elefante Zamba.
elefantíase 1. Jiba. 2. Jipela.
elefantíase do escroto Mukluklu.
elegante Fina.
eles 1. Inê. 2. Inen. 3. Nen.
em 1. Pê. 2. N. 3. Ni.
emagrecer Kaba lolo.
embainhar 1. Banha. 2. Benha.
embaixada Mbaxada.
embaixo Basu.
embalar 1. Dêdê. 2. Ngunda.
embandeirar Bandela.
embaralhar Balha.
embarbado Blabadu.
embasbacado Babakadu.
embasbacar Babaka.
embaúba Gofi. *Cecropia peltata.*
embebedar Bebeda.
em bicos de pés Ka konta ope.
em boa hora Bondja.
emboscado 1. Balingwadu. 2. Balungwadu.
emboscar 1. Balingwa. 2. Balungwa.
embriagadíssimo Bebedadu sete fôlô.
embriagado 1. Bebedadu. 2. Kumedu awa.
embriagar(-se) Kume awa.
embrulhado Buyadu.
embrulhar Buya.
embrulho 1. Funda. 2. Kabasu. 3. Sambu.
em cima Pê.
em cima de Liba.
emenda Menda.
emendar Menda.
emerso Boyadu.
em frente 1. Glêtula. 2. Vantxi.
em frente de Wê.
em grande quantidade 1. Amblôyô. 2. Wangila.
emissora de rádio 1. Êmisôra. 2. Radiu.
em maus lençóis Buyadu.
empanturrado Pantuladu.
empanturrar Pantula.
empanturrar(-se) Sana.
empenho 1. Mpenhu. 2. Penhu.
empoleirar(-se) Da mangingi.
empregado 1. Kliadu. 2. Xtlividô.
emprego 1. Fisu. 2. Tenda.
empresa Fazenda.
emprestado Plesadu.
emprestar Plesa.
empurrão Pinsu.
empurrão violento Flokadu.
empurrar 1. Da flokadu. 2. Da pinsu. 3. Pinsa.
em suma 1. Bon. 2. Mbon.
enamoramento Dêyason.
encalhado Kayadu.
encalhar Kaya.
encarar Sumba.
encardido 1. Nankô. 2. Txibadu.
encargo pesado Klusu.
encerrar Dumu.
encharcar Monha potopoto.
enchente Awa-matu.
encher 1. Fuma. 2. Tula. 3. Xa.
enciumar Sumi.
encobrir Kubli.
encolerizar(-se) Nglimi.
encolher 1. Kili. 2. Kôyê.
encolhido 1. Kilidu. 2. Kôyidu. 3. Ngunhadu.
encontrão Pinsu.
encontrar 1. Bê. 2. Da ku. 3. Kontla.
encorajar Fe wê-lizu.
encorajar(-se) Sufli kloson.
encostado 1. Faxi. 2. Koxtadu.
encostar(-se) Koxta.
encravar Kunha.

encruado Manklutu.
encruzilhada Xtlada-klusu.
endiabrado Djablin.
enfastiado Faxadu.
enfastiar Faxa.
enfeitado Latêyadu.
enfeitar Nengla.
enfeite Latêya.
enfeitiçado 1. Bayadu. 2. Tomadu.
enfeitiçar Baya.
enfermeira Nflimêla.
enfermeiro Nflimêlu.
enfermo 1. Felumu. 2. Nfelumu.
enfezado 1. Kaleta. 2. Môvidu.
enfiar 1. Tufu. 2. Vumba.
enfim Mbon.
enforcado Flokadu.
enforcar Floka.
enfraquecer Flakêsê.
enfraquecido Flakêxidu.
enganado Nganadu.
enganar(-se) 1. Laga. 2. Ngana.
enganchar Ngansa.
enganoso Nganozu.
engatado Buyadu.
engatinhar 1. Kôkô. 2. Luta kunda. 3. Tete.
engendrar Zenha.
engenheiro Injinhêlu.
engodar Ngunda.
engodo 1. Ixka. 2. Ngunda.
engolir Nguli.
engomado Ngomadu.
engomar Ngoma.
engravidar 1. Da bega. 2. Gala. 3. Kyê bega.
engrossar Kutu.
enojar Noja.
enorme 1. Kampon. 2. Memen. 3. Nanson.
enquanto Enkwantu.
enredar Buya.
enrolado Kilidu.
enrolar 1. Da buya. 2. Kili.
ensarilhado Buyadu.
ensarilhar Buya.
ensinado Xinadu.
ensinar Xina.
então 1. Agola. 2. Antan. 3. Anton. 4. Kuma. 5. So. 6. Soku. 7. Soso. 8. Sososo. 9. Zao. 10. Zawo. 11. Zo.
entendedor Tendêdô.
entender Tendê.
enterrado Nteladu.
enterrar Ntela.
enterro Ntelu.
entesar Teza.
entoar Twa.
entornar 1. Bloka. 2. Wanga.
entortar(-se) Tota.

entrada Boka.
entrançar Têsê.
entranhas Vlentêji.
entrar Lentla.
entrar de repente Da lentla.
entrar em ebulição Flêbê blublublu.
entrar em transe 1. Monta. 2. Toma santu. 3. Xingila.
entregar 1. Ntlega. 2. Tanda. 3. Tlega.
entristecer Kiovo.
entristecido Kiovodu.
entrudo Tlundu.
entupido Txibadu.
entupir Tula.
envelhecido Bêbidu-awa.
envenenado Venenadu.
envenenar Venena.
envergar Vlega.
envergonhar(-se) 1. Fe vlegonha. 2. Vlegonha.
enviar Manda.
enviesado Zanvyadu.
enxada 1. Sada. 2. Sanda.
enxaguar Sagwa.
enxó Onso.
enxugar Suga.
enxurrada Awa-matu.
enxuto Sugadu.
êpa! Kanada.
epilepsia 1. Taki. 2. Xtaki.
época Natula.
é que 1. Ku. 2. So. 3. Soku.
equilibrar(-se) Fe keda.
erguer Ligi.
erguido Lantadu.
erigir Lanta.
erisipela 1. Jiba. 2. Jipela.
eritrina 1. Lêtlina. 2. Lôtlina. *Eryhtrina poeppigiana.*
erro Mali.
erva Aliba.
erva-boi Wagawaga. *Setaria megaphylla.*
erva-cacho Monsonson. *Paspalum paniculatum.*
erva-cão 1. Aliba-kasô. 2. Keblankana. *Eleusine indica.*
erva-capitão Fya-d'olha-ple. *Hydrocotyle bonariensis.*
erva-de-colégio Makabali. *Elephantopus mollis.*
erva-de-Santa-Maria Matlusu. *Chenopodium ambrosioides.*
erva-de-São-João Fya-male. *Ageratum conyzoides.*
erva-limão Xalela. *Cymbopogon citratus.*
erva-moira Lusua. *Solanum nigrum.*
erva-tostão 1. Fya-plôkô-son. 2. Plôkôson. *Boerhaavia diffusa.*
ervilha do Congo Fezon-kongô. *Cajanus cajan.*
esboroar Bagasa.
esbranquiçado Fudu.
esburacar Kobo.

esburgar Bluga.
escada Xkada.
escalado o peixe Kaladu.
escalador Sublidô.
escalar o peixe Kala.
escaldar Kada.
escama de peixe Kama.
escamar Kama.
escancarado 1. Betu blalala. 2. Betu wan.
escancarar Yanga.
escancarar portas ou janelas Bili klan.
escangalhar Tanaza.
escanzelado Kandlezadu.
escapar 1. Fuji. 2. Limba. 3. Xkapa.
escapulir Sakapuli.
escarcéu Kalema.
escarificação Xtlafason.
escavar Kobo.
escoado Kuadu.
escoar Kua.
escola Xkola.
escolher Kôyê.
escolhido Kôyidu.
esconder(-se) 1. Balungwa. 2. Da maxtôlô. 3. Kondê. 4. Yeta.
esconderijo 1. Falu. 2. Kôfô. 3. Kondê. 4. Yetayeta.
escondido 1. Balungwadu. 2. Kondidu.
esconjurar 1. Klebenta. 2. Konveta. 3. Kota. 4. Koventa. 5. Kunzula. 6. Pidji plaga.
esconjurar pessoa acometida por *bambi* Kota-bambi.
esconjurar um malefício com a ajuda de um padre Xtlôvê.
escorregado Klogadu.
escorregar Kloga.
escova Xkôva.
escova de dentes tradicional Kwaku.
escravo Katxibu.
escrever Xklêvê.
escrito 1. Xklêvidu. 2. Xklitu.
escritor Xklêvêdô.
escritório Xklitoli.
escrivão Xklivon.
escudo Xkudu.
escuridão 1. Blokon. 2. Xtleva.
escuríssimo Kulu dĩĩ.
escuro Kulu.
escutar Kuta.
esfaquear Da faka.
esfolar 1. Bluga. 2. Fola.
esforçar-se Lendê.
esforçar-se muito Kusupi.
esforço Xtlôlô.
esfregado Flegadu.
esfregão Flegon.
esfregar 1. Flega. 2. Losa.
esfregar com esforço Klumunka.
esfregar com força Kunga.

esfriar Fia.
esgotar Sôvêtê.
esgotar(-se) Kaba plepleple.
esgravatado Zaladu.
esgravatar Zala.
esmagado 1. Dizandadu. 2. Pakatadu.
esmagar 1. Kata. 2. Mola. 3. Nhe.
esmagar-se Pakata.
esmigalhar Tono.
esmola 1. Djimola. 2. Jimola.
esmorecer 1. Donoxa. 2. Kiovo. 3. Yogo.
esmorecido Kiovodu.
espada 1. Supada. 2. Tlansadu.
espadas 1. Fya-supada. 2. Supada. Um dos naipes do baralho.
espalhadamente Walawala.
espalhado 1. Wangadu. 2. Zaladu. 3. Zozodu.
espalhafato Plantu.
espalhar 1. Wanga. 2. Zala. 3. Zozo.
espalmado Pakatadu.
espalmar Pakata.
espancado Dizandadu.
espancar 1. Da pankada. 2. Mansa. 3. Sôbê po.
espantado Sombladu.
espantar Sombla.
espantar(-se) Panta.
espavento Plantu.
espécie 1. Kaxta. 2. Kôlô. 3. Nanson.
espectador Pyadô.
espelho Supê.
esperar Gwada.
esperma 1. Awa-po. 2. Miza.
esperto 1. Blabu. 2. Sasasa. 3. Supetu. 4. Wê-betu.
espetáculo Funson.
espetado Petadu.
espetar Peta.
espeto Petu.
espevitado 1. Latulatu. 2. Sasasa. 3. Sata-sata. 4. Tententen.
espicaçar 1. Da txifina. 2. Tono.
espiga Supiga.
espinafre do Malabar Fya-tatalugwa. ***Basella alba.***
espingarda 1. Boka-ôkô. 2. Klôpaxê. 3. Pingada.
espinha de peixe 1. Mpyan. 2. Pyan.
espinha dorsal 1. Fi-tlaxi. 2. Lin-tlaxi. 3. Pyan-tlaxi.
espinho 1. Mpyan. 2. Pyan.
espírito 1. Alima. 2. Santu. 3. Sentenxa. 4. Suplitu. 5. Zumbi.
espírito de água doce 1. Gugu-d'awa. 2. Ôkôsô.
espírito protetor dos vinhateiros Mukamba.
espíritos maus Nguli.
espirrar Tixi.
espoliar Dukunu.
esponja 1. Pondja. 2. Ponja.
esponjeira Bana-mwala. ***Acacia farnesiana.***
espora Felon.
esposa 1. Malu. 2. Malun.

esposo 1. Malu. 2. Malun.
espreguiçar(-se) Sendê pligisa.
espreitar Longô.
espremedor Peki.
espremer 1. Nhe. 2. Plêmê.
espremido Plêmidu.
espuma 1. Fusa. 2. Kuma.
espumar Fusa.
esquadra da Polícia Fotxi.
esquartejar Sasa.
esquecer(-se) Kêsê.
esquecido Kêxidu.
esquema Xikêma.
esquerdo Xkedu.
esquife Kifiki.
esquina Djanga.
esquina da casa Kantlela.
esquistossomose Bega-pampôlê.
esquivar 1. Floga. 2. Foko. 3. Lwalwa.
essa 1. Isala. 2. Se. 3. Xi.
essas 1. Isala. 2. Se. 3. Xi.
esse 1. Isala. 2. Se. 3. Xi.
esses 1. Isala. 2. Se. 3. Xi.
esta 1. Isaki. 2. Ise. 3. Se.
estabanado Sakusaku.
estaca Xtaka.
estação chuvosa Suba.
estado Xtadu.
estalar Xtlala.
estancar Xtanka.
estanho Xtanhu.
estante de parede Kantlela.
estar 1. Sa. 2. Ta.
estar bêbado Bebeda.
estar cozido Byê.
estar de mau humor Bluxa kala.
estar de pé 1. Mundja. 2. Munja.
estar entre Mansa.
estar grávida Plêdê mêji.
estar maduro Wô.
estar menstruada 1. Bê nwa. 2. Lua.
estar no meio Mansa.
estar para Sa di.
estar parado Mundjadu.
estar pasmo Pya babaka.
estar prestes a Sa di.
estar quente Fela.
estas 1. Isaki. 2. Ise. 3. Se.
estás marcado! Kinga bô.
estátua Xtatwa.
este 1. Isaki. 2. Ise. 3. Se.
esteio Xtê.
esteira Sêla.
esteira feita com fios de fibra de palmeira Kisanda.
estender Xtika.
estender(-se) Sendê.
estender-se muito Sendê byololo.

estéril Sêvadu.
esterilizar Kapa.
estes 1. Isaki. 2. Ise. 3. Se.
estética Xtetika.
esticadíssimo Tezadu tõõõ.
esticão Dixi.
esticar 1. Saya. 2. Sendê. 3. Teza. 4. Xtika.
estilhaço Winiwini.
estilingue Laxtiku.
estimar Xtima.
estimular 1. Flomenta. 2. Tunga.
estivador 1. Xtivadô. 2. Xtivadô-bodo.
estocada Tufu.
estofo Fôlô.
estômago 1. Bega. 2. Busu.
estorvar Xtlova.
estouvado Tôwôtôwô.
estrábico Wê-vilo.
estrada Xtlada.
estrado Plukutu.
estragado 1. Bômbôlimbô. 2. Danadu. 3. Fonodu. 4. Pasadu.
estragado por completo Dana kotokoto.
estragador Kabla.
estragar Fono.
estragar(-se) Dana.
estrago Xtlagu.
estrangeiro 1. Galegu. 2. Kobo-d'awa. 3. Kôlomba. 4. Manse. 5. Xtlanjêlu.
estrangeiro africano Gabon.
estranho 1. Ngê-lwa. 2. Xtlanhu.
estreito 1. Benfetu. 2. Finfi. 3. Mlagu benfebenfe. 4. Pempe.
estrela Xtlela.
Estrela-d'Alva Deva.
Estrela-Polar Deva.
estroina Kabêsa wôlôwôlô.
estrume Xtlumu.
estudante Xtudantxi.
estudar Xtuda.
estudo Xtudu.
estufado Xtofadu.
estufar Xtofa.
estúpido Bôbô.
e tal Kela.
ética Kunxensa.
eu 1. Am. 2. Ami. 3. N.
eucalipto Kaliptu. *Eucalyptus globulus*.
eufórbia Fya-santope. *Euphorbia hirta*.
europeu Kôlomba.
evangelho Vanjeli.
evitar Vita.
evoluir Wô.
exame Zami.
exantema Klêbentu.
exatamente 1. Ababa ê. 2. Bababa.
exato Zuxtu.
excelente 1. Bwa so. 2. Fina lekeleke.
excelentíssimo Sumu.

excremento 1. Obla. 2. Suzu.
excrementos 1. Bodo-matu. 2. Kaka. 3. Nzuku. 4. Zuku.
exibicionista Akondô.
existir 1. Sen. 2. Tê.
experimentar 1. Lema. 2. Papla. 3. Plapa. 4. Plova.
explicação Xplikason.
explicado Xplikadu.
explicar Xplika.
expor Bili funda.
expressão idiomática Vesu.
exprime o som de um embate Ba.
expulsar Kôlê ku.
extensão Xtenson.
extrair Yaga.
extravazar Salu.
extremidade Ponta.

F f

fábrica Fablika.
fábula Kontaji.
faca 1. Faka. 2. Xuxu.
faca de cozinha Faka-fôgon.
facão Fakon.
face Faxi.
faceiro Fôgôzu.
fachada Tesa.
facho Ngunu.
faixa Fita.
fala Fala.
falado 1. Fladu. 2. Klonvesadu.
falador Fladô.
falar 1. Fla. 2. Sopla.
falar à toa Fla vonvon.
falar com fluência Fla sasasa.
falar mal Da mali.
falcão Flakon. *Milvus migrans.*
falcão-benta Flakon-benta. Personagem de histórias tradicionais.
falinhas mansas Boka-doxi.
falsidade 1. Fasu. 2. Tlapasa.
falso 1. Fasu. 2. Finjidu.
falta Fata.
faltar 1. Fata. 2. Nho.
fama 1. Fama. 2. Flamason.
família 1. Familya. 2. Nen-ke-mu.
famoso 1. Bafamadu. 2. Famadu. 3. Fladu.
fanfarronice 1. Kana. 2. Luvon-fasu.
fantasma 1. Alima. 2. Dêfuntu. 3. Zalima. 4. Zumbi.
farda Fada.
farinha Fanha.
farinha de cevada Fanha-sevada.
farinha de mandioca Fanha-mandjoka.
farinha de milho 1. Fanha-min. 2. Fuba.
farinha de trigo 1. Fanha-putuga. 2. Fanha-tligu.
farmácia Butxika.
farrapo Late.
farto 1. Faxadu. 2. Tunxadu.
fartura Legela.
fascista Faxixta.
fatia Mpanampana.
fato Fatu.
fato de banho Fatu-banhu.
fatura Fatula.
favor Favôlô.

favorável (referindo-se ao quadrante lunar ou ao signo) Lew.
fazedor Fedô.
fazenda 1. Fazenda. 2. Losa.
fazer Fe.
fazer a bainha Banha.
fazer algo atabalhoadamente Bumabuma.
fazer amizade Fe migu.
fazer a ponta-cabeça Bila kanfini.
fazer cair Bluguna.
fazer cócegas Nina.
fazer coro Levoga.
fazer entranhar os temperos Flega.
fazer feitiço(s) contra alguém Baya.
fazer força Klumunka.
fazer intrigas 1. Fe fitxin. 2. Tê fitxin.
fazer investidas 1. Da kubu. 2. Xê kubu.
fazer o pino Bila kanfini.
fazer pouco de Goza.
fazer-se de forte Fe luvon.
fazer troça Fe mangason.
fazer uma armadilha Lema.
fazer um corte Da faka.
fé Afe.
febre 1. Feble. 2. Lixbitadu. 3. Senzon.
febril Lijibitadu.
fechado Fisadu.
fechadura 1. Fisadula. 2. Fulu-poto.
fechar Fisa.
fecho Fesu.
fecundar Da kasa.
fedegoso 1. Fêdêgôsu. 2. Mayoba. *Cassia occidentalis.*
feder Fede.
feijão Fezon.
feijão-cutelinho Fezon-bongê. *Phaseolus lunatus.*
feijão-de-praia Akansa. *Canavalia maritima.*
feijão-do-mato Fezon-matu. *Clitoria falcata.*
feijão-flor Fezon-floli. *Centrosema pubescens.*
feijão-frade Fezon-sêsê.
feijão-macondê Fezon-makundê. *Vigna unguiculata.*
feijão-verde Fezon-vêdê.
feio 1. Blonji. 2. Fê. 3. Kôykôy.
feira Fela.
feitiçaria Baya.
feiticeira 1. Bluxa. 2. Fitxisêla.
feiticeiro 1. Fitxisêlu. 2. Masoniku.
feiticeiro temível Fitxisêlu aze.
feitiço 1. Baya. 2. Fitxisu. 3. Kwa-fedu.

feitio Fetiu.
feito Fedu.
feitor Fitôr.
feixe 1. Fêsu. 2. Funda.
felicitar Gôgô da.
feliz Filiji.
feliz ano novo Bonzwanu.
felizmente Bondja.
fêmea Mwala.
fenda Faxi.
feriado Fêlyadu.
férias Ferya.
ferida Flida.
feridas Tônôtônô.
feridas na pele Tonitoni.
ferido Filidu.
ferir(-se) Fili.
ferir(-se) gravemente Fili bagasa.
fermentar Kuba.
Fernão do Pó Fonandopo.
feroz Bluku.
ferrado Feladu.
ferramenta Flamenta.
ferrão Felon.
ferrar Fela.
ferreiro Flêlu.
ferrinhos Xinu.
ferro Felu.
ferrugem Faluza.
ferventado 1. Flebentadu. 2. Flentadu.
ferventar 1. Flebenta. 2. Flenta.
ferver Flêbê.
fervido Flêbidu.
fervura Kudjidela.
festa Fesa.
festa de Nossa Senhora Xola.
festa religiosa de freguesia Xinhô.
festividade Funson.
feto Fya-glêza. *Dryopteris filixmas.*
fevereiro Fêvêlêlu.
fezes 1. Klonzu. 2. Nzuku. 3. Tata. 4. Tutu. 5. Zuku.
fiado Fyadu.
fiador Fyadô.
fiambre Fyamblê.
fiança Fyansa.
fiar Fia.
ficado Fikadu.
ficar 1. Fika. 2. Ta.
ficar admirado 1. Babaka. 2. Konveta.
ficar arrasado Laza.
ficar atordoado Xtloa.
ficar atrofiado Bila klongondo.
ficar bem Kyê ku.
ficar carrancudo Bluxa kala.
ficar com Panha.
ficar contente Gôgô.

ficar de cara fechada Bluxa kala.
ficar de pé 1. Mundja. 2. Munja.
ficar de pernas para o ar Bila kanfini.
ficar de ponta-cabeça Bila kanfini.
ficar estéril Seva.
ficar peludo Blonji.
ficar perturbado Djinga.
fígado de animais Fusula.
figo-porco Figu-plôkô. *Ficus mucuso.*
figo-tordo Figu-tôdô. *Ficus punila.*
figura Fêgula.
figurante do sokope Almilantxi.
fila 1. Bixa. 2. Fila.
filha 1. Mina. 2. Mina-mwala.
filho 1. Mina. 2. Mina-ome.
filho da terra 1. Mina-santome. 2. Mina-tela.
filispote Flipotxi. Alimento preparado à base farinha de mandioca.
fim 1. Fin. 2. Kaba. 3. Labu.
final Fin.
finalizar Dumu.
finanças 1. Fazenda. 2. Finansa.
fincado Finkadu.
fincar 1. Finka. 2. Klina.
fingido Finjidu.
fingidor Lôlongôma.
fingimento Muzula.
fingir(-se) Finji.
fininho Finfi.
fino Fina.
fio 1. Fi. 2. Uwu.
fio-sardinha Fisandja. *Adenia cissampeloides.*
fio de metal Giya.
fio desfiado Uzuzu.
fio elétrico Kabu.
firmamento Oali.
firmar 1. Finka. 2. Flima.
firme Flimi.
fisandja Fisandja. *Adenia cissampeloides.*
fisga Fijiga.
fita Fita.
fitinhas nas pontas de um xaile Uzuzu.
fitolaca Matli. *Phytolacca dodecandra.*
Denominação dos responsáveis pelos participantes numa festa religiosa. Fixali.
fixar Flima.
fixo Flimi.
flácido 1. Fokofoko. 2. Zobozobo.
flanco do tórax Pontada.
flato 1. Fyô. 2. Pidu.
flatulência Basô.
flauta Pitu.
flauta de bambu Pitu-pempe.
flecha 1. Fijiga. 2. Flêxa.
flertar Dêya.
Ritual no qual o bebê é oferecido espiritualmente para receber proteção divina quando crescer. Flêsê.
flor Floli.
flor-branca Sabola-sensê. *Crinum jagus.*

flor-de-coral 1. Nglon-floli. *Jatropha multifida.* 2. Nglon-kongô-mwala.
flor da palmeira Kyomba.
flor-que-Deus-espalhou-pelo-mundo Floli-ku-dêsuwanga-pê-mundu. *Gomphrena globosa.*
floresta Ôbô.
floresta densa Ôbô jiji.
fluir (curso d'água) Kôlê sêlêlê.
flutuar Boya.
focinhar 1. Funtxa. 2. Funxa.
focinho Funtxin.
foder Fôdê.
fofo 1. Dôdôdô. 2. Fôfô.
fofocar Fla vonvon.
fofoqueiro 1. Boka-ôkô. 2. Lungwalaji.
fogão Fogon.
fogão tradicional Makuku.
fogo Fôgô.
fogo que não arde bem Lêdê pitxipitxi.
fôlego Flôgô.
folgado Fokofoko.
folgar 1. Floga. 2. Foko.
folha Fya.
folha-agulha Aliba-guya. *Ludwigia erecta.*
folha-boba Fya-bôba-d'ôbô. *Piper umbellatum.*
folha-camarão Fya-ize. *Nefrolepis bisserrata.*
folha-centopeia Fya-santope. *Chamaesyce hirta.*
folha-da-mina Fya-da-mina. *Bryophyllum pinnatum.*
folha-de-igreja 1. Fya-glêza-mwala. *Pneumatopteris oppositifolia.* 2. Fya-glêza-ome. *Christella dentata.*
folha-formiga-vermelha Fya-flêminga-vlêmê. *Chamaesyce serpens.*
folha-fraqueza Fya-flakêza. *Laportea aestuans.*
folha-leve-homem Fya-leve-ome. *Dicranopteris linearis.*
folha-lixa Po-lixa. *Ficus exasperata.*
folha-malícia Fya-malixa. *Mimosa pudica.*
folha-manuel-homem Fya-male-ome. *Synedrella nodiflora.*
folha-pedra Fya-budu. *Elephantopus mollis.*
folha-ponto 1. Fya-pontu. 2. Matu-bana. *Achyrantes aspera.*
folha-porco 1. Bodobodo. 2. Fya-plôkô. *Commelina congesta.*
folha-preta Pletu. *Datura metel.*
folhas Wê.
folhas tenras da palmeira Ndombo.
folha-vela Fya-vela. *Tristemma litoralle.*
folha-vintém Fya-vinte. *Desmodium adscendens.*
folha da fortuna Fya-da-mina-ke. *Kalanchoe pinnatum.*
fome Fomi.
fomentação Flomentu.
fomentar Flomenta.
fonte Men-dawa.
fora Buta.
força Po-floku.

força 1. Fôsa. 2. Suplitu.
forçar Klumunka.
forma 1. Moda. 2. Modu.
formar Floma.
formiga 1. Flêminga. 2. Flôminga.
formiga-branca 1. Xtlele. 2. Xtlêlê.
formiga-vermelha Lôbô.
formiga grande preta Tamanhan.
formigão Lôbô.
formiga preta e grande Xtlaka.
formoso Glavi.
formosura Glavi.
forno Fono.
forquilha Flukyan.
forrar Fola.
forro 1. Fôlô. 2. Mina-santome. 3. Santome.
forro pertencente à elite sócio-económica Môladô.
fortalecer Fela.
fortaleza Fotxi.
forte 1. Fotxi. 2. Glosu.
fortuna Futuna.
fosco Txibadu.
fósforo Folufu.
fossa Fosa.
fotografar Pika letlatu.
fotografia Lêtlatu.
foz de rio Boka-bela.
fraco 1. Flaku. 2. Flakêxidu.
frágil Fasufasu.
fragmentar Kebla winiwini.
fragmento 1. Kaku. 2. Winiwini.
fralda Zumbu.
framboesa-brava Mulangu. *Rubus rosifolius.*
francês Flansêji.
franga 1. Flanga. 2. Nganha-mosa.
franja Uzuzu.
franjas do kodo d'onso, utilizadas como proteção às mãos Penapena.
franzino 1. Kanalemi. 2. Txeketxeke.
fraque Flaki.
fraqueza 1. Flakêza. 2. Vagudu. 3. Xtêpô.
frasco pequeno Flaxkin.
frase Flaji.
fratura Fatula.
fraturar 1. Kebla. 2. Nozo.
freguês Flêgê.
freguesia Flêgêja.
freio 1. Flê. 2. Tlavon.
freira Madlê.
freirinha Keblankana-pletu. *Lonchura cucullata.*
frente Wê.
frequentemente Pyolopyolo.
fresco Flesku.
fresta Faxi.
frialdade Fyadadji.
friccionar com fomento ou remédio Flomenta.
friccionar suavemente Bolo.
frieira Fyô-glosu.
frígida Sumbada.

frigidíssimo Fyô kôkôkô.
frigorífico Jilêra.
frio Fyô.
fritar Fliji.
frito Flijidu.
fronha Flonha.
fronteira Mlakason.
frouxo Flôxô.
fruta-pão 1. Baji. 2. Boya. 3. Fluta. 4. Fluta-mpon.
fruta-pão grande Bofyo.
fruta-pão muito verde Badji.
fruta-pão muito verde, usada para cozer apenas Baji.
fruto do bengi-doxi Bengi-doxi.
frutos do mar Kwa-ple.
fuba Fanha-min.
fubá 1. Fanha-min. 2. Fuba. Material do tronco de uma bananeira em decomposição usado para se fazer uma canaleta para escoar a água para o kôsô, no processo de produção de óleo de palma. Fubuka.
fugir 1. Fuji. 2. Lwalwa. 3. Sakapuli.
fulana Fulana.
fulano 1. Fulanu. 2. Tipu.
fumaça Igligu.
fumado Fumadu.
fumar Venta.
fumeiro Fumêlu.
fumo 1. Idligu. 2. Igligu.
fumo negro Igligu-kwami.
função pública Funson.
funcionar Tlaba.
funcionário (público) Funxyonalyu.
funda Funda. Borracha que marca o local onde se encontra a âncora.
fundado Fundadu.
fundador Fundadô.
fundão Fundon.
fundear Fundja.
fundir Fundji.
fundo Fundu.
funduras Fundula.
fungo Gafu.
funil Funinu.
funileiro 1. Fedô-lata. 2. Funilêlu.
furado 1. Fuladu. 2. Txofodu.
furador Fuladô.
furar Fula.
fúria 1. Leva. 2. Mandjinga. 3. Manjinga.
furioso 1. Danadu. 2. Mandjingêlu.
furo Fulu.
furtado Futadu.
furtar Futa.
furúnculo Pôxtêma.
fya-bôba-nglandji Fya-bôba-nglandji. *Begonia ampla.*
fya-bôba-pikina Fya-bôba-pikina. *Piper capense.*
fya-da-mina-galu Fya-da-mina-galu. *Kalanchoe crenata.*
fya-d'ami-so Fya-d'ami-so. *Nervilia bicarinata.*
fya-dentxi 1. Fya-dentxi. 2. Makabali. *Acmella caulirhiza.*
fya-glavana Fya-glavana. *Phaulopsis micrantha.*
fya-keza-ome Fya-keza-ome. *Spermacoce verticillata.*
fya-kopu Fya-kopu. *Centella asiatica.*
fya-vinte Vinte. *Desmodium adscendens.*
fya-zaya Fya-zaya. *Cassia podocarpa.*

G g

Gabão Gabon.
gabar Gaba.
gabardina Glabadina.
gabinete Gabinêtê.
gabonês Gabon.
gadanha Gadanha.
gafa Gafu.
gafanhoto Tantan.
gago Gagu.
gaiato Gayatu.
gaiola 1. Gayola. 2. Lêtu.
gaja Fulana.
gajo Fulanu.
gala 1. Funson. 2. Gala.
gala da palmeira Gala.
galão Galon.
galego Galegu.
galho Ngen.
galinha 1. Ganha. 2. Nganha. 3. Nganhan.
galinha d'Angola Nganha-ngene. *Numida meleagris*.
galinha-da-Guiné Nganha-ngene. *Numida meleagris*.
galinha-garnisé 1. Balele. 2. Nganha-balele.
galo Galu.
galo velho e grande Kokolo.
gamela 1. Gamala. 2. Ngama. 3. Ngamala. 4. Ngaman.
gameleira Po-gamela. *Ficus doliaria*.
gana Ngana.
ganância 1. Wê-glosu. 2. Wê-xa.
ganancioso 1. Kloson-tefitefi. 2. Kuvisozu. 3. Wê-glosu. 4. Wê-xa.
gancho 1. Gansu. 2. Ngansu.
ganhar 1. Ganha. 2. Nganha. 3. Vensê.
ganho Nganhu.
garça Gasa.
garça-de-cabeça-negra 1. Txonzu. 2. Xuxu. *Butorides striatus*.
garfo Galufu.
gargalhada Kebla.
gargalhar Da kebla.
garganta 1. Glaganta. 2. Glagantxi. 3. Papu.
gargarejar Glagantxa.
garoa 1. Xtlenu. 2. Xtleson.
garoar Xtlena.
garoupa Glôpin. *Epinephelus adscensionis*.
garoupa de pintas Bôbô-kema. *Cephalopholis taeniops*.
garrafa 1. Bôtê. 2. Galafa. 3. Lodoma.

garrafa de barro grande Bôtê.
garrafão Galafon.
gasolina Gazolina.
gastar Gaxta.
gata Gatu.
gatinhar 1. Kôkô. 2. Tete.
gato Gatu. *Felis catus*.
gato-do-mato Oki.
gaveta Glavêta.
gaze Gazi.
gêgê-fasu 1. Gêgê-fasu. *Polyscias quintasii*. 2. Posoda.
geladeira Jilêra.
gelar Jela.
gelatinoso Lugulugu.
gélido Fyô kôkôkô.
gelo Jêlu.
gema Zema.
gémeo 1. Igleva. 2. Ingleva. 3. Ngleva.
gemer Zeme.
gemido Zeme.
genebra 1. Djinebla. 2. Jinebla.
generoso 1. Bondôzô. 2. Mon-betu.
gengibre 1. Jijimpli. 2. Jimbli. *Zingiber officinalis*.
gengiva Jijimpli.
gênio Jenu.
genro 1. Kwadu. 2. Soglu. 3. Xtlogu.
gente 1. Nentxi. 2. Ngê. 3. Zentxi.
gentes Nen-ke-mu.
gentio Jintxin.
genuíno 1. Djikitxi. 2. Jikitxi.
geração Zelason.
gerar 1. Da kasa. 2. Jera. 3. Pali.
gerente Jelentxi.
germinar Da wê.
gesso 1. Jesu. 2. Masa.
gibão 1. Djibon. 2. Jibon.
gigante 1. Jingantxi. 2. Ukwe.
ginclό Jinklo. *Bixa orellana*.
gingar 1. Djinga. 2. Jinga.
girar Da balansu.
gita Ama. *Boaedon lineatus bedriage*.
glabro Botono.
gleba 1. Gleba. 2. Pedasu.
gligô 1. Gigô. 2. Gligô. *Morinda lucida*.
gligô-do-mato Gligô-d'ôbô. *Sacosperma paniculatum*.
glória Ngloya.
depreciar alguém numa canção Txila vesu.

glutão 1. Flontadu. 2. Gluton.
glutonice Gluton.
goela Gwela.
goiaba 1. Gweva. 2. Ngweva.
goiabeira 1. Ngweva. 2. Po-ngweva. *Psidium guajava*.
gola Gola.
gole 1. Glopi. 2. Nglopi.
golfinho Tunha.
golpear Sasa.
gonorréia Xkentamentu.
gordo Gôdô.
gordura 1. Banha. 2. Gôdô.
gostar 1. Gôgô. 2. Gongô. 3. Goxta. 4. Ngoxta.
gosto Gôxtô.
gotejar To.
governador Govenadô.
governar Govena.
governo 1. Govenu. 2. Xtadu.
gozar 1. Legela. 2. Txila awa.
gozar com Goza.
gozar de Goza.
gozo 1. Legela. 2. Mangason.
graça de Deus Glasa.
grama 1. Aliba. 2. Glama.
gramática Glamatxika.
grande 1. Gôdô. 2. Jampla. 3. Jingantxi. 4. Ndumba. 5. Nglandji. 6. Pe. 7. Tamen. 8. Wembe.
grande quantidade Sambu.
grão Nglon.
gratificação Mata-bisu.
gravana Glavana.
gravar Glava.
gravata Glavata.
grávida Mwala-bega.
graviola Xapuxapu.
gravioleira Xapuxapu. *Anona Muricata*.

graxa Glaxa.
grego Glêgu.
grilhão Nginhon.
grinalda Klôwa.
gripado Lijibitadu.
gripe 1. Kuxtipason. 2. Lixbitadu.
gritar 1. Blada. 2. Glita.
grito Glita.
grosseiro 1. Bosali. 2. Pextli.
grosso 1. Dumu-dumu. 2. Glosu. 3. Jikitxi.
grossura Glusula.
grota Vaji.
grudar 1. Ngluda. 2. Yeta.
grunhido Lufu.
grupo Glupu.
grupo de amigos Kôlombêya.
guarda Gwada.
guarda-chuva Sapê-suba.
guardado 1. Gwadadu. 2. Lôklidu.
guardado de um dia para o outro Gajadu.
guarda-livros Gwada-livlu.
guarda-sol Sapê-solo.
guardar 1. Gwada. 2. Lôklê.
guarita Gwarita.
guelra 1. Gala. 2. Gwela.
guerra Gela.
guerreiro Madô.
guia Giya.
guiar Giya.
guindar Nginda.
guisado Gizadu.
guisar Giza.
guitarra Vyola.
gula 1. Flontadu. 2. Wê-gôdô.
guloso Wê-gôdô.
gungu Gungu.

H h

há A.
habilidade 1. Ablidaji. 2. Ejitu.
habilidoso Njozu.
hábito 1. Abutu. 2. Kuxtumi. 3. Kuxtumu. 4. Moda.
habituado Kuxtumadu.
há dois anos Tlezanu-pasadu.
haja Paciência! Awo.
haja vida com saúde! Aja vida ku saôdji.
há muito tempo 1. Djina txintxintxin. 2. Djinola.
há pouco Welewele.
haste feita com o ramo da palmeira Bansa.
haver 1. Sen. 2. Tê.
havia Avia.
heliotrópio-indiano 1. Fya-galu. *Heliotropium indicum.* 2. Galu.
hemorróidas Pusu.
hepatite Tlisa.
herança 1. Kwa-leda. 2. Leda.
herbalista Mese.
herdar Leda.
herdeiro Lêdêlu.
hérnia Viya.
hímen 1. Kabasu. 2. Viji.
hipertensão Fyô-glosu.
hipotensão Fyô-glosu.
história Soya.
hoje Oze.
homem Ome.
homem-de-um-osso Ome-d'ũa-oso. *Culcasia scandens.*
hora Ola.
horta Olota.
hosana Osana.
hospital Xipitali.
hóstia Oxtya.
hotel Otelu.
húmido Txibadu.

I i

içado 1. Boyadu. 2. Lingadu.
içar Linga.
icterícia Tlisa.
idade 1. Dadji. 2. Daji.
ideia Idêya.
identidade Identxidadji.
idioma Lungwa.
idiota 1. Bôbô. 2. Nhongônhongô. 3. Panhonho. 4. Tansu. 5. Tximbôtô. 6. Ximbôtô.
idjogo 1. Djogo. 2. Idjogo. 3. Ijogo. 4. Jogo. Prato típico, à base de agrião e outras verduras, peixe e óleo de palma.
ido Badu.
idoso 1. Ngê-tamen. 2. Ve. 3. Wôdu.
ignorante 1. Abube. 2. Blutu.
ignorar Fe olha klukutu.
igreja 1. Glêza. 2. Kapela.
igual Gwali.
igualmente Tudaxi.
iguaria 1. Gwalia. 2. Ngwalia.
iguaria preparada à base de carne de tubarão fermentada e cozida Ngandu-futu.
ilha Ia.
ilha de São Tomé Santome.
ilha do Príncipe 1. Ie. 2. Plinxipi.
ilhéu Yô.
ilhéu das Cabras Ia Kabla.
ilhéu das Rolas Ia Lôla.
ilusão da vida Fitxin-flôgô.
imaturo 1. Manklutu. 2. Vêdê.
imbecil 1. Bebedadu. 2. Panhonho.
imbondeiro Mikondo.
imbróglio Kexton.
imensurável Sê konta.
imiscuir-se Boloja.
imobilizado Mundjadu tīīī.
imóvel Tximbadu.
impaciente 1. Kyolakyola. 2. Tlubuladu.
impenetrável Jiji.
imperador Sun-alê.
imperatriz San-lenha.
impertinente 1. Bêtwadu. 2. Lêbilêbi. 3. Tententen. 4. Tlêbêsubê.
ímpeto Ngana.
impiedoso Kloson-felu.
impigem Pinji.
impingir Gêgê.
implacável Kloson-felu.

importante 1. Fina. 2. Gôdô.
importar 1. Baxta. 2. Manda bi.
importar(-se) Pota.
impotente Tebo.
impotente sexual Bolilo.
imprestável Kaleta.
impróprio Txakatxaka.
imprudente 1. Lêsenxadu. 2. Lêxenxadu.
imundo Motali.
inábil 1. Tximbadu. 2. Tximbôtô.
inativo Tximbôtô.
inauguração Benzementu.
inaugurar Vuza.
incêndio Fôgô.
incenso Kubangu. *Croton stellulifer.*
inchaço Fumadu.
inchadíssimo 1. Fumadu libita. 2. Xa lôlôlô.
inchado Fumadu.
inchar Fuma.
incitar Flomenta.
incitar um cão Kwata.
inclemente Bluku.
inclinar(-se) 1. Klana. 2. Vlega.
inclusive 1. Antê. 2. Nê.
incomodado 1. Fênêtxigadu. 2. Masadadu.
incomodar 1. Flonta. 2. Komoda. 3. Lefeta. 4. Masa. 5. Masada.
incomodar(-se) Fênêtxiga.
incômodo 1. Flonta. 2. Flontamentu. 3. Masada. 4. Xtêpô.
inconfidências Lamile.
inconsistente Fasufasu.
inconveniente Txakatxaka.
incubar 1. Kuba. 2. Kubli.
indagar 1. Daga. 2. Ndaga.
indecente Suzu.
independência 1. Dependenxa. 2. Ndependenxa.
indicar 1. Dika. 2. Ndika. 3. Ponta.
indigestão Pantula.
indomável Madô.
inerte 1. Pazumadu. 2. Sumbadu. 3. Zemadu.
infecção anal com sangramento Makulu.
infectar Vovo.
infelicidade Tlabe.
inferno Nfenu.
infestação de ácaros que ataca determinadas plantas Bisu-witxi.
inflamar Bobla.
inflar Xa.

influente 1. Gôdô. 2. Ngê-gôdô.
infortúnio 1. Peneta. 2. Tlabe.
infusão Fuzon.
ingênuo Malôkô.
inglês Nglêji.
inglês-negro Nglêji-pletu.
ingrato Nglatu.
inhame Nhami.
inhame-amarelo Nhami-zambluku. *Dioscorea cayenensis.*
inhame-bini Nhami-bini.
inhame-branco Nhami-blanku. *Discorea cayenensis.*
inhame-gundu Nhami-gundu. *Discorea alata.*
inhame-gundu-sangi Nhami-gundu-sangi.
inhame-klobo Nhami-klobo.
inhame-ngêlêwa Nhami-ngêlêwa.
inhame-otoni-liba-kafe Nhami-otoni-liba-kafe.
inhame-sangi Nhami-sangi.
inhame-selvagem 1. Kwini. 2. Nhami-kwini. *Dioscorea dumetorum.* 3. Nhami-ofo. *Dioscorea bulbifera.* 4. Ofo.
inhame-son-longô Nhami-son-longô.
inibir Kanha.
iniciar Komesa.
iniciar uma relação marital Kudji ome.
início Komesu.
inimiga Numiga.
inimigo Numigu.
injeção 1. Jenson. 2. Njenson. 3. Njeson.
injustificável Dujiduji.
inocente 1. Malôkô. 2. Nôsentxi.
inquebrantável Kloson-tatalugwa.
inquilino Lendêlu.
insaciável 1. Flontadu. 2. Nguli.
inseguro Fasu.
inseto Mesesela.
insignificante 1. Blaga-ubwa. 2. Sesa.
insistência 1. Plufya. 2. Wembe.
insistente Wembe.
insistir Plufya.
insolente Boka-suzu.
insosso Ximpli.
inspetor Inxpetôlu.
inspetora Inxpetôla.
instalar-se 1. Banka. 2. Da banka.
instigação Txifina.
instigar Xika.
instruído Wê-lujidu.
instrumento de pesca Palanki.
instrumento de pesca para apanhar *pixin* Txanga.
insubmisso Mandjingêlu.
insuflar Xa.
insultar Fe mangason.
insulto Ma-fala.
inteiro Ntêlu.
inteligente Bêtôdô.
intenção 1. Tenson. 2. Xintxidu.
intensificar Tugu.
interesse Vonte.
interior 1. Funkafunka. 2. Nglentu.
interior da casa Kobo-ke.
internar(-se) no hospital Baxa.
intestinos Tlipa.
intimar Intima.
intrépido 1. Kloson-felu. 2. Madô.
intriga Fitxin.
intriguista Bisu-witxi.
introduzir Tufu.
intrometido 1. Tententen. 2. Tlêbêsubê.
intromissão Tententen.
introvertido 1. Kiovodu. 2. Limixu.
intuir Bê ku pena d'ubwê.
inútil 1. Duji. 2. Kaleta. 3. Sesa. 4. Vadjin. 5. Vajin.
inutilizar 1. Kandleza. 2. Lendê.
inveja 1. Odjo. 2. Wê-glosu. 3. Wê-longô. 4. Wêxa.
invejoso 1. Kuvisozu. 2. Wê-glosu. 3. Wê-longô. 4. Wê-xa.
inventar Nventa.
investida Kubu.
investigar Ndaga.
ipê Ipê. *Steganthus welwitschii.*
ir-se embora Bloka.
íris Ukwe-wê.
irmã 1. Lumon. 2. Mana.
irmandade Alimandadji.
irmão 1. Lumon. 2. Manu.
ironia Mangason.
irrequieto 1. Djablin. 2. Latulatu. 3. Tlêbêsubê.
irritação cutânea Fuvêlu.
irritado Fênêtxigadu.
irritar(-se) Fênêtxiga.
irromper Lebenta.
isca 1. Ixka. 2. Ngunda.
isto é Kendiji.
izaquente 1. Tobo. 2. Zêkentxi. *Treculia africana.*
izaquenteiro Po-zêkentxi. *Treculia africana.*

J j

já Za.
jaca Jaka.
jaguareçá Kaki. *Holocentrus ascensionis.*
jamais 1. Nanta. 2. Nantan.
janeiro Janêlu.
janela Zanela.
janta Janta.
jantar 1. Zanta. 2. Janta.
jaqueira 1. Jaka. 2. Po-djaka. *Artocarpus heterophylla.*
jardim Jadlin.
jarro 1. Dudu. 2. Jalu. 3. Zalu.
jato Jatu.
jeans Klason-zwatxi.
jeito 1. Ejitu. 2. Jêtu. 3. Zêtu.
jejuar Zunzwa.
jejum Njizu.
Jesus! Jizu.
Jesus Jizu.
jiló 1. Batu. 2. Batuti. 3. Batwitwi. *Solanum aethiopicum.*
jimboa 1. Djimboa. 2. Jimboa. *Amaranthus caudatus.*
jipe Jipi.
jita Jita. *Boaedon lineatus bedriagae.*
joelho Zunta.
jogar Zuga.
jogo Zôgô.
jogo de cacete Bliga.
jogo de crianças Wê-kobo.
jogo infantil com grãos de milho Kulukulu.
jornal Jonali.
jovem 1. Male. 2. Maxibin. 3. Mosa. 4. Mosu. 5. Novu.
jovem que normalmente se relaciona com mulher mais velha. 1. Lêsenxadu. 2. Lêxenxadu.
judas Zuda.
judeu Zudê.
jugo 1. Kanga. 2. Tambwê.
juiz Zuji.
juízo 1. Lepalu. 2. Plôsêdê. 3. Zuji.
julgar 1. Kunda. 2. Pensa. 3. Xdluga.
julgava Kundava.
julho Julhu.
junho Junhu.
junta Zunta.
juntado Zuntadu.
juntar 1. Kono. 2. Kunu. 3. Tutu. 4. Zunta.
junto 1. Zuntadu. 2. Zuntu.
junto de Ope.
jurado Zuladu.
jurar Zula.
justiça Zuxtisa.
justo Zuxtu.

K k

kanga Kanga. *Pontinus kuhlii.*
kata-d'obô Kata-d'ôbô. *Tabernaemontana stenosyphon.*
kata-kiyô kiyô. *Voacanga lemosii.*
kata-kwene Kata-kwene. *Rauwolfia caffra.*
kata-manginga Kata-manginga. *Rauwolfia vomitoria.*
kata-nglandji Kata-nglandji. *Rauwolfia caffra.*
kata-pikina Kata-pikina. *Rauwolfia vomitoria.*
katxina-gêsa Katxina-gêsa. *Clausena anisata.*
kimi-pletu Kimi-pletu. *Newbouldia laevis.*
kina Kina. Dança típica do grupo étnico *angolar*.
kizaka Kizaka. Prato à base de folha de mandioca. Utensílio de pesca utilizado para a captura de camarões e outras espécies. Klisakli.
kodo-d'awa Kodo-d'awa. *Psydrax acutiflora.*
kodo-ke Kodo-ke. *Paullinia pinnata.*
kolema-dôdô Kolema-dôdô. *Millettia barteri.*
kôlêpyan-ba-labu Kôlêpyan-ba-labu. *Elops senegalensis.*

kolombeta Xembe.
konko Konko. *Dactylopterus volitans.*
Remédio tradicional contra feitiços. Kontla.
Ritual no qual os cabelos da criança recém-nascida são cortados e, posteriormente, enterrados. Kota kabêlu-limi.
kota-wê 1. Kôlô-bôbô. 2. Kota-wê. *Cephalopholis nigri.*
Tipo de dança em que se bate o peito de uma pessoa contra a outra. Kumbila.
kundu-di-mwala-ve Kundu-di-mwala-ve. *Acanthus montanus.*
kuxpila Kuxpila. *Tetrapleura tetraptera.*
kwaku-bangana Kwaku-bangana. *Ophiobotrys zenkeri.*
kwaku-blanku Kwaku-blanku. *Celtis prantlii.*
kwaku-magita Kwaku-magita. *Psychotria subobliqua.*
kwakwa-klôsô Kwakwa-klôsô. *Alternanthera sessilis.*

L

lá 1. Ala. 2. Nala. 3. Yalala.
lã Lan.
labaredas Nglimi.
lábios 1. Bodo-boka. 2. Boka. 3. Kaxka-boka.
labirinto Yetayeta.
labirinto de caminhos em um luxan Funkafunka.
laço 1. Baba. 2. Lasu.
laço corredio Lasu-kôlê.
lacrar Lakla.
lacrau Ndakla.
ladainha Ladenha.
ladeira Ôkê.
lado 1. Banda. 2. Bodo. 3. Ladu.
ladrão 1. Ladlon. 2. Mon-longô.
ladrar Ladla.
lagaia Lagaya. *Civetictis civetta*.
lagartixa do mato Lagatlisa.
lago Ôlyô.
lagoa 1. Awa-lôdô. 2. Ôlyô.
lagosta Lagôxta.
lagostim Izê.
lágrima Awa-wê.
lágrima-de-Cristo Laglima-dêsu. *Breynia disticha*.
laguna Awa-lôdô.
lama Lama.
lamacento Txakatxaka.
lamarão Lamalon.
lamber Lolo.
lambido Lolodu.
lamentar Tê pena.
lamento Lamentason.
lâmina Lamina.
lâmina de folha de palmeira Inhe.
lâmina de serra Tlovu.
lâmpada Lampada.
lamparina Toxa.
lampião 1. Lampyon. 2. Ngunu.
lança 1. Dadu. 2. Fijiga. 3. Lansa. 4. Zage.
lançar Lansa.
lanceta Lanseta.
lancha Lanxa.
lanterna Lantena.
lanza-mukambu Lanza-mukambu.
lápis Lapi.
laranja Lanza.
laranja-do-mato Lanza-matu.
laranjeira Po-lanza-doxi. *Citrus sinensis*.
laranjeira-do-mato 1. Po-lanza-d'ôbô. 2. Po-lanza-matu. *Citrus aurantium*.
largado Legadu.
largar Lega.
largo 1. Fokofoko. 2. Lalugu.
larva 1. Klinkêtê. 2. Nzali.
larva de besouro Okoli.
larva de um inseto Funhe.
larvas de inseto que vivem no interior da madeira seca Kuku.
larvas de peixe, localmente denominado 'peixinho' Pixin.
lascívia Feladu.
lascivo 1. Feladu. 2. Sulon.
lastro Laxtu.
lata Lata.
latejar Zu.
latoeiro 1. Fedô-lata. 2. Funilêlu.
latrina ao ar livre Ximine.
lavadeira Labandêla.
lavado Labadu.
lavar 1. La. 2. Laba.
lavar loiça ou roupa no rio 1. Ba awa la kwa. 2. La kwa.
lavrar 1. Lavla. 2. Xtlafa.
leão Lyon.
lei Alê.
leitão 1. Lêton. 2. Pôdêtê.
leite Lêtê.
lembalemba Lembalemba. *Ficus annobonensis*.
lembrado Lembladu.
lembrança Lemblansa.
lembrar 1. Lembla. 2. Lepala.
leme Lemi.
lenço Lensu.
lençol 1. Lansolo. 2. Nansolo.
lenda Kontaji.
lêndea Ovu-d'idu.
lenha Nha.
lenhador Mansadêlu.
reunião Lumonhon.
lepra 1. Kluklute. 2. Lepla. 3. Zagli.
leque Banadô.
ler Lê.
leste Lexti.
letra Letla.
levantado Lantadu.
levantar 1. Boya. 2. Ligi.
levantar(-se) Lanta.

leve 1. Leve. 2. Panampanan.
lhe 1. E. 2. Ê. 3. San. 4. Sun.
-lhe E.
l-he Ê.
-lhe 1. San. 2. Sun.
lhes 1. Inê. 2. Inen. 3. Nen.
-lhes 1. Inê. 2. Inen. 3. Nen.
liamba 1. Jamba. 2. Lyamba.
libação Libason.
libelinha Vidola.
libélula 1. Libêlinha. 2. Vidola.
liberdade Libedadji.
libô 1. Libô. 2. Libô-mukambu. 3. Mukambu. *Vernonia amygdalina.*
libô-d'awa Libô-d'awa. *Struchium sparganaphorum.*
libô-ke Libô-ke. *Vernonia amygdalina.*
libô-tela Libô-tela. *Vernonia amygdalina.*
lição Lison.
licença Lisensa.
licor de ervas Kwaku.
lida Lida.
ligadura Ligadula.
ligar 1. Liga. 2. Pega.
lima 1. Lima. 2. Limon. *Citrus aurantifolia.*
limado Limadu.
limão 1. Limon. 2. Limon-blabu. 3. Limon-d'ôbô. *Citrus limon.*
limão-da-praia Limon-ple. *Ximenia americana.*
limar Lima.
limite da roça Vaji.
limo 1. Lima. 2. Limi.
limoeiro Po-limon. *Citrus limonum.*
limpar 1. Fu. 2. Limpa.
limpeza Limpêza.
limpíssimo 1. Limpu fyefyefye. 2. Limpu pyenepyene. 3. Limpu pyepyepye.
limpo 1. Fudu. 2. Limpu.
lindíssima Glavi linda-floli.
lindo Glavi.
língua Lungwa.
língua da Ilha do Príncipe 1. Ling'ie. 2. Lingw'ie. 3. Lung'ie. 4. Lungw'ie.
linguado Lungwalaji.
língua dos forros Fôlô.
linguarudo Lungwalaji.
linguiça Sôlisô.
linha Uwu.
líquido Likidu.
lisonjeador Boka-doxi.
litania Ladenha.
litro Litlu.

livrar 1. Limba. 2. Livla.
livre Livli.
livro Livlu.
lixar(-se) Lela.
lixeira Liba-d'uku.
lixo Uku.
lobo Lôbô.
local 1. Kamya. 2. Xitu.
local isolado Kitali.
local onde permanecia a parturiente nos primeiros dias após o parto Ke-tôdô.
local onde se juntam cápsulas de cacau Tenda.
logo Logo.
loja Vendê.
loja rural Tenda.
lombo Lombo.
lombriga Lombliga.
lona Lona.
longe 1. Londji. 2. Lonji.
longo Longô.
lote Loti.
louva-a-deus Kabalu-sun-dêsu.
louvado Lovadu.
louvar Lova.
lua Nwa.
luar Kedadji-nwa.
luba Luba. *Parkia oliveri.*
lucro Luklu.
ludibriar Dêya.
lugar 1. Luge. 2. Xitu.
lugar do velório Kinte-môlê.
lugar recôndito 1. Djanga. 2. Funkafunka.
lugar remoto Ble.
lula Lula.
lume Fôgô.
luminosidade Eli.
lunático Dôdô.
lundum Lundu.
luta 1. Bliga. 2. Luta.
luta-livre Keda.
lutador Lutadô.
lutar 1. Klumunka. 2. Luta.
lutar pela vida Vugu.
luto 1. Lutu. 2. Odo.
luva Luva.
luxação Mintxi.
luxado Mintxidu.
luxar Mintxi.
luxo 1. Luxu. 2. Poji.
luz Kandja.
luzir Luji.

M m

má 1. Ma. 2. Maluvada. 3. Maw.
má-fé Mafe.
maca Maka.
maça Manson.
macaco Makaku.
maçada Masada.
maçã-da-Índia Zimblon. *Ziziphus abyssinica*.
maçado Masadadu.
macambrara Makamblala. *Craterispermum montanum*.
maçar Masa.
má cara Wê-kota.
macarrão Makalon.
macérrimo Mlagu txeketxeke.
machadinho 1. Kisenglê. 2. Klisengê.
machado Mansado.
macho Ome.
machucado Matxokadu.
machucar Matxoka.
macio Fôfô.
maço Masu.
má companhia Dana-kaxta.
maconha Lyamba.
maçônico Masoniku.
má cozinheira 1. Plêdjida. 2. Plêjida.
madeira 1. Madêla. 2. Po.
madrasta Madlaxta.
madre Madlê.
madrinha Mandjan.
madrugada 1. Madlugadu. 2. Mlazugadu.
madrugador 1. Madlugadô. 2. Mlazugadô.
madrugar 1. Madluga. 2. Mlazuga.
maduro 1. Bôbô. 2. Bôbôdu. 3. Wôdu.
maduro demais Bôbô mela.
mãe 1. Mama. 2. Meme. 3. Men.
mãe-d'água Men-dawa.
mãe-de-caqui Men-kaki. *Myripristis jacobus*.
mafumeira Oka. *Ceiba pentandra*.
magia Kazumbi.
mágico Masoniku.
Medicamento tradicional para parturientes. Magitapali.
magnésio Mangineza.
mágoa 1. Dixgôxtô. 2. Magula. 3. Magwa.
magoar Magwa.
magricela Benfetu.
magricelo Mlagu benfebenfe.
magrinho Mlagu benfebenfe.
magro 1. Benfetu. 2. Dlegadu. 3. Fengêfengê. 4. Finfi. 5. Mlagu. 6. Pempe.
maio Mayu.
maioba Fêdêgôsu. *Cassia occidentalis*.
maioria Maxi-montxi.
mais Maxi.
mais ou menos 1. Baleladu. 2. Gêgêgê. 3. Lengelenge. 4. Lentxi. 5. Leveleve. 6. Mê-lentxi. 7. Mê-txibi. 8. Txibi. 9. Txibitxibi.
makundja Makundja. *Mucuna pruriens*.
mal Mali.
mala Mala.
malagueta 1. Magita. *Capsicum annuum*. 2. Magitatwatwa. *Capsicum frutescens*. 3. Maglita.
malagueta pequena Twatwa. *Capsicum frutescens*.
marapião Malapyon. *Zanthoxylum gilletii*.
marapião-mulher Malapyon-mwala. *Zanthoxylum rubescens*.
malária Paludixmu.
mal cozido Xtlamunkadu.
malcriado 1. Malikyadu. 2. Pextli.
maldade Madadji.
maldição 1. Laza. 2. Madison. 3. Maxkelenxa.
maldizer Fla fala.
maledicência Ma-lungwa.
maledicente Ma-lungwa.
maleita Xtêpô.
malfeitor Fedô-mali.
malícia Malixa.
malimboki Malimboki. *Oncoba spinosa*.
malparado Danadu.
maltratado Dizandadu.
maluco 1. Dôdô. 2. Malôkô.
malva 1. Fya-malivla. 2. Malivla. *Abutilon grandiflorum*.
malva-roxa Ototo-ventu. *Urena lobata*.
malvada Maluvada.
malvadez 1. Ma-kloson. 2. Malixa.
malvado 1. Bluku. 2. Ma-kloson. 3. Maluvadu.
mama Mama.
mamalongô Mamalongô. *Luffa aegyptiaca*.
mamão Mamon.
mamão-do-obô Mamon-d'ôbô. *Drypetes glabra*.
mamar Mama.
mamblêblê 1. Fya-mamblêblê. 2. Mamblêblê. *Brillantaisia patula*.
mamilo Ponta-mama.

mamoeiro Mamon. *Carica papaya.*
mamoeiro-papaia Mamon. *Carica papaya.*
mamona Mamônô. *Ricinus communis.*
mana Mana.
manaka Manaka. *Brunfelsia uniflora.*
mancar Manka.
mancebo Maxibin.
manchas vermelhas Kutukutu.
manche 1. Mantxi. 2. Manxi.
manco 1. Kôxô. 2. Mankêlê.
mandar 1. Govena. 2. Gunda. 3. Manda.
mandíbula Kêxada.
mandioca 1. Ata. *Manihot esculenta.* 2. Mandjoka. *Manihot esculenta.*
mandioca-brava Mandjoka-zaya. *Janipha manihot.*
mandjolo Mandjolo. *Solenostemon monostachyus.*
maneira 1. Mo. 2. Modu.
manga 1. Manga. 2. Punhu.
manga-maluca Manga-makaku. *Irvingia gabonensis.*
mangue Mangi.
mangue-da-praia Mangi-ple. *Rizophora harrisonii.*
mangueira 1. Manga. 2. Po-manga. *Mangifera indica.*
mangugu Mangugu. *Thaumatococcus danielii.*
manha 1. Manha. 2. Sena.
manhã Plama.
mania 1. Fante. 2. Glavidadji. 3. Manha. 4. Plodja. 5. Xkindi.
manjericão Mlanjinkon. *Ocimum minimum.*
manjerico Fya-miskitu. *Ocimum americanum.*
mano Manu.
manquejar Manka.
mansão Manson.
manso 1. Kodelu. 2. Mansu.
manta 1. Manta. 2. Papa.
manta ou peça de vestuário à base de retalhos Amôlê-pedasu.
manteiga Mantega.
manter Mantê.
manto Kapa.
mão Mon.
mão de pilão Dumu.
mão-de-vaca 1. Kain. 2. Kasu. 3. Mon-fisadu.
mão em forma de concha para receber algo Kobo-mon.
máquina Mankina.
mar Omali.
maraca Sakaya.
maracujá 1. Malakundja. 2. Malakunja. *Passiflora edulis.*
maracujá-de-cobra Malakundja-koblo. *Passiflora foetida.*
maracujá-grande Malakundja-nglandji. *Passiflora quadrangularis.*
maracujá-roxo Malakundja-blabu. *Passiflora edulis.*
marapião 1. Mampyan. 2. Po-mampyan. *Zanthoxylum gillettii.*
marca Meka.

marcação Mlakason.
marcar Mlaka.
março Masu.
maré alta Kalema.
maré cheia Kalema.
margoso Paga-wê. *Elaephorbia grandifolia.*
marido 1. Malidu. 2. Malu. 3. Malun.
marijuana Lyamba. *Cannabis sativa.*
marinheiro Manhêlu.
marlim-azul Pixi-ndala. *Istiophorus albicans.*
marmita 1. Ntenu. 2. Tamyan.
mármore Maniwini.
maroto Malôtô.
martelo Matelu.
mas 1. Maji. 2. Mêji.
máscara Mlaxka.
mascarar Mlaxka.
massa alimentar Masa.
massacre Masakle.
massa de banana Angu.
massa de cal Kali.
massageado Flegadu.
massagear 1. Bolo mindjan. 2. Flega.
massagem Fisa-ubwê.
massagem terapêutica Monsonson.
massagista 1. Bolodô-mindjan. 2. Flegadô.
massajado Flegadu.
massajar 1. Bolo mindjan. 2. Flega.
mastigar Papa.
mastro Maxtlu.
mata-bicho Mata-bisu.
mata-boi Mata-bwê. *Abutilon striatum.*
matador Matadô.
matakumbi Matakumbi.
mata-passo 1. Matapasu. 2. Po-ova. *Pentadesma butyracea.*
matar Mata.
matazen Matazen. *Merremia aegyptia.*
matemática Matimatika.
matinê Mantine.
mato 1. Matu. 2. Ôbô.
matricular Matxikula.
matrimônio Mala-mon.
matruço Matlusu. *Chenopodium ambrosioides.*
matu-kana Matu-kana. *Mikania chenopodiifolia.*
matxanzoxi Matxanzoxi. *Syzygium guineense.*
mau 1. Bluku. 2. Kloson-felu. 3. Kloson-ngandu. 4. Ma. 5. Maluvadu. 6. Maw.
mau cheiro 1. Fede. 2. Futu.
mau hálito Boka-fede.
mau-olhado 1. Buyada. 2. Ma-wê. 3. Wê-bluku.
máxima Vesu.
maxipombô Maxipombô. *Hemiramphus balao.*
mayoba-beni Mayoba-beni. *Cassia sophera.*
me M.
-me M.
me Mu.
-me Mu.
me Mun.

-me Mun.
mecha Tlôxidu.
medicamento Kudjimentu.
médico Dôtôlô.
medida 1. Midjida. 2. Minda.
medida para óleo de palma Klupu.
medido Lêguladu.
medir 1. Midji. 2. Miji.
medo Mendu.
meia Mêya.
meia-noite Mêya-nôtxi.
meio Ômê.
meio-dia Mê-dja.
mel Mele.
melão Melon.
melão-de-São-Caetano Xtlofi. *Momordica charantia.*
mel de abelha Mele-vunvu.
melga Mega.
melhor 1. Milhon. 2. Minhon.
melhorado Baleladu.
melhorar 1. Balela. 2. Lemeja. 3. Yogo.
meliante Milantxi.
melindrar Bêtwa.
membro 1. Membla. 2. Memblu.
mencionar Lumya.
menina 1. Mina. 2. Mina-mwala.
menino 1. Mina. 2. Mina-ome.
menino de recados 1. Mina-kya. 2. Mosu-kata. Personagem do **Txiloli** que leva a carta de D. Carloto a D. Roldão.
menos Menu.
menosprezador Boka-suzu.
menosprezar Fe mangason.
menosprezo Mangason.
mensalidade Mezada.
menstruação 1. Bebason. 2. Luason. 3. Mextlason.
menstruada Luadu.
mentir 1. Fla mintxila. 2. Mintxila. 3. Zuga vitô.
mentira 1. Fasu. 2. Mintxila. 3. Tlapasa.
mentrasto Fya-male. *Ageratum conyzoides.*
mercado Fela.
merda! 1. Djanga. 2. Djesu.
mergulhar Da kabêsa fundu.
mês Mêji.
mesa Meza.
mesada Mezada.
mesmo 1. Me. 2. Vede-vede.
mesmo assim Axen me.
mestre Mese.
metade 1. Metadji. 2. Tada. 3. Ũa-kwatu.
metáforas provocatórias Semplu.
metamorfose da klokoto Mafunji.
metediço 1. Tententen. 2. Tlêbêsubê.
meter 1. Mêtê. 2. Tufu.
meter dó Da pena.
meu 1. M. 2. Mu. 3. Mun.

meus 1. M. 2. Mu. 3. Mun.
mexer 1. Lôvlôsô. 2. Tuji. 3. Uxi.
mexer-se Buli.
mexericar Fla vonvon.
mexido 1. Bulidu. 2. Uxidu.
mezinha 1. Mindjan. 2. Minjan.
mezinha tradicional Mindjan-matu.
migalha Mige.
mikondo Mikondo. *Adansonia digitata.*
mil Mili.
milagre Milagli.
milhafre negro Flakon. *Milvus migrans.*
milhão Milhon.
milheiro 1. Min. 2. Po-min. *Zea mays.*
milho Min.
milondo Milondo. *Acridocarpus longifolius.*
mil-réis Mile. Antiga unidade monetária.
mimar Ngunda.
mimo Mimu.
minguante Mingwantxi.
minguar Mingwa.
minha 1. M. 2. Mu. 3. Mun.
minhas 1. M. 2. Mu. 3. Mun.
minhoca Klômisa.
mínimo Minimu.
ministério Minixtelyu.
ministro Minixtlu.
minuto Minutu.
miolo da palmeira Myôlô.
miolo de pão Myôlô.
miolos Myôlô.
mirrar Mila.
miséria Mizelya.
misericórdia Mixikodji.
missa Misa.
missal Misali.
missanga Misanga.
misto Zolodu.
mistura Mixtula.
mistura de cascas para massagens Makubungu.
misturado 1. Uxidu. 2. Zolodu. 3. Zuntadu.
misturar 1. Uxi. 2. Zolo. 3. Zunta.
miúdo Bizôli.
mixórdia Fokoto.
moça 1. Mina-mosa. 2. Mina-mwala. 3. Mosa.
mochila Muxila.
mocho Kitali.
mocho de Ano Bom Kuku. *Otus senegalensis feae.*
mocho de São Tomé Kitoli. *Otus hartlaubi.*
moço 1. Male. 2. Mina-ome. 3. Mosu.
moda Moda.
modo 1. Mo. 2. Moda. 3. Modu.
modo de preparar o peixe-voador Kwakwa.
modo de preparar polvo Kukunudu.
moeda Mweda.
moer 1. Blêgê. 2. Dumu. 3. Kata. 4. Mola.
mofar Mufa.
mofino Txonzu.
mofo Utu.

moído 1. Blêgidu. 2. Dumudu.
mola Mola.
mole Moli.
molengo Nhongônhongô.
molestado Molextyadu.
moléstia Molextya.
molhado 1. Bêbidu. 2. Monhadu.
molhar Monha.
molho Môyô.
molho à base de folhas e peixe Mayaga.
molíssimo Moli mogomogo.
moncó Monko.
montar 1. Monta. 2. Subli.
monte 1. Montxi. 2. Ôkê.
montinho Kyon.
morador 1. Môladô. 2. Xidadon.
moral Kunxensa.
mórbido Kyonkyonkyon.
morcego 1. Gembu. 2. Ngembu. 3. Nhendlu. *Myonycteris brachycephala.*
morcego de nariz chato Fanalixi. *Hipposideros thomensis.*
morder Môdê.
moreia 1. Koblo-d'omali. 2. Nsanga.
morno Mono.
morrer 1. Môlê. 2. Nguli wê. 3. Pligisa. 4. Xtika.
mortalha 1. Abutu. 2. Montalha.
morte 1. Môlê. 2. Motxi. 3. Samada.
morto Motxi.
mosca Moxka.
mosca-da-fruta Ganga. *Drosophila melanogaster.*
mosca grande Tafon.
mosquito 1. Mixkitu. 2. Muxkitu.
mostarda Muxtlada. *Brassica juncea.*
mostrar 1. Munsa. 2. Musa.
mostrar a língua Mesa.
motim Mutxi.
motivo Mutxivu.
moto-táxi Moto di plasa.
motocicleta Moto.
motor Mutoru.
motorista Xofelu.
mouro Môlô.
mover Vugu.
mover-se 1. Djinga. 2. Jinga.
movimentar Balansa.
movimento dos quadris durante o ato sexual Kota.
movimento rápido Ngombe.
mpyala 1. Fya-pyala. 2. Mpyala. *Olyra latifolia.*
mpyan-kabla Mpyan-kabla. *Alternanthera pungens.*

mucumba Teyateya. *Rothmannia urcelliformis.*
mudar Muda.
mudo 1. Bebe. 2. Mumu.
muito 1. Amblôyô. 2. Luma. 3. Lumadu. 4. Ma. 5. Mankwete. 6. Montxi. 7. Muntu. 8. Pasa. 9. Ũa data. 10. Wangila. 11. Ximentxi. 12. Yô.
muito acelerado Fôgôzu.
muito cheio 1. Panxadu. 2. Xa pu.
muito doente 1. Dwentxi kwenkwenkwen. 2. Dwentxi nfelumu.
muito ferido Filidu nhanhanha.
muito grande Zamba.
muito inexperiente Fili petepete.
muitos Maxi-montxi.
muito tenro Fili petepete.
mukamba-vlêmê 1. Mukamba-vlêmê. 2. Mulela. *Chlorophora excelsa.*
mukumbli Mukumbli. *Lannea welwitschii.*
mula Mula.
mulata Mulata.
mulato 1. Bôbô. 2. Fula. 3. Kafuka. 4. Mulatu. 5. Maxkovadu. 6. Balabala. 7. Mulatu. *Paranthias furcifer.*
mulato pálido Mulatu fããã.
mulher Mwala.
mulherengo Feladu.
mulher-estendeu-mão-estendeu-pé Mwala-sendê-mon-sendê-ope. *Paspalum conjugatum.*
mulher favorita Sambawa.
mulher grande Sambawa.
mulher sexualmente passiva Sumbu.
mundo Mundu.
murchar Kiovo.
murmurar Ngungunu.
muro Mulu.
musampyan Musampyan. *Hibiscus surattensis.*
musanda Musanda. *Ficus annobonensis.*
musanfi Musanfi. *Cleome rutidosperma.*
músculo Xinga.
musgo 1. Lôbonji. 2. Utu.
musgo-do-mato Fya-leve. *Lycopodiella cernua.*
música 1. Kanson. 2. Toki. 3. Vungu.
música de pitu Pitu-doxi.
músico Tokadô.
Mezinha, preparada com urina envelhecida, utilizada para tratamentos tradicionais, sobretudo para evitar o mau-olhado. Muta.
mutirão Kitembu. Trabalho de caráter mutualista.
mutopa Mutopa. *Maesa lanceolata.*
mwandjin-ome Mwandjin-ome. *Cnestis ferruginea.*
mwindlu Mwindlu. *Bridelia micrantha.*

N n

nação 1. Nanson. 2. Tela.
naco Muxinji.
nada 1. Nadaxi. 2. Nyuku.
nadador Landadô.
nadar Landa.
nádegas 1. Kadela. 2. Mama-kadela.
namorada Dêya.
namorado Dêya.
namorar 1. Dêya. 2. Fe fya. 3. Sopla olha.
nos Non.
-nos Non.
não 1. Ino. 2. Inon. 3. Nôô.
não-batizado Jintxin.
não é que Anda.
não estar Nho.
não estar presente Fata.
não existir Nho.
na ponta dos pés Ka konta ope.
narinas Ôkô-lixi.
nariz Lixi.
narrar 1. Konta. 2. Lega.
narrativa tradicional Soya.
nascente Kabêsa-d'awa.
nascente de água Awa-bôbô.
nascer Nansê.
nascido Nanxidu.
nascimento Nansê.
nasika Nasika. ***Amaurocichla bocagii.***
nas imediações de Begabega.
natal Nata.
natruja Atlimija. ***Artemisia vulgaris.***
navalha 1. Nanve. 2. Nave.
navegador Navegadô.
navegar Navega.
navio 1. Navin. 2. Vapô.
neblina Nêblina.
necessidade 1. Mixidadji. 2. Mixidaji. 3. Plixizon.
necessitado Plixizadu.
necessitar Plixiza.
negar Nega.
negócio Nogoxo.
negra Negla.
negro 1. Neglu. 2. Pletu.
nem Nê.
nenhum Nê ũa.
nervosismo 1. Mandjinga. 2. Manjinga.
nervoso 1. Fôgôzu. 2. Mandjingêlu.

nêspera Nêxpla.
nêspera-do-bosque Nêxpla-d'ôbô. ***Uapaca guineensis.***
nêspera-do-mato Mangi-d'ôbô. ***Corynanthe paniculata.***
nespereira Nêxpla. ***Eriobotrya japonica.***
nesse caso Agola.
neste momento Myole.
neta Netu-mwala.
neto Netu-ome.
nevoeiro Umida.
ngêlê Ngêlê. ***Warneckea memecyloides.***
Instrumento musical de cordas. Ngene.
Instrumento musical, típico dos Angolares. Ngipa.
Ritual no qual os participantes entram em transe ao ritmo dos tambores. Ngoma.
nhange-d'ôbô *Nhange-d'ôbô.* ***Marattia fraxinia.***
nigérrimo 1. Pletu kongô. 2. Pletu lululu.
nígua Bixô. ***Tunga penetrans.***
ninguém Nê ũa ngê.
ninho Ke.
nó 1. Lasu. 2. Ono.
noção Nunson.
nódoa 1. Noda. 2. Okala.
noite Nôtxi.
noiva Neva.
nojo 1. Kloson-uxi. 2. Nôjô.
nome 1. Aglasa. 2. Fama. 3. Nomi.
nomear 1. Da nomi. 2. Lumya.
nome de família Nomi-familya.
no meio de Ômê.
nome próprio Butxizumu.
nono Nono. ***Canthium subcordatum.***
nono Nonu.
nora 1. Sogla. 2. Xtloga.
norte Notxi.
nós Non.
-nos Non.
nossa Non.
nossas Non.
nossa! 1. Kê. 2. Kyê. 3. Kyêy.
Nossa Senhora 1. Nosa-Xola. 2. San-Ma.
nosso Non.
nossos Non.
nota Nota.
notícia 1. Blandu. 2. Nova. 3. Nutixa. 4. Nutuxa. 5. Patxi.
novamente Bila.
nove Nove.

novecentos Novesentu.
novembro Novemblu.
novena Novena.
noventa 1. Nove-dexi.   2. Noventa.
novidade 1. Nova.   2. Nuvidadji.
novíssimo 1. Fili petepete.   2. Novu xtlinki.
novo 1. Fili.   2. Novu.
noz-de-cola Kola. *Cola acuminata.*
noz-moscada-da-Jamaica Yobo. *Monodora myristica.*
nu Unu.
nublado Lemadu.
nublar Lema.
nuca Tlaxi-kabêsa.
número Numeru.
nunca 1. Nanta.   2. Nantan.
nunca mais 1. Nanta.   2. Nantan.
nuvem 1. Nêblina.   2. Nôvi.

O o

o 1. E. 2. Ê. 3. Êlê. 4. Sun.
-o 1. E. 2. Ê. 3. Êlê. 4. Sun.
obá Oba. *Mammea africana.*
ôbata Ôbata. *Ficus chlamydocarpa.*
obedecer 1. Bêdêsê. 2. Kumpli.
obedecido Bêdêxidu.
obediência Bêdêsê.
obediente Bêdêxidu.
obra Obla.
obras públicas Zobla.
obrigação 1. Bligason. 2. Ôbligason.
obrigado 1. Dêsu paga. 2. Ôbligadu.
obrigar Ôbliga.
observar Pya.
obstinação Olha-lizu.
obstinado Olha-lizu.
ocorrer Pasa.
óculos Oklu.
ocultar Bafa.
oculto Bafadu.
ocupação Kwa-fe.
ocupado Kupadu.
ocupar Kupa.
odiar 1. Fe odjo. 2. Kontlê. 3. Ojo.
ódio 1. Kontlê. 2. Odjo. 3. Ojo.
oeste Uexti.
ofegante Fugudu.
ofender 1. Glava. 2. Magwa.
ofensa 1. Glavu. 2. Magwa.
oferecer 1. Flêsê. 2. Patxi.
oficial Ofixali.
oficina Ofisina.
ofício Fisu.
ogro Nguli.
oh! 1. Kyê. 2. Kyêy.
oitavo Wêtavu.
oitenta 1. Wêtenta. 2. Wôtô-dexi.
oito 1. Ôtô. 2. Wôtô.
oitocentos Wôtôsentu.
óleo Olyo.
óleo-barão Po-d'olho-d'ôbô. *Symphonia globulifera.*
olha-d'atô Olha-d'atô. *Geophila repens.*
óleo de palma 1. Zêtê. 2. Zêtê-pema.
olhar 1. Da wê. 2. Pya.
olhar de poucos amigos Kota-wê.
olhar fixamente Pya sũũũ.
olheiras Wê-kobo.

olho Wê.
olho-branco-pequeno de São Tomé Txilitxili. *Zosterops feae.*
olho-de-gato Idu-idu. *Caesalpinia bonduc.*
olho-de-pombo Loke. *Abrus precatorius.*
olho-grosso Wê-glosu. *Speirops lugubris.*
olhos fundos Wê-kobo.
olhos reluzentes Wê ngenengene.
olhos semi-cerrados Wê pitxipitxi.
ombro 1. Amblu. 2. Kosa.
onça Onsa.
onda Basa.
onde 1. An. 2. Andji. 3. Anji. 4. Bô. 5. Kamya. 6. Kê kamya. 7. Kê xitu. 8. Nandji. 9. Nondji. 10. Ondji.
ônibus Atukaru.
ontem 1. Onte. 2. Onten.
onze Onze.
opressão Opleson.
opulência Legela.
o que 1. Kê kwa. 2. Kwa.
ora Agola.
ora bem Mbon.
ora bolas! Jasu!
oração Lason.
orangotango Langutangu.
orar 1. Fla lason. 2. Laza.
ordem 1. Dixpaxu. 2. Odji. 3. Oji.
ordenar 1. Da odji. 2. Manda.
orelha Olha.
orelha-de-onça Alamanda. *Orelia grandiflora.*
órfão Olufu.
órgãos internos Bega.
orgulho 1. Wê-glosu. 2. Wê-xa.
orgulhoso 1. Wê-glosu. 2. Wê-xa.
oriente Olientxi.
orifício 1. Ôkô. 2. Wôkô.
orvalho Love.
os 1. Inê. 2. Inen. 3. Nen.
-os 1. Inê. 2. Inen. 3. Nen.
osami Osami. *Afromonum danielli.*
osga Ondlega. *Hemidactylus greefi.*
oso-moli 1. Funhe. 2. Oso-moli. *Uraspis secunda.*
osso Oso.
osso parietal Txibitxibi.
ossos amontoados Oso nkyonkyon.
os tais Ixi.
ostensório Xinhô.
ostentação 1. Luxu. 2. Poji.

ostentar 1. Fe luxu.   2. Fe poji.
otaji Otaji. ***Gongronema latifolium.***
o tal Ixi.
ótimo 1. Bwa so.   2. Fina lekeleke.
ototo Ototo. ***Malvastrum coromandelianum.***
ototo-nglandji Ototo-nglandji. ***Sida acuta.***
ototo-pikina Ototo-pikina. ***Urena lobata.***
ou Ô.
ouriço Lyali. ***Paracentropis cabrilla.***

ouro Ôlô.
ouros 1. Fya-d'ôlô.   2. Ôlô. Um dos naipes do baralho.
ousado 1. Lêsenxadu.   2. Lêxenxadu.
outro Ôtlô.
outrora 1. Antix.   2. Djina bixkôkô.
outubro Ôtublu.
ouvido Ôkô-d'olha.
ouvir 1. Kuta.   2. Tendê.
ovo Ovu.

P p

pá Apa.
paciência Paxensa.
paço Pasu.
padaria Padaria.
padecer Padisê.
padecimento Tlabe.
padrasto Padlaxtu.
padre Padê.
padrinho 1. Padjin. 2. Pajin.
padroeira Padlwêla.
padroeiro Padlwêlu.
Ritual conduzido por um mestre que simula o pagamento de uma dívida, através de orações e oferendas depositadas em encruzilhadas e outros locais. Pagadêvê.
Ritual para curar doenças nos olhos conduzido, em geral, perto de uma fonte de água ou praia. Pagasantu.
pagador Pagadô.
pagamento de uma dívida Dizimu.
pagamento de uma promessa Dizimu.
pagão Jintxin.
pagar Paga.
página Pajina.
pago 1. Pagadu. 2. Pagu.
pai 1. Papa. 2. Pe. 3. Pepe.
pai-nosso Padê-nosu.
paina Upa.
país Tela.
paixão Paxon.
pala Pala.
palácio 1. Kôtxi. 2. Palaxu.
palanque 1. Palanki. 2. Plukutu.
palavra 1. Fala. 2. Palavla.
palco Plukutu.
palerma 1. Boboyoko. 2. Nhongônhongô. 3. Tximbôtô. 4. Ximbôtô.
palha Paya.
palha de milho Paya-min.
palha do andim, depois de extraído o óleo de palma Kanvi.
palito Palitu.
palma da mão 1. Kobo-mon. 2. Sala-mon.
palmada 1. Palada. 2. Saplamada.
palmada na cara com as costas da mão Tapona.
palmadas amigáveis Txika.
palmatória 1. Plamatoya. 2. Platoya.
palmeira Pema.
palmeira ainda não tratada pelo vinhateiro Pema mufuku.
palmeira andim Pema-d'anji. *Elaeis guineense.*
palmeira apta a se extrair o vinho de palma Pemavunvun.
palmeira-d'obô Mutendê-d'ôbô. *Mapania ferruginea.*
palmeira-d'ôbô Pema-d'ôbô. *Mapania ferruginea.*
palmeira jovem Mutendê.
palmito Plamitu.
pálpebra 1. Basu-wê. 2. Liba-wê. 3. Pênupênu.
palpitação Kloson-kebla.
paludismo Paludixmu.
pancada Pankada.
pâncreas Mlaga.
panela 1. Baga. 2. Flijana. 3. Panela. 4. Ubaga.
panela de barro Ubaga-tela.
pano Panu.
panturrilha Bega-d'ope.
pão Mpon.
pão-de-ló Mpon-dolo.
pão-de-milho Blôa.
papá 1. Papa. 2. Pepe.
papa-figo de São Tomé Papafigu. *Oriolus crassirostris.*
papagaio Papage. *Psittacus eritachus princeps.*
papa-moscas de São Tomé Tome-gaga. *Terpsiphone atrochalybeia.*
papai Papa.
papaia Mamon.
papar Papa.
papeira 1. Bembêlumbê. 2. Papuda.
papel Papelu.
papo Papu.
par 1. Mpali. 2. Pali.
para 1. Ba. 2. Da. 3. Pa. 4. Pala. 5. Pê. 6. Pla.
para baixo Dêsê.
parabenizar Gôgô da.
para cá Bi.
para cima Subli.
para dentro Lentla.
parado Tximbadu.
parafuso Plafuzu.
para lá Be.
para que Pa.
parar 1. Dumu. 2. Mundja. 3. Munja.
parasita 1. Gafu. 2. Kanalemi.
parceiro 1. Damon. 2. Xoxi.
parcela Pedasu.

PARCELA DE TERRENO — PEGA

parcela de terreno Loti.
parcelas Xinjeli.
pardal Pade.
parecer Fe.
parecer-se com Kô.
parede 1. Mulu. 2. Palêdê.
parente Lumon.
pargo Palugu. *Pagrus caeruleostictus*.
parida Palidu.
parir Pali.
parte 1. Banda. 2. Patxi.
parte da flor de bananeira Lula.
parte de baixo da casa tradicional sobre estacas Basukadjan.
parte de cima Xima.
parte de trás Tlaxi.
parte final Kabamentu.
parteira Patela.
partícula de asserção Fa.
partido Kebladu.
partilha Patxa.
partilhar Lêgula.
partir 1. Kebla. 2. Loke.
partir por completo, sem desassociar-se Kebla zegezege.
parto 1. Pali. 2. Patu.
parturiente Mwala-palidu-fili.
parvo 1. Bôbô. 2. Boboyoko. 3. Panhonho.
pasmado 1. Babakadu. 2. Pazumadu.
pasmar Pazuma.
passado Pasadu.
passagem Pasaji.
passar(-se) Pasa.
passar-se com Da ku.
pássaro 1. Bisu. 2. Bisu-d'aza.
passar por Vala.
passear 1. Bandela. 2. Da saya loda. 3. Paxa.
passo 1. Pasu. 2. Satu.
pastel Paxte.
pasto Paxtu.
pata 1. Pata. 2. Pata-mwala.
pataca Pataka. Antiga unidade monetária.
patapata Patapata. *Selene dorsalis*.
pateta 1. Boboyoko. 2. Malôkô. 3. Nhongônhongô. 4. Tximbôtô. 5. Ximbôtô.
patético Nhongônhongô.
patilhas Blabadu.
pato Pata-galu.
patrão Patlon.
patrício Patlisu.
pau 1. Axa. 2. Po.
pau-água Po-awa. *Grumilea venosa*.
pau-ama Po-ama. *Premna angolensis*.
pau-azeitona Po-zetona. *Manilkara multinervis*.
pau-branco 1. Po-blanku. 2. Po-moli. *Tetrorchidium didymostemon*.
pau-cabra 1. Mutopa. *Maesa lanceolata*. 2. Po-kabla. *Trema orientalis*.

pau-caixão Po-kason. *Pycnanthus angolensis*.
pau-candeia Bunga. *Hernandia beninensis*.
pau-capitão 1. Kapiton. 2. Po-kapiton. *Celtis mildbraedii*.
pau-castanha Po-kaxtanha. *Artocarpus altilis*.
pau-chapelinho Po-sapilin. *Cola digitata*.
pau-cruz Po-klusu. *Psychotria peduncularis*.
pau-dado Po-dadu. *Ouratea nutans*.
pau-de-cola Po-di-kola. *Sterculia acuminata*.
pau-dumo 1. Po-dumo. *Ochna membranacea*. 2. Po-dumu. *Psychotria molleri*.
pau-espinho Po-mpyan. *Dalbergia ecastaphyllum*.
pau-esteira Paya-sela. *Pandanus thomensis*.
pau-fede Po-fede. *Celtis gomphophylla*.
pau-ferro Po-felu. *Margaritaria discoidea*.
pau-flor Po-floli. *Breynia disticha*.
pau-foguete Fya-fôgêtê. *Desmanthus virgatus*.
pau-formiga Po-flêminga. *Pauridiantha floribunda*.
pau-impé Impe. *Olea capensis*.
pau-leite Po-kadela. *Funtumia elastica*.
pau-lírio Kata-d'ôbô. *Tabernaemontana stenosyphon*.
pau-nicolau Po-lukula. *Pauridiantha floribunda*.
pau-óleo Po-d'olho. *Santiria trimera*.
pau para matar peixes Masêtê.
pau-parteira Po-patela. *Trema orientalis*.
paupérrimo 1. Pobli vantenadu. 2. Pobli zegezege.
pau-preto Po-pletu. *Polyalthia oliveri*.
pau-purga Po-pluga. *Croton draconopsis*.
pau-sabão Po-sabon. *Dracaena arborea*.
pau-sabrina Gofi-d'ôbô. *Musanga cecropioides*.
pau-sangue Po-sangi. *Harungana madagascariensis*.
pau-tabaque Po-tabaki. *Cordia platythyrsa*.
pau-três Po-tlêxi. *Allophylus africanus*.
pau-três-do-mato Po-tlêxi-d'ôbô. *Allophylus grandifolius*.
pau-vermelho Po-vlêmê. *Stauditia pterocarpa*.
paus 1. Fya-paw. 2. Po. Um dos naipes do baralho.
pavão Pavon.
paxtlu Paxtlu. *Onychognathus fulgidus*.
paz Paji.
pé Ope.
peça Pesa.
pecado 1. Maxkelenxa. 2. Pekadu.
pecador Pekadô.
pedacinho Tôkô.
pedaço 1. Kinhon. 2. Pedasu. 3. Pikina. 4. Tada. 5. Xinjeli.
pé-de-atleta 1. Bilibili. 2. Fuvêlu.
pé-de-cabra Ope-kabla.
pé-de-café Po-kafe.
pedir 1. Pidji. 2. Piji.
pedra Budu.
pedra para a parturiente repousar quando vai dar à luz Budu-pali.
pedra para moer a malagueta Budu-magita.
pedra para pisar Budu-lolodu.
pedreiro Pêdlêlu.
pega Manga.

pegada Sada.
pegajoso Dongodongo.
pega-pega 1. Vinte. *Desmodium adscendens.* 2. Xikixiki. (Brincadeira de criança.)
pegar 1. Panha. 2. Pega. 3. Toma. 4. Ton.
pega-rato Pega-latu. *Pupalia lappacea.*
peido 1. Fyô. 2. Pidu.
peito Pêtu.
peixe Pixi.
peixe-agulha Guya. *Strongylura crocodila.*
peixe-agulha-*kyô* Guya-kyô. *Tylosurus acus rafale.*
peixe arco-íris Alada. *Elegatis bipinnulata.*
peixe-cabra Pixi-kabla. *Branchiostegus semifasciatus.*
peixe-escorpião Kume-môlê. *Scorpaena laevis.*
peixe-espada Guya-supada. *Ablennes hians.*
peixe fresquíssimo Flesku tatata.
peixe-fumo Pixi-fumu. *Acanthocybium solandri.*
peixe-novo Pixi-novu. *Apsilus fuscus.*
peixe pampolê Pampôlê.
peixe salgado 1. Matawula. 2. Musambê.
peixe-serra Pixi-sela. *Scomberomorus tritor.*
peixe-trombeta Guya-bujina. *Fistularia tabacaria.*
peixe-voador 1. Tlebesa. 2. Vadô-panha. 3. Vadô. *Cheilopogon melanurus.*
peixe-voador-agulha Vadô-guya.
peixe-voador (de)fumado seco Plaka.
pele Peli.
peleja Pêlêja.
pelejar Pêlêja.
pelo Pena-d'ubwê.
pelo-sinal Pixinadu.
pelos púbicos da puberdade 1. Beba-min. 2. Pena-limi.
pempen Pempen. *Dracaena laxissima.*
pena Pena.
penca Ngen.
pender Yogo.
pendurado 1. Lengelenge. 2. Plundadu.
pendurar Plunda.
pendurar(-se) Da mangingi.
peneira Pinela.
peneirar soprando para separar o izaquente ou o milho da casca Fôfô.
penetrar 1. Lagasa. 2. Tufu.
penicilina Pilixilina.
penico 1. Baxin. 2. Piniku.
pênis 1. Felu. 2. Kinhon. 3. Kion. 4. Me-blugadu. 5. Pimbi. 6. Po. 7. Ubwê. 8. Ubwê-d'ome.
pênis de criança 1. Lolo. 2. Mina-pixi. 3. Pilolo. 4. Tindji. 5. Txintxi. 6. Yoyo.
pênis ereto Felu tõõõ.
penitência Pintenxa.
pensado Pensadu.
pensamento 1. Kabêsa-kôlê. 2. Pensamentu.
pensar 1. Kunda. 2. Pensa.
pensava Kundava.
pente Pentxi.

pentear Pentxa.
pentelho Kundu.
penugem Pena-limi.
penumbra 1. Blokon. 2. Pane.
pequena loja 1. Kitanda. 2. Taxka.
pequenino Txoko.
pequeno 1. Mina. 2. Pikina. 3. Tôtô. 4. Txoko.
pequeno-almoço Mata-bisu.
pequenos atalhos Xtlada-lasu.
perante Plakê.
pé rapado Lupuye.
perceber Konsê.
percepção Xintxidu.
percevejo Senkwa.
perdão Pedon.
perder Plêndê.
perder(-se) Plêdê.
perder a graça Bluxa kala.
perdido Plêdidu.
perdiz 1. Nganha-ngene. 2. Ngugu.
perdoado Podadu.
perdoar 1. Da pedon. 2. Poda.
perfazer Sala.
pérfido Bisu-witxi.
perfurado Txofodu.
perfurar Fula.
perguntar Punta.
periclitante Danadu.
perigo Pligu.
perigoso 1. Pligôzu. 2. Mpyon.
período Bebason.
período pós-parto em que a mulher tradicionalmente não sai de casa durante oito dias Tôdô.
periquito Pligitu.
permanecer Xtaka.
permitir Bili mon.
perna Ope.
perna-de-pau Ope-po. Personagem do **dansu-kongô** que executa acrobacias sobre pernas-de-pau.
perseguido Plixigidu.
perseguir 1. Kôlê ni tlaxi. 2. Montxa. 3. Plixigi.
perseverança Wembe.
perseverante Wembe.
perspicaz Blabu.
perto Petu.
perto a Ope.
perto de Begabega.
perturbação Tlubulason.
perturbado Tlubuladu.
peru 1. Mpêlu. 2. Pêlu.
pesadelo Ma-sonhu.
pesar Peza.
pesca Pixka.
pescador Pixkadô.
pescar Pixka.
pescoço Klonklo.
peso Pezu.
pesqueiro Pixkela.
pêssego-de-São-Tomé Pesku. *Chytranthus mannii.*

péssima cozinheira Plêdjida mufuku.
pessoa 1. Ngê. 2. Ningê. 3. Pekadô.
pessoa branca Kôlomba.
pessoa com forte apetite sexual Sulon.
pessoa com quem se mantém uma relação amorosa Dadu.
pessoa dúbia Fingi lolo.
pessoa empedernida Kloson-lizu.
pessoa espalhafatosa Blaga-ubwa.
pessoa estrábica Wê-vilo.
pessoa falsa Zuda.
pessoa fingida Fingi lolo.
pessoa grosseira Sakasaka.
pessoa idosa Klonha.
pessoa influente Ngê-tamen.
pessoa insaciável Pawen.
pessoa lasciva Sulon.
pessoa malcriada Magita-twatwa.
pessoa nascida com dívida espiritual Dêvidu.
pessoa negra de cor clara Fula.
pessoa negra de cor demasiadamente clara Bôbô lalala.
pessoa prestigiada Ngê-tamen.
pessoa rígida Kloson-lizu.
pessoa saltitante Sata-sata.
pessoa traiçoeira Zuda.
pessoa voraz Pawen.
pestanas Mpênumpênu.
pestanejar Bene.
peste 1. Pexti. 2. Pextli.
petróleo Petloli.
peúga Mêya.
pezão Aba-d'ope.
piada Semplu.
pião Mpyon.
picado Pikadu.
picante Nglexti.
picão preto Pega-pega. *Desmodium ramosissimum.*
pica-peixe-de-peito-azul Xoxo. *Halcyon malimbica dryas.*
pica-peixe-pigmeu Konobya. *Ispidina picta.*
picar 1. Pika. 2. Tono.
picareta Pikaleta.
pico Piku.
pidão Golozu.
piedade Pyadadji.
pijama Pijami.
pilado 1. Blêgidu. 2. Dumudu.
pilar Dumu.
pilar izakentxi Blêgê.
pilha Pilha.
piloto Pilôtô.
pílula Pilula.
pimenta 1. Plimenta. *Piper nigrum.* 2. Templa.
pimenta-da-Guiné Inhe-bôbô. *Xylopia aethiopica.*
pimenta-dos-índios Fya-bôba-d'ôbô. *Piper umbellatum.*

pimentão Pimenton.
pimenteira-brava Po-plimenta. *Piper guineense.*
pimpinela Pimpinela. *Sechium edule.*
pingar To.
pinha 1. Mpyan. 2. Nona. *Anona squamosa.* 3. Pyan.
pinicar Yayaya.
pino Kanfini.
pintainho 1. Flangin. 2. Pinta.
pintar 1. Da txinta. 2. Pinta.
pintinho 1. Flangin. 2. Mina-pinta. 3. Pinta.
piolho Idu.
pioneiro Pyonelu.
pior Pyolo.
piorado Pyoladu.
piorar Pyola.
piparote Kôlikô.
piquenique Pikiniki.
pirão Pilon. Prato típico com farinha de mandioca e caldo.
pirão de mandioca, milho ou izaquente Fundji.
pires Mina-platu.
pisado 1. Dumudu. 2. Potodu.
pisar 1. Mola. 2. Poto.
piscina Pixina.
piso 1. Andali. 2. Mulu. 3. Sobladu.
pistola 1. Flankotxi. 2. Pixtola.
pitanga Pitanga. *Eugenia uniflora.*
pixi-magita Pixi-magita. *Pagellus bellottii bellottii.*
placebo Kalabana.
placenta 1. Plasenta. 2. Ululu.
plaina Plana.
planeta Mundu.
planeta Terra Tela.
plano Lapa.
planta 1. Fya. 2. Planta.
planta do pé Sala-d'ope.
plantar Ximya.
plástico Plaxtiku.
Festa típica de São Tomé em que são recitados provérbios ao som do batuque. Plômondêsu.
plumbago-branca Matli-mwala. *Plumbago zeylanica.*
pneumonia 1. Bambi. 2. Fyô-glosu.
pó Opo.
pobre 1. Blaga-ubwa. 2. Pobli.
pobre diabo Bambakwere.
pobretanas Blaga-ubwa.
pobreza 1. Mixidadji. 2. Mixidaji. 3. Pôblêza. 4. Pobli.
poça Lôdô.
poça de água 1. Bujinga. 2. Lôdô-d'awa.
pocilga Ubwa.
poço 1. Blaku. 2. Pôsô.
poço escavado Awa-kobo.
poço profundo Fundu.
poda Poda.
podado Podadu.

podar 1. Poda. 2. Sasa.
poder 1. Pô. 2. Pôdê.
poderoso 1. Ngê-gôdô. 2. Plôdôzu.
podia 1. Pôdja. 2. Pôja.
pódio Plukutu.
podre Podle.
poeira 1. Opo. 2. Pwela. 3. Tumbu.
poeta Gatela.
po-impe Po-impe. *Olea capensis.*
po-kali Po-kali. *Alchonea laxiflora.*
po-vilo Po-vilo. *Scytopetalum klaineanum.*
polícia 1. Polixa. 2. Sode.
policial Blasu-d'alê.
polícias de segurança pública no tempo colonial Ximba.
polido Pulidu.
polimento Pulimentu.
polir Pentxa.
política Politika.
pó-lixa 1. Fya-lixa. 2. Meme. *Ficus exasperata.*
polvo Plôvô.
pólvora Polivla.
pomada cáustica Kaxtiku.
pomba-preta Munken. *Aplopelia larvata simplex.*
pombinha Fya-flêminga. *Euphorbia serpens.*
pombo Pombô.
pombo-de-nuca-bronzeada Lola. *Columba malherbii.*
pombo de São Tomé Pombin. *Columba thomensis.*
pombo-verde de São Tomé Sêsa. *Treron sanctithomae.*
ponta Ponta.
ponta-cabeça Kanfini.
pontada Pontada.
pontapé Pontope.
pontapear Da pontope.
ponte Pontxi.
pontiagudo Pyonpyonpyon.
ponto Pontu.
popa Pôpa.
por 1. Plakê. 2. Plô.
pôr 1. Buta. 2. Kunga. 3. Pê.
porção Lombo.
porção de comida que fica agarrada ao fundo da panela 1. Kemadu. 2. Kokoloti.
por causa de 1. Da. 2. Plôvya.
por cima Pê.
por cima de Liba.
porco Plôkô.
porco-do-mato Plôkô-matu. *Sus scrofa.*
porco-espinho Plôkô-supin.
porém Agola.
por exemplo Mo fala mo klonvesa.
porfia Plufya.
porfiar Plufya.
por fogo em Nglimi.
por isso 1. Êlê manda. 2. Manda. 3. Sososo.

porque 1. Da. 2. Plukê. 3. Plukêlu. 4. Punda.
porquê? Punda kamanda.
por que 1. Kamanda. 2. Kwamanda. 3. Plôkê.
porra! 1. Djanga. 2. Djasu. 3. Djesu. 4. Jasu.
porrada Pankada.
porrete Bodon.
porta Poto.
portanto Lôgô.
portão 1. Poto-nglandji. 2. Purton.
portas adentro Nglentu-ke.
Portugal 1. Notxi. 2. Putuga.
português Putugêji.
posição sexual Subli-taku.
posses Poxi.
possibilidades Poxi.
possuir Tê.
posta Poxta.
posto 1. Pêdu. 2. Pôxtu.
pote 1. Dudu. 2. Potxi.
potinho Ôdô.
pouco 1. Pikina. 2. Pôkô.
poupar 1. Popa. 2. Tlotlo. 3. Txentxa.
pousar Pôza.
povo Pôvô.
praça Plasa.
praga Plaga.
praguejar 1. Loga plaga. 2. Pidji plaga.
praia Ple.
praia das Conchas Pla Konsa.
prata Plata.
prateleira Plundadu.
praticante de *bliga* Bligadô.
prato Platu.
prato típico à base de *lusua* Lusua.
prato típico feito à base de verduras e óleo de palma Mizonge.
prato tradicional de madeira Baxin.
prazer Gôxtô.
prazo Plazu.
precavido Blabu.
prece Lason.
precipício Blôgôdôh.
precipitação 1. Blublu. 2. Blublublu.
precipitadamente Lufugôzu.
precipitado Tôwôtôwô.
precisamente 1. Ababa ê. 2. Bababa.
precisão Plixizon.
precisar Plixiza.
precisar de 1. Mensê. 2. Mêsê.
preciso Plixizu.
preço Plesu.
prefeito Plêfêtu.
prega 1. Mplega. 2. Plega.
pregado Plegadu.
pregar Plega.
prego Plegu.
preguiça Pligisa.
preguiçoso Pligisozu.
prejudicador Bisu-witxi.

prejudicar Lefeta.
prejuízo Plujizu.
prematuro Mina-mindjan.
prenda Plêzentxi.
prender 1. Kanga. 2. Mala. 3. Plêndê.
prensar Plêmê.
preocupação 1. Kabêsa-kôlê. 2. Pensamentu.
preocupado Kupadu.
preocupar Lefeta.
preocupar(-se) 1. Kupa. 2. Pensa.
preparação de cascas cozidas lentamente em uma panela de barro e usada pelo massagista para tratar problemas de ossos, dores musculares etc. Makabungu.
preparada a palmeira para a extração do vinho de palma Templadu.
preparado Plivinidu.
preparar 1. Papla. 2. Plepala. 3. Plivini.
preparar a palmeira para a extração do vinho de palma Templa.
preparar o fogo Zunta fôgô.
presente Plêzentxi.
presépio Pasu.
presidente 1. Plijidentxi. 2. Plizidentxi.
preso 1. Katxibu. 2. Maladu. 3. Plezu.
pressa 1. Blublu. 2. Blublublu.
pressentir Bê ku pena d'ubwê.
pressionar Nhe.
prestígio Fama.
presumia Kundava.
presumir 1. Kunda. 2. Pensa.
pretender Kiya.
pretensão Tenson.
pretíssimo 1. Pletu kongô. 2. Pletu lululu.
preto Pletu.
prevenido Plivinidu.
prevenir 1. Plepala. 2. Plivini.
prima 1. Lumon. 2. Plima.
primeiras bananas de uma penca Ngon.
primeiro 1. Plimê. 2. Plumê. 3. Plumêlu. 4. Wê.
primo 1. Lumon. 2. Plimu.
princesa Plinxêza.
príncipe Plinxipi.
principense 1. Lung'ie. 2. Monko.
princípio Komesu.
prisão 1. Fotxi-losada. 2. Kadja. 3. Kalabuxu.
prisão de ventre 1. Bakê. 2. Mali-bega.
privação 1. Mixidadji. 2. Mixidaji.
proa Plôwa.
problema 1. Kexton. 2. Zumba.
proceder Plôsêdê.
processo Plosesu.
procissão Plison.
procriar Da kasa.
procurador Plokuladô.
procurar 1. Golo. 2. Lôvlôsô.
pródigo Mon-betu.
professar Plofesa.
professor 1. Mese. 2. Plufêsôlu.
profissão Fisu.

profundezas Fundula.
profundo 1. Fundadu. 2. Fundu.
programa Ploglama.
progredir Wô.
proibição Pluvimentu.
proibido Pluvidu.
proibir Nega.
promessa Plomesa.
prometer 1. Plêmêtê. 2. Plômêtê.
promíscuo Ngugu.
pronto! Alê. Fórmula de resposta utilizada pelo receptor à introdução de uma adivinha.
proposta Plepoxta.
propriedade rural Losa.
próprio 1. Plopi. 2. Me.
prostrar Plofesa.
protegido Têdu.
protetor Kiadô.
provação Klusu.
provar 1. Lema. 2. Plova. 3. Txila lema.
proveito Plovetu.
provérbio 1. Semplu. 2. Vesu.
providência Plovidensya.
província Plovinxa.
provocação Ledu.
provocar 1. Bêtwa. 2. Buka ledu. 3. Flema. 4. Manga. 5. Plovoka.
provocar confusões Fêtwa.
próximo Ploximu.
próximo de Begabega.
prumo 1. Plumu. 2. Viga. 3. Xtê.
púbis 1. Liba-pentxi. 2. Pentxi.
púcaro 1. Pluku. 2. Puke.
puíta Pwêta.
pular Sata.
pulga Pluga.
pulmão Pulumon.
pulo Pulu.
púlpito Liba-d'atali.
pulseira Pusela.
pulso 1. Kopu-mon. 2. Pusu. 3. Pusu-mon.
punhal Xuxu.
punho Punhu.
punir Da kaxtigu.
pupila Pinta-wê.
purgante 1. Pluga. 2. Vumbada.
purgante-do-mato Pluga-matu. *Croton draconopsis*.
purgar Pluga.
purgatório Plugatoli.
purgueira Nglon-pluga. *Jatropha curcas*.
pus Matêya.
Dança tradicional. Puxa.
puxa-conversa Saka-nzolo.
puxador, aquele que introduz a música, sobretudo no sokope Butadô-vungu.
puxão Samba.
puxar Saya.
Terapeuta tradicional que examina a urina. Pyadô-zawa.
pyala Pyala.

Q q

quadril Po-kadela.
quadro Kwadlu.
qual 1. Kali. 2. Kê.
qualidade 1. Kaxta. 2. Kôlô.
qualquer Kwakwali.
qualquer dia Dja-dja.
quando 1. Ola. 2. Kê dja. 3. Kê mind'ola. 4. Kê ola.
quantidade Minda.
quantidade grande Foya.
quanto Kantu.
quarenta 1. Kolenta. 2. Kwatlu-dexi.
quaresma Kolema.
quarta-feira Kwata-fela.
quartel Kazena.
quarto 1. Kwatu. 2. Nglentu.
quarto crescente Klesentxi.
quase 1. Begabega. 2. Kwaji. 3. Kyolakyola.
quase maduro Pontadu.
quatro Kwatlu.
quatrocentos Kwatlusentu.
que Kê.
quebrado Kebladu.
quebra-machado Zungu. *Cynometra mannii*.
quebrantar Klebenta.
quebra-pedras Fya-flêminga-blanku. *Chamaesyce prostrata*.
quebrar Kebla.
queda Keda.
que horas Kê ola.
queijo Kêzu.
queimado Kemadu.
queimar Kema.
queixa 1. Gô. 2. Kêxa.
queixar(-se) 1. Gô. 2. Kêxa.
queixo 1. Bêzubêzu. 2. Kêxada.
queixume Gô.
quem 1. Ken. 2. Kê ngê.
quente Kentxi.
quentíssimo 1. Fela zuzuzu. 2. Kentxi zuzuzu.
quer... quer Blu. **Blu ... blu** *quer...quer*.
quer dizer Kendiji.
querer 1. Kiya. 2. Mensê. 3. Mêsê.
querer a todo custo Fulu.
querida Dêdê.
querido 1. Dêdê. 2. Dôdôdô. 3. Kodo-kloson.
questão Kexton.
quiabo 1. Ikyabu. 2. Kyabu. *Abelmoschus esculentus*.
quieto Sosegadu.
quilo Kilu.
quilômetro Kilometlu.
quimbandeiro Pagadô-dêvê.
quimono 1. Kimoni. 2. Kimono.
quina Kina. *Cinchona calisaya*.
quineira Po-kina. *Chinchona carabayensis*.
quinhão Kinhon.
quinhentos Kinhentu.
quinta-feira Kinta-fela.
quintal Kinte.
quintal onde as crianças são orientadas pelos mais velhos Kinte-nglandji.
quinto Kintu.
quinze Kinji.
quisto Klêbentu.
quitanda Kitanda.
quitandeiro Palayê.
quotização Finta.

R r

rã 1. Akêlê. 2. Ankêlê.
rabeca Labeka.
rabo 1. Kadela. 2. Labu.
rabo-de-junco Kokonzuku. *Phaeton lepturus*.
rabo-espinhoso de São Tomé Andôlin. *Zoonavena thomensis*.
rabugento Tlubuladu.
raça 1. Kaxta. 2. Lasa.
rachado Vadu.
rachador de lenha Vadô.
rachar Va.
rádio Radiu.
raia Uza.
rainha 1. Lenha. 2. Lenha. *Uranoscopus polli*. 3. San-lenha. Personagem de histórias tradicionais.
raios! 1. Djabu. 2. Djasu. 3. Jasu.
raios partam! Djabu.
raiva Leva.
raiz Leji.
raiz quadrada Raix-keblada.
ralado Laladu.
ralador Lala.
ralar Lala.
ralo Ximidô.
ramo 1. Lamu. 2. Manga. 3. Po.
ramos da palmeira Klêklê.
ramos de coqueiro ou palmeira Ndala.
ramo seco da palmeira Klêklê.
ramos verdes da palmeira Dombo.
rancor Odjo.
ranho 1. Dongodongo. 2. Lanhu.
ranhoso Dongodongo.
rapado Kloklodu.
rapar 1. Kloklo. 2. Kloko.
rapaz 1. Male. 2. Maxibin. 3. Mina-mosu.
rapé 1. Lape. 2. Opo-tabaku.
rapidamente 1. Djandja. 2. Djandjan. 3. Janja. 4. Janjan. 5. Mê-d'ola.
raquítico 1. Donoxadu. 2. Kafunhe. 3. Mlagu benfebenfe.
rasgado Fonodu.
rasgar 1. Fono. 2. Zaguli.
raso 1. Lapa. 2. Lazu.
raspado Kloklodu.
raspão 1. Lefegu. 2. Leflegu.
raspar 1. Kloklo. 2. Kloko.
rastelo Gadanhu.
rastilho Tlôxidu.

ratinho Fingi. *Mus musculus*.
rato Latu.
ratoeira 1. Latwela. 2. Tambwê.
razão Lazon.
reação cutânea Tonitoni.
realmente Vede-vede.
rebaldaria 1. Fokoto. 2. Zuntamentu.
rebelde Mandjingêlu.
rebentar 1. Lebenta. 2. Lomba.
rebento 1. Vilotxi. 2. Wê.
rebento da palmeira Lungwa-vaka.
rebolar Bila ngombe.
recado Lekadu.
receber 1. Lêsêbê. 2. Toma. 3. Ton.
receio Mendu.
receita 1. Buseta. 2. Lêsêta.
recém-nascido Anzu-mama.
recente Novu.
recentemente Welewele.
recibo 1. Lêxibu. 2. Talon.
recinto de dança Fundon.
recipiente Kabasu.
recipiente de alumínio Alumidu.
recipiente para cozinhar Bakê.
reclamação Gô.
reclamar Gô.
reco-reco Kanza.
recolher 1. Djê. 2. Jê. 3. Kunu. 4. Lôklê.
recolhido Lôklidu.
reconhecer Konsê.
recordação Lemblansa.
recordado Lembladu.
recordar Lembla.
recrudescer 1. Fela. 2. Tugu.
recuar Kiovo.
recuperar-se Toma fôsa.
recusar Nega.
rede Lêdê.
rede de pesca 1. Lêdê-pixka. 2. Talafa.
redemoinho 1. Menlôfi. 2. Mpyon.
redoma Lodoma.
redondo 1. Lendondo. 2. Londondo.
reduzido 1. Kumbu. 2. Kumbudu.
reduzir Manha.
referir Lumya.
refilão Lifilon.
refilar 1. Lifila. 2. Lijinga.
refletir Kôlê kabêsa lembla.

reflexo da lua Eli.
refogado Lefogadu.
refogar Lefoga.
reforma Pusentu.
refrescar Lêflexka.
refugo do óleo de palma Matete.
regaço Kôfô.
regalar(-se) Legela.
regalo Legela.
regedor Lêzêdô.
região Banda.
regime Lijimi.
regime alimentar Lijimentu.
registro Lijixtu.
registro civil Lijixtu-sivil.
regra Legla.
regras Govenu.
regressar 1. Bila. 2. Bila bi.
reguila Mandjingêlu.
regulado Lêguladu.
regulador Lêguladô.
regulamento Lêgulamentu.
regular 1. Lêgula. 2. Lêguladu.
rei 1. Alê. 2. Sun-alê.
reino Lenu.
rejeitado Zetadu.
rejeitar Zeta.
relâmpago Myamya.
relato Lelatu.
relatório Lelatu.
relaxadamente Legadu-bofi.
religião Lijon.
relógio Lolozu.
relojoeiro Lolojêlu.
relva Aliba.
remador Lemadô.
remar Lema.
remediado Baleladu.
remediar 1. Da jêtu. 2. Lemeja. 3. Wêyê.
remédio Flomentu.
remédio caseiro 1. Mindjan. 2. Minjan.
remela 1. Impete. 2. Umpete.
remendar Buta pedasu.
remendar a corda de trepar Da jinga.
remendo Dangula.
remexer Lovlosa.
remo 1. Lemu. 2. Lemunha.
rêmora Kanalemi-ngandu. *Remora remora*.
renda Lenda.
rendeiro Lendêlu.
render Lendê.
rendido Lendidu.
renome Fama.
reparado Konsetadu.
reparar 1. Da lepalu. 2. Konseta. 3. Lepala.
reparo Lepalu.
repartir 1. Dividi. 2. Patxi.

repicar Lepika.
repletíssimo Xa dududu.
réplica Leplika.
repouso pós-parto Tôdô.
repreender 1. Lêklê. 2. Vita. 3. Vôlô.
repreendido Lêklidu.
representar Floga.
reproduzir Jera.
república Lêpublika.
reputação Flamason.
repuxar o prepúcio Bluga.
requebrar-se Denge.
requentar Kenta.
requerer Mêsê.
requerimento Lêklêmentu.
requestar 1. Fe luxu. 2. Fe poji.
reservatório Sambu.
resfriado 1. Kixtipadu. 2. Kuxtipadu. 3. Kuxtipason. 4. Lixbitadu.
resfriamento agudo Fyô-glosu.
resgate Lajigatxi.
resguardo 1. Lixgwadu. 2. Tôdô.
resíduos em pó Opo.
resistir 1. Gwenta. 2. Klana. 3. Ngwenta.
resmungar Ngungunu.
resolver 1. Blaga. 2. Disidi. 3. Lôzôvê. 4. Sakapuli.
resolvido Lôzôvidu.
respeitar Lixpêta.
respeito 1. Lixipêtu. 2. Lixpêtu.
respiração Flôgô.
respiração ofegante Flôgô libaliba.
responder 1. Kudji. 2. Levoga.
resposta 1. Laxpoxta. 2. Lexpoxta.
ressonar Lonka.
ressurgir Toma kôlô dixi.
ressuscitar Da kôlô dixi.
restar Soveza.
resto 1. Sovezu. 2. Ve-kwa.
restos 1. Awa-boka. 2. Boka-pligitu.
restrição Lixtlison.
resvalar Blugu.
retalhado Bagasadu.
retalhar 1. Bagasa. 2. Sasa.
retalhos Late.
retirar Toma.
retirar um naco Yono.
retrato Lêtlatu.
retrete Letleti.
réu Rew.
reumatismo 1. Lêmatixmu. 2. Lêmatizumu.
reunião 1. Lenyon. 2. Senson.
reunir 1. Kunu. 2. Zunta.
revendedor(a) Palayê.
revirar Lovlosa.
revista Rivixta.
revogar Levoga.
revoltar(-se) Lovlosa.
revolução Luvuson.
revólver Pixtola.

reza Laza.
rezar 1. Fla lason. 2. Laza.
rezar missa 1. Da misa. 2. Dizê misa.
riacho de águas calmas (utilizado para a plantação de agrião) Awa-xelele.
ribanceira Kitali.
ribeira 1. Awa. 2. Lubêla. 3. Yô.
ribeiro Awa-xelele.
rícino Mamônô. *Ricinus communis.*
rico 1. Liku. 2. Ngê-gôdô. 3. Ngoma. 4. Pixi-gôdô.
ridicularizar Goza.
rifa Lifa.
rijo Lizu.
rilhar os dentes Kume dentxi.
rim Lombin.
rio 1. Awa. 2. Yô.
ripa Lipa.
riqueza 1. Futuna. 2. Likêza.
riquíssimo Liku sonosono.
rir Li.
rir às gargalhadas Da kebla kwakwakwa.
ritmo musical Toki.
ritual fúnebre Fisu.
rival 1. Plasela. Mulheres que compartilham ou compartilharam o mesmo homem. 2. Plasêlu. Homens que compartilham ou compartilharam a mesma parceira.
robusta Bodobodo.
robusto Butubutu.
roça Losa.
roçar Losa.
roçar suavemente Dôlô.
roda Loda.
rodar Da balansu.
rodear 1. Bôdôja. 2. Lodja. 3. Loja.
rodilha 1. Ikili. 2. Lôja.
rogar Loga.

rogar praga Loga plaga.
roído pela traça Fôfô.
rola 1. Bengi-doxi. 2. Lola. *Columba malherbii.*
rola cinzenta Kulukuku. *Streptopelia senegalensis.*
rolar Lola.
rolha Loya.
roliça Bodobodo.
romper Xtlala.
roncador Lonkadô. *Pomadasys rogeri.*
roncar Lonka.
ronda Londa.
rondar Londa.
rosa Loza.
rosário Loze.
rosto Kala.
roto Fonodu.
roubado Futadu.
roubar Futa.
roupa Lôpa.
roupa feia Blonji.
roupa interior feminina Kumbinanson.
roupa íntima Kilambu.
roupa obrigatória para os membros de uma confraria Membla.
rua Lwa.
rude 1. Bosali. 2. Djikitxi. 3. Jikitxi.
rufar Lunfa.
ruga Mplega.
ruído produzido com os lábios para exprimir desagrado, desprezo ou enfado perante uma situação ou pessoa Sono.
ruidosamente Fladin.
rumba Rumba.
rumo Lumu.
rumor Fala-tendê.
rusga Lujiga.

S s

sábado Sabadu.
sabão Sabon.
sabão em pó Ômu.
sabedoria 1. Mese. 2. Sêbê.
saber 1. Sê. 2. Sêbê. 3. Seta.
sabichão Sêbidu.
sabido Sêbidu.
sábio 1. Bêtôdô. 2. Domine. 3. Sêbêdô.
sabonete Sabunêtê.
sabor Gôxtô.
sabor desagradável Lapujin.
sabugo Po-min.
saca Saka.
saca grande Talabaxi.
sacar Saka.
saco Saku.
saco plástico Plaxtiku.
sacramento 1. Saklamentu. 2. Xtlakamentu.
sacrificar Kusupi.
sacrifício 1. Kuxtu. 2. Luta. 3. Matxi. 4. Xtlôlô.
sacristão 1. Sanklixton. 2. Xtudantxi.
sacristia Sanklixtia.
sacudir 1. Djinga. 2. Jinga. 3. Sagudji. 4. Saguji.
safu Safu.
safu-do-mato Safu-d'ôbô. *Pseudospondias microcarpa.*
safuzeiro Po-safu. *Canarium edule.*
saia Saya.
saia-roxa 1. Fya-fitxisu. 2. Fya-pletu. *Datura metel.*
saia utilizada nas festas religiosas e populares Mikolo.
saído Xêdu.
saiote Nawa.
saiote interior Longô.
sair 1. Xê. 2. Xê lwa.
sair de 1. Bi fô. 2. Fô.
sair intempestivamente Xê pla.
sair repentinamente Xê vu.
sal Salu.
sala Sala.
salada Selada.
sala de estar 1. Sala. 2. Sala-ke.
salamba Salamba. *Dialium guineense.*
salão Salon.
salário Vensêmentu.
saldos Batêmentu.
salgado Xtlagadu.

salgar Xtlaga.
saliência 1. Kôy. 2. Nkoni.
saliva 1. Awa-boka. 2. Kupi.
salmo Salmu.
saltão Kukumba. *Periophthalmus barbarus.*
saltar 1. Lagasa. 2. Sata.
saltar de Vwa.
saltitante Sata-sata.
salto Satu.
salvação 1. Xlavason. 2. Xtlavason.
salvador 1. Xtlavadô. 2. Xlavadô.
salvar 1. Xlava. 2. Xtlava.
salve! Avlê.
salvo Xtlavadu.
samambaia Fya-glêza. *Dryopteris filixmas.*
samba Samba.
sanatório Sanatoryu.
sandália Sandaleti.
sangrar 1. Txila ventoza. 2. Xê sangi. 3. Xtlafasa.
sangue Sangi.
sangue coagulado do parto Floma-pali.
santa Santa.
santaji-basu-kafe Santaji-basu-kafe. *Elytraria marginata.*
santa Maria San Maya.
santificado Santifikadu.
santíssimo sacramento Xinhô.
santo Santu.
Santo Antônio do Príncipe Page.
santome Santome.
são-tomense 1. Mina-santome. 2. Mina-tela.
sapateiro Sapatêlu.
sapato Sapatu.
sapo 1. Akêlê. 2. Ankêlê.
saracotear Kota kadela.
sarado Baleladu.
sarampo Kutukutu.
sarar Balela.
sardinela 1. Longô. 2. Sandja-longô.
sardinha Sandja. *Sardinella aurita.*
sardinha pequena Sandja-kasa.
sarilho Fokoto.
sarna 1. Jagli. 2. Kosa. 3. Makoya. 4. Pena. 5. Zagli.
sarnento Penadu.
satanás Satanaji.
sátira 1. Satida. 2. Vesu.
satirizar Txila semplu.
saudações Mantxan.

saudade Sawdadji.
saudades Wê-longô.
saudar Fla mantxan.
saúde 1. Saôdji. 2. Saôji.
se Xi.
sé-catedral Ase.
sebo Sebu.
seca Seka.
secar Suga.
seco 1. Seku. 2. Sugadu.
secretaria Sekletalia.
secretário Sêklêtalyu.
século Sekulu.
seda Seda.
sede 1. Sêdji. 2. Sêji.
sedução Bendenxa.
sedutor Boka-doxi.
seduzir 1. Da bendenxa. 2. Dêya. 3. Gunda.
segredo 1. Funda. 2. Xtlegedu.
seguidamente Zawo.
seguir 1. Lêlê. 2. Sigi.
segunda-feira Sêgunda-fela.
segundo 1. Sengundu. 2. Sêgundu.
segurado Têdu.
segurança Xtê.
segurar 1. Pala. 2. Pega. 3. Tê.
seio Mama.
seis Sêxi.
seiscentos Sêsentu.
seiva Lêtê.
seiva da palmeira Makuta.
seiva do safuzeiro Txinantxinan.
seiva venenosa Txinantxinan.
seja como for Modu ku modu.
seja feita. Sêja fêta.
seja louvado! Sêja lôvadu.
sêlê-alê 1. Sêlê-alê. *Leea tinctoria.* 2. Sêlêsêlê.
3. Xtlela-xtlela.
selo Sêlu.
sem Sê.
sem-vergonha Lolodu.
semana Somana.
semba Semba.
sem compaixão Kloson-felu.
sem dinheiro Kabadu.
semeado Ximyadu.
semear Ximya.
semelhante Ximentxi.
sementes subdesenvolvidas de izaquente Yaya.
sem motivo Dujiduji.
sempre 1. Jinola. 2. Semple.
sempre o mesmo! Axen so.
sempre que Kada vê ku.
sem que Sê pa.
sem ruído Ka konta ope.
senador Senadô.
senão Axi fa.

Prato tradicional à base de milho. Senge.
senhor 1. Sumu. 2. Sun. 3. Sungê.
senhora 1. Mama. 2. Samu. 3. Samungê. 4. San.
5. Sangê. 6. Xola.
senhorio Lendêlu.
sênior Maxpadu.
sensibilidade Kloson.
sensualíssima Mina bodobodo.
sentado Tasondu.
sentar(-se) Tason.
sentar-se imobilizado Tason zekete.
sentença Sentenxa.
sentido Xintxidu.
sentimento Xintximentu.
sentir 1. Tendê. 2. Xintxi.
sentir dó Pena.
sentir melhoras Balela.
senzala Senzala.
separado Patadu.
sequíssimo Seku klakata.
ser Sa.
ser acometido de diarreia Da kusu.
ser apanhado Kyê kitali.
ser bom Bwa.
ser capaz de Pô.
ser difícil Tê matxi.
serenar Xtlena.
sereno Xtlenu.
ser humano 1. Klixton. 2. Pekadô.
seringa Xilinga.
ser insuficiente Fata.
ser necessário 1. Milhon. 2. Minhon.
ser preciso 1. Milhon. 2. Minhon.
ser preso Kyê kitali.
serra Sela.
serrador Seladô.
serragem Kabaku.
serrão Selon.
serrar Sela.
serrote Selotxi.
serviçal Manse.
serviço 1. Xlivisu. 2. Xtlivisu. 3. Xtluvisu.
servidor Xtlividô.
servir Xtlivi.
servo Selivi.
sêsê-limê Sêsê-limê. *Psophocarpus scandens.*
sessão Senson.
sessenta 1. Sesenta. 2. Sêxi-dexi.
sete Sete.
setecentos Setesentu.
setembro Setemblu.
setenta 1. Sete-dexi. 2. Setenta. 3. Xtenta.
sétimo Setimu.
seu 1. Dê. 2. San. 3. Sun.
seus 1. Dê. 2. Dinen. 3. San. 4. Sun.
sexo (feminino ou masculino) Kamya-fe-zawa.
sexta-feira Sêxta-fela.
sexto Sêxtu.
sífilis Môlôkentxi.

significado Xintxidu.
signo Xigunu.
silenciosamente Ka konta ope.
silva-da-praia Idu-idu. *Caesalpinia bonduc.*
silvo do morcego Kwekwe.
sim 1. E. 2. Efan. 3. Yô. 4. Yôxi.
simão-Correia Ximon-koya. *Lagenaria breviflora.*
simpatia Aglasa.
simpático 1. Boka-doxi. 2. Dadu.
simples Ximpli.
simulação Zôplô.
sina 1. Dixtinu. 2. Sala-mon.
sinal 1. Blandu. 2. Xinali.
sinal da cruz Pixinadu.
sineta Xinu.
sino Xinu.
sintomas de doença Senzon.
sinusite Kalêxidu.
sítio Xitu.
situar(-se) Pôzê.
só 1. So. 2. Tan.
soalho 1. Sobladu. 2. Soyu.
sobejar Soveza.
sobejos 1. Awa-boka. 2. Boka-pligitu. 3. Sovezu.
soberbia Ledu.
soberbo Sobelubu.
sobra Sovezu.
sobrado Sobladu.
sobrancelhas 1. Pênupênu. 2. Pextana.
sobrar Soveza.
sobre 1. Liba. 2. Pê.
sobreaquecer Kenta zuzuzu.
sobrenome Nomi-familya.
sobrinha Sublinha.
sobrinho Sublinhu.
sócio 1. Soxi. 2. Xoxi.
soco 1. Nkome. 2. Sôkô.
socopé 1. Bilangwa. 2. Sokope. Dança tradicional.
socorrer Valê.
socorro! Kidalê.
soda cáustica Soda.
sôdon-kampu Sôdon-kampu. *Rynchosia minima.*
sôfrego 1. Flontadu. 2. Nguli.
sofreguidão Flontadu.
sofrer 1. Pena. 2. Peneta. 3. Sufli.
sofrido Sufludu.
sogra 1. Sogla. 2. Xtloga.
sogro 1. Soglu. 2. Xtlogu.
sol Solo.
sola Sola.
sol abrasador Solo mê-dja ngwangwangwan.
soldado Sode.
soldar Soda.
soletrado Soletladu.
soletrar Soletla.
solicitar Punta.
solitário Sôlê.

solo Son.
soltar 1. Lega. 2. Sota.
soltar a voz Bloka vungu.
solteiro Sôlê.
solto Legadu.
soluçar Supa.
solver Xtlôvê.
soma Soma.
sombra 1. Sombla. 2. Vutu.
som de chicote Fyaba.
som de engolir algo Ngyon.
som do cacete Jaba.
somente So.
somítico 1. Kain. 2. Kasu. 3. Mon-fisadu.
som que se faz ao comer 1. Nhamu. 2. Nhamunha-mu.
sondar 1. Daga. 2. Ndaga. 3. Plapa son.
sonhar Sonha.
sonho Sonhu.
sono Sono.
sopa 1. Sôpa. 2. Sôpa. *Kyphosus incisor.*
sopapo Supapu.
soprar Sopla.
soprar de Venta.
sorgo Aliba-manswenswe. *Sorghum bicolor.*
sorna Muzula.
sorrateiro Wê-sonson.
sorrir Li.
sorte 1. Peneta. 2. Sotxi.
sorver Fibika.
sossegado Sosegadu.
sossegar Sosega.
sossego Sosegu.
sótão Xota.
Ritual de transição da puberdade para a vida adulta. Sôtxi-flima.
sova 1. Pankada. 2. Sôtxi.
sovaco Basu-mon.
sovina 1. Kain. 2. Kasu. 3. Mon-fisadu. 4. Mufinu. 5. Munfinu.
Prato típico que pode, alternativamente, ser preparado com fruta-pão, mandioca, inhame, matabala, batata-doce, banana-pão, com peixe e óleo de palma e algumas ervas aromáticas, acompanhado de farinha de mandioca ou banana assada. Sôwô.
sozinho 1. Sôlê. 2. Tan.
sua 1. Dê. 2. San. 3. Sun.
suar Swa.
suas 1. Dinen. 2. San. 3. Sun.
subdesenvolvido Donoxadu.
subida 1. Ôkê. 2. Subli.
subido Subludu.
subir Subli.
subir de tom Nglimi.
subitamente Namplakata.
subordinado Katxibu.
subterfúgio Ablidaji.
subterrâneo Basu-son.

sucata Sukata.
suco de fruta Sumu.
sucupira Mwandjin. ***Pentaclettra macrophylla.***
sugar Suga.
suíças Blabadu.
suicidar-se Mata ubwê.
suinsuin Suinsuin. ***Uraeginthus angolensis.***
sujar 1. Fakatxa. 2. Suza.
sujeira 1. Matotadji. 2. Matotaji.
sujidade 1. Bluma. 2. Uku.
sujíssimo Suzu kotokoto.
sujo Suzu.
sul Sulu.
sulfato Sufatu.
sumaúma Oka. ***Ceiba pentandra.***
sumidouro Ximidô.
sumir 1. Sukumbi. 2. Sumi.
sumo de fruta Sumu.

suor Xtlôlô.
superar Subli.
superior Supriôr.
supor Kunda.
suporte Sôlêta.
supunha Kundava.
surdo Sudu.
surgir 1. Mesa. 2. Plasê.
surpreendido Banzu.
surra Sôtxi.
surrupiar Fana.
suspender 1. Boya. 2. Ligi. 3. Linga.
suspenso 1. Lengelenge. 2. Lingadu.
suspiro Anxa.
sussurro Fala-tendê.
susto Suxtu.
sutiã Kulêtê.
swaswa Swaswa. ***Rinorea molleri.***

T t

tabaco 1. Makoya. 2. Tabaku.
tabaco em pó Kalima.
tábua Taba.
tabuada Tabwada.
tabuleiro 1. Bandêza. 2. Tabulêlu.
taça Tasa.
tacho 1. Tasu. 2. Ubaga-plelele.
tagarela Boka-ôkô.
tagarelar 1. Boloja. 2. Da bendenxa. 3. Debota.
tainha Tenha. *Mugil liza.*
tal 1. Tali. 2. Ximentxi.
talão Talon.
tal como Mo.
tal e qual Ababa ê.
talhadeira Talhadera.
talho Tayu.
talvegue Fundu.
talvez Taluvê.
tamarindeiro Tamanhan. *Tamarindus indica.*
tamarindo Tamanhan.
tamarindo-homem Tamanhan-ome. *Ormocarpum sennoides.*
também 1. Tembe. 2. Tembeten. 3. Ten. 4. Tudaxi.
tambor 1. Tambôlô. 2. Wembe.
tampa 1. Tampa. 2. Tampu.
tampão Tampu.
tanga 1. Lambu. 2. Zumbu.
tanga de pano Kilambu.
tanger Tanji.
tangerina Tanjilina.
tangerineira Tanjilina. *Citrus reticulata.*
tanque Tanki.
tanso Tansu.
tanto Tantu.
tanto é que Andeji me.
tapa Bofeton.
tapado 1. Bafadu. 2. Tapadu.
tapar 1. Bafa. 2. Tapa.
tapete Tapêtê.
tapume Ubwa.
tarântula de São Tomé Samangungu. *Hysterocrates apostolicus.*
tardar Tada.
tarde 1. Taji. 2. Tadji.
tareia Pankada.
tarimba Talimba.
tarrafa Talafa.

tartaruga Tatalugwa.
personagem nas narrativas tradicionais Tartaruga.
tartaruga-cabeçuda Kabêsa-nglandji. *Caretta caraetta.*
tartaruga-de-couro Sada. *Dermochelys coriacea.*
tartaruga do fango africana Benku. *Pelusios castaneus.*
tartaruga-verde Ambo. *Chelonia midas.*
tasca Taxka.
táxi Karu-di-plasa.
tchiloli Txiloli. Representação do conflito entre a corte medieval do Imperador Carlos Magno e a do Marquês de Mântua provocado pelo assassínio de Valdevinos.
te 1. Bô. 2. Ô.
-te 1. Bô. 2. Ô.
teatro Tliatu.
tecedor Têsêdô.
tecelão de São Tomé Txintxintxolo. *Thomasophantes sanctithomae.*
tecelão-grande de São Tomé 1. Kamunsela. *Ploceus grandis.* 2. Kamusela. *Ploceus grandis.*
tecer Têsê.
tecido 1. Fazenda. 2. Têsidu. 3. Tixidu.
tecido de chita Xitla.
técnica de construção de paredes à base de ramos de palmeira Vamplega.
técnica de extração do vinho de palma Ke-tôdô.
teimar Tê tema.
teimosia 1. Olha-lizu. 2. Tema. 3. Xintxi.
teimoso 1. Faxtozu. 2. Olha-lizu.
telefonar Telefona.
telefone Telefoni.
televisão Televizon.
telha Têya.
telha de zinco Jinku.
telhado Liba-ke.
temperado Templadu.
têmpera do mosto da palmeira Vunvun-wangadu.
temperamental Nglexti.
temperamento Jenu.
temperar Templa.
tempero 1. Templa. 2. Templêlu.
tempestade Tlovada.
tempo Tempu.
têmpora Fontxi.
tenaz Tanaji.
tencionar Kiya.
tenda Tenda.

tendão Xinga.
tendão de Aquiles Kodo-d'ope.
tenro Fili.
tensão Tenson.
tentação Tentason.
tentar 1. Buka. 2. Papla. 3. Plapa. 4. Tenta.
tentar cativar para obter algo em troca Boloja.
tentar causar acidentes Fêtwa.
ter Tê.
Terapeuta tradicional. Xtlijon.
Terapeuta tradicional especializado em coletar remédios no mato. Xtlijon-matu.
terça-feira Tesa-fela.
terceiro 1. Tlêsêlu. 2. Tlusêlu.
ter ciúmes de Sumi.
terço Tesu.
terçol Uluba.
ter coragem Sufli kloson.
ter de 1. Sela. 2. Tê di.
ter diarreia Pluga.
ter fama Bafama.
ter medo Mendu.
terminado Blagadu.
terminar 1. Blaga. 2. Dumu. 3. Kaba. 4. Kaba plepleple. 5. Mata.
término Labu.
térmite 1. Gulugulu. 2. Xtlele. 3. Xtlêlê.
terno Fatu.
ter prazer Goza.
ter que 1. Sela. 2. Tê.
terra 1. Balu. 2. Mundu. 3. Son. 4. Tela.
terras além-mar Kobo-d'awa.
ter relações sexuais 1. Da kabêsa fundu. 2. Fe bengula. 3. Fe kompanhe. 4. Sasa bengula. 5. Tá. 6. Vunga.
terreno Gleba.
terreno baldio 1. Bujibuji. 2. Matu.
terreno pequeno Lungwa-gatu.
ter responsabilidades com Tê konta ku.
terrível 1. Bluku. 2. Nglexti.
ter soluços Supa.
ter vergonha Kanha.
tese Tese. *Rinorea thomensis.*
tesoura Txizola.
tesouro Txizolo.
testa 1. Fontxi. 2. Tesa.
testemunha Sêxtêmunha.
testículos 1. Bagu-d'ovu. 2. Kinhon. 3. Ovu. 4. Ukwe. 5. Ukwe-d'ovu.
teta Ponta-mama.
teto 1. Liba-ke. 2. Ngumi. 3. Tetu.
teu Bô.
teus Bô.
texto Textu.
teya-teya Teyateya. *Rothmannia urcelliformis.*
tia Tiya.
tia-avó 1. Titiya. 2. Tiya-nglandji.
tigela Tamyan.

tigre Tligi.
tigresa Tligi-mwala.
timbalão tradicional Musumba.
tinha Tinha.
tinhoso Penadu.
tinta Txinta.
tinto Tintu.
tintureira Jinklo. *Bixa orellana.*
tio 1. Tiyu. 2. Txi.
tio-avô 1. Titiyu. 2. Tiyu-nglandji.
tipo 1. Kôlô. 2. Tipu.
tipo de carnaval são-tomense Menu.
tira Fita.
tirado Txiladu.
tirar 1. Saka. 2. Toma. 3. Txila.
tirar um pedaço Tono.
tiririca-comum Zusa. *Cyperus rotundus.*
tiritar Tlêmê tatata.
tiro Txilu.
tísico Tijigadu.
tisna Igligu-kwami.
título Txitu.
toalha Toya.
toca Kisama.
toca de morcego Fono-ngembu.
tocado Tokadu.
tocador Tokadô.
tocaiar Balungwa.
tocar Toka.
tocar um instrumento musical Toka.
tocha 1. Ngunu. 2. Toxa.
toco 1. Kluklu. 2. Tôkô.
toco ou pedaço de madeira que é arremessado para tirar frutos das árvores ou utilizado como arma Vuguvugu.
todo 1. Tudaxi. 2. Tudu.
Todos-os-Santos Tôdô-santu.
toldo Tôdô.
tolo 1. Boboyoko. 2. Kanimbôtô. 3. Txinbôtô. 4. Ximbôtô.
tom Ton.
tomado Tomadu.
tomar 1. Pega. 2. Toma. 3. Yê.
tomate Tumatu. *Lycopersicum esculentum.*
tombar 1. Da son. 2. Bluguna.
tonfonsu Tonfonsu. *Adenostemma perrottetii.*
tonga Tonga.
tônico Toniku.
tonifonsu Tonifonsu. *Adenostemma perrottetii.*
tonto Malôkô.
topo Topi.
toque Toki.
tora Tola.
torar Tola.
torcer Tlôsê.
torcido Tlôxidu.
tordo de São Tomé Tôdô. *Turdus olivaceofuscus.*
tornado 1. Biladu. 2. Kalema.
tornar a Bila.

torneira Tônêla.
tornozelo Oso-d'ope.
torrado Toladu.
torrar Tola.
torre Tôli.
torto 1. Levesadu. 2. Toto. 3. Zanvyadu.
tosse Toxi.
tossir Toxi.
tostão Toson.
trabalhado Tlabadu.
trabalhador Tlabadô.
trabalhar 1. Tlaba. 2. Xtlivi.
trabalho 1. Tenda. 2. Xlivisu. 3. Xtlivisu. 4. Xtluvisu.
trabalho braçal Tlabe.
traçado Fôfô.
trago Nglopi.
traidor Bisu-witxi.
traje do falecido Abutu.
trancar 1. Fisa. 2. Tlanka.
transbordar Bloka.
transformado Biladu.
transpiração Kalôlô.
transpirar 1. Blaga xtlôlô. 2. Swa.
transportar uma criança às costas Bôbô mina.
trapaça Tlapasa.
trapo 1. Late. 2. Ve-kwa. 3. Ve-late. 4. Ve-tlapu.
traquinas 1. Latulatu. 2. Lêbilêbi.
trás-anteontem Tlezantonte.
tratado Tlatadu.
tratamento 1. Tlatamentu. 2. Tlatason.
tratamento para tirar alguém do estado de transe Gô.
tratar 1. Sêbê. 2. Tlata.
travão Tlavon.
travessa 1. Bandêza. 2. Tlavesa.
travesso Tlêbêsubê.
trem Tlen.
tremer Tlêmê.
tremer intensamente Tlêmê gidigidi.
trempe do makuku Bôbô-mina.
trepador Sublidô.
três Tlêxi.
trevas Xtleva.
Trevas Xtleva. Representação teatral que ocorre na Quarta-Feira de Cinzas.
treze Tlêzê.
trezentos Tlezentu.
tribuna Plukutu.
tribuna tradicional Balela.

trigo Tligu.
trinco Tlinku.
trinta 1. Tlinta. 2. Tlêxi-dexi.
tripas Tlipa.
tristeza causada por decepção, a qual pode ser curada através do ritual kota-bambi. Bambi.
tristeza 1. Dixgôxtô. 2. Pena. 3. Tlixtêza.
triturar Mola.
triunfo Tlunfu.
troça 1. Kaswada. 2. Mangason.
trocado Tlokadu.
troçar Fe pôkô.
trocar Tloka.
troco Tloku.
trombeteira Fya-pletu-blanku. *Brugmansia x candida.*
tronco 1. Ope-po. 2. Po-pedasu. 3. Tôkô.
tronco de árvore Aba.
tropeção Topi.
tropeçar 1. Blugu. 2. Da topi.
tropeço Topi.
trouxa Funda. Recipiente de folha ou pano que substitui a rodilha.
trouxa de roupa Tlosa.
trovão 1. Blalala. 2. Tlovada.
truque Ablidaji.
truques Manha.
truqui Tluki-sun-dêsu. *Prinia molleri.*
truz-truz Konkonkon.
tu Bô.
tua Bô.
tuas Bô.
tubarão 1. Gandu. 2. Ngandu. 3. Tlubon-tunha.
tubarão-areia Ngandu-d'alya.
tubarão-baleia Mapinta. *Rhincodon typus.*
tubarão-martelo Ngandu-toto.
tubarão-serra Ngandu-kwa-kota.
tuberculose Tijigu.
tudo 1. Tudaxi. 2. Tudu.
tugir Tuji.
tumba 1. Mbila. 2. Tumba.
túmulo pagão Bila.
túmulo Tumba.
túmulo pagão. Mbila.
tu que me aguardes! Kinga bô.
turvar Kutu.
turvar a água Da awa taba.
Terapeuta tradicional que pratica a sangria ou ventosa. Txiladô-ventoza.
txintxin Txintxin. *Stegastes imbricatus.*

U u

uivar Vuva.
ukwêtê Ukwêtê. ***Palisota pedicillata***.
ukwêtê-d'awa Ukwêtê-d'awa. ***Costus afer***.
ukwêtê-d'ôbô Ukwêtê-d'ôbô. ***Pollia condensata***.
ukwêtê-makaku Ukwêtê-makaku. ***Palisota pedicellata***.
ukwe-tlaxi Ukwe-tlaxi. ***Phyllanthus amarus***.
úlcera Môlôkentxi.
última parte Labu.
ultrapassado Pasadu.
ultrapassar 1. Leva. 2. Pasa. 3. Vala.
um Ũa.
uma Ũa.
umbigada Kumba.
umbigo 1. Binku. 2. Boka-binku.
um bocadinho de Mina.
um dia Dja-dja.
um pouco de Mina.
unguento Flomentu.
unha Inhe.
unha-preta Inhe-pletu. ***Polyalthia oliveri***.
união Fêsu-basôla.
unido Unidu.
untar Bolo.
untwe Untwe. ***Chrysophyllum albidum***.
untwe-d'ôbô Untwe-d'ôbô. ***Crysophyllum africanum***.
urina Zawa.
urinar Fe zawa.
urinol Baxa-zawa.
urtiga 1. Leve. ***Fleurya aestuam***. 2. Lotxiga. ***Urera mannii***.
urucum Jinklo. ***Bixa orellana***.
usado Uzadu.
usufruir Legela.
usufruto Legela.
uswa Uswa. Dança tradicional.
útero Madlê.
uva Uva.

V v

vaca Bwê-mwala.
vacina Baxina.
vacinado Baxinadu.
vacinar Baxina.
vadiagem Lamboya.
vadiar Sôsô.
vadio 1. Sôsô. 2. Vadjin. 3. Vajin.
vagabundear Sôsô.
vagabundo Sôsô.
vagão Bagon.
vagina 1. Basu. 2. Blagiya. 3. Fulu. 4. Koko. 5. Kono. 6. Lele. 7. Lemi. 8. Maya-wê-son. 9. Ndêwa. 10. Pipi. 11. Toto. 12. Ubwê-mwala. 13. Viya.
vagoneta Bagon.
vaguear 1. Bandela. 2. Da saya loda. 3. Sôsô.
vaidade Poji.
vaidoso Akondô.
vala 1. Levada. 2. Vala.
valado Valadu.
vale Valu.
valente 1. Kloson-felu. 2. Madô.
valentia Luvon.
valer Valê.
valeta Valeta.
valor Kuxtu.
vamos 1. Bamu. 2. Bomu.
vangloriar(-se) Gaba.
vantagem Vantaji.
vão 1. Vadjin. 2. Vajin.
vara Vala.
vara-da-praia Vala-ple. *Turraea vogelii*.
vara feita com a haste do ramo da palmeira Bansa.
varanda Valanda.
varapau Valapo.
variar Valha.
varicela Kutukutu.
varíola Bixiga.
varizes Blabi.
varrão 1. Balon. 2. Plôkô-balon.
varredor Balidô.
varrer Bali.
varrido Balidu.
vasculhar 1. Lovlosa. 2. Ndaga.
vasilha Baxa.
vasilhame Galafon.
vaso Dudu.
vaso de barro Potxi.

vassoura Basola.
vassoura tradicional Fêsu-basôla.
vassourinha-de-botão Keza-mwala. *Scoparia dulcis*.
vassourinha-doce 1. Fya-keza-mwala. *Scoparia dulcis*. 2. Keza-ome. *Borreria verticillata*.
vazar 1. Lêvê. 2. Salu.
vazio Pwela.
vedado Tapadu.
vedar Tapa.
vegetal Planta.
veia Vya.
vejamos Mbon.
vela Vela.
vela de canoa Daga.
velhaco Veyaku.
velhice Janêlu.
velhíssimo Ve ketekete.
velho 1. Tamen. 2. Ve.
velório Nozadu.
veludo Veludu.
veludu Veludu. *Trichilia grandifolia*.
vencer Vensê.
vencimento Vensêmentu.
vendedor Bendêdô.
vendedor(a) ambulante Palayê.
vendedor(a) de mercado Palayê.
vender Bendê.
vender a crédito Fia.
veneno Venenu.
ventar Venta.
ventilador Papa-ventu.
ventilar a roupa no estendal Balela.
vento Ventu.
ventoinha Papa-ventu.
ventosa Ventoza.
ventoso Ventozu.
ver 1. Bê. 2. Pya.
verdade Vede.
verdadeiramente Vede-vede.
verdadeiro Vede.
verde 1. Fili. 2. Vêdê.
verdete Jamblê.
vergado Bazadu.
vergar Vlega.
vergonha 1. Kutudja. 2. Kutuja. 3. Sena. 4. Vlegonha.
verificar a virgindade Bili mina.
verme 1. Nzali. 2. Zali.
vermelhíssimo Vlêmê bababa.

vermelho 1. Vlêmê. 2. Vlêmê. *Apsilus fuscus*.
vermelho garrido Vlêmê myamyamya.
verniz Pulimentu.
verso Vesu.
verter 1. Bloka. 2. Lêvê. 3. Vlêtê.
vertigem Wê-bila.
vesgo Wê-vilo.
véspera 1. Besupla. 2. Bexpla.
vestes sacerdotais Abutu.
vestido 1. Bixidu. 2. Vixtidu.
vestir(-se) Bixi.
vestir elegantemente Bixi fyefyefye.
vez 1. Mon. 2. Vê. 3. Vota.
viagem Vyaji.
viajar Sata awa.
vício 1. Visu. 2. Vixu.
vida 1. Vida. 2. Vivê.
vidente Wê-leve.
vidro Vlidu.
viga 1. Plumu. 2. Sôlêta. 3. Viga.
vigário Vigalu.
vigiado Vidjadu.
vigiar 1. Da wê. 2. Vidja. 3. Vija.
vigilância Vijilanxya.
vila 1. Lôdô. 2. Vila.
vinagre Vinagli.
vinco Tayu.
vinda Vinda.
vingança Vingansa.
vingar Vinga.
vinhateiro Vyantêlu.
vinho 1. Pinga. 2. Vin.
vinho de palma Vin-pema.
vinho de palma de má qualidade Pumbu.
vinho de palma fermentado 1. Gaja. 2. Uswa.
vinho de palma imbebível Kyomba.
vinho de palma muito doce Manzenze.
vinho fermentado Gajadu.
vinte 1. Dôsu-dexi. 2. Vintxi.
vintém Vinte.
violão Vyola.
violino Vyolinu.
vir Bi.
virado Biladu.
vira-lata Lupuye.
virar 1. Bila. 2. Tota.
virar adulto Flima.
virar (algo) Bloka.
virar de cabeça para baixo Bila kanfini.
vir de 1. Bi fô. 2. Fô.
virgem Viji.

virgindade Viji.
virilha 1. Blagiya. 2. Ite.
visconde Vixkondji.
viscoso Dongodongo.
visgo 1. Bisku. 2. Bixku.
visita Vizita.
visitar Vizita.
vista de frente Wê-poto.
vitamina Vitamina.
viúva 1. Viyuva. 2. Vyuva.
viúvo 1. Viyuvu. 2. Vyuvu.
viva Viva.
vivaço Fela.
vivaz Latulatu.
vivência Vivêmentu.
viver Vivê.
viveram felizes para sempre Fala vonte dêsu.
viver maritalmente 1. Miga. 2. Pujita.
vivíssimo Vivu tatata.
vivo 1. Sasasa. 2. Vivu.
vizinho 1. Vidjan. 2. Vijan.
voar Vwa.
voar muito alto Ôsa.
você 1. Bô. 2. Ô.
vocês 1. Inansê. 2. Nansê.
volta 1. Loda. 2. Vota.
voltar Bila.
voltar para trás Bilabila.
voluptuoso Kentxi.
vomitar 1. Gumita. 2. Lansa. 3. Ngumita. 4. Saka.
vômito 1. Ngomitu. 2. Ngumita. 3. Saka.
vomitório Mindjan-saka.
vontade 1. Mêsê. 2. Vonte.
voo alto Ôsa.
voraz Flontadu.
vos 1. Inansê. 2. Nansê.
-vos 1. Inansê. 2. Nansê.
vossa Dinansê.
vossas Dinansê.
vosso Dinansê.
vossos Dinansê.
votar Vota.
voto Votu.
voz Vozu.
voz melodiosa Papu-doxi.
vulgarizar Foya.
vulto Vutu.
vumbada Vumbada. Mistura de folhas utilizada para o tratamento de cólicas em crianças.
vunun Vunun. *Ehretia scrobiculata*.

W w

wê-kume Wê-kume. Primeira concha que se retira da panela oferecida aos **nen-ke-mu**.

X x

xaile Xeli.
xale Xeli.
xaréu Kokovadu. *Caranx hippos*.
xaroco Xtlôkô. *Eleotris vittata*.
xarope Toniku.
xarope Carabana Awa-kalabana.

xê Xê. Interjeição de espanto ou dúvida.
xícara Xikla.
Instrumento musical, feito de casca de coco e sementes. Usa-se um pedaço de pau como pega. Xkalhu.
xtlalaxtlala Xtlalaxtlala. ***Ophiobotrys zenkeri.***
xtlofi-d'ôbô Xtlofi-d'ôbô. ***Diplocyclos palmatus.***

Z

zabumba Zambomba.
zagaia Zage.
zamumu Zamumu. *Gambeya africana.*
zangado 1. Danadu. 2. Kumedu dentxi.
zangar(-se) 1. Kume dentxi. 2. Vôlô.
zanve Zanve. *Tylosurus acus rafale.*
zarolho Wê-txofodu.
zaya Zaya. *Cassia podocarpa.*

zenze Zenze. *Pachylobus edulis.*
zinco Jinku.
zombaria Kaswada.
zona Zona.
zona distante Liba.
zona não-urbanizada Luxan.
zuguzugu-dansu Zuguzugu-dansu. Personagem ajudante do feiticeiro no **dansu-kongô**.